Ludwig Börne und Heinrich Heine,
Ein deutsches Zerwürfnis.

Ludwig Börne
und
Heinrich Heine,
Ein deutsches Zerwürfnis.

**Bearbeitet von
Hans Magnus Enzensberger.**

Eichborn

© Vito von Eichborn GmbH & Co. Verlag KG,
Frankfurt am Main, August 1997
Reprint der limitierten Bleisatzausgabe
Umschlag: Franz Greno
Druck und Bindung: Wiener Verlag, Himberg
ISBN 3-8218-4467-1

Verlagsverzeichnis schickt gern:
Eichborn Verlag, Kaiserstraße 66, 60329 Frankfurt

Die Entzweiung.

Heinrich Heine
an Ludwig Börne in Frankfurt am Main.

Hamburg, Mai 1826.

(In *Reisebilder. Erster Theil,* Hamburg 1826.)
Dem Doktor Börne übersendet dieses Buch als ein Zeichen der Verehrung und innigsten Liebe.

der Verfasser.

Heinrich Heine
an Jeanette Wohl in Frankfurt am Main.

Frankfurt, 15. November 1827.

(In *Buch der Lieder,* Hamburg 1827.)
Madam Wohl zum freundlichen Andenken an den abreisenden Verfasser.
Frankfurt, 15. November 1827.

Heinrich Heine
an Karl August Varnhagen v. Ense in Berlin.

München, 28. November 1827.

In Francfurt hab ich 3 Tage mit Börne zusammengelebt. Sprachen viel von Frau v. Varnhagen. Er ist beschäftigt seine einzelne Aufsätze in 3 Bände zusammeln. Der 1ste enthält Theater. Ich hätte nie geglaubt daß Börne so viel von mir hielte; wir waren inseparable bis zum Augenblick wo er mich zur Post brachte.

Heinrich Heine an Wolfgang Menzel in Stuttgart.

München, 12. Januar 1828.

Auch erinnere ich Sie, wenn Sie an mein Buch der Lieder mahl mit dem Rezensirmesser kommen, mich nicht zu skalpieren. Sind Sie noch gar nicht dran gekommen und haben keine Zeit, so würde Börne solche Arbeit gern übernehmen.

*Ludwig Börne
an Jeanette Wohl in Frankfurt am Main.*

Berlin, 7. März 1828.

Von Heine las ich neulich in einem hiesigen Blatte, er wäre sehr krank in München. Doch ist die Nachricht sehr alt, er muß also wiederhergestellt sein. Man erzählte mir hier, der König von Bayern habe ihn eigentlich nach München berufen. Ohne ihm gerade eine bestimmte Stelle anzuweisen, habe er versprochen, für ihn zu sorgen. Der Hans hat viel Glück bei Königen und Königinnen!

*Heinrich Heine
an Karl August Varnhagen v. Ense in Berlin.*

München, 1. April 1828.

Börne, wie ich höre, ist ja jetzt bey Euch. Er hat mich sehr lieb. Er ist viel besser als ich, viel größer — aber nicht so großartig.

Seine Taubheit wird gewiß Frau v. Varnhagen sehr genieren. Das ist ein schlimmer Mißstand. Wie befindet sich Frau v. Varnhagen? wie befindet sich ihr liebes, witziges Herz?

*Ludwig Börne
an Jeanette Wohl in Frankfurt am Main.*

Hamburg, 17. Oktober 1828.

Dr. Halle, ein Schwiegersohn Heines, hat mich heute durch Campe bitten lassen, ihn zu besuchen, er wolle mich bei Heine einführen. Große Lust, Bekanntschaften zu machen, habe ich nicht, u. wenn mein Geschäft beendigt ist, denke ich nicht länger mehr hier zu bleiben. Es ist schlechtes Regenwetter. Dieses Wetter haben die Hamburger gern, es ist ihnen gesund, wahrscheinlich weil sie an der Brust leiden. [...]

Nach Heine habe ich mich hier erkundigt. Er ist jetzt in Genua. Sein Onkel war den Sommer in München, u. seit der Zeit ist er ganz stolz geworden auf seinen Neffen. Der ginge in München nur mit vornehmen Leuten um. Heines Vater, der auch hier wohnt, erzählt den Leuten, der König von Bayern ging' mit den Reisebildern zu Bette u. stünde mit ihnen auf. H. soll ein schrecklicher Poltron sein. Ein jüdischer Mäkler, den er in seinem Buche bezeichnet, hat ihm auf der Straße Schläge gegeben und gedroht, ihn noch tot zu machen. Heine, voll Angst, flüchtete sich nach Lüneburg und getraute sich nicht wieder nach Hamburg zu kommen, bis er im 2ten Teil der Reisebilder sein Lob Napoleons bekannt machte, das dem Mäkler so wohl gefiel, daß er sagte, er wolle ihm jetzt alles verzeihen.

Julius Campe an Heinrich Heine in München.

Hamburg, 21. Oktober 1828.

Börne ist hier und hat mir seine gesammelten Schriften in 8 Bänden verkauft, wovon 4 Bände Ostern, *hübsch, sauber,* ausgegeben werden. Er ist so freundlich gegen Sie gesonnen und läßt sie recht herzlich grüßen, recht warm, und aufrichtig! er trug mir vieles für Sie auf, aber vor allen neben Dingen vergeße ich nicht, daß er wünschte: Sie mögten in den dortigen (Münchner — Cottaschen) Umgebungen Sich Ihre Selbstständigkeit erhalten! — Es sey eine gefährliche Klippe an der Sie ständen. Wäre Ihnen mit Ehre gedient, so würde man Sie Ihnen erweisen Sie dafür aber in's Garn nehmen und Ihrer Meinung berauben. —

Ich bat ihn, er möge mir einige Zeilen für Sie geben, allein er versichert: er schriebe keine Briefe. Ich, lieber

Heine, kenne diese Verhältniße nicht, kann daher auch nichts hinzufügen und entledige mich so meines Auftrages, wie ich ihn erhalten.

Rosa Maria Assing, Tagebuch.

Hamburg, 10. Februar 1829.

Wie ein Lichtstrahl fiel heute nachmittag in meine trübe Stimmung ein Besuch von Heinrich Heine, den ich nicht in Hamburg anwesend wußte, und daher freudig überrascht war. Eine Stunde verging in angenehmem sinnigem Gespräch, welches mancherlei Gegenstände berührte. [...]
Auch auf Doktor Börne kam die Rede, den er sehr schätzt. »Er ist eigentlich träge zum Schreiben«, sagte er von diesem, »wie noch einer«, setzte er hinzu, »den ich kenne.« »Diese schreiben dann auch um so besser«, erwiderte ich. »Sie erhalten denn freilich mehr Zeit, ihre Gedanken besser zu konzentrieren und in sich zu verarbeiten, was diejenigen, die zuviel schreiben, nicht können, wie unser Freund hier«, indem er auf Fouqués Bild deutete. »Der«, meinte er, »muß auch immer mit der Feder in der Hand sein.«

Ludwig Börne, BRIEFE AUS PARIS.

20. Februar 1831 [1832].

Gestern las ich zu meinem Erstaunen in der Allgemeinen Zeitung: der geniale Schriftsteller Heine, von dem es früher hieß, er würde eine Professur der Geschichte auf einer preußischen Universität erhalten, bleibt in Hamburg, wo man ihm das erste erledigte Syndikat zugedacht. Heine Syndikus? Was sagen Sie dazu? Heine Professor? Aber es ist gar nicht unmöglich. In dieser gefährlichen Zeit durfte man wohl daran denken, die Genies in ein Amt oder in eine Professur zu sperren. Aber ein Narr, wer sich fangen läßt.

August Lewald, Aquarelle aus dem Leben.

1830 [1836].

Vormittags sah man ihn bei seinem Verleger Campe; besonders wenn der Ballen aus Leipzig neue Journale brachte, die er dann durchflog. Er hatte Campe sehr gern. »So lange er noch so bleibt«, pflegte er zu sagen, »bleibe ich bei ihm. Sie glauben indeß nicht«, fügte er dann lachend hinzu, »wie sehr er sich verändert hat. Ehe er nach Italien reiste, war er ein vortrefflicher Mensch.«

Campe war daran gewöhnt über sich scherzen zu lassen und nahm es Heine vollends nicht übel.

»Der Börne kostet ihm zu viel«, sagte dieser, »und will noch immer nicht recht ziehen.«

»Aber Börne wird ziehen, wenn Sie längst vergessen seyn werden«, gab dann Campe zurück.

»Das ist ein Unglück für ihn und für Sie«, erwiderte Heine, »daß so lange darauf gewartet werden muß.«

Ludwig Börne
an Jeanette Wohl in Frankfurt am Main.

Paris, 3. Februar 1831.

Mein neuester und schönster literarischer Plan! Ich hatte dem Campe geschrieben, ich möchte in der Folge eine Zeitschrift in der Schweiz drucken lassen, und wünschte sehr, der Heine möchte sich mit mir dazu verbinden. Campe antwortete, Heine wolle mir deswegen schreiben, warum ich aber die Zeitschrift in der Schweiz drucken lassen wolle, ob ich mit dem Nürnberger Drucke nicht zufrieden sei? Darauf erwiderte ich heute dem Campe folgendes: »Wenn ich daran dachte, in der Schweiz eine Zeitschrift drucken zu lassen, so ist es nicht, weil mir der Nürnberger Druck nicht gefiele (der kann ja wohl nicht besser sein) sondern, um der Zensur auszuweichen. So wie ich zu sprechen gedenke, wird's an keinem Orte in Deutschland bewilligt. Vielleicht könnten Sie aber doch den Verlag übernehmen (wovon wir zu seiner Zeit sprechen wollen) und sich etwa mit einem Schweizer Buchhändler dazu verbinden, z. B. mit Sauerländer in Aarau. Die Hauptsache ist, daß sich Heine mit mir vereinigt; denn außer uns beiden, fürchte ich, gibt es unter den deutschen Schnecken und Austern kein drittes rotblütiges Tier, das zu brauchen wäre. Aber ich hätte noch einen besseren Plan, ein literarisches Unternehmen, das die Vorzüge einer Zeitschrift mit denen eines Buches verbände, uns also in Deutschland gegen die Zensur sicherstellte. Ich und Heine sollten Briefe miteinander wechseln und diese alle Vierteljahr drucken lassen. Aber wirkliche Briefe, durch die Post abgeschickt, und die sich regelmäßig beantworteten. Wenn wir jeder wöchentlich einen Brief abschickten, würde alle drei Monate leicht ein Band zusammen kommen. Wir schrieben uns darin von den Tagesbegebenheiten, von unsern Meinungen darüber, von Politik, Kunst, Wissenschaft, von unsern Reisen. Da wir beide an verschiedenen Orten leben und oft reisen, kann es an Stoff nicht fehlen. Jeder bliebe seiner Art zu schreiben treu, jeder könnte schreiben, was er wollte, nur daß er sich außer dem selbst gewählten Stoffe auch auf die Punkte einließe, die der andere berührt. Einer würde den anderen aufregen. Ein solcher Briefwechsel hätte allen Reiz eines Tagsblattes; denn Geschichten in Briefen erzählt bleiben immer neu. Der Leser liest das Datum und setzt sich dadurch in die Zeit zurück, in welcher die Briefe geschrieben und die erzählten Begebenheiten vorgefallen sind. Was halten Sie von diesem Plane? Reden Sie mit Heine darüber. Ich meine, ein solches Werk müßte Glück machen.

Ludwig Börne, BRIEFE AUS PARIS.

11. Februar 1831 [1832].

Ich habe Heine's vierten Band in einem Abende mit der freudigsten Ungeduld durchgelesen. Meine Augen, die Windspiele meines Geistes, liefen weit voraus und waren schon am Ende des Buches, als ihr langsamer Herr erst in der Mitte war. Das ist der wahre Dichter, der Günstling der Natur, der Alles kennt, was seine Gebieterin dem Tage

Häßliches, was sie ihm Schönes verbirgt. Auch ist Heine, als Dichter ein gründlicher Geschichtsforscher. Doch verstecken Sie meinen Brief in den dunkelsten Schrank; denn läse ein historischer Professor, was ich so eben geschrieben, er ließe mich todtschlagen, auf seiner eigenen oder einer andern Universität — ob zwar die deutschen Heeren keine Freunde vom Todtschlagen sind, weder vom aktiven noch vom passiven, wie man neulich in Göttingen gesehen. Diesmal hat der Stoff Heine ernster gemacht, als er sonst den Stoff, und wenn er auch noch immer mit seinen Waffen spielt, so weiß er doch auch mit Blumen zu fechten. Das Buch hat mich gelabt, wie das Murmeln einer Quelle in der Wüste; es hat mich entzückt, wie eine Menschenstimme von oben, wie ein Lichtstrahl den lebendig Begrabenen entzückt. Das Grab ist nicht dunkler, die Wüste ist nicht dürrer als Deutschland. Was ein seelenloser Wald, was ein todter Felsen vermag: uns das eigene Wort zurückzurufen — nicht einmal dazu kann das blöde Volk dienen. Kann man es besser schildern als mit den Worten: Der Engländer liebt die Freiheit wie seine Frau; der Franzose wie seine Braut, und der Deutsche wie seine alte Großmutter! Und: »wenn zwölf Deutsche beisammen stehen, bilden sie ein Dutzend, und greift Sie Einer an, rufen sie die Polizei!« Ich sprach so allein in dieser Zeit und Heine hat mir geantwortet. Alles ist schön, Alles herrlich, das aus Italien wie das aus England. Was er gegen den Berliner Knechtphilosophen (Hegel) und gegen den geschmeidigen Kammerdiener-Historiker (Raumer) sagt, die ein seidenes Bändchen fester an die Lüge knüpft, als das ewige Recht an die Wahrheit, das allein könnte einem Buche schon Werth geben. Und hat man je etwas Treffenderes von den Monopolisten des Christenthums gesagt: wie die Erbfeinde der Wahrheit, Christus, den reinsten Freiheitshelden, herabzuwürdigen wußten, und als sie nicht läugnen konnten, daß er der größte Mensch sei, aus ihm den kleinsten Gott gemacht? — Wenn Heine sagt: Ach! man sollte eigentlich gegen Niemanden in dieser Welt schreiben — so gefällt mir zwar diese schöne Bewegung, ich möchte ihr aber nicht folgen. Es ist noch Großmuth genug, wenn man sich begnügt, gegen Menschen zu schreiben, die uns peinigen, berauben und morden. Was mich aber eine Welt weit von Heine trennt, ist seine Vergötterung Napoleons. Zwar verzeihe ich dem Dichter die Bewunderung für Napoleon, der selbst ein Gedicht; aber nie verzeihe ich dem Philosophen Liebe für ihn, den **Wirklichen**. **Den lieben!** Lieber liebte ich unsere Nürnberger Wachparaden-Fürsten, öffnete ihnen mein Herz, und ließ sie alle auf einmal eintreten, als diesen einen Napoleon. Die Andern können mir doch nur die Freiheit **nehmen**, diesem aber kann ich sie **geben**. Einen Helden lieben, der nichts liebt als sich; einen herzlosen Schachspieler, der uns wie Holz gebraucht, und uns wegwirft, wenn er die Partie gewonnen. Daß doch die wahnsinnigen Menschen immer am meisten liebten, was sie am meisten hätten verabscheuen sollen! So oft Gott die übermüthigen Menschen recht klein machen wollte, hat er ihnen große Menschen geschickt. — So oft ich etwas von Heine lese, beseelt mich die Schadenfreude: wie wird das wieder unter die Philister fahren, wie werden sie aufschreien, als lief ihnen eine Maus über ihr Schlafgesicht! Und da muß ich mich erst besinnen, um mich zu schämen. Die! sie sind im Stande und freuen sich über das Buch und loben es gar. Was sind das für Menschen, die man weder begeistern noch ärgern kann!

Ludwig Börne
an Jeanette Wohl in Frankfurt am Main.

Paris, 22. Februar 1831.

Heine hat mir noch nicht geschrieben. Ob er aber, wenn er auch in meinen Vorschlag wegen des Briefwechsels einginge, ihn beharrlich ausführte, ist zu bezweifeln. Er ist allerdings noch indolenter wie ich. An Campes Beistimmung zweifle ich nicht.

Ludwig Börne
an Jeanette Wohl in Frankfurt am Main.

Paris, 25. September 1831.

Ich logiere im Hôtel des Princes, eigentlich in dem nebenbei liegenden dazugehörigen Hôtel de l'Europe, Rue Richelieu Nr. 3. Aber schreiben Sie mir ferner lieber Poste-restante, bis ich es anders bestimme. Als ich gestern ins Haus trat, zeigte mir der Wirt das Verzeichnis der im Hotel logierenden Fremden, um zu sehen, ob keine Bekannte darunter wären. Und da fand ich den Michel Beer und *Heine*. Aber meine Freude wegen des letztern sollte nicht lange dauern. Er hat gestern grade das Haus und, wie ich fürchte, Paris verlassen. Die Sache ist mir noch dunkel. Der Wirt sagt, Heine habe seinen Koffer zu *Fuld* bringen lassen. Er wisse aber nicht, um auf des Fulds Landhaus oder ganz wegzureisen. Ich schickte gestern Abend noch meine Karte zu Heine. Da erfuhr ich, er wäre noch hier, er wäre aber nicht zu Hause. Vielleicht besucht er mich also noch. Es würde mir sehr leid tun, wenn Heine nicht hier bliebe. Ich hatte entschiedene Pläne wegen eines Journals mit ihm. Den Michel Beer habe ich noch nicht gesprochen. Er schläft noch. Vielleicht erfahre ich von ihm, wie es sich mit Heine verhält.

Ludwig Börne
an Jeanette Wohl in Frankfurt am Main.

Paris, 27. September 1831.

Gestern vormittag kam ein junger Mann zu mir, stürzt freudig herein, lacht, reicht mir beide Hände — ich kenne ihn nicht. Es war *Heine*, den ich den ganzen Tag im Sinne hatte! Er sollte schon vor acht Tagen von Boulogne zurück sein, aber »ich war dort krank geworden, *hatte mich in eine Engländerin verliebt*« usw. Man soll sich dem ersten Eindrucke nicht hingeben; aber mit Ihnen brauche ich mich nicht vorzusehen, das bleibt unter uns, und wenn ich meine Meinung ändere, sage ich es Ihnen. Heine gefällt mir *nicht*. Sollten Sie wohl glauben, daß, als ich eine

Viertelstunde mit ihm gesprochen, eine Stimme in meinem Herzen mir zuflüsterte: »*er ist wie Robert, er hat keine Seele*«? Und Robert und Heine, wie weit stehen die auseinander! Ich weiß selbst nicht deutlich, was ich unter *Seele* verstehe; es ist aber etwas, was oft gewöhnliche Menschen haben und bedeutendere nicht, oft böse und nicht gute, beschränkte und nicht geistreiche Menschen; es ist etwas Unsichtbares, das hinter dem Sichtbaren anfängt, hinter dem Herzen, hinter dem Geiste, hinter der Schönheit, und ohne welches Herz, Geist und Schönheit nichts sind. Kurz, ich weiß nicht. Dem *Raupach* traue ich Seele zu und dem Heine nicht! Und Sie wissen doch, was ich von Raupachs Herzen halte! Es ist aber etwas *dahinter*. Ich und meinesgleichen, wir affektieren oft den Scherz, wenn wir sehr ernst sind; aber Heines Ernst scheint mir immer affektiert. Es ist ihm nichts heilig, an der Wahrheit liebt er nur das Schöne, er hat keinen Glauben. Er sagt mir offen, er wäre vom juste-milieu, und wie nun alle Menschen ihre Neigungen zu Grundsätzen adeln, sagte er, man müsse aus Freiheitsliebe Despot sein; Despotismus führe zur Freiheit; *die Freiheit müsse auch ihre Jesuiten haben*. Recht hat er, aber der Mensch soll nicht Gott spielen, der nur allein versteht, die Menschen durch Irrtümer zur Wahrheit, durch Verbrechen zur Tugend, durch Unglück zum Heile zu führen. Wie ich hier von mehrern gehört, soll Heine sich gefallen, eine Melancholie zu affektieren, die er gar nicht hat, und soll grenzenlos eitel sein. Ich sprach wegen gemeinschaftlicher Herausgabe eines Journals; damit will er aber nichts zu tun haben. Herrliche Einfälle hat er, aber er wiederholt sie gern und belacht sich selbst. Gestern abend saßen wir beide und List zusammen. Sie hätten dabei sein sollen. Ich und er, einen Einfall schöner wie den andern, und das Lachen des List, der nie weniger als ein halb Pfund Fleisch im Munde hat! Ich fürchtete im Ernste, er würde ersticken. Heine sagte, *ich* sei schuld, daß er überall für einen Narren gehalten; denn wenn er meine Witze aus meinen Werken angeführt, habe er immer so lachen müssen, daß man ihn für verrückt gehalten. Heine soll gemein lüderlich sein. Er wohnt am

Ende der Stadt und sagt mir oft, es geschehe, um keine
Besuche zu haben, und ich solle ihn auch nicht besuchen.
Übrigens habe ich meine kleine Tücke dabei, daß ich
Heine bei Ihnen so verleumde. Ich habe jetzt bemerkt,
was mir bei unserem frühern Zusammentreffen entgangen, daß er ein hübscher Mensch ist und eines von den
Gesichtern hat, wie sie den Weibern gefallen. Aber glauben Sie mir, es ist doch nichts *dahinter,* gar nichts; ich
muß das verstehen. — Heine sagt mir auch, Campe wäre
ein großer Lump und kein Geld von ihm zu bekommen.

*Ludwig Börne
an Jeanette Wohl in Frankfurt am Main.*

Paris, den 28. September 1831.

Heine sagte mir auch, er wolle sich mit Kunst beschäftigen, und er habe eine große Abhandlung über die letzte
Gemäldeausstellung geschrieben. Sonderbar — gestern
abend hörte ich bei Valentins wiederholt etwas darüber
spötteln: Heine spräche so oft und so viel von seinen Arbeiten. Was doch die Naturen verschieden sind! Wenn
ich etwas in Arbeit habe, ist mir unmöglich, irgend einen
außer Ihnen zum Vertrauten meines Geheimnisses zu
machen; mich hält eine gewisse Scham davon zurück. Es
ist mir, als fragte [man] mich, was ich in voriger Nacht
mit meiner Frau für Geheimnisse gehabt. Zu seiner Zeit
wird es an den Tag kommen, und die Welt wird es erfahren. Wer aber wird von so etwas sprechen?

*Ludwig Börne
an Jeanette Wohl in Frankfurt am Main.*

Paris, 1. Oktober 1831.

Heine habe ich seitdem nicht gesehen. Was ich von ihm
höre, gibt mir von seinem Charakter keine gute Vorstellung. Es ist doch sonderbar, daß ich immer eine Ahndung davon gehabt, und daß ich in seinen Schriften, so
sehr sie mir auch gefielen, die unverkennbarsten Zeichen

von Charakterschwäche gefunden. Und Charakterschwäche ist das Gefäß für alle Leidenschaften, und es wird von den Verhältnissen, dem Zufalle, dem Temperamente abhängen, was alles hineinkömmt. Er soll von grenzenloser Eitelkeit sein. Er *spielt,* und er könnte nichts tun, was mir größeres Mißtrauen gegen ihn einflößte. Er hat schon einmal 50 Louisdor auf einmal verloren. Den etwas bornierten Dr. Donndorf scheint er als seine Lobposaune zu gebrauchen, welches ich diesem in Baden schon angemerkt. Das wurde mir heute von einem Deutschen, der mich besuchte, auch bestätigt. Dieser, der viel Wesens aus mir macht, sagte mir, er habe gegen Donndorf geäußert: Börne sei der einzige politische Schriftsteller in Deutschland, Heine sei kein solcher, sondern nur ein Dichter, worauf aber Donndorf Heines Partei ergriffen und ihn über mich erhoben. Das hat mich auf den Gedanken gebracht, daß Heine nur darum sich nicht mit mir zu einem Journale verbinden will, weil er fürchtet, in meiner Nähe nicht genug zu glänzen. Der nämliche erzählte mir: er habe Heine vor einiger Zeit gebeten, er möge einige Freiheitsgedichte machen, welche man unter das deutsche Volk verteilen könne, worauf Heine erwidert: ja er wolle es tun, es müsse ihm aber gut bezahlt werden. Dann: »Wenn mir's der König von Preußen bezahlt, mache ich auch Gedichte für ihn.«

Ludwig Börne
an Jeanette Wohl in Frankfurt am Main.

Paris, 3. Oktober 1831.

Heine hat mich diesen Vormittag besucht. Er hat sich nach Ihnen erkundigt und gesagt: Sie wären eine sehr liebe Frau. Es ist merkwürdig mit dem Heine und mir. Der erste Eindruck, den er bei mir gemacht, verstärkt sich immer mehr. Ich finde ihn herzlos und seine Unterhaltung selbst geistlos. Es scheint, er hat seinen Geist nur in den Schreibfingern. Er spricht kein vernünftiges Wort und weiß aus mir kein vernünftiges Wort hervorzulocken. Er affektiert Menschenhaß — und Verachtung.

Gegen öffentliche Kritik seiner Schriften ist er sehr empfindlich. Er sagte mir selbst, er ginge am liebsten mit unbedeutenden Menschen um. Er ist sehr verdrossen und unheiter. Ich sah es ihm deutlich an, daß er keine rechte Geduld bei mir hatte und nicht erwarten konnte, bis er fortkäme. Auch war ich froh, als er ging, denn er hatte mich ennuyiert.

Ich bin sehr geniert, auf dem schlechten Papier bei Licht zu schreiben. Ich will morgen fortfahren. Gute Nacht, lieber Engel. Glauben Sie mir, jetzt, da ich den Heine kennengelernt, kann ich, wie alle übrige Welt, ausrufen: es gibt nur *ein* Börne, wie es nur eine Jeanette gibt!

Ludwig Börne
an Jeanette Wohl in Frankfurt am Main.

Paris, 8. Oktober 1831.

Ja, mit dem Heine ist es merkwürdig, wie ich mich getäuscht habe. Ich werde Ihnen etwas von ihm sagen, was Sie wundern wird. Heine ist ein vollkommener *Bacher!* Wie er das geworden, oder vielmehr als geborner Jude geblieben, ist mir ganz unerklärlich. Er hat die regelmäßigste Erziehung und einen viel geordneteren Schulunterricht genossen als ich selbst. Er hat ganz die jüdische Art zu witzeln und opfert einem Witz nicht bloß das Recht und die Wahrheit, sondern auch seine eigene Überzeugung auf. Dann höre ich überall, er sei von grenzenloser Eitelkeit, und solchen Menschen ist nicht zu trauen. Sie wechseln die Grundsätze wie die Kleider, um mit der Mode fortzugehen. Seine Neigung zur persönlichen Satire, sowohl im Schreiben als im Sprechen, ist mir auch zuwider. Sein Spott ist sehr bösartig und man muß sich sehr vor ihm hüten, daß man in seiner Gegenwart von keinem etwas erzählt, was er brauchen kann. So erzählte ich einem gemeinschaftlichen Bekannten von uns beiden, Robert in Baden jammere, daß in dieser Zeit sein Talent zugrunde ginge. Einen Tag darauf kömmt Heine zu mir und sagt, er habe das erfahren und werde es bei der nächsten Gelegenheit drucken lassen; aber nicht von Robert, von dem er gut Freund sei, sondern er wolle es erzählen, als habe das Raupach geklagt.

Jeanette Wohl an Ludwig Börne in Paris.

Frankfurt, 9. Oktober 1831.

Recht viel Verdruß macht es mir, daß Sie in H. [Heine] den Mann nicht gefunden haben, wie Sie ihn erwartet. Es tut mir deshalb so leid, weil Sie sich viel erwartet, viel von ihm versprochen hatten und *nichts* gefunden haben. Ihre Bemerkung, *warum* er kein Journal *mit* Ihnen unternehmen will, ist gewiß sehr richtig. Daß er sich seine Gesinnungen abkaufen läßt, ist wahrhaft schmerzlich — und *so* hätte ich ihn mir doch nicht gedacht. Er sucht vielleicht etwas darin, als Seitenstück zu Mirabeau zu gelten.

*Ludwig Börne
an Jeanette Wohl in Frankfurt am Main.*

Paris, 13. Oktober 1831.

Es hat mir jemand verplaudert, daß ihm Heine unter Gelobung der strengsten Verschwiegenheit, *besonders gegen mich,* anvertraut: er arbeite an einem politischen Werke, so etwas über die Französische Revolution. Er fürchte meine Konkurrenz. Was mir diese Art mißbehagt, kann ich Ihnen gar nicht genug ausdrücken. Wie ist es möglich, daß ein Mann wie Heine von so anerkannten großen Verdiensten so kleinlich eitel sein kann? Gestern traf ich ihn bei Tische. Er verriet mir, ohne es zu wollen, mit welchen literarischen Arbeiten er jetzt beschäftigt ist. Er fragte mich: was ich von Robespierre halte? Ich antwortete ihm: Robespierre und Lafayette sind die einzigen ehrlichen Leute in der Französischen Revolution. Das schien seine Meinung auch zu sein, er wollte mich aushören. So ein kleinliches Wesen kann mich ganz maliziös machen, und ich wäre imstande, wenn ich einmal bestimmt erführe, worüber Heine schreibt, den nämlichen

Stoff zu behandeln, nur um ihn zu ärgern. Er hat eine
große Abhandlung über die letzte Gemäldeausstellung
geschrieben und in das *Morgenblatt* eingeschickt.

*Ludwig Börne
an Jeanette Wohl in Frankfurt am Main.*

Paris, 19. Oktober 1834.

Ich komme wieder auf Heine. Sie müssen aber nicht etwa
denken, daß es mir Vergnügen macht, Böses von ihm zu
reden. Das nicht. Aber er interessiert mich als Schriftsteller und darum auch als Mensch. Ich sammele alles, was
ich von andern über ihn höre und ich selbst über ihn beobachte. Da es mir nun langweilig ist, für mich allein
Buch und Rechnung über Heine zu führen, lege ich alles,
was mir von ihm zukömmt, nach und nach in meinen
Briefen an Sie nieder. Ein schwacher Charakter wie Heines, wie er mir schon aus seinen Schriften hervorleuchtete,
muß in Paris völlig ausarten. Ich sehe ihn auf bösem
Wege und werde aus historischem und anthropologischem
Interesse seiner Spur nachgehen. So müssen Sie das ansehen. Gestern abend war bei Valentin von Michel Beers
neuer Tragödie die Rede, die er in Baden meinem Urteil
unterworfen. Auf Verlangen sagte ich meine aufrichtige
Meinung davon. Madame Leo sagte mir: Vormittag sei
Heine bei ihr gewesen und habe das Drama gelobt. Darauf bemerkte ich: dann habe Heine geheuchelt, denn er
verstehe das so gut als ich. Mad. Leo erwiderte: Ja, wenn
man dem Heine 1000 fr. gibt, lobt er das Schlechteste.
Ich: nun, das möchte ich nun grade nicht glauben. *Mad.
Leo:* Sie können es mir glauben, *ich weiß es* ... Ein
Deutscher erzählte mir, Heine habe ihm gesagt: Metternich könnte mich nur auf eine Art erkaufen: wenn er mir
alle Mädchen von Paris gäbe. (Ich sage *Mädchen;* Heine
aber gebrauchte den gemeinsten Ausdruck dafür.) Er
hat eine Art von Lüderlichkeit, die mir nie, weder in
Büchern noch im Leben, vorgekommen ist und die ich
mir psychologisch gar nicht erklären kann. Gemeine
Sinnlichkeit trifft man häufig; aber doch selten wird ein

junger Mensch von seinen gemeinen Ausschweifungen als von etwas Schönem öffentlich sprechen. Romantische Liebe ist immer verschämt und verschwiegen. Heine aber läuft den gemeinsten Straßendirnen bei Tag und Nacht nach und spricht in einem fort von dieser häßlichen Gemeinheit, in welcher er ein ästhetisches Vergnügen findet. Neulich kamen wir abends vom Essen. Er sagte mir, er ging' in den Passage des Panoramas — Was er dort zu tun habe? Ich will sehen, ob keines von den *Mädchen,* die ich kenne, ein neues Kleid anhat ... Heine ist doch schon 30 Jahre alt. Ein anderer Deutscher (freilich ein wütender Demagog) warnte mich vor Heine. Er mache bei den preußischen Agenten hier den Zuträger! —

August Lewald,
Dramatische Übersichten. Börne.

Herbst 1831 [April 1837].

Im Herbst des Jahres 1831 reiste ich nach Paris und befand mich Abends im Laden der Buchhändler Heideloff und Campe, wo sich damals Schlegel, Klaproth, Humboldt, Heine, Michael Beer, Börne, kurz alle berühmten und unberühmten in Paris anwesenden Deutschen einzufinden pflegten, als ein kleiner, hagerer Mann eintrat, stumm nach beiden Seiten sich verneigte, und sogleich nach den Brockhausschen Blättern griff, von welchen eben ein neues Heft angelangt war. Er setzte sich und las aufmerksam vor sich hin. Dieß war Börne. Herr Heideloff stellte mich ihm später vor und ich mußte ihm Allerlei von Deutschland erzählen, und mich einiger Aufträge an ihn von unserm damaligen Verleger Campe entledigen. Ich sah Börne nun öfter. Wir aßen eine Zeitlang in einer kleinen Restauration der Rue de Valois; er, Heine, Baron Maltitz, Schauspieler Jerrmann, meine Frau und ich. Dieß waren sehr heitere Mahlzeiten, von der harmlosesten, witzigsten Unterhaltung belebt. Börne's Kränklichkeit zwang ihn jedoch beim Eintritt des Winters sich aus diesem Kreise zu entfernen und auf seinem Zimmer zu essen.

Ludwig Börne
an Jeanette Wohl in Frankfurt am Main.

Paris, 24. Oktober 1831.

Heine war bei mir und hat mir aufgetragen, Sie zu grüßen. Er fragte mich, wie oft ich Ihnen schriebe, und als er hörte, wöchentlich zweimal, war er sehr darüber erstaunt. Sehr liebenswürdig ist er, wenn er sich über Michel Beer lustig macht. Er ist dann ein Springbrunnen von Witz und Laune. Das läßt sich freilich nicht gut nacherzählen. Die Art, wie diese beiden Dichter miteinander umgehen, soll einzig sein; Ich selbst habe sie noch selten beisammen gefunden. Heine fragt z. B. den Beer: Warum schreiben Sie, Sie haben es ja nicht nötig? worüber sich B. erschrecklich ärgert. Hinter seinem Rücken sagt H.: wenn ich einmal der Familie Beer meine Rechnung mache für all die Witze, die sie mich schon gekostet haben! oder: wenn ich mich einmal mit den Beers entzweie, werde ich ein reicher Mann. Der Beer fühlt es nun in seinen Nerven, daß der Heine früher oder später einmal öffentlich über ihn herfallen wird, und geht daher bei aller seiner Vertraulichkeit doch so ängstlich mit ihm um wie das Hündchen mit dem Löwen. Höchst bedauerungswürdig ist der Heine, aber nicht bloß zu beklagen, sondern auch anzuklagen, wegen seiner Gesundheit, die er durch Ausschweifungen zerrüttet und täglich mehr verdirbt. Er hat sich durch sein lüderliches Leben solche Übel zugezogen, welche die Nerven und den Kopf endlich ganz zerstören, so daß dieser so geistreiche Mensch noch einmal dumm, ja wahnsinnig werden kann, wenn er nicht so glücklich ist, früher das Leben zu verlieren. Er ist *so erschöpft,* und das ist der Ausdruck, womit er gewöhnlich selbst klagt, daß er abends 9 Uhr zu nichts mehr, nicht zur leichtesten Unterhaltung mehr zu brauchen ist und sich zu Bette legen muß. Er leidet beständig am Kopfe. Als er mir heute seine Übel klagte, mochte ich ihm freilich die gefährlichen Folgen derselben, die er nicht kennt, nicht aufdecken, aber ich gab ihm mit dem wärmsten Eifer die besten Verhaltungsregeln, wie er seine Lebensart einzurichten und sich zu heilen habe. Es ist aber nicht daran zu denken, daß er sie befolgt; denn sein Charakter ist zu morsch, er hat nicht die geringste Willenskraft mehr. [...]

Dr. Sichel macht Hochzeit, und ich werde als Zeuge der bürgerlichen und kirchlichen Trauung beiwohnen. Heine ist der andere Zeuge. Als ihn schon vor acht Tagen Sichel dazu aufforderte, merkte er es sich, um daran zu denken, in sein Taschenbuch mit den Worten: »Den 25. Oktober, wegen *Zeugungs-Geschäft*«. Wenn mir die Zeremonie gefällt, denke ich sie bald nachzumachen.

Ludwig Börne
an Jeanette Wohl in Frankfurt am Main.

Paris, 27. Oktober 1831.

Vorgestern war die Trauung von Dr. Sichel. Ich [bin] bald gestorben vor Ungeduld. Das soll mir aber zur Warnung dienen. Wenn ich das erst so langweilig an einem Fremden fand, wie unerträglich müßte mir erst sein, wenn ich selbst heiratete. Ich sage es Ihnen grade und ehrlich heraus: mit *uns* ist es wieder nichts. Das ertrüge ich nicht. Von 10 bis zwei Uhr haben mich die beiden Trauungen auf der Mairie und in der Kirche hingehalten. Ich und Heine waren Zeugen und mußten die Protokolle des Zivilstandes und des Kirchenbuchs unterschreiben, das Kapitel aus dem Code Civil über die ehelichen Pflichten und eine lange Predigt des Pfarrers mitanhören. Wir haben auch gehörig miteinander satirisiert, man hätte zwei Schweine damit einsalzen können. Was aber das Schicksal würfelt! Heiratet ein getaufter Jude aus Frankfurt, der Sohn von *Salme Rappel* — so nannte man den alten Sichel, der ein klein wenig Narr war — eine Christin aus England, die Gott weiß welcher Herkunft ist, läßt sich trauen in Paris und hat einen Christen, einen Juden (seinen eigenen Bruder) und zwei getaufte Juden zu Zeugen, und die beiden letzten sind die ersten Schriftsteller ihrer Zeit und eine Zierde der deutschen Bundesstaaten! Als der Sekretär Heine fragte, wie sein Name geschrieben werde? antwortete er: mit einem *Hache*, statt zu sagen mit einem *Asch* (H). Darüber wurde er von Sichel und Hiller ausgelacht, was ihn in die größte Verlegenheit setzte. Denn so gern und oft er spottet, so wenig kann er doch selbst Raillerie ertragen. [...]

Bei dieser Heiratsgelegenheit, wo ich drei Stunden mit Heine beisammen war, konnte ich ihn recht gut beobachten und kennenlernen. Nie ist mir eine feigere Seele vorgekommen, die sich mit solcher Geduld von ihrem Körper tyrannisieren läßt. Er ist so herunter, so morsch, so *bettlägerig* in seinem ganzen Wesen, daß ich nur immer im Stillen überlegte, ob er mehr zu verachten oder mehr zu bedauern sei. Wenn einer mit einem solchen unglückseligen Zustande Nachsicht hat, so habe ich sie, denn ich brauche sie selbst für mich. Ich habe doch auch seit meiner frühesten Jugend an Krankheiten gelitten, die mein Gemüt beunruhigten, aber völlig beherrschen und umwerfen konnten sie [mich] doch nie, und mein Stolz siegte immer noch über meine Nerven. Heine aber versucht nicht den geringsten Widerstand, und wie eine Wetterfahne gibt er jeder Laune des Windes nach. Zerrissen, ausgefasert, abgefärbt, wie ein alter seidner Unterrock; verdrossen, niedergebeugt, wehmütig, wie einer, der den Katzenjammer hat — ich möchte so nicht leben. Sollte einmal in Deutschland eine politische Revolution eintreten, so würde Heine eine zwar kurze, aber für ihn und die Welt höchst verderbliche Rolle spielen. Er wäre, wie alle schwache Menschen, der blutigsten Grausamkeiten fähig. Er ist von der größten Feigheit, und er hat mir offen gestanden, daß er in Italien mit Florenz seine Reise beschlossen, weil er sich gefürchtet, nach Rom zu gehen, denn er habe Feinde dort, die ihn gewiß hätten ermorden lassen (wahrscheinlich Graf Platen). Christentum, Religion überhaupt, ist ihm nicht bloß ein Greul, es ist ihm ein *Ekel*. Und als er unter solchen Gesprächen mich auf der Straße verließ und ich ihm eine Weile nachsah, kam er mir vor wie ein welkes Blatt, das der Wind umhertreibt, bis es endlich, durch den Schmutz der Erde schwer geworden, auf dem Boden liegenbleibt und selbst zu Mist wird.

Ludwig Börne
an Jeanette Wohl in Frankfurt am Main.

Paris, 28. Oktober 1831.

Den 15. November wird [Meyer-] Beers Oper *Robert le Diable* aufgeführt. Könnte ich Ihnen nur den Heine auf einige Stunden leihen, daß er Sie mit der Erzählung erquicke, was die Beers bei dieser großen Familienangelegenheit (die sie auch als eine *nationelle* betrachten, denn in Deutschland, besonders in Berlin — ist ihre ewige Klage — würden sie als Juden nicht genug anerkannt) tun, getan haben und tun werden; wie es Heine teils weiß, teils vermutet und sich teils erfindet. Er sagt: sie betreiben das als *Lieferanten* (ihr Familienreichtum stammt nämlich aus Lieferungsgeschäften). [...]

Ich will Ihnen ein Beispiel geben, auf welche Art die Beers solche artistische Lieferantengeschäfte betreiben. Der Heine erzählte mir es. Michel-Beers Dichterwerke sind neulich in einem Wiener Journal vom Dichter *Immermann* sehr gelobt worden. Dieses Wunder wurde durch folgende natürliche Magie bewirkt. Daß Immermann (Verfasser des *Trauerspiels in Tirol*) selbst Geld bekommen, wollte mir zwar Heine nicht ausdrücklich gestehen, weil er sein Freund ist. Aber der arme Heine hat einen satirischen Speichelfluß, und was er nicht sagen will, sprudelt ihm doch zum Munde heraus. Kurz, Immermann hat Geld bekommen. Ferner: Immermann hat einen Maler unter seinen vertrauten Freunden, namens *Schadow*. Bei diesem wurden von Beer zwei kostbare Gemälde bestellt. Endlich: wurden diese Gemälde an *Goethe* geschenkt, um auch diesen zu bestechen. So wird man ein großer Dichter!

Ludwig Börne
an Jeanette Wohl in Frankfurt am Main.

Paris, 2. November 1831.

Sonntag habe ich mit Heine bei Valentin zu Mittag gegessen. Wir trafen uns zufällig vor dem Hause und traten zugleich ein. Als wir ins Zimmer kamen, fragte ich Madame Valentin: ist denn der Boden stark genug, kann er zwei große Männer wie wir zugleich tragen? Es war das erste Mal, daß ich mit Heine in Gesellschaft war. Mit mir sprach er wenig, ja er blieb immer von mir entfernt und suchte sich einen eigenen Mittelpunkt. Ja abends, da mehrere Leute zur gewöhnlichen Sonntagsgesellschaft kamen, bemerkte ich, daß Heine mit keinem der Bedeutendern, Gebildeten sprach, sondern sich grade mit dem Jüngsten in der Gesellschaft, fast noch ein Knabe, zur Seite setzte und sich mit ihm unterhielt. Er war grade bei besserer Laune als gewöhnlich, ich kann ihn also nicht einmal mit seiner Hypochondrie entschuldigen. Seit kurzem ist eine Hamburger Schauspielerin vom dritten Range mit ihrem Manne, einem Theaterdichter, hier. Bei diesen Leuten ist Heine zu allen Zeiten des Tages. Und das sind nicht etwa genialisch-joviale-lebenslustige Menschen, sondern ganz solid-bürgerliche, aber auch sehr gewöhnliche Menschen. Was halten Sie von einem solchen eiteln Charakter, immer gemeine Umgebung zu suchen, um überall der erste zu sein? Man merkt es dem Heine deutlich an, wie er immer gern was Besonderes, Auffallendes sagen möchte und lieber schweigt, als etwas Gewöhnliches spricht. Besonders ärgert mich an ihm seine Sucht, immer Lachen zu erregen. Lachen ist eine der untersten Seelenbewegungen, und ein Mann von Geist sollte auf höhere Wirkung ausgehen. Er hat mir neulich gesagt, daß er spiele, und ich habe ihm ganz freundschaftlich den Text darüber gelesen. Was ich gegen das Spiel vorgebracht, schien ihm alle neu zu sein. Überhaupt mag er sich um die Moral nie viel bekümmert haben. Der arme Heine wird chemisch von mir zersetzt, und er hat gar keine Ahndung davon, daß ich im Geheim beständig Experimente mit ihm mache. So wie er war ich in meiner allerfrühesten Jugend, und manchmal beneide ich ihn, daß er so viel länger jung geblieben als ich. Das ist freilich das schöne Los der Dichter. Philosoph ist Heine nicht und wird nie einer werden, und da bedenke ich denn freilich trotz meines argen Tadels, daß, wenn man Heine seine Täuschungen, seine Verirrungen, seine Gedankenlosigkeit nähme, der Duft und Nebel, der so reizend und zauberisch über seinen Schriften verbreitet ist, schwinden und dann wenig an ihnen und an ihm selbst übrig bleiben würde.

*Ludwig Börne
an Jeanette Wohl in Frankfurt am Main.*

Paris, 9. November 1931.

Von Heine stehen die ersten Artikel eines langen Aufsatzes über die letzte Pariser Gemäldeausstellung im *Morgenblatte*. Ich bin heute mit der größten Begierde darüber hergefallen, aber nicht befriedigt worden. Schöne Sachen sind darin, das versteht sich. Man sieht es ihm an, daß er sich nicht frei gefühlt. Er hat sich zwar den Gegenstand gewählt, aber man wird freiwillige[r] Dienstbarkeit leicht noch überdrüssiger als aufgezwungene[r]. Man frägt sich: warum war ich ein Narr? Überhaupt glaube ich, daß Paris kein gesundes Klima für Heines Geist ist. Man kann auf Paris anwenden, was er selbst so wahr von London gesagt: es ist ein Ort für Philosophen, aber nicht für Dichter. Auch hier liegt der Stoff zu hoch und dick auf allen Wegen, und der Dichter kann selbst mit den Flügeln seiner Phantasie nicht darüber hinaus. Auf die andere Seite zu kommen, muß man ein philosophisches Ungeziefer sein wie ich, das sich durch die kleinste Ritze einer Mauer windet. Sehr ergötzt in Heines Artikel hat mich, was er bei Gelegenheit eines Gemäldes von Talleyrand sagt. Gerade das Gegenteil von dem, was ich, auch bei Gelegenheit eines Gemäldes, über ihn geäußert. An diesem Beispiele zeigt sich am deutlichsten der Unterschied zwischen einem Dichter und einem Philosophen. Heine sah nur die vordere Seite von Talleyrand, die ich selbst auch am frühesten wahrgenommen. Aber als philosophischer Wurm bohrte ich mich endlich durch die Scheidewand und erkannte auch Talleyrands Rückseite. Gewinn ist freilich dabei nicht für den alles durchdringenden Philosophen; er weiß mehr als der Dichter und weiß darum endlich gar nicht mehr, was er weiß. Es zu wiederholen, Heines Aufsatz hat mich angezogen, aber nicht gefesselt, ich las ihn zerstreut, und, was mir zum ersten Male mit seinen Schriften begegnete, es war nicht verdrießlich, als ich mit dem Lesen fertig war. Der Eindruck auf mich ist so, daß ich in Verlegenheit sein werde, wenn er mich um meine Meinung fragt. Zum Glück kann ich in Paris lange die ausweichende Antwort geben: ich hätte die Blätter noch nicht zu sehen bekommen. Lesen Sie den Aufsatz, und sagen Sie mir Ihre Meinung.

Julius Campe an Heinrich Heine in Paris.

Hamburg, 14. November 1831.

Zum Unglück für mich hat Börne seine Briefe unter allerlei Krakelen bis Septbr in Händen behalten mit aller Macht habe ich sie, diese 2 Bände, in 5 Wochen drucken laßen, leider aber dennoch zu spät. Denn nun fällt die ganze Schwere des gegenwärtigen Zustandes der Preße auf mich, und wahrscheinlich bin ich zu einem Warnenden Beispiele ausersehen! — Haben Sie die Briefe gelesen? Ohne Noth schimpft Börne in wirklich unzimlichen Ausdrücken, wodurch er seine gute Sache verdirbt und sich selbst in der Achtung bedeutend herabgesetzt hat. [...]

Börne hat zuviel Verstand und Witz, als daß er es bedürfte sich *so* rücksichtslos auszusprechen. Lange halten sich diese Briefe gewiß nicht; sie sind zu leidenschaftlich und Börne hat den Platz als Zuschauer verlaßen und tritt selbst als Parthei auf. Das ist nichts: Seinen Standpunkt *über* der Sache mußte er nicht verlaßen, auf den ihn jeder gerne sah. [...]

Börne will seine Briefe fortsetzen: dafür macht er solche Prätensionen, die so feierlich sind, daß ich dafür danke.

Julius Campe an Heinrich Heine in Paris.

Hamburg, 27. November 1831.

Börne hat alles *verdorben;* daher, wollen Sie klug handeln, bringen Sie den *Roman:* — Sie tragen einen Sieg davon, der Glorreich ist. Alles Wähnt jetzt Politik von

Ihnen, und nichts als Politik zu erhalten, und siehe, alles ist alsdann gefoppt und erstaunt. Sie glauben nicht wie *alles* über Börnes Briefe empört ist! Er hat die *Deutschen zu schlecht* gemacht: er hätte sich an *Ihnen, wie Sie den Tyrolern eins* versetzten, ein Exempel nehmen sollen: und besonders nehmen *Sie an beiden ein Beispiel,* das rathe ich Ihnen, wer unter Wölfen ist usw. (Loben Sie die Deutschen; wenn ein dramatischer Dichter nach Beifall schmachtet, lobt er die gute Stadt, das große Land, die *biedern* Einwohner! und sein Zweck ist erreicht. Das Volk klatscht Beifall und will das Stück wiedersehn das ist lächerlich, aber es hilft! und kostet ja so wenig. Die Menschen sind wie die Hunde die man liebkoset! — — —) Börne kann lange wirken ehe er diese Scharte auswetzen wird. *Mir* macht man den physicalischen Prozeß der Briefe wegen; begreifen Sie also weshalb ich jetzt der Politik fluche?

*Johann Friedrich v. Cotta
an Heinrich Heine in Paris.*

Stuttgart, 7. Dezember 1831.

Was Sie [...] über Börne's Briefe sagen wird schwerlich passiren, denn Sie glauben nicht was Äusserungen wie dise: »die Völker können ihre Regenten schon fortschiken wenn ihnen blos deren Nase mißfiele« p. p. — den bedachtsamen Deutschen auffallen besonders wenn sie aus solchem Munde kommen — und solche Schrift zu loben, in dem Staat, der sie verbot, wird wohl nicht zu erwarten seyn —

Ihr Geist findet ganz andre Stoffe zur Schilderung, Ihre Feder weiß selbst aus Steinen Funken zu schlagen, die zur Flamme werden — aber Sie werden diese nur zu wahrem Licht v. Freiheit und Aufklärung entzünden wolen und jenen Stoff nur da wählen und bearbeiten wodurch, wie ein Schiller so schön in der Gloke spricht, die rohe Kraft nicht zum sinnlos Walten veranlaßt werde, sondern die Wohlfahrt der Völker befördert.

Doch wozu *Ihnen* diß schreiben? — Sie *wolen* nichts andres als das Gute an Börne, glaubte ich es auch immer aber seine Briefe enthalten wie man mir sagt so viele Stellen von denen, das Geringste ist wenn man sie unvorsichtig nennt.

Ludwig Börne
an Jeanette Wohl in Frankfurt am Main.

Paris, 8. Dezember 1831.

Heine saß in Hillers Konzert neben mir. Der ist so unwissend in Musik, daß er die 4 Teile der großen Symphonie für ganz verschiedene Stücke hielt und ihnen die Nummern des Konzertzettels beilegte, wie sie da aufeinander folgen. So nahm er den 2ten Teil der Symphonie für das angekündigte Alt-Solo; den 3ten Teil für ein Violoncello-Solo und den 4ten für die Ouvertüre zum Faust! Da er sich sehr langweilte, war er sehr froh, daß alles so schnell ging, und ward wie vom Blitz gerührt, als er von mir erfuhr, daß erst Nr. 1 vorbei sei, wo er dachte, schon 4 Nummern wären ausgestanden. [...]

Als ich dem Heine erzählte, der Artikel aus der *Börsenhalle* stünde auch in der Frankfurter Postzeitung, war er wie erstarrt vor Erstaunen und Schrecken. Er sagte, das sei nicht möglich, daß Rousseau etwas habe drucken lassen, worin er, Heine, beleidigt wäre, denn er kenne ihn seit zwölf Jahren. Auf jeden Fall wären die Stellen, die ihn beträfen, gewiß im Artikel weggeblieben. Lesen Sie ihn doch in der Postzeitung und schreiben Sie mir, ob sich das wirklich so verhält. Wenn der Heine nur halb ein solcher Schuft ist, als er freiwillig bekennt, dann hat er schon fünf Galgen und zehn Orden verdient. Schon zwanzigmal gestand er mir, und das ganz ohne Not, dem Argwohn zuvorkommend: er ließe sich gewinnen, bestechen; und als ich ihm bemerkte: er würde aber dann seinen Wert als Schriftsteller verlieren, erwiderte er: keineswegs, denn er würde gegen seine Überzeugung ganz so gut schreiben als mit ihr. Und glauben Sie nicht, daß das Scherz sei; es beweist mir, daß Heine schon *ist,* was werden zu können er nicht leugnet. Daß er offen und freiwillig von seiner Verdorbenheit spricht, beweist nichts gegen den Ernst; das ist die alte bekannte List, durch Selbstanklagen der Überraschung seiner eigenen Vorwürfe und der anderer keck in den Weg zu treten. Es sind Ausfälle aus der Festung des Gewissens, um die Belagerung zurückzudrängen. [...]

Heines Aufsatz im *Morgenblatte* über die Pariser Gemäldeausstellung enthält doch wunderschöne Sachen. Ich habe Ihnen zwar früher mit Geringschätzung davon gesprochen; aber damals hatte ich nur den Anfang und zerstreut und mit Unlust gelesen; denn unter Menschen in einer Lesegesellschaft kann ich mich nie zu gehöriger Aufmerksamkeit stimmen. Seitdem hatte ich aber die Blätter im Hause und habe eine bessere Meinung davon bekommen. Die Kunstseite der beurteilten Gemälde ist natürlich am wenigsten berührt, denn dafür hatte er kein Interesse, weil er davon keine Kenntnisse hat. Die Gemälde sind bloß benutzt, deren historische Stoffe historisch zu besprechen. Es ist dieses eine sehr gefällige Art, sich über Geschichte und geschichtliche Personen zu äußern. Neulich fiel mir ein altes Buch der Frau von Genlis in die Hände, betitelt: Les Tableaux de Monsieur de ... (ich habe den Namen vergessen). Sie hatte ebenfalls eine Galerie historischer Gemälde benutzt die dargestellten merkwürdigen Geschichten und Personen biographisch und poetisch zu behandeln. Eine solche Gelegenheit, mich auszusprechen, würde ich vielleicht selbst benutzen. Es ist eine leichte und angenehme Art, Geschichte zu lernen und zu lehren. Schade ist es um Heine, daß seine schönste dichterische Begeisterung ihm aus dem Tranke sinnlicher Liebe kömmt, und ich habe ihm das gestern selbst gesagt. Zehen Jahre reifen Alters werden ihm viel von seinem Werte nehmen. Zwar sind Heines erotische Poesien mehr Eingebungen einer nach und vorschwelgenden Phantasie als eines gegenwärtigen Genusses, mehr Papiergeld als bare Münze der Liebe; aber mit den reifern Jahren verliert man zugleich mit dem Kredit auch die Kraft zu heucheln, und dann wird Heines poetischer Strom seichter und niedriger fließen. Mir fiel das ein bei seinen Betrachtungen, die er über ein Gemälde von Judith und Holofernes macht und die er mit den Worten endigt: »Ihr Götter, soll ich sterben, laßt mich wie Holofernes endigen.«

Ludwig Börne, BRIEFE AUS PARIS.

14. Dezember 1831 [1833].

Heine hat gegen die zwei Hamburger Künstler Meyer und Wurm, die noch freskoartiger gemalt als ich selbst, einen Artikel geschrieben. Gelesen habe ich ihn nicht, er sprach mir blos von seinem Vorsatze. Es war ihm aber gar nicht darum zu thun, mich zu vertheidigen, sondern sich selbst, da er zugleich mit mir angegriffen worden. Heine hat darin eine wahrhaft kindische Eitelkeit; er kann nicht den feinsten, ja nicht einmal den gröbsten Tadel vertragen. Er sagte mir, er wolle jene Menschen vernichten. Das dürfte mir gleichgültig sein. Zwei Spatzen weniger in der Welt, das hilft zwar nichts, kann aber noch nichts schaden. Den Artikel schickte er an Cotta für die allgemeine Zeitung; nun schrieb ihm dieser zurück: Es möchte doch seine Bedenklichkeiten haben, eine Schrift zu vertheidigen, worin mit ausdrücklichen Worten stünde, jedes Volk dürfe seinen König absetzen, sobald ihm seine Nase nicht mehr gefiele. Geduld, himmlische Geduld! Was fange ich nun mit solchen Menschen an, die ganz ernstlich glauben, ich hätte den Völkern gerathen, ihre Fürsten zu verjagen, sobald sie mit deren Nasen unzufrieden würden? Wie würde es mir ergehen, wenn ich gegen solche Anschuldigungen mich vor deutschen Richtern zu vertheidigen hätte? Wenn ich sagte: meine Herren, Sie müssen das nicht so wörtlich nehmen — nun, ich glaube, das glaubten sie mir vielleicht. Was würde mich das aber nützen? Sie würden erwiedern: Sie hätten aber bedenken sollen, daß Sie nicht blos für gebildete Leser schreiben, sondern daß auch eine große Zahl Ungebildeter Ihre Werke lies't, die keiner Überlegung fähig, sich nur an den Wortverstand halten. Zu dieser Bemerkung würde ich schweigen, und sagen: laßt mich in das Gefängniß zurückführen. Alles Reden wäre doch vergebens.

Ludwig Börne
an Jeanette Wohl in Frankfurt am Main.

Paris, 15. Dezember 1831.

Heine war eben bei mir, nachdem er heute die Briefe gelesen. Er ist ganz außer sich vor Entzücken. Er sagt, es wäre besser als alles, was ich früher geschrieben, und der Stil wäre unvergleichlich. Daß ich ihn einige Male so sehr gelobt, mag freilich sein Urteil etwas exaltiert haben. Heine ist zugleich der eitelste und der feigste Mensch von der Welt. Meine Briefe werden auf seine künftige politische Schriftstellerei einen sehr schädlichen Einfluß haben. Furchtsam wie er ist, wird er künftig nicht den Mut haben, selbst mit seiner frühern gemäßigteren Kraft zu schreiben. Das sagt er selbst, nicht in meiner Gegenwart, aber es wurde mir wiedererzählt, und daß er dabei über meinen Übermut sich sehr tadelnd ausgelassen. Mit diesem Grunde seiner künftigen Mäßigung täuscht er andere, vielleicht sich selbst. Der Hauptgrund ist die Eitelkeit. Sich weder die Kraft noch den Mut zutrauend, mit mir in der Politik an Tapferkeit zu wetteifern, wird er freiwillig unter sich selbst herabsinken, nur um sich von mir zu entfernen und nicht mit mir verglichen werden zu können. Er gefällt mir alle Tage weniger, ob er mich zwar sehr hoch stellt und sein Urteil, als das eines Kenners, mir sehr schmeichelhaft sein muß. Er ist ein Lümpchen, hat keine und hält auf keine Ehre. Die Partei der Liberalen ist aber noch so schwach in Deutschland, daß nur die strengste Rechtlichkeit ihr Gewicht geben kann. Wie alle furchtsame Menschen hat auch Heine ein Grauen vor dem Volk, und er kann sich gar nicht darin finden, wie ich dem *Pöbel* so zugetan sei, ihn so warm verteidigen mag. Ich habe ihm erst heute gesagt: laßt uns unsere künftige Herren ehren.

Ludwig Börne
an Jeanette Wohl in Frankfurt am Main.

Paris, 17. Dezember 1831.

Gestern war, zum ersten Mal seit er meine Briefe gelesen, der tragische Beer bei mir. Sie können sich vorstellen, daß der Poet, als beschränkter Kopf, als engherziger Jude, als reicher Mann, als Stockministerieller, als zitterndes Schaf vor meiner Wolfskritik, das jeden Augenblick fürchtet, verschlungen zu werden, besonders aber als neidischer Schriftsteller mir im Herzen sehr feindlich gesinnt ist. Auch erfahre ich es von andern, mit welcher Wut er gegen meine Briefe loszieht. Doch mir gegenüber zwang er sich zur Mäßigung und brachte seinen Tadel nur behutsam vor. Der Heine ist durchaus nicht besser als Beer; er hat freilich mehr Geist, aber sein Herz ist ganz so eng, ganz so dürre, ganz so eingeschrumpft und kleinlich selbstsüchtig als Beers. Von der öffentlichen Meinung, von ihrer Würde, von der Art, auf sie zu wirken, von der Weise, wie diese zurückwirkt, haben beide keine Vorstellung. Einen Streit zwischen Welten möchten sie geführt sehen wie ein Prozeß um eine Erbschaft: pfiffig, rabulistisch, schikanös, jesuitisch. Von einer Persönlichkeit, die sich aufopfert der allgemeinen Sache, haben sie keine Vorstellung und noch weniger von einer Persönlichkeit, die sich ganz vergißt und gar nicht daran denkt, daß sie ein Opfer bringt. Was ich gelobt, was ich getadelt, das leiten sie alle aus persönlichen Neigungen und Abneigungen ab, und dann rechten sie mit ihnen und verurteilen meinen schlechten Geschmack. Daß ich den Saphir »als einen geistreichen Mann hingestellt« (was ich doch übrigens weder gewollt noch getan), können sie mir gar nicht verzeihen. Von so einem miserablen Menschen dürfe man gar nicht öffentlich sprechen. Er, Heine, sei mit Witt-Döring umgegangen, wie er recht gut wisse, der größte Schuft unter der Sonne, es sei sein bester Freund, aber um keinen Preis würde er seinen Namen drucken lassen und verraten, daß er ihn kenne. Heine ist ein geborener Aristokrat, ein geschworener Feind jedes öffentlichen Lebens. Er ist zu feige, sich ihm auszusetzen, zu kränklich, es zu ertragen.

Ein Volk macht ihm seekrank, sein Sturm jagt ihm Todesangst ein. Er ist ein niedriger verächtlicher Sklave, der an seinen eigenen Nerven gekettet liegt, Fesseln der wunderlichsten Art, die um so stärker binden, je schwächer sie sind. In einer Revolution könnte Heine einen Robespierre machen, *einen halben Tag;* den starken Mann der Freiheit keine Stunde.

Julius Campe an Heinrich Heine in Paris.

Hamburg, 28. Dezember 1831.

Über Börnes Briefe haben Sie mir nichts geschrieben: warum nicht? Sie haben Börne angeführt. Sein Urtheil über Sie ist gefällt, nun sind Sie zufrieden? nun mag laufen. Ja, lieber Heine, Sie sind ein Politicus, nur immer Sclaven herbei, die an Ihren Wagen gefeßelt werden. Aber deswegen kene Fendschaft nicht!

*Ludwig Börne
an Jeanette Wohl in Frankfurt am Main.*

Paris, 18. Januar 1832.

Schreiben Sie nur alles ab; das wegen Campe, wegen Heine, wegen Beer. Vielleicht zerfalle ich einmal mit diesen Herren, und dann ist immer gut, ein kleines Zeughaus vorgerüstet zu haben.

*Heinrich Heine
an Johann Friedrich v. Cotta in Stuttgart.*

Paris, 20. Januar 1832.

Was Sie mir über Börne schreiben ist ganz meine Meinung, nur darf ich es aus Klugheit nicht laut werden lassen, da man es in dieser Zeit der Reakzionen als eine feige Sicherung auslegen würde.

Ludwig Börne, BRIEFE AUS PARIS.

4. Februar 1832 [1833].

Heine wurde neulich von Jemand gefragt: worin er sich in seinen politischen Ansichten von mir unterscheide? Er antwortete: ich bin eine gewöhnliche Guillotine und Börne ist eine Dampfguillotine.

Ludwig Börne, BRIEFE AUS PARIS.

10. Februar 1832 [1833].

Der Referendär Hering oder Willibald Alexis, wie er mit seinem Süßwasser-Namen heißt, baut ein Pantheon für die großen deutschen Männer, und stellt die Büsten von Menzel, Pustkuchen, Heine und Börne hinein . . . Wie kömmt Pustkuchen hieher? Pustkuchen hat gegen Göthe geschrieben, und wer gegen Göthe schreibt, den hohen Priester von Karlsbad, ist ein Revolutionär. Hering macht die Inschriften für genannte Büsten. Als er aber an die von Heine kömmt, zupft ihn Einer am Rock. Ich weiß nicht, wie er heißt, es ist aber Jemand von der hohen Polizei. Der sagt ihm etwas in's Ohr, worauf der Referendär ein pfiffiges Gesicht macht, und lispelt: ich verstehe! Der Wesbinder, der deutsche Pantheos, schreibt nun, statt der Inschrift zu Heine's Büste, Folgendes von ihm: »Heine hat — doch halt! ich denke lieber an das, was Heine noch thun wird. Heine hat, so lang es eine kitzliche Opposition war, als Liberaler gefochten; jetzt ist er es nur noch aus jugendlichem Muthwillen. Sein Talent will Beschäftigung haben. Ich hoffe, die Zeit zu erleben, wo er denselben Kitzel darein setzt, gegen den jetzt bequemen Liberalismus sich in Ungelegenheit zu setzen. Ich lasse den Schleier über seiner Büste im Pantheon der deutschen Republik ruhen, und denke an seine Büste in der deutschen Literatur.« Ist das nicht merkwürdig? Eine ähnliche Äußerung über Heine, einem andern Artikel entnommen, den man auch aus Berlin eingeschickt, und auf den ich zurückkommen werde, lautet wie folgt: »Ein

Schriftsteller (Heine), nicht ohne Geist und auch nicht ganz ohne Poesie (obwohl der Funke schon zu erlöschen beginnt), und den man früher gern mit Börne oder Lord Byron zusammenstellte, wandelt eine ähnlich gefährliche Bahn, und wir wünschen es aufrichtig zu seinem Besten, **daß er zeitig umkehre.** Schon das Streben, der Mode und der Tagesneigung beständig zu huldigen, ist äußerst bedenklich. Überschreitet er auch einst nur um ein Haarbreit die Grenze, so stürzt er (wie jetzt Börne) erbarmungslos von seiner Höhe herab, und hinter ihm erschallen Verachtung und Hohngelächter.«

Diese Zwerge fühlen selbst, daß sie dem Kampfe der Zeit nicht gewachsen sind, und darum möchten sie Heine anwerben. Nun, was gewönnen sie dabei? Wäre ein kleiner Vortheil der guten Sache mit der Schande eines verdienstvollen Mannes nicht zu theuer bezahlt, so wünschte ich, Heine ließe sich von den Polizei-Werbern verlocken. Nicht ihnen, uns würde das nützen. Die Wahrheit würde ihn treffen, wie die Andern auch, nur tödtlicher, weil er stark ist und Widerstand leistet; während der Kleister der Andern sich um die Schärfe des Schwerts legt, sie einwickelt, und manchen guten Streich abhält.

Ludwig Börne
an Jeanette Wohl in Frankfurt am Main.

Paris, 13. Februar 1832.

Der Heine ist ein verlorener Mensch. Ich kenne keinen der verächtlicher wäre. Nicht die Verachtung, die sich mit dem Hasse paart, kann man gegen ihn hegen, sondern die Verachtung, die sich mit Bedauern verbindet. Meine Briefe aus Paris haben ihn zugrunde gerichtet. Von nichts getrieben als von der Eitelkeit, von nichts angezogen als von der Hoffnung, Aufsehen zu machen, haben ihm meine Briefe die liberale Schriftstellerei ganz verleidet weil er verzweifelt, mehr Lärm zu machen als ich. Er hat den schlechten Judencharakter, ist ganz ohne Gemüt und liebt nichts und glaubt nichts. Seine Feigheit würde man keinem Weibe verzeihen. Neulich schrieb er einmal einen

Artikel in der *Allgemeinen Zeitung,* worin er Louis Philippe sehr verächtlich behandelte. DieserArtikel wurde in einem der hiesigen revolutionären Blätter übersetzt und das Blatt in Beschlag genommen. Jetzt hätten Sie nur Heines Todesangst sehen wollen, bei der Untersuchung möchte auch er in Anspruch genommen werden. Und doch ließ ihn seine Eitelkeit nicht schweigen, und er erzählte überall, daß der Artikel von ihm sei, was man ohne sein Geständnis gar nicht ersehen hätte. Es ist ihm nur wohl, wenn er mit Menschen zusammen ist, die er unter sich fühlt; meine Gegenwart drückt ihn ganz zu Boden. Auch meidet er mich, so viel er kann. Er hängt sich an das schlechteste Volk, geht mit bekannten Spionen um, macht den Zuträger und das ganz gewiß für Geld! Er ist so lüderlich, daß er nur ein einziges Paar Stiefel hat, wie er mir gestern selbst sagte, die jetzt zerrissen sind, so daß er nicht weiß, was er machen soll. Neulich schrieb er einen zweiten Artikel in der *Allgemeinen Zeitung,* worin er sagte: er sei *aus Neigung ein guter Royalist.* Und so ist es auch. Seine ganze Natur und Geistesrichtung, seine Lüderlichlichkeit, seine Nervenschwäche und weibische Eitelkeit macht ihn zum gebornen Aristokraten. Er macht kein Geheimnis daraus, daß er sich bei Preußen einzuschmeicheln sucht. Auch weiß man es dort. In meinem Herings-Salat (den ich acht Tage liegen lassen, aber jetzt bald endigen werde) habe ich 2 Artikel aus Berliner Berichten, die Heine betreffen, mitgeteilt, und daraus werden Sie sehen, wie man es darauf angelegt, ihn durch die gröbsten Schmeicheleien in die schlechte Partei hinüberzuziehen. Es gibt doch für einen Mann keinen größern Fluch als Charakterschwäche. Man kann in jeder Partei ein achtungswerter Mann sein, und Heine könnte durch seine Talente die Zierde jeder Partei sein, hätte er nur die Kraft, irgendein Interesse ganz zu umfassen. Aber da schwankt er immer von einer zur andern, wird auf beiden Seiten als feiger Flüchtling verachtet und wird auf beiden Seiten Prügel bekommen, was ich ihm schon oft vorhergesagt.

Ludwig Börne
an Jeanette Wohl in Frankfurt am Main.

Paris, 5. März 1832.

Jansons sind hier angekommen und haben mir alles Mitgegebene eingehändigt. Wir haben noch jeden Tag miteinander gegessen, im Palais Royal, wo auch Heine, Donndorf und andere hinkommen. Gestern beim Essen haben sie es mitangehört, wie ich dem Heine, was ich oft tue, die Wahrheit gesagt, und das etwas barsch. Gewöhnlich ist seine elende Feigheit der Text, über den ich lese. Aber unter dieser Feigheit versteckt sich noch etwas Schlimmeres, eine niederträchtige Gesinnung. Als Heine fortgegangen und ich den Jansons eine kleine Schilderung von ihm gegeben, sagte *er* zu seiner Frau: habe ich dir nicht gleich gesagt, als wir ihn zum erstenmal gesehen, daß er mir so vorgekommen? Das jetzige Treiben der Deutschen, die Assoziation, das kömmt ihm alle lächerlich vor, und doch hat er sich unterschrieben! Und das bloß aus Feigheit, wie er selbst eingesteht. Er hat Furcht, von den deutschen Patrioten Prügel zu bekommen. Nein, so eine Eitelkeit ist mir noch gar nicht vorgekommen. Es ist ein *Ekel*, wie meine Rezensenten sagen.

August Lewald,
Aquarelle aus dem Leben.

Januar–April 1832 [1836].

Börne ging im Jahre 1832 auf den Mont-Martre, um zu deutschen Schmieden und Schuhmachern zu sprechen, und hielt Reden in der passage du Saumon, während Heine im Stillen darüber lächelte und sich überall entfernt hielt, wo es Lärm geben konnte. Börne ist mehr der Mann der That, als Heine. Heine schlendert tagelang im dolce far niente umher und sinnet auf schöne Lieder.

Er verfolgte Börne's Treiben gern mit Spöttereien, wenn er gleich seinem Charakter Achtung nie versagte.

»Mir ist es leicht erklärlich, warum Börne sich der Gefahr aussetzen würde, wenn sie sich ihm zeigte«, pflegte er zu sagen. »Börne hat einen schlechten Magen und das Podagra, und dabei hat er nicht viel zu verlieren. Bei mir ist das ein Andres.«

*Johann Friedrich v. Cotta
an Karl August Varnhagen v. Ense in Berlin.*

Stuttgart, 10. März 1832.

Heine benützt jetzt sein seltenes Talent auf eine Weise, die viel Aufsehen erregt; ich höre er sey den alten liberalen Deutschen in Paris ein Dorn im Auge und ihm mißfällig daß sein Name immer mit dem von Börne zusammengestellt wird um als Aushängeschild aller Freisinnigkeit zu paradieren. H[eine] soll sehr witzig gesagt haben, wenn sein Name mit dem von B[örne] zusammengepackt werden soll, so wünsche er wenigstens daß viel Baumwolle dazwischen gelegt werde.

*Julius Campe
an Heinrich Heine in Paris.*

Hamburg, 13. März 1832.

Sie sagen »Sie vertrödeln Ihr Geld an Wisch, die man Ihnen anwischt, wofür Sie noch Obendrein ausgewischt werden« — Ist das Ihr Urtheil über Börnes Briefe? — Was das auswischen betrifft, so habe ich mich gehörig in Positur gestellt und mögte sich finden; ich habe gelogen wie ein Gott. und *Börne* wird mich darin nicht stöhren, das hoffe ich, obgleich er gegen mich schreiben will. Warum, das weiß ich nicht.

*Heinrich Heine
an Karl August Varnhagen v. Ense in Berlin.*

Paris, Mitte Mai 1832.

Ich stehe jetzt auf Friedensfuß mit allem Bestehenden und wenn ich auch noch nicht desarmire, so geschieht es nur der Demagogen wegen, gegen welche ich einen schweren

Stand hatte und noch habe. Diese Leute, aller Mäßigung
feind, wollten als ich mich zu keinem Mitwahnsinn verstand, mich durchaus zwingen als Tribun abzudanken.
Dazu hatte ich aber keine Lust. — Jetzt hat mich Gottlob
die Cholera von manchen überlästigen Gesellen befreyt,
nemlich die Furcht vor derselben. — Es war nicht eigent-
licher Muth daß ich nicht ebenfalls von Paris entfloh, als
der panische Schrecken einriß; ehrlich gesagt, ich war zu
faul. — Börne hatte längst reisen wollen, und man thut
ihm Unrecht wenn man seine Abreise der Furcht beymaß.
Indessen, ich hatte ihn 14 Tage vorher nicht gesehen; wir
stehen sehr schlecht, er hatte einige jakobinische Ränke
gegen mich losgelassen, die mir sehr mißfielen. Ich betrachte ihn als einen Verrückten.

*Karl August Varnhagen v. Ense
an Heinrich Heine in Paris.*

Berlin, 15. Juni 1832.

Was Sie mir von Börne schreiben, ist mir ganz erwartet;
Sie können mit ihm nicht übereinstimmen, er macht sich
mit dünkelhafter Selbstigkeit willkürlich dumm und abgeschmackt, und seine Tadeleien gegen Goethe sind von
gemeiner Einseitigkeit und Albernheit; doch fehlt es auch
ihm an Gaben nicht, allein er mißhandelt sie, wie arme
Pflanzen, denen ein falscher Boden und schlechte Luft
und ein unrichtiges Maß von Feuchtigkeit gegeben wird.
Ich prophezeihe ihm Unheil, wenn er die Anmaßung
durchsetzen will, bei seiner Äußerungsweise in Deutschland umherzureisen.

*Ludwig Börne
an Jeanette Wohl in Frankfurt am Main.*

Paris, 14. November 1832.

Heine sehe ich oft genug, bei Tische. Besucht hat er mich
noch nie, es ist ihm nicht behaglich bei mir. Er mißfällt
mir wie immer. In seinem Charakter hat er gar nichts

Genialisches; man sollte es nicht glauben, was er für ein gewöhnlicher Mensch ist. Ungewöhnlich ist er nur in seinen Schwächen, seinen Fehlern. Auch sieht er so schäbig aus. Es ist nicht möglich, ein vernünftiges, noch weniger ein warmes Wort mit ihm zu sprechen. Er hat nur Sinn für Witz, das heißt, fürs Feuerschlagen. Was man aber mit dem Feuer mache, das ist ihm ganz gleichgültig. Er sucht etwas darin, nichts zu lieben und nichts zu glauben. Er ist ein Jude, nur ohne Geld und mit Geist. Und der Geist sitzt ihm nur in den Fingern; denn wenn er nicht schreibt, hat er keinen. Von einem solchen Menschen hatte ich früher gar keine Vorstellung. Und dann hat er solch eine asthenische Lüderlichkeit, die mir auch zuwider ist. Wenn ein Mensch seinen Leidenschaften nicht widerstehen kann, das finde ich verzeihlich; er sucht aber die Leidenschaft auf, und das finde ich gemein.

Ludwig Börne
an Jeanette Wohl in Frankfurt am Main.

Paris, 5. Januar 1833.

Soeben verläßt mich der Heine nach einem sehr langen Besuche, der mich gestört hat. Es ist das erste Mal, daß er diesen Winter zu mir kam, ob er zwar ganz in meiner Nähe wohnt. Sein böses Gewissen macht ihm meine Gesellschaft drückend. Ich verstehe hier unter bösem Gewissen nicht, was man in der Sprache der Moral darunter versteht. Ich vermute zwar, daß Heine Schuft ist, aber ich kann ihm keine schlechte Handlung beweisen. Doch ein böses Gewissen hat jeder, der mit sich zerfallen ist, anders fühlt, als er denkt, anders spricht, als er denkt und fühlt, und anders handelt, als er spricht. Heute kam Heine, weil er erfahren, daß ich Xenien bekommen, worin von ihm die Rede ist. Den eitlen Narren macht so etwas ganz unglücklich, und ich Bösewicht hatte meine Schadenfreude daran.

Ludwig Börne
an Jeanette Wohl in Frankfurt am Main.

Paris, 9. Januar 1833.

Das Buch vom Heine ist noch nicht hier. Daß er ein Aristokrat werden würde, sah ich voriges Jahr schon kommen. Er ist es geworden aus Furcht, aus Eitelkeit und aus Eigennutz. Ich bin überzeugt, daß er Geld bekommen. Er ist der unglücklichste Mensch von der Welt, dem die Eitelkeit das Leben verbittert. Da er keinen Glauben und keine Liebe hat und nur um den Beifall schreibt, hängt er ganz von dem launischen Urteile der Menschen ab. Ich war zugegen, als ihm Dr. Donndorf (aus der Leipziger Zeitung) von dem Erscheinen meiner Briefe sprach. Er, wie keiner hier, wußte ein Wort davon, denn ich hatte mit niemand ein Wort davon gesprochen. Als Heine das hörte — er war eben im Lachen begriffen — zog sich plötzlich eine dicke finstere Wolke um sein Gesicht. Da bekam er nun Furcht, die gleichzeitige Erscheinung unserer Werke möchte ihm schaden, es möchte weniger von seinem Buche gesprochen werden. Es kömmt gerade gelegen, was ich (im Herings-Salat) von Heine gesagt, und wie man sich in Berlin Mühe gegeben, ihn hinüber zu ziehen.

Ludwig Börne
an Jeanette Wohl in Frankfurt am Main.

Paris, 12. Januar 1833.

Heine jammert überall in Paris herum (ich selbst habe ihn noch nicht gesprochen), welch ein Unglück ihm geschehen sei mit seinem Buche. In der Vorrede habe er Böses und Gutes vom König von Preußen gesagt; nun habe ihm die Zensur das Böse gestrichen und das Gute stehen lassen. Er wolle öffentlich dagegen reklamieren. Ich traue ihm aber nicht. Vielleicht hat er das Böse entweder gar nicht geschrieben, oder wieder ausgestrichen. —

Heinrich Heine
an Julius Campe in Hamburg.

Paris, 29. Januar 1833.

[Inhaltsangabe]
Heine macht Campe Vorwürfe wegen der Verstümmelung der Vorrede zu den Französischen Zuständen. *Er wirft ihm vor, Campe wolle seine Geduld und ihn selber mißbrauchen, nicht einmal seine Exemplare der* Reisebilder *habe Campe abgesandt; er hätte zwar Börnes »Pariser Briefe« gedruckt, aber auf seine, Heines, Anträge antworte er nicht, Campe verdiene Prügel, weil er ihn so lange ohne Abrechnung lasse.*

Ludwig Börne
an Jeanette Wohl in Frankfurt am Main.

Paris. 20. Februar 1833.

Der Heine über sein Buch wird sehr von mir heruntergemacht werden. Haben Sie denn beim Lesen gar nichts Dummes, Anmaßendes und Lächerliches gefunden?

Ludwig Börne, BRIEFE AUS PARIS.

25. Februar 1833 [1834].

Soll ich über Heines französische Zustände ein vernünftig Wort versuchen? Ich wage es nicht. Das Fliegenartige Misbehagen, das mir beim Lesen des Buches um den Kopf summte, und sich bald auf diese bald auf jene Empfindung setzte, hat mich so ärgerlich gestimmt, daß ich mich nicht verbürgen kann — ich sage nicht für die Richtigkeit meines Urtheils, denn solche anmaßliche Bürgschaft übernehme ich nie — sondern nicht einmal für die Aufrichtigkeit meines Urtheils. Dabei bin ich aber besonnen genug geblieben, um zu vermuthen, daß diese Verstimmung meine, nicht Heines Schuld ist. Wer so große Geheimnisse wie er besitzt, als wie: in der dreihundertjährigen Unmenschlichkeit der Österreichischen Politik eine erhabene Ausdauer zu finden, und in dem Könige von

Baiern einen der edelsten und geistreichsten Fürsten die je einen Thron geziert; den König der Franzosen, als hätte er das kalte Fieber, an dem einen Tage für gut, an dem andern für schlecht, am dritten Tage wieder für gut, am vierten wieder für schlecht zu erklären; wer es kühn und großartig findet, daß die Herren von Rothschild, während der Cholera ruhig in Paris geblieben, aber die unbezahlten Mühen der deutschen Patrioten lächerlich findet; und wer bei aller dieser Weichmüthigkeit sich selbst noch für einen gefesteten Mann hält — Wer so große Geheimnisse besitzt, der mag noch größere haben, die das Räthselhafte seines Buches erklären; ich aber kenne sie nicht. Ich kann mich, nicht blos in das Denken und Fühlen jedes Andern, sondern auch in sein Blut und seine Nerven versetzen, mich an die Quellen aller seiner Gesinnungen und Gefühle stellen, und ihrem Laufe nachgehen mit unermüdlicher Geduld. Doch muß ich dabei mein eigenes Wesen nicht aufzuopfern haben, sondern nur zu beseitigen auf eine Weile. Ich kann Nachsicht haben mit Kinderspielen, Nachsicht mit den Leidenschaften eines Jünglings. Wenn aber an einem Tage des blutigsten Kampfes ein Knabe der auf dem Schlachtfelde nach Schmetterlingen jagt, mir zwischen die Beine kömmt; wenn an einem Tage der höchsten Noth, wo wir heiß zu Gott beten, ein junger Geck uns zur Seite, in der Kirche nichts sieht als die schönen Mädchen, und mit ihnen liebäugelt und flüstert — so darf uns das, unbeschadet unserer Philosophie und Menschlichkeit, wohl ärgerlich machen.

Heine ist ein Künstler, ein Dichter, und zur allgemeinsten Anerkennung fehlt ihm nur noch seine eigne. Weil er oft noch etwas Anders seyn will als ein Dichter, verliert er sich oft. Wem wie ihm, die Form das höchste ist, dem muß sie auch das einzige bleiben; denn sobald er den Rand übersteigt fließt er in's Schrankenlose hinab, und es trinkt ihn der Sand. Wer die Kunst als seine Gottheit verehrt und je nach Laune auch manches Gebet an die Natur richtet, der frevelt gegen Kunst und Natur zugleich. Heine bettelt der Natur ihren Nektar und Blüthenstaub ab, und bauet mit bildendem Wachse der Kunst ihre Zellen. Aber er bildet die Zelle nicht, daß sie den Honig bewahre, sondern sammelt den Honig, damit die Zelle auszufüllen. Darum rührt er auch nicht wenn er weint; denn man weiß, daß er mit den Thränen nur seine Nelkenbeete begießt. Darum überzeugt er nicht, wenn er auch die Wahrheit spricht, denn man weiß daß er an der Wahrheit nur das Schöne liebt. Aber die Wahrheit ist nicht immer schön, sie bleibt es nicht immer. Es dauert lange bis sie in Blüthe kömmt, und sie muß verblühen ehe sie Früchte trägt. Heine würde die deutsche Freiheit anbeten, wenn sie in voller Blüthe stände; da sie aber wegen des rauhen Winters, mit Mist bedeckt ist, erkennt er sie nicht und verachtet sie. Mit welcher schönen Begeisterung hat er nicht von dem Kampfe der Republikaner in der St. Mery Kirche und von ihrem Heldentode gesprochen! Es war ein glücklicher Kampf, es war ihnen vergönnt den schönen Trotz gegen die Tyrannei zu zeigen und den schönen Tod für die Freiheit zu sterben. Wäre der Kampf nicht schön gewesen, und dazu hätte es nur einer andern Örtlichkeit bedurft, wo man die Republikaner hätte zerstreuen und fangen können — hätte sich Heine über sie lustig gemacht. Was Brutus gethan würde Heine verherrlichen so schön er nur vermag; würde aber ein Schneider den blutigen Dolch aus dem Herzen einer entehrten jungen Näterin ziehen, die gar Bärbelchen hieße und damit die dummträgen Bürger zu ihrer Selbstbefreiung stacheln — er lachte darüber. Man versetze Heine in das **Ballhaus**, zu jener denkwürdigen Stunde, wo Frankreich aus seinem tausendjährigen Schlafe erwachte und schwur, es wolle nicht mehr träumen — er wäre der tollheißeste Jakobiner, der wüthendste Feind der Aristokraten und ließe alle Edelleute und Fürsten mit Wonne an einem Tage niedermetzeln. Aber sähe er aus der Rocktasche der feuerspeienden Mirabeau, auf deutsche Studenten-Art eine Tabackspfeife mit rothschwarz-goldener Quaste hervorragen — dann Pfui Freiheit! und er ginge hin und machte schöne Verse auf Marie-Antoinettens schöne Augen. Wenn er in seinem Buche die heilige Würde des Absolutismus preißt, so geschah es, außer daß es eine Rede-Übung war, die sich an dem Tollsten versuchte, nicht darum, weil er **politisch reinen Herzens** ist, wie er sagt; sondern er that es, weil er

Athemreines Mundes bleiben möchte, und er wohl an jenem Tage als er das schrieb einen deutschen Liberalen Sauerkraut und Bratwurst essen gesehen.

Wie kann man je dem glauben, der selbst nichts glaubt? Heine schämt sich so sehr etwas zu glauben, daß er Gott den »Herrn,« mit lauter Initialbuchstaben drucken läßt, um anzuzeigen, daß es ein Kunstausdruck sei, den er nicht zu verantworten habe. Den verzärtelten Heine, bei seiner Sybaritischen Natur, kann das Fallen eines Rosenblattes im Schlafe stören; wie sollte er behaglich auf der Freiheit ruhen, die so knorrig ist? Er bleibe fern von ihr. Wen jede Unebenheit ermüdet, wen jeder Widerspruch verwirrt macht, der gehe nicht, denke nicht, lege sich in sein Bett und schließe die Augen. Wo giebt es denn eine Wahrheit, in der nicht etwas Lüge wäre? Wo eine Schönheit die nicht ihre Flecken hätte? Wo ein Erhabenes, dem nicht eine Lächerlichkeit zur Seite stünde? Die Natur dichtet selten, und reimet niemals; wem ihre Prosa und ihre Ungereimtheiten nicht behagen, der wende sich zur Poesie. Die Natur regiert republikanisch, sie läßt jedem Dinge seinen Willen, bis zur Reife der Missethat, und straft dann erst. Wer schwache Nerven hat und Gefahren scheut, der diene der Kunst, der absoluten, die jeden rauhen Gedanken ausstreicht, ehe er zur That wird, und an jeder That feilt, bis sie zu schmächtig wird zur Missethat.

Heine hat in meinen Augen so großen Werth, daß es ihm nicht immer gelingen wird sich zu überschätzen. Also nicht diese Selbstüberschätzung mache ich ihm zum Vorwurfe, sondern daß er überhaupt die Wirksamkeit einzelner Menschen überschätzt, ob er es zwar in seinem eigenen Buche so klar und schön dargethan, daß heute die Individuen nichts mehr gelten, daß selbst Voltaire und Rousseau von keiner Bedeutung wären, weil jetzt die Chöre handelten und die Personen sprächen. Was sind wir denn, wenn wir viel sind? Nichts als die Herolde des Volks. Wenn wir verkündigen und mit lauter vernehmlicher Stimme, was uns, jedem von seiner Parthei aufgetragen, werden wir gelobt und belohnt; wenn wir unvernehmlich sprechen, oder gar verrätherisch eine falsche Botschaft bringen, werden wir getadelt und gezüchtigt. Das vergißt eben

Heine, und weil er glaubt, er wie mancher Andere auch, könnte eine Parthei zu Grunde richten oder ihr aufhelfen, hält er sich für wichtig; sieht umher wem er gefalle, wem nicht; träumt von Freunden und Feinden, und weil er nicht weiß wo er geht und wohin er will, weiß er weder wo seine Freunde noch wo seine Feinde stehen, sucht sie bald hier, bald dort und weiß sie weder hier noch dort zu finden. Uns andern miserablen Menschen, hat die Natur zum Glücke nur einen Rücken gegeben, so daß wir die Schläge des Schicksals nur von einer Seite fürchten; der arme Heine aber hat zwei Rücken, er fürchtet die Schläge der Aristokraten und die Schläge der Demokraten, und um beiden auszuweichen, muß er zugleich vorwärts und rückwärts gehen.

Um den Demokraten zu gefallen, sagt Heine: Die Jesuitisch-Aristokratische-Parthei in Deutschland verläumde und verfolge ihn, weil er dem Absolutismus kühn die Stirne biete. Dann um den Aristokraten zu gefallen sagt er: er habe dem Jakobinismus kühn die Stirne geboten; er sei ein guter Royalist und werde ewig monarchisch gesinnt bleiben; in einem Pariser Putzladen wo er vorigen Sommer bekannt war, sei er unter den acht Putzmachermädchen mit ihren acht Liebhabern, — alle sechszehn von höchst gefährlicher republikanischer Gesinnung, — der einzige Royalist gewesen, und darum stünden ihm die Demokraten nach dem Leben. Ganz wörtlich sagt er: »Ich bin bei Gott! kein Republikaner, ich weiß wenn die Republikaner siegen, so schneiden sie mir die Kehle ab.« Ferner. »Wenn die Insurrektion vom 5. Juni nicht scheiterte, wäre es ihnen leicht gelungen, mir den Tod zu bereiten, den sie mir zugedacht: Ich verzeihe ihnen gerne diese Narrheit.« Ich nicht. Republikaner die solche Narren wären, daß sie Heine glaubten aus dem Wege räumen zu müssen um ihr Ziel zu erreichen, die gehörten in das Tollhaus.

Auf diese Weise glaubt Heine bald dem Absolutismus bald dem Jakobinismus kühn die Stirne zu bieten. Wie man aber einem Feinde die Stirne bieten kann, indem man sich von ihm abwendet, das begreife ich nicht. Jetzt wird zur Wiedervergeltung, der Jakobinismus durch eine gleiche Wendung auch Heine kühn die Stirne bieten. Dann sind sie quitt und so hart sie auch auf einander stoßen mögen, können sie sich nie sehr wehe thun. Diese weiche Art Krieg zu führen ist sehr löblich und an einem blasenden Herolde, die Heldenthaten zu verkündigen, kann es keiner der Kämpfenden Stirnen in diesem Falle fehlen.

Gab es je einen Menschen, den die Natur bestimmt hat, ein ehrlicher Mann zu seyn, so ist es Heine und auf diesem Wege könnte er sein Glück machen. Er kann keine fünf Minuten, keine zwanzig Zeilen heucheln, keinen Tag, keinen halben Bogen lügen. Wenn es eine Krone gälte, er kann kein Lächeln, keinen Spott, keinen Witz unterdrücken, und wenn er sein eignes Wesen verkennend, doch lügt, doch heuchelt, ernsthaft scheint wo er lachen, demüthig wo er spotten möchte; so merkt es jeder gleich, und er hat von solcher Verstellung nur den Vorwurf, nicht den Gewinn. Er gefällt sich den Jesuiten des Liberalismus zu spielen. Ich habe es schon einmal gesagt, daß dieses Spiel der guten Sache nützen kann; aber weil es eine einträgliche Rolle ist, darf sie kein ehrlicher Mann selbst übernehmen, sondern muß sie Andern überlassen. So, seiner bessern Natur zum Spotte, findet Heine seine Freude daran zu diplomatisiren, und seine Zähne zum Gefängnißgitter seiner Gedanken zu machen, hinter welchem sie jeder ganz deutlich sieht und dabei lacht. Denn zu verbergen, daß er etwas zu verbergen habe, so weit bringt er es in der Verstellung nie. Wenn ihn der Graf Moltke in einen Federkrieg über den Adel zu verwickeln sucht, bittet er ihn, es zu unterlassen; »denn es schien mir gerade damals bedenklich, in meiner gewöhnlichen Weise, ein Thema öffentlich zu erörtern das die Tagesleidenschaften so furchtbar ansprechen müßte.« Diese Tagesleidenschaft gegen den Adel, die schon fünfzigmal dreihundert fünf und sechszig Tage dauert, könnte weder Herr von Moltke noch Heine, noch sonst Einer noch furchtbarer machen, als sie schon ist. Um von etwas warm zu sprechen, soll man also warten bis die Leidenschaft, der er Nahrung geben kann, gedämpft ist, um sie dann von neuen zu entzünden? Das ist freilich die Weisheit der Diplomaten. Heine glaubt etwas zu wissen, das Lafayette gegen die Beschuldigung der Theilnahme an der Juni-Insurrektion vertheidigen kann; aber »eine leicht begreifliche Diskretion« hält ihn ab sich deutlich auszusprechen. Wenn Heine auf diesem Wege Minister wird, dann will ich verdammt sein, sein geheimer Secretair zu werden, und ihn von Morgen bis Abend anzusehen, ohne zu lachen.

*Ludwig Börne
an Jeanette Wohl in Frankfurt am Main.*

Paris, 15. März 1833.

Es läge mir erstaunlich viel daran, alles abgeschrieben zu haben, was ich seit 3 Winter über Heine geschrieben, und [was] nicht gedruckt worden. Wie aber das machen? Alle Briefe durchlesen u. abschreiben würde zu große Mühe machen. Es bleibt also nichts übrig als sie mitbringen. Wollen Sie das tun? Es liegt mir sehr viel daran. Ich komme bestimmt mit dem Heine früher oder später öffentlich in Streit, und da kann ich es benutzen. In die neue Zeitung, *l'Europe littéraire,* die seit Anfang März erscheint, schreibt er lange Artikel über die deutsche Literatur, wo seine niederträchtige Gesinnung *»greulich«* hervortritt. Wie er mir selbst früher in seiner lächerlichen Eitelkeit, *ein gefährlicher Mensch und Schelm* sein zu wollen, gestanden, will er das Blatt benutzen, seinen Freunden zu schmeicheln und seine Feinde zu verlästern, und so spricht er gegen sein eignes besseres Wissen und urteilt über Literatur und Schriftsteller. Goethe, den er so wenig achtet wie ich, streicht er heraus, um den Berlinern den Hof zu machen. Varnhagen von Ense, ein Berliner Legationsrat, der den Kopf einer Ameise hat, nennt er: »un homme qui a dans le coeur des pensées grandes comme le monde.« Auf mich wird er wohl noch kommen, doch sagte er im letzten Blatte, wo von Goethes Gegnern die Rede ist, in Bezug auf mich: »un enragé sans-culotte lui présentait la pointe de sa pique.« Kurz, es juckt mich, mit ihm anzubinden, und ich muß doch mein Wort halten, denn ich habe ihm in meinen Briefen gedroht: »die Wahrheit wird ihn treffen wie die andern auch, nur tödlicher.«

Sollte es möglich sein, die alten Berichte über ihn abzuschreiben (doch ich verlange die große Arbeit nicht), müßte immer das Datum drüber stehen. Da in der *Europe littéraire* nicht von Politik gesprochen werden soll, glaubt Heine in der Literatur seine politische Apostasie und Kriecherei gegen die Dipolmaten verbergen zu können. Ich muß ihn entlarven. Stellen Sie sich vor, daß er den *Häring* lobt! Kurz, er ist ohne alle Scham.

Merkwürdig ist, was der *Heimberger* einen Haß gegen Heine hat. Es ist ein wahrer Fanatismus. Er will gar nichts Gutes an ihm erkennen. Ob es seine aufrichtige Meinung ist, oder ob er vielleicht in Hamburg einmal etwas mit ihm vorgehabt hat, weiß ich nicht. Der war es auch, der mir gestern das Blatt brachte und mich auf die Stelle, mich betreffend, aufmerksam machte. Über Heine wird diesen Sommer eine Broschüre geschrieben, und gegen Sie, wenn Sie bis zum 20. April nicht in Aarau sind, ein Folioband.

Julius Campe an Heinrich Heine in Paris.

Paris, 16. März 1833.

Börnes Briefe hätte ich gedruckt? Das hat Börne nicht gesagt! nicht sagen können! Glauben Sie es, so verdenke ich es Ihnen nicht, weil ich die frühern druckte. Doch sehen Sie das Papier an; betrachten Sie Franks Papier, so werden Sie Ähnlichkeit finden. Es thut mir übrigens weh, daß Sie und Börne nicht in beßern Einverständniß leben, ietzt, wo die Sache des Vaterlandes es wünschenswerth macht, das alle Kräfte *einen* Brennpunkt haben mögten. Nur die Einigkeit kann etwas Gutes gebähren!

*Ludwig Börne
an Jeanette Wohl in Frankfurt am Main.*

Paris, 23. März 1833.

Wie können Sie nur glauben, daß ich mit Leidenschaft gegen Heine verfahren werde? Es ist mir nur darum zu tun, den lächerlichen Plan der Aristokratie (und es ist eine förmliche Verschwörung gegen mich) zu vereiteln. Und das bringe ich zustande. Dazu bin ich ganz der Mann. Die Lacher werden auf meiner Seite sein.

Ludwig Börne
an Jeanette Wohl in Frankfurt am Main.

Paris, 30. März 1833.

In meinem ersten Winter hier war Heine ja nicht in Paris, da kann ich also nicht über ihn geschrieben haben. Bloß in meinen vorjährigen Briefen ist von ihm die Rede. Verlassen Sie sich übrigens auf mich, ich werde schon wissen, was ich mit Heine zu tun habe. Ich muß ihm nicht Zeit lassen, mich anzugreifen, sondern muß ihn angreifen, da er im Verteidigungskriege sehr schwach ist, und also der Vorteil auf meiner Seite ist. Übrigens ist nur meine Absicht, die Liberalen vor Heine zu warnen. Wenn sie einmal wissen, was er für ein Schuft ist, und ihm nicht mehr trauen, lasse ich ihn gehen und schreiben, was er will.

August Traxel,
Memoiren eines Flüchtlings oder Continental-
Chiaroscurgemälde.

Mai 1833 [1835].

Wolfgang Menzel hat dem Publikum durch einen vergleichenden kritischen Aufsatz, worin er Heine und Börne gegen einander abwägt oder contrastirend gegenüber stellt, auf eine falsche Fährte geholfen. Ich kann Sie versichern, daß sich hier beide Schriftsteller nicht begegnen und in ganz verschiedenen Sphären leben, und daß, wenn Börne in seinen Briefen oft von seinem Freund Heine spricht, der Dieß und Jenes gesagt habe, kein wahres Wort daran ist. [...]

Ich weiß nicht, was Heine eigentlich hier Alles thut, weil ich mich nur nach dem öffentlichen Leben etwas umsehe. Genug, daß er schreibt und drucken läßt. In politische Umtriebe mischt er sich nicht, im Gegentheil, er hält sich von den sogenannten Patrioten entfernt. Nicht etwa aus Grundsatz, nein, aus Faulheit. Wenn sich eine Welt auf dem Sofa oder hinter der Gardine reformiren ließe, ohne daß man mehr zu thun braucht, als die Klingelquaste, Schlafrock und Pantoffel anzuziehen, so wäre er gewiß mit von der Parthie.

Julius Campe an Heinrich Heine in Paris.

Hamburg, 25. Juni 1833.

Sie meinen Börne habe viel von mir erhalten? Ich wiederhole es Ihnen, für die Briefe aus Paris 1. 2. hat er pr Band 50 Frd'or bekommen, und ich habe das Recht, sie in 5 *Jahren* so oft zu drucken wie *ich* will ohne Vergütung, und habe sie wirklich 2 mal gedruckt, für den Preis. Den 3ten und 4ten habe ich nicht gedruckt, also was er dafür erhielt, weiß ich nicht.

Heinrich Heine
an Karl August Varnhagen v. Ense in Berlin.

Paris, 16. Juli 1833.

Mein Buch, die französische Übersetzung der Zustände, macht allgemein Glück. Ich hab dem Übersetzer zu danken, daß die unverstümmelte Vorrede dazu gekommen. Diese, das leidenschaftliche Produkt meines Unmuths über die bundestäglichen Beschlüsse, versperrt mir vielleicht auf immer die Rückkehr nach Deutschland; aber sie rettet mich vielleicht vor dem Laternentod bey der nächsten Insurrekzion, indem jetzt meine holde Landsleute mich nicht mehr des Einverständnisses mit Preußen beschuldigen können. Schufte, wie Börne und Consorten, habe ich dadurch unschädlich gemacht, für mich wenigstens.

Julius Campe an Heinrich Heine in Paris.

Hamburg, 7. August 1833.

Börne ist von Ihnen verschrien gegen mich; aber Gott soll mich strafen, wenn jemals von ihm ein Vorwurf, eine Verdruß angezettelt wäre. Zwischen uns, obgleich gar kein freundliches Verhältniß existierte, ist alles auf so würdige Weise behandelt und abgemacht, daß ich in dieser Hinsicht volle Hochachtung für ihn bewahren muß, und wir nannten uns nur: Ew Wohlgeboren!

Ludwig Börne
an Jeanette Wohl in Frankfurt am Main.

Montreux, 19. Oktober 1833.

Wissen Sie, warum Heine den Schlegel haßt? Das hat er mir selbst gesagt. Vor einigen Jahren habe einmal Schlegel bei der Kurfürstin von Hessen gespeist, wo diese ihn gefragt, was er von Heine halte? Schlegel erwiderte: daß er ihn nie gelesen, gar nichts von ihm wisse. Das ists. Die Eitelkeit ist Heines Bandwurm. Mit weniger Kopf und mehr Herz wäre er ein vollkommnes Weib. Wie begierig bin ich auf seinen 2ten Teil; aber in der franz. Schweiz ist kein deutsches Buch zu sehen.

Ludwig Börne
an Jeanette Wohl in Frankfurt am Main.

Lausanne, 23. Oktober 1833.

Dem dummen Donndorf könnte ich den Tag fast angeben, an dem er vorigen Winter in Dienste der franz. Regierung getreten. Man lockte ihn damit, daß man ihm deutsche Stunde bei Broglie und Guizot verschafft, die ihm gut bezahlt worden. Er war selbst wie aus den Wolken gefallen, als man ihn an einem Tage zu jenen Ministern rief, ohne daß er sich darum bemüht, noch von jemand empfohlen worden. Als er mir das erzählte, wußte ich gleich, welche Glocke es geschlagen. Heine, der auch das Spiel treibt, hat ihn verführt. Donndorf ist Korrespondent der *Allgemein. Zeit.;* als solcher konnte er leicht einen Wert in den Augen der franz. Regierung bekommen. Ich wollte das alle noch verzeihen, wenn H. und D. bloß der franz. Regierung dienten. Diese interessiert sich mehr für Sachen als Personen, und erfährt sie auch durch Verräterei etwas Persönliches, so kann sie doch den Personen, wenn [sie] unschuldig sind, nicht beikommen, weil Preßfreiheit und öffentliche Gerichtsbarkeit sie schützen. Die Herren spionieren aber auch für deutsche Regierungen, und dadurch können sie die unschuldigsten Personen ins Verderben stürzen. Glauben Sie übrigens nicht, daß Heine jährlich 15000 fr. verdient. Er schneidet auf. Mir sagte er schon vor 2 Jahren, daß er sich jährlich auf 12000 fr. stehe, und nach seiner Lebensart, die ich kenne, hat er monatlich keine 400 fr. zu verzehren. So ist die Welt!

Heinrich Heine an Julius Campe in Hamburg.

Paris, 28. November 1833.

[Inhaltsangabe]
Heine teilt Campe mit, daß er den Artikel der »Leipziger Allgemeinen Zeitung« beantwortet habe. Er klagt über Zahnschmerz, ist erregt über Börne.

*Julius Campe
an Heinrich Heine in Paris.*

Hamburg, 3. Dezember 1833.

Den Leipziger Artikel wollen Sie beantworten? Diese Ehre wollen Sie dem Wisch geben?? — Heine! wo denken Sie hin? [...]

Wäre der Artikel [Nolte] ins Publicum gekommen, *dann* wäre es Nothwendigkeit Sich zu säubern, aber so? — würden die Verständigen die besonnenen Leute sich von Ihnen abwenden — und das ist doch die Mehrzahl — und würden Börne Recht geben, der freilich die Wahrheit sagte,: — »Sie könnten nicht den feinsten, nicht den gröbesten Spott ertragen« —

Sie nahmen ihm das sehr übel, aber ich glaube nicht, daß er das im Bösen gesagt hat; und deswegen finde ich es so Unrecht, daß Sie Sich gegen ihn aufgebracht zeigen. Freilich ist er immer ehrlich in seinen Schriften gegen Sie gewesen, — Sie haben ruhig sein Urtheil eincaßiert, aber haben Sie jemals seiner auf eine gleiche Weise gedacht! Niemals. Sie befinden Sich in seinem Urtheile begründet, und er kann nicht zurück, er darf ohne Inconsequenz nicht zurück. Merkel hat mir das damals gesagt, »nun hat er von ihm was er will, geben Sie Achtung: er läßt ihn liegen« — ich bestritt das. Leise zog Börne obiges an. Sie sind aufgebracht, und wie es im vorigen Jahre durch Tradition bis hier her gelangte, sollten Sie gedroht haben: ihn einen Tritt in den H...... zu geben wenn er Ihnen nahe.

Ich hörte das ungern; denn Börne mag immerhin als *Dichter* tief unter Ihnen stehen, aber nichts destoweniger steht er als *Kritiker* und *kluger* Mann so hoch über Ihnen; die Wage hält sich also. Und zwei solche Männer, die eines Glaubens in der *Hauptsache* sind, wollen sich befehden? Das ist schreiendes Unrecht an der Sache, die Sie beide führen.

Kann der andern Partei etwas erwünschter als die Uneinigkeit zwei solcher Männer kommen? Gewiß nicht! das ist die Grube aus der sie alles, alles was sie bedürfen holen können. Und ich mag es Ihnen nicht wünschen, daß Börne einmal ernstlich gegen Sie von Leder zieht. Vermeiden Sie das; trauen Sie nicht auf die Gefahr, daß er eine Inconsequenz vermeide, zuviel! Der kann Ihnen sehr gefährlich werden; und *er* schämt sich eines Geständnißes, sich an Ihnen geirrt zu haben, in seiner Einleitung nicht, *wenn* er dahin kommen sollte. Ich meine nämlich, daß Sie unter den kleinen Simson ihn anzapfen? Also *Frieden mit ihm, und womöglich ein freundliches* Verhältniß, wenn auch nur der Sache, deren Advokaten Sie sind, wegen.

Vinzent Rumpff,
Spitzelbericht an die österreichische Regierung.

Paris, 12. Januar 1834.

Über die Verbindung der beiden Schriftsteller Heine und Börne mit dem Vereine *[dem »Deutschen Volksverein«]* ist schwer ins klare zu kommen. Sie sind beide, besonders der erstere, zu klug, um sich mit jenen unbedeutenden Individuen zu kompromittieren.

Heine schreibt meistens lediglich um Geld zu gewinnen, aber die hiesige Polizei glaubt dennoch, daß er mit den Propagandisten in näherer Berührung steht und daß er am 22. Dezember eine Versammlung deutscher Schriftsteller bei sich gehalten habe, in der beschlossen worden sei, die Redaktion der Druckschriften und Pamphlets des Patriotenvereins, die bisher so mangelhaft verfaßt worden sind, künftig geübten Federn anzuvertrauen. Deshalb sei eine Redaktionskommission ernannt worden, die aus folgenden Personen besteht: Heine, Savoye, Dr. Meyer, Dr. Arent und A. Traxel. Börne wollte bei dieser Versammlung nicht erscheinen, da er mit Heine in bitterer literarischer Feindschaft lebt und Heine als unzuverlässig darstellen will.

Heinrich Heine
an Julius Campe in Hamburg.

Paris, 16. Januar 1834.

[Inhaltsangabe]
Heine [...] schimpft auf Börne und will wissen, ob Campe weitere Briefe Börnes drucken wolle.

Julius Campe
an Heinrich Heine in Paris.

Hamburg, 21. Januar 1834.

Den Verlag der Börneschen Briefe muß ich ganz *entschieden ablehnen!* Er ist ja Eigener Verleger, wie ich zu vermuthen alle Ursache habe. Er wollte sie auf Subscription herausgeben, und ich habe sogar auf eine Anzahl subscribirt und diese erhalten.

Sie schelten auf ihn, ich kann es Ihnen nicht wehren, aber ich verdenke es Ihnen! Er liebt Sie, und selbst da wo er Sie anzapft sieht die Liebe und Gerechtigkeit durch. — Darum bitte ich Sie jedoch, mich mit dem Verlage desselben nicht zu quälen. Denn wie es in Deutschland zugeht, werden Sie weiterhin erfahren, und ein unzeitiger Scherz könnte leicht die unangenehmsten Folgen haben; deshalb treiben Sie keinen Spuk mit mir, die Sachen sind zu ernsthaft! [...]

Börnes Briefe finden *allgemeinen* Beifall; das Volk en Masse söhnt sich mit ihm aus und erklärt ihn für einen ehrlichen redlichen Mann, und solche Meinung wirkt wohlthätig. Bei der großen Menge ist er sehr gestiegen.

Maximilian Heine
an Heinrich Heine in Paris.

Hamburg, Ende Januar 1834.

Börne's Briefe haben mir im Ganzen *nicht* gefallen. Einzelnes jedoch ist vorzüglich. Sein Urtheil über die »französischen Zustände« sind schief und unlogisch — Doch darin hat er recht, daß Du Dich über jeden Schiß zu sehr ärgerst und leicht aus einem Furz einen Elephanten machst. Der König von Baiern mag sich mehr damit amüsiren als ich — [...]

Ich habe gewettet, daß Du auf Börnes Angriffe *nicht* antworten wirst. Die malitiöse Welt freut sich schon, auf den Federkrieg, den Ihr beide anfangen werdet. Ich denke Du machst Deinen Feinden nicht das Vergnügen und streng genommen, bist Du des Sieges bei Börne's alter Ruhe nicht ganz gewiß — Du wirst den größten Eifer und Liebe für Dich darin erblicken, daß ich Dir alles grade heraus schreibe; denn ich schmeichle mir Dein erster Freund zu seyn.

Oskar Ludwig Bernhard Wolff,
Briefe geschrieben auf einer Reise längs dem Nieder-
rhein, durch Belgien und Paris.

Paris, 15. Mai 1835 [1836].

Die Urtheile, das Geschwätz, die Nachahmereien u. s. w., die von und über ihn *[Heine]* im lieben Vaterlande sich wie das Echo der Juden herum treiben, bis sie, wie dieses, endlich einen Stock oder Block finden, in dem sie sitzen bleiben und nun immerfort in den Tag hinaus stöhnen, belustigen ihn weidlich; heftig erklärte er sich aber dagegen, daß er immer mit Börne zusammen genannt werde. Ich tröstete ihn: das sei nun deutsche Sitte; wir könnten gar nicht geistig leben, wenn wir nicht Parallelen zögen und so oft die heterogensten Leute, die sich ähnlich sehen, wie ein Schimmel einem Rothfuchs, zusammen spannten; so Goethe und Schiller, Voß werde nie ohne Stolberg genannt, Matthisson habe seinen Salis, Iffland seinen Kotzebue oder Kotzebue seinen Iffland; er möge sich mit Goethes Worten trösten:

Hat doch der Wallfisch seine Laus,
Muß ich auch meine haben.

Börne sei nun einmal die seinige u. s. w. Er wurde aber noch eifriger, und erwiederte: Ich habe nie mit diesem Menschen etwas gemein gehabt, ich will nie mit ihm etwas gemein haben. — Ja, meinte ich, du *kannst* nie mit ihm etwas gemein haben, er hat die Gemeinheit allein. — Es beleidigt mich, fuhr er fort, ohne auf meinen schlechten Spaß, der aber das Resultat einer ernsten Überzeugung war, zu achten, — es beleidigt mich, wenn man meinen Namen in Deutschland zugleich mit dem seinigen ausspricht; sprich das in Deutschland für mich aus. — Ich habe es hiemit gethan, ernst und nachdrücklich, denn ich gebe Heine'n aus ganzer Seele Recht, und bin vollkommen der Meinung, daß es, bei dem Wege, den Börne in den letzten Jahren eingeschlagen hat, eine Ehre sei, von ihm angegriffen, ein Schimpf, mit ihm zusammen genannt zu werden.

Ludwig Börne, ÜBER DEUTSCHLAND, VON HEINRICH HEINE.

Mai 1835.

Allen Schriften von Heinrich Heine gehen prachtvolle, blendende Vorreden voran. Diesmal hält der Verfasser seinen Einzug, gefolgt von dem Kaiser Otto und Karl dem Großen, von zwei Bischöfen und einem Grafen, ein ehrwürdiger Aufzug, der aber die Unannehmlichkeit hat, daß er zu sehr die Aufmerksamkeit und Neugierde erweckt. Man glaubt nicht, wie viel eine schöne Vorrede dem Buche, welches ihm folgt, schaden kann; es bedurfte des ganzen Genie's von Rossini, um eine Oper wie die Gazza Ladra, deren Ouvertüre mit einem Trommelwirbel beginnt, glücklich durchzuführen.

Aus gewichtigen Gründen werde ich nicht in die Einzelheiten des Werkes von Herrn Heine eingehen; ich werde mich begnügen, den Geist desselben zu prüfen, d. h. den Geist des Verfassers überhaupt. Erstens sind meine Kenntnisse von der deutschen Filosofie und Literatur in ihrer Gesammtheit und in ihrer historischen Entwickelung sehr oberflächlich, und obgleich ich mich darin von Herrn Heine nur durch die Offenheit meines Geständnisses unterscheide, so nöthigt mich doch die Redlichkeit, mich als unbefugt zu einem Urtheile über derlei Dinge zu erklären. Alsdann fehlt mir der Mut, mich zu offen der Vorsehung zu widersetzen, welche Herrn Heine, wie er uns versichert, beauftragt hat, Frankreich mit Deutschland bekannt zu machen. Das wäre ein allzu gewagtes Unternehmen, vorzüglich seit die Vorsehung des Herrn Heine sich unter den Schutz eines einflußreichen Ministers gestellt. Ich will mich nicht mit ihr entzweien.

Wenn Herr Heine von dem Auftrag spricht, den ihm die Vorsehung gegeben, so handelt es sich, wohlverstanden, um einen Auftrag in Bezug auf Paris; denn was einen Auftrag in Bezug auf Frankreich betrifft, so hätte sich Herr Heine geschämt, ihn anzunehmen. Er drückt sich darüber deutlich aus: »Unter Frankreich, sagt er, verstehe ich Paris und nicht die Provinz; denn was die Provinz denkt, bedeutet ebenso wenig, als was unsre Beine denken. **Der Kopf ist der Sitz unserer Gedanken.«** Ohne Zweifel hat Herr Heine diese kostbaren Worte aufgezeichnet, als er nach einer Abendgesellschaft bei einem adligen Bürger nach Hause zurückgekehrt war und seine Glacéhandschuhe noch nicht ausgezogen hatte. Seine Rede hat den unvergleichlichen Geruch jenes Wassers von tausend Unverschämtheiten, womit allein die Salons des Jüstemilieu durchduftet sind. Doch, wahrlich das geht über den Scherz. Was Frankreich seit fünfzig Jahren Großes gethan, ist das von den Parisern erdacht und ausgeführt worden? Sind Necker, Mirabeau, Sieyes, Barnave, Camille Desmoulins, Pethion, Roland, Robespierre Pariser gewesen? Sind Carmot, Dumouriez, Hoche, Kleber, Moreau, Desaix, Massena, Ney, endlich Napoleon, nicht Provincialen gewesen? Nein, Paris ist nicht das Haupt Frankreichs, es ist nur dessen Hut, und wenn es der Provinz jemals zu warm werden sollte, so würde sie nicht lange schwanken und den Hut abnehmen. Wäre es möglich, daß diese glänzende Rede des Herrn Heine der getreue Ausdruck der Gesinnungen der Pariser sei? Dann wehe ihnen! Eines Tages könnte es allen Franzosen in den Sinn kommen, Paris sei Frankreichs Bastille, und an diesem Tage würde es fürchterlich heiß hergehen. Die Pariser sollten diese Saite nicht berühren. Wenn sie so weit gekommen, Versailles und den alten Hof zu ersetzen und die Börse in ein œil de bœuf zu verwandeln, so müßten sie sich ruhig ihrer Oberherrschaft erfreuen und sich ihrer nicht laut rühmen. Zittern sie nicht bei der Vorstellung man könnte eines Tages auf dem Platze der Chaussee d'Antin eine Stange aufgepflanzt sehen mit der Inschrift: Hier weint man?

Herr Heine spielt in seinen in französischer Sprache herausgegebenen Schriften bei Frankreich den Angenehmen und schmeichelt ihm auf wahrhaft wenig schmeichelhafte Weise. Er behandelt es als Buhlerin und sagt ihr Galanterieen, aber Galanterieen, um die Straße des Lombards neidisch zu machen. Er sagt den Franzosen, d. h. den Parisern, obwol sie keine Heiden mehr wären, führen sie doch nicht minder fort, die schöne Göttin Venus anzubeten und den Grazien zu opfern. Er rühmt ihre Artigkeit und ihre Klugheit; er lächelt ihnen freundlich zu; er lobt sie wegen ihrer Sorglosigkeit in Beziehung auf Gott und den Teufel, und weil sie nur noch dunkle Erinnerungen an diese beiden Personen hätten, welche noch in dem Volksglauben Deutschlands lebten. Ich weiß sehr wol, daß ein Diplomat einnehmend sein muß; er muß es aber stets mit Würde sein; doch solche Fuchsschwänzerei ist eines Glaubensboten der Vorsehung nicht würdig; sie sind noch weniger der Nation würdig, an welche sie gerichtet und welche Kraft genug hat, um Schmeicheleien entbehren zu können. Für jeden Ehrenmann giebt es nur eine einzige Art, die Gastfreundschaft, welche eine fremde Nation ihm gewährt, zu vergelten, die, sich ihrer würdig zu zeigen. Übrigens muß er zuweilen den Mut haben, seinen Gastfreunden nicht zu gefallen und lieber ihren Beifall zu verdienen als zu erhalten.

Es war für uns patriotische Schriftsteller wahrlich sehr leicht, unsern Grundsätzen treu zu bleiben, als wir noch in Deutschland waren. In unserm Vaterlande hatten wir mit keiner Verführung zu kämpfen, weder mit der Verführung der schönen Welt, welche noch nicht daselbst geschaffen, noch mit der der großen Welt, welche dort uns verachtet, uns niemals in ihre himmlische Sphäre eintreten läßt, unser Verlangen, ihr zu gefallen, nicht in Anschlag bringt, und die, indem sie sich am allerwenigsten um unsre Meinungen kümmert, uns nicht durch Liebkosungen oder durch wesentlichere Mittel zu gewinnen sucht. In Deutschland haben sie nicht jene constitutionellen Arzneimittel nöthig: sie haben die Censur, um unserer Unverschwiegenheit zuvorzukommen, und die Kerker, um sie zu unterdrücken. Paris hat seinen Markt der Unschuldigen; Wien, Berlin, München wissen seiner zu entbehren; dort unten kauft man nicht die Unschuld, man ergreift sie, das arme Thier, und sie stellt in den Pfandstall.

Doch in Frankreich ändert sich unsre Lage und wird zugleich angenehmer und gefährlicher. In diesem Lande gelten die Gelehrten etwas, und der ganze Geist des Herrn Heine reicht nicht hin, um die Aufmerksamkeit einer Gesellschaft, selbst in Gegenwart eines deutschen Diplomaten, zu erlangen. In diesem Lande hat die materielle Macht keine Gewalt ohne Verbindung mit der moralischen Macht, und das Laster selbst muß sich um den Schutz der Tugend bewerben. Hier können wir die Beständigkeit unsrer Meinungen und unsern Muth, sie zu vertheidigen, zeigen; hier können wir beweisen, daß wir nicht aus persönlichem Interesse für die Freiheit gekämpft hatten. Unschuldig und ohne Erfahrung in den Strudel von Paris geworfen, dieser liebenswürdigen und gottlosen Stadt, dem Paradies der Teufel und der Hölle der Engel, wo man so weit gekommen, alle Fäulniß geruchlos zu machen, müssen wir hier nach Ruhm streben, damit unser Vaterland den Verlust unseres Beistandes unter die Zahl seiner Unglücksfälle rechne.

Nachdem wir in ein fremdes Land verwiesen, wird unsre Muttersprache, die uns dahin begleitet, selbst als verwiesen, als geflüchtet angesehen und wie unsre Personen unter Aufsicht aller Polizeibehörden des Continents gestellt. Uns ist verboten zu handeln, ihr ist verboten zu sprechen, sogar von fern, gegen die Despoten Deutschlands. Nun aber der Willkür der französischen Sprache überlassen, jener seit zwei Jahrhunderten von den Königen, Diplomaten und Aristokraten von ganz Europa gemodelten und verdorbenen Sprache; jener gefährlichen Sprache, welche vielzüngig ist für die Lüge und stammelnd für die Wahrheit, müssen wir wachen, auf daß die Leichtigkeit zu täuschen in uns niemals die Lust errege, zu täuschen.

Im Dienste der Wahrheit genügt es nicht, Geist zu zeigen, man muß auch Mut zeigen. Es ist nicht genug, dem Frankfurter Bundestag einige boshafte Redensarten an den Kopf zu werfen und von Zeit zu Zeit einen Strauß mit einem schönen Glückwunsch für Deutschlands Freiheit zu überreichen; nur an diesen kleinen Ergötzlichkeiten erfreut sich die rhetorische Eitelkeit eines Schriftstellers, sie ergötzen aber nicht unsre unglücklichen unter den Bleidächern der deutschen Inquisition seufzenden Landsleute und können ihrer Sache nicht förderlich sein. Noch in der Verbannung können wir für unser Vaterland kämpfen, indem wir das Princip des Bösen bekämpfen, welches durch die ganze Welt dasselbe ist, obgleich mehr oder minder verhüllt, je nach den Hindernissen, welche die Sitten und die Staats-Einrichtungen ihm entgegensetzten. Dies böse Princip ist die Aristokratie, die Vereinigung des Egoismus. Wir dürfen uns nicht diesen Aristokratieen fügen, wir dürfen nicht in Frankreich liebkosen, was wir in Deutschland zurückgewiesen haben. Wahrlich, es wäre nicht der Mühe wert, daß wir uns durch die Kühnheit unsrer Meinungen und die Strenge unsres Liberalismus aus unserm Vaterlande hätten verbannen lassen, um nachher in einem fremden Lande heimisch zu werden, dort den Gefälligen gegen die vornehme Welt zu spielen und unsre Bärenhaut mit einer Fuchshaut zu vertauschen. Das wöge nicht die Reisekosten, das wöge nicht die Mühe auf, die es uns kostet, unsre inländischen Gedanken und Gesinnungen in dem warmen Treibhause einer fremden Sprache zu pflegen; das wöge nicht unsre Verlegenheit auf, wenn wir die Comptoirdamen der Lesekabinette und die reizenden Bewohnerinnen am Durchgang zum Panorama über unsre naiven Germanismen lächeln sähen.

Der gewandtesten, schlausten, katzenartigsten Kritik würde es dennoch nie gelingen, Herrn Heine zu ertappen, der noch mehr Maus als die Kritik Katze ist. Er hat sich in allen Winkeln der moralischen, geistigen, religiösen und socialen Welt Löcher aufgespart, und alle diese Löcher haben unterirdische Verbindungsgänge unter einander. Ihr sehet Herrn Heine aus einer von diesen kleinen Meinungen heraustreten, ihr verjagt ihn, er begiebt sich dahin zurück: ihr umzingelt ihn; ihr werdet selbst ertappt, siehe, da entwischt er aus einer ganz entgegengesetzten Meinung. Ergebet euch, ihr verliert eure Mühe und eure List. Ihr leset die oder die Seite von Herrn Heine, wo ihr eine falsche, abgeschmackte, lächerliche Behauptung findet; beeilet euch nicht, sie zu widerlegen, wendet das Blatt um, Herr Heine hat umgewendet und widerlegt sich selbst. Wenn ihr solche schillernde Geister nicht zu schätzen wißt, um so schlimmer für euch, ihr seid nicht auf der Höhe der rhetorischen Küche; es giebt nichts Köstlicheres, als diesen Mischmasch von Meinungen.

Wie gesagt, ich wage nicht, mit der großen filosofischen Gelehrsamkeit des Herrn Heine zu streiten, welche die

Unterstützung der Vorsehung noch furchtbarer macht. Aus diesem Grunde werde ich nicht untersuchen ob die Darlegung der verschiedenen Sisteme deutscher Filosofie, die Herr Heine für den Gebrauch des Foyer der Oper gemacht, wahr oder falsch ist; doch ich kann nicht umhin, die geschmackvolle und angenehme Art zu beurtheilen, womit Herr Heine die schwierigsten Gegenstände behandelt. Dieser liebenswürdige Schriftsteller spricht von Liebe, wenn er gerade von Kant redet, von Weiberhemden, wenn er vom Christenthum, und von sich selbst, wenn er von Allem spricht. Was mich betrifft, so gefallen sie mir wenig, diese Rosen- und Veilchengehänge, womit Herr Heine gefallsüchtig genug ist, die derben und nahrhaften Gerichte der deutschen Wissenschaft zu schmücken. Dieser Durchschlag von Literatur, diese Crême von Filosofie, diese Beafsteek's mit Vanille sind nicht nach meinem Geschmack.

Die Franzosen dürfen diesem Gelehrten keinen großen Dank wissen für die Anstrengungen, die er zu ihren Gunsten macht, um die Schwierigkeiten, welche dem Verständniß der deutschen Literatur vorangehen, zu heben. Indem er die Hindernisse des Weges entfernt, entfernt er das Ziel, denn nur in der Bemühung selbst findet sich der Lohn der Bemühung. Man dringt nicht in das deutsche Leben mit wenig Kosten ein. Die Deutschen selbst, die gebornen Deutschen, erfüllen nur unter vielen Beschwerden die Bestimmung ihrer Nationalität und gelangen erst nach großen Leiden zu jener Tiefe des Geistes, welche den Gefühlen den Frieden und die Sicherheit des Grabes giebt, und zu jener Glückseligkeit des Geistes, welche sie über ihren unseligen socialen Zustand tröstet. Das deutsche Leben gleicht einer hohen Alpengegend: es ist groß, königlich, die Krone der Erde, die mit ihren ewigen Gletschern schimmert! Deutschland ward das reinste Sonnenlicht, den andern Ländern die Wärme der Sonne. Seine unfruchtbaren Höhen haben die Welt zu ihren Füßen befruchtet. Dort sind die Quellen der großen Ströme der Geschichte, der großen Nationen und der großen Gedanken. Den Deutschen das Genie, den Franzosen das Talent; den einen die schöpferische, den andern die anwendende Kraft. Aus dem deutschen Boden sind alle jene großen Ideen hervorgegangen, die von geschickteren, unternehmendern oder glücklichern Völkern in's Werk gesetzt und benutzt worden sind. Deutschland ist die Quelle aller europäischen Revolutionen, die Mutter jener Entdeckungen, welche die Gestalt der Welt verändert. Das Schießpulver, die Buchdruckerei, die Reformation sind aus ihrem Schoose hervorgegangen — undankbare und vermaledeite Töchter, welche Fürsten geheirathet und ihre plebejische Mutter verhöhnt haben.

Um diesen erhabenen Anschauungspunkt des deutschen Lebens zu gewinnen, dürft ihr euch nicht in einer weichen, wohlverschlossenen Sänfte tragen lassen, denn dann wäre dies euer in Bewegung gesetztes Schlafzimmer, und ihr werdet nie aus eurer Lebensgegend heraustreten. Man muß die Beschwerden nicht scheuen, man muß nicht müde werden, man muß sich gegen Kälte, Hitze und Schwindel abhärten. Man muß steigen, klettern, springen, sich durch den Schnee einen Weg bahnen können. Doch seid versichert, daß der Lohn euern Bemühungen nicht fehlen wird, denn dort oben findet sich das geistige Leben der Deutschen.

Die Franzosen klagen oft und spotten zuweilen über den Nebel, welcher den Geist der Deutschen umhüllt. Aber diese Wolken, welche die Franzosen am Sehen hindern, sind nur zu den Füßen der Deutschen gelagert; sie selbst ragen mit ihrer ganzen Größe über die Wolken hinaus und athmen unter einem blauen Himmel eine reine und strahlende Luft. Doch der Tag nahet, noch einige Stunden der Geschichte, und es zerstreuen sich die Nebel, welche zwei Nationen trennen. Alsdann werden wir zur Erkenntniß kommen; die Franzosen steigen herauf, die Deutschen herab, um sich die tintenfleckigen Hände zu reichen, und dann werden sie ihre Federn in die roten Hände ihrer Könige legen, um damit an den Ufern des Missouri das letzte Kapitel ihrer Regierung zu schreiben.

Die Religion dient Herrn Heine als Schaukel und das Christentum als Schaukelpferd. Er liebkost es, er schilt es, er peitscht es, er stößt es mit seinen Fersen; zwar kommt er nie vorwärts, aber will Herr Heine jemals vorwärts kommen? Er will nur sich schaukeln und sich Bewegung verschaffen. Beleidigt Herrn Heine nicht, indem ihr ihn eines ernsten Strebens, eines Glaubens, einer Überzeugung für fähig haltet; Herr Heine weiß so gut als Einer, daß nichts fürchten, nichts hoffen, nichts lieben, nichts verehren und kein Princip haben, die wesentlichsten Züge eines großen Charakters sind.

Doch zum Unglück für die Unerschütterlichkeit des Geistes von Herrn Heine hat ihn der Direktor des Theaters dramatischer Narrheiten, das wir »Welt« nennen, zu allen ersten Rollen bestimmt, ohne selbst eine doppelte ihm zu geben. Das Repertorium des Herrn Heine ist unermeßlich; hundert gewöhnliche Schauspieler des Königs würden dabei nicht zureichen. Er spielt den Antichrist, während Voltaire, jener große Schriftsteller, nur den St. Johann Baptista, den Vorboten des Antichrist, gespielt. »Voltaire,« sagt Herr Heine, »hat nur den Leib des Christenthums verletzen können.« Doch ihm selbst, dem armen Manne, ist das mühsame Geschäft zugefallen, das innere Wesen des Christenthums zu vernichten.

»Die Hauptidee des Christenthums,« sagt ferner Herr Heine, »ist die Vernichtung der Sinnlichkeit.« Aber was ihn betrifft, er hat von der Vorsehung den Auftrag erhalten, die Rechte des Fleisches in Anspruch zu nehmen. Danken wir der Vorsehung, daß sie, und ganz ausdrücklich für Herrn Heine, eine neue Rechtsprofessur eingerichtet für die Lehre über die Rechte des Fleisches!

Doch nicht allein die Rechte des Fleisches nimmt Herr Heine in Anspruch, er spricht auch für die Wiedereinsetzung aller Materie. Hier ist ein Stück von seiner herrlichen Vertheidigungsrede:

»Kant hat den Himmel gestürmt und die ganze Besatzung über die Klinge springen lassen. Ihr sehet die Leibwachen Gottes leblos hingestreckt; er selbst schwimmt in seinem Blute; es gibt jetzt keine Allbarmherzigkeit mehr, keine Vatergüte, keine jenseitige Belohnung für diesseitige Enthaltsamkeit, die Unsterblichkeit der Seele liegt in den letzten Zügen — das röchelt, das stöhnt.

Die Menschheit lechzt nach nahrhafterer Speise als nach Christi Blut und Fleisch. Die Menschheit lächelt mitleidig über ihre Jugendideale . . ., und sie wird männlich praktisch. Die Menschheit huldigt jetzt dem irdischen Nützlichkeitssystem . . ., und dann müssen der Materie noch große Sühnopfer geschlachtet werden, damit sie die alten Beleidigungen verzeihe. Es wäre sogar rathsam, wenn wir Festspiele anordneten und der Materie noch mehr außerordentliche Entschädigungsehren erwiesen. Denn das Christenthum, unfähig die Materie zu vernichten, hat sie überall fletrirt, es hat die edelsten Genüsse herabgewürdigt, und die Sinne mußten heucheln, und es entstand Lüge und Sünde. Wir müssen unseren Weibern neue Hemden und neue Gedanken anziehen, und alle unsere Gefühle müssen wir durchräuchern, wie nach einer überstandenen Pest.«

Also geschehe es, und mögen die Wäscherinnen und die Parfümeriehändler sich darüber freuen! So ist denn Herr Heine von der Vorsehung zum Anwalt der Materie, zum Vormund der minderjährigen Materie ernannt. Doch mag er auf seine Mündel Acht haben! Über Nacht kommt guter Rat für die Töchter, und wenn 35 Jahre vorbei, ist es besser Spiritualist zu sein als Bewahrer der Materie.

Zu einem gewissenhaften Manne, der sich nur beim Suchen der Wahrheit verirrt, würde ich sagen: Nein, das Christenthum hat die Menschen nicht unglücklich gemacht, es hat sie seit seinem Erscheinen so gefunden und sie in ihrem Elend getröstet und unterstützt. Das Christenthum ist der Arzt der römischen Welt gewesen, als sie durch ihre ungezügelten Leidenschaften und ihre viehischen Ausschweifungen krank geworden. Herren und Sclaven waren damals gleich schuldig; die Einen schwammen im Blute, die Andern waren im Kote der Knechtschaft versunken; das Christenthum reinigte die Einen und half den Andern wieder auf. Es schrieb Allen eine heilsame Diät für Seele und Körper vor, und diese strenge Diät hat der Welt das Leben gerettet und sie geheilt. Das Christenthum hat die Rechte des Fleisches abgeschafft, es hat niemals das Opfer der sinnlichen Genüsse verlangt, es hat sie nur der Vormundschaft der Seele unterworfen, um sie reiner und dauerhafter zu machen. Keine Religion hatte jemals so viel Nachsicht für die menschlichen Schwächen, als die christliche.

Der Katholicismus, weit entfernt die Völker entnervt zu haben, hat ihnen die Stärke und die Energie wieder gegeben, die sie unter der römischen Herrschaft verloren hatten, und welche die neuern Völker, die sich vom Katholicismus losgerissen, zum zweiten Male verloren haben. Das einzige nordische Volk, welches seit drei Jahrhunderten nicht einen einzigen Tag aufgehört sich für die Freiheit zu regen, ist das polnische, das katholisch geblieben. Der Katholicismus ist kein »düsterer, abgehärmter« Cultus, wie Herr Heine sagt; er ist die heiterste, lustigste Religion, die je bestanden. Nein, die Sinne sind nicht vom Christenthum zur Heuchelei getrieben worden, diese Religion verlangt nur einen Schleier für die Sinnengenüsse, sie fordert nur Scham. Die Scham ist die einzige Gottheit, welche selbst die verdorbensten Menschen nie zu verläugnen wagen, und über ihren Cultus macht sich Herr Heine als über einen Aberglauben lustig und nennt ihn Sinnenheuchelei. Ich weiß wohl, daß dies nicht sein innerer und aufrichtiger Gedanke ist; doch dahin kann ein ehrbarer und feiner Mann wie Herr Heine, der sich rühmt nie geraucht, nie Sauerkraut gegessen zu haben und der in diese Eigenschaften seine besten Ansprüche auf Frankreichs Achtung setzt, dahin kann er durch eine unselige Phrasenliebhaberei gebracht werden. Herr Heine hat tausendmal die Liebe gefeiert; er hat sie in Versen besungen, er hat sie in Prosa angerufen; er muß es besser als irgend Jemand wissen, daß das Geheimniß der Gott der Liebe und daß die Scham ihre Religion.

Ist es denn so schwer ein Christ zu sein? Zum wenigsten ist es nicht so kostspielig als Herr Heine denkt. Jeder wer liebt, ist Christ. Und jeder Mensch muß, selbst aus Eigenliebe, etwas lieben und anbeten, was nicht er selbst ist. Es ist ein wohleingerichteter Egoismus, einen Theil seines Vermögens in dem Ganzen, welches nicht gestohlen werden kann, niederzulegen und seine Seele der Ewigkeit anzuvertrauen, die stets zahlungsfähig ist. Der Eine betet die Ehre an, ein Anderer den Ruhm, noch ein Anderer die Tugend, oder die Tapferkeit, oder die Treue, oder die Freiheit, oder die Wahrheit, oder die Liebe oder die Freundschaft. Je nun! das Christenthum ist das Pantheon aller dieser Gottheiten. Tretet ein in den Tempel, knieet nieder vor der Ehre oder vor der Freiheit, so betet ihr denselben Gott an, ihr seid Christen.

Man ist ohne Glauben niemals glücklich, man lebt von seiner Tagearbeit und beunruhigt sich über den nächsten Tag. Der Glaubende wird von der mütterlichen Sorgfalt der Vorsehung gepflegt; der Nichtglaubende ist ein Bettler, der von den Almosen des Glückes lebt. Der Glaube ist die Wurzel der Wissenschaft; getrennt von ihm ist das Wissen nur ein Stück Holz, das weder Blüte noch Frucht trägt. Ohne Glauben hat man kein Herz, und die großen Gedanken, die lebendig machenden Gedanken kommen aus dem Herzen. Man kann wol ohne Herz Talente haben, doch das sind nur eingemachte Früchte, welche den Durst nicht stillen. Man kann wol Geist ohne Herz haben, doch das ist nur plattirter Geist, der dem Ungemach der Witterung nicht widersteht und beim geringsten Reiben der Kritik sich rötet.

Der Protestantismus, sagt Herr Heine, war für mich mehr als eine Religion, er war eine Sendung; und seit vierzehn Jahren kämpfe ich für seine Interessen gegen die Ränke der deutschen Jesuiten. Vierzehn Jahre, das ist zweimal der siebenjährige Krieg, der einen großen König verewigt hat. Herr Heine muß müde sein von seinem Ruhme, möchte er seinen Hubertusburger Frieden mit den Jesuiten schließen! Da ist also eine neue Sendung auf Herrn Heine's Schultern; wahrlich, es ist ein schwerer Frohndienst, der Günstling der Vorsehung zu sein, und ein Anderer könnte nicht dabei bleiben. Herr Heine steht, von seiner Geburt an, an der Spitze der Bewegungen Deutschlands; er ist der Regimentstambour des Liberalismus, der Pathe der neuen literarischen Schulen, denen er seinen Namen giebt, der Beschützer des Protestantismus, der Schrecken der Republikaner, der Aristokraten und der Jesuiten. Er hat Alles vorhergesehen, Alles vorhergesagt, Alles geleitet; zuerst unter allen Deutschen hat er dies gesagt, hat er jenes vollbracht. Herr Heine würde gern ein Patent für Erfindung der Welt verlangen, wenn nicht unglücklicherweise die heilige Schrift da wäre mit unbestreitbaren Beweisen, daß die Welt vor Herrn Heine's Geburt erschaffen.

Aber was giebt Herrn Heine diesen Dünkel? Er erklärt es uns selbst. »Wagen,« sagt er, »ist das Geheimniß des Gelingens in der Literatur, wie in der Liebe.« In der Liebe ist es unglücklicherweise wahr, und unschuldige, unerfahrene Frauen werden oft für ein edles Zutrauen betrogen. Es ist sehr wahr, daß sie dafür nur ein einziges Mal betrogen werden, doch das bessert die Wagenden nicht, welche, sich auf die weibliche Verschwiegenheit der Beleidigten verlassend, die Geliebten wechseln und stets von Neuem wagen; doch wie kann die Kühnheit in der Literatur die Kraft ersetzen? Das läßt sich schwer begreifen.

Herr Heine bringt in Alles Liebe, in die Wissenschaft, Literatur, Politik, Filosofie, Theologie, Freundschaft. Es wäre nichts daran auszusetzen, wenn es mit Maß geschähe; doch Herr Heine hält kein Maß. Wir erinnern ihn an jene weise Lehre, die ein berühmter Koch seinen Zöglingen gab: »Vor Allem, meine Freunde, bedient euch niemals des Pfeffers bis zum Fanatismus.«

Ebenso wie in der Politik ist Herr Heine in immerwährendem Übergang begriffen zwischen den entgegengesetzten Meinungen, indem er auf dem Schlachtfelde, das sie trennt, hierhin und dorthin läuft, sich bald der einen, bald der andern nähert; ebenso ist er in Sachen der Religion in immerwährendem Übergang begriffen zwischen dem Deismus und Atheismus. Der Grund liegt darin, Herr Heine ist nur ein Phrasenlieferant, der Jedermann mit der kaufmännischsten Unparteilichkeit davon anbietet. Er kümmert sich nie um das Recht, die Gerechtigkeit einer Sache; er sorgt nur für seinen Worthandel, und kaum hat ihn die Hoffnung zu gewinnen zu einer Partei hingezogen, so treibt ihn alsbald die Furcht zu verlieren zu der andern Partei zurück. Bald würdigt er das Christenthum herab, bald preist er es; je nachdem ihm das Eine oder das Andere eine günstige Gelegenheit darbietet, seine gestickten Phrasen vortheilhaft anzubringen; denn Himmel und Erde dienen Herrn Heine nur als Cannevas, um darauf seine hübschen kleinen Nadelarbeiten darzustellen, welche von vorn betrachtet sehr gefallen, welche aber ihre Schönheit und ihren Wert verlieren, sobald man sie umwendet.

Herr Heine würde herzlich lachen, wenn ich auf den Gedanken käme, ihm seinen Unglauben vorzuwerfen; aber er wird meinen frommen Ermahnungen die ernsthafteste Aufmerksamkeit schenken, wenn ich ihn wahrnehmen lasse, daß die Gottlosigkeit eine veraltete Mode sei, daß kein Verdienst mehr darin liege, den religiösen Aberglauben zu bekämpfen, seit man für solche Kühnheiten nicht mehr verhaftet werde und man keine gottlosen Bücher mehr verbrenne; daß die Holbachs und die Lamettrie's des neunzehnten Jahrhunderts nur die Don Quichotte's des Atheismus seien; daß die Pariser, wie sie sein müssen, sich nicht mehr des alten Wahlspruches von Voltaire bedienen: »Zermalmt den Ehrlosen,« sondern daß sie den neuen Wahlspruch angenommen: »Zermalmt das Gesindel;« kurz, daß alle Schmähschriften gegen das Christenthum ungeheuer Rococo wären.

Herr Heine behauptet, das achtzehnte Jahrhundert habe den Katholicismus in Frankreich so vollkommen zermalmt, daß es ihn fast ohne Lebenszeichen gelassen. Das ist ein Irrthum, den dieser Schriftsteller mit vielen Andern theilt. Was uns betrifft, so denken wir im Gegentheil, das achtzehnte Jahrhundert, weit entfernt den Katholicismus zermalmt zu haben, habe ihn vielmehr vor seinem Untergang bewahrt. Voltaire und seine Schüler haben die Religion abgerauft. Überdies kommt wenig darauf an, worauf jene Filosofen abgezielt haben; man muß sehen, was sie mit ihren Bemühungen erreicht haben. Wenn die Vorsehung (Herr Heine wird mir das Plagiat verzeihen) irgend eine Absicht hat, so bedient sie sich stets der Menschen, welche die Gegner ihrer Absichten sind; das ist der kürzeste Weg, um ans Ziel zu gelangen. Die Könige sind es, welche die Republiken gründen, die Ungläubigen, welche die Religion wiederherstellen. Ebenso wie die französische Revolution nicht beabsichtigte, die politische Gesellschaft umzustürzen und die Herrschaft des Gesetzes, wie ihre Gegner behaupten, zu vernichten, sondern keinen andern Zweck hatte als dem Staate eine bessere Verfassung zu geben; ebenso hat auch die scheinbar antireligiöse Bewegung des achtzehnten Jahrhunderts nur versucht, die Verfassung der Kirche aus einer monarchischen, die sie ist, in eine volksthümliche zu verwandeln. Sobald es keinen Pabst, keine Büdget-fressenden Bischöfe, keine stehenden Mönchsheere, keine schwarze Gendarmerie mehr geben wird, sobald das Volk selbst seine geistigen Verwalter wählt, und die Kirche für und durch das Volk regiert wird, erhält der Katholicismus seinen Glanz und seine ursprüngliche Kraft wieder.

Die politischen und religiösen Bestrebungen des Jahrhunderts gehen Hand in Hand, und nur mit einander und zu gleicher Zeit werden sie ihr Ziel erreichen. Die Völker müssen, um frei zu sein, religiös sein; die freiesten Völker, die Schweizer, die Engländer, die Nordamerikaner sind die religiösesten Völker. Ihre Religiosität ist ihrer Freiheit nicht nachgefolgt, sondern vorangegangen; man muß Gott fürchten, um nicht die Menschen zu fürchten.

Wenn man Herrn Heine über die Jesuiten Deutschlands jämmerlich klagen hört, sollte man glauben, daß sie das Land beherrschen; aber dem ist nicht so. Es ist wol wahr, daß in Deutschland wie überall, wo es einen Krieg giebt zwischen dem Despotismus und der Freiheit, die Jesuiten bei jedem Kampfe herbeiströmen, so wie die Raben, welche die Leichname wittern, über den Schlachtfeldern fliegen: aber diese Raben, welche die Leichname beider Heere unparteiisch fressen, bringen nicht den Sieg zur Entscheidung. Die monarchischen Jesuiten werden uns nichts Übles zufügen, sie sind zu verschmitzt, um nicht das nahe Ende der Könige zu bemerken: vor den Volksjesuiten müssen wir uns jetzt hüten. Ich werde dem Schrecken des Herrn Heine gern einräumen, daß zu München die Jesuiten großen Einfluß besitzen; aber nur weil der König von Baiern selbst Jesuit ist, und seine Diener und Schmeichler, wie das immer geschieht, die Livree ihres Herrn tragen.

Man darf sich nicht allzusehr über diesen guten König beklagen, daß er Jesuit geworden; er hat sich den Mönchen und Heiligen erst in die Arme geworfen, seit ihn die Götter des Olymps verraten und auf die grausamste Art gefoppt haben. Gleich anfangs begeisterte Apollo diesen guten König von Baiern zu so abscheulichen Versen, daß man sie nicht laut vorlesen kann, ohne alle Hunde zwei Meilen in der Runde bellen zu hören; dann Venus, dann Merkur; kurz, das waren Stückchen, um den sanftesten Menschen in Wut zu versetzen. Auch hat davon der gute König von Baiern den Kopf verloren, ohne die übrigen Verluste zu rechnen; und seit dieser Zeit weiß er nicht mehr, was er thut, noch was er will, noch was er kann. In diesem unglücklichen Seelen- und Körperzustande hat er die rechtschaffensten Leute seines Königreichs verhaften lassen und hält sie seit zwei oder drei Jahren in fürchterlichen Kerkern, ohne öffentliche Anklage und ohne richterliches Urtheil. Dieser gute König hat bis an die fünfzig Klöster in seinem kleinen Königreiche eingerichtet, und er vermehrt sie noch täglich. Die baiersche Regierung ist eines der Meisterstücke der Politik des Herrn von Metternich. Dieser gewandte Staatsmann hat den König von Baiern überredet, daß er auf seinem eignen Gebiete und auf eigne Kosten eine von Klöstern gedeckte und von Kapuzinern bewachte chinesische Mauer aufführen ließ, um die Grenzen Österreichs gegen den Eindrang der Aufklärung von Seiten des südlichen Deutschlands zu schützen. Es ist derselbe König von Baiern, den Herr Heine genannt hat »einen der edelsten und geistreichsten Fürsten, die je einen Thron geziert,« und dann läßt er sich, um von seinen pindarischen Anstrengungen auszuruhen, mit seiner ganzen Schwere auf die niederen Jesuiten fallen und verursacht ihnen bedeutende Quetschungen. Aber geht alles Dies uns an? Es ist eine ganz persönliche Angelegenheit zwischen Herrn Heine und den Jesuiten, womit das Heil des deutschen Volkes nichts zu schaffen hat; mögen sie ihren Streit schlichten wie sie können. Herr Heine beklagt sich darüber, daß ihn die Jesuiten in München gequält und bis Paris verfolgt haben; daß sie dort wie Schlangen um ihn zischen und daß ihn eine dieser Jesuitenschlangen in die Ferse gebissen, als er gerade auf dem Boulevard Montmartre spazieren ging. Herr Heine sagt nicht genau dieses; er spricht nur davon im Allgemeinen; er sagt, man könnte auf dem Boulevard Montmartre lustig spazieren gehen und unvermutet den Biß eines Jesuiten in der Ferse fühlen. Aber wie die Besorgnisse von Herrn Heine stets geschichtlich sind, so ist er ohne Zweifel selbst von einem Jesuiten gebissen worden.

Möge Herr Heine Muth fassen und obwol ich die Jesuiten nicht mehr hasse, seit ihr Ehrgeiz so weit abgenommen, daß sie sich mit der Verfolgung eines unschuldigen Gelehrten begnügen, so würde ich mich dennoch freuen, wenn Herr Heine auch aus diesem letzten Kampfe als Sieger hervorginge. Vor noch nicht zwei Jahren hat er über die grausamen Verfolgungen geklagt, die er von Seiten der wider ihn verbündeten Aristokraten und Republikaner zu erdulden gehabt. In seinem letzten Werk spricht Herr Heine weder von den Aristokraten noch von den Republikanern mehr, ein sicherer Beweis, daß er sie vernichtet. Wohlan! er wird auch die Jesuiten zermalmen, und vielleicht ist der Tag nicht fern, wo Herr Heine in aller Ruhe und Sicherheit auf dem Boulevard Montmartre spazieren gehen kann, ohne den Biß eines kleinen baier'schen Loyola fürchten zu müssen.

Wir sind niemals zufriedener mit Herrn Heine, als wenn er sich im Irrthum befindet, doch unglücklicherweise ist dieser Fall sehr selten. Herr Heine ist selten im Irrthum, weil er selten die Wahrheit sucht. Er ist eben so unbesorgt, sich von ihr zu entfernen, als sich ihr zu nähern; sie zu finden, als sie zu verfehlen. Herr Heine sucht nur den möglich schönsten Ausdruck; das Auszudrückende ist ihm gleichgültig. Aber möge er es offen bekennen, möge er es ein für alle Mal erklären, daß er beim Schreiben nie einen andern Zweck habe, als ein Wörterbuch schöner und guter Redensarten in Lieferungen von zwei Bänden herauszugeben, und alsdann werden wir ihm nichts mehr vorzuwerfen haben. Wir werden es ganz einfach finden, daß Herr Heine das Ja in den Buchstaben J und das Nein in den Buchstaben N setzt, und daß Gott niedriger steht als der Teufel; kurz, wir würden Herrn Heine willig zugeben, daß Kleider Leute machen.

Hier noch einige aus dem Werke des Herrn Heine ausgezogene Stellen, um es Jedermann handgreiflich zu machen, auf welche Art dieser Schriftsteller spielt, nicht mit Worten, die ihm heilig sind, sondern mit Sachen. Er ist oft so ungeduldig und eilig, sich selbst zu widersprechen und seinen ursprünglichen Gedanken für ungültig zu erklären, daß er sich nicht die Zeit nimmt, ihn zu vollenden, und indem er sich selbst das Wort abschneidet, sogleich die entgegengesetzte Meinung anführt.

»Die Benthamisten, sagt Herr Heine, die Nützlichkeitsprediger, sind gewaltige Geister, die den rechten Hebel ergriffen, womit man John Bull in Bewegung setzen kann. John Bull ist ein geborner Materialist, und sein Spiritualismus ist meistens eine traditionelle Heuchelei oder doch nur materielle Bornirtheit, sein Fleisch resigniert sich, weil ihm der Geist nicht zu Hülfe kommt.« Möge der Geist des Herrn Heine dem Fleische John Bull's zu Hülfe kommen; möge er, um ihm Herz und Geist zu bilden, eiligst seinen Cursus über die Rechte des Fleisches eröffnen; aber möge er John Bull nicht widersprechende Fehler zur Last legen; das Alibi ist da, um ihn wegen des einen oder andern Vergehens zu rechtfertigen. Wenn John Bull Materialist ist, so kann er nicht zugleich Spiritualist sein, und wenn er aus Heuchelei Spiritualist, so ist er es nicht aus Dummheit. Wenn Herr Heine einen Galimatias machen will, so bringe er ihn wenigstens unter alfabetische Ordnung, wie wir weiter oben gesagt.

Und sehet da den elenden Aristokratismus von Herrn Heine; sehet nur, wie er den redlichen John Bull verachtet. Er, der erste Liebhaber, Anbeter, Vormund, Beschützer und Professor der Materie wird ihrer überdrüssig, sobald er bemerkt, daß das Volk sich ebenfalls um den Materialismus kümmert. Welch fürchterlicher Umsturz der öffentlichen Ordnung! Jakob Gutmann will Wähler und Materialist sein! Man könnte es dabei nicht aushalten, es ist allzu stark! Wahrlich, in unsern Tagen muß man auf Alles gefaßt sein; wir werden noch die Zeiten sehen, wo der Pöbel auf den roten Teppichen der Gänge des italienischen Theaters seine Schuhe abstreicht und am Tage nach einer Vorstellung ganz treuherzig seinen Theil an den geheimen Geldern der Vorsehung verlangt! O Zeiten! o Sitten!

An einer andern Stelle sagt Herr Heine: »Wie man zu Wittenberg in lateinischer Prosa protestirte, so protestirte man zu Rom in Stein, Farbe und Ottaverime. Oder bilden die marmornen Kraftgestalten des Angelo, die lachenden

Nymfengesichter des Giulio Romano und die lebenstrunkene Heiterkeit in den Versen des Meisters Ludovico Ariosto nicht einen protestirenden Gegensatz zu dem altdüstern, abgehärmten Katholicismus?« Das ist ein Urtheil, welches die verhärtetsten, unerschrockensten Sofisten zum Erbleichen bringen könnte. Aus gleichen Gründen kann man das Weiße schwarz nennen, indem man seine Weiße als eine Protestation gegen seine Schwärze ansehen läßt; man kann einen redlichen Mann einen Schurken nennen, indem man seine Rechtlichkeit als eine Protestation gegen seine Unredlichkeit bezeichnet! Und wollt ihr das Geheimniß dieser Widersprüche wissen? Herr Heine hatte einige wohlklingende Worte in der Spitze seiner Feder und konnte es nicht über sich gewinnen, sie für eine bessere Gelegenheit aufzusparen.

Wenn Herr Heine zu seinem seltenen Redetalente noch hinzuzufügen wagte das Talent, seiner Unabhängigkeit Achtung zu erwerben, Meinungen, Gesinnungen, Gedanken für sich zu haben; irgend eine Überzeugung zu haben, aber eine feste, unerschütterliche Überzeugung, welche den herrischen Launen der Winde, sowie den gefährlicheren Scherzen der Zefire Widerstand leistete; wenn sich Herr Heine nur um den Beifall der rechtlichen und aufgeklärten Leute und um die Zustimmung seines eigenen Gewissens kümmern und nicht Tag und Nacht bei allen Kaufleuten des Ruhmes herumlaufen wollte, er wäre alsdann ein vollkommener Schriftsteller.

Julius Campe an Heinrich Heine in Paris.

Hamburg, 15. September 1835.

In Brockhaus Blättern ist durch 5 Nummern, vor circa 3 bis 4 Wochen, der Börnesche Aufsatz gegen Sie erschienen. Wenn ich Ihnen früher schon sagte, daß der Reformateur seinen Giro machte, so geht es nun fort und pulsiert bis in die Winkelblätter herab. Ehrlich dürfen wir über dergleichen Reden; ich thue es, und muß Ihnen offen sagen, daß Sie dabei schlecht weg kommen. Für Sie ist kein Advocat aufgestanden, alle stehen auf Börne's Seite. Ich sehe ein, daß Sie Recht haben, dagegen nichts drucken zu laßen.

Aber Sie müßen etwas anderes thun, das ist: Sie müßen durch irgend eine Publication alles dieses niederwerfen. Ich glaube in Ihrem Vorhaben die Absicht zu entdecken und Sie thuen gewiß sehr wohl daran! Aber, Freund, zögern Sie nicht zu lange damit. Nicht etwa, als ob ich für Ihre Renomée etwas fürchtete, das zu erhalten wird Ihnen nie schwer fallen; aber jeder hat Neider und besonders Sie haben deren, weil Sie manchem zu schnell gewachsen sind — und da wird eine solche Zeit gehörig benutzt, um altes verschimmeltes Zeug aufzusuchen und als frische Waare an den Mann zu bringen.

Diesen Unfug mögte ich niedergedonnert sehen! und daher meine Bitte, die ich, als Statthalter Ihrer Ehre, an Sie richten muß! Rücken Sie sobald es geht mit einer Arbeit vor, die den Burschen die Mäuler stopft. Sie kennen das Wesen der Literatur; was soll ich Ihnen von solchen Dingen sagen, die Sie vielleicht beßer als ich kennen.

Karl Rosenberg,
Heine und Börne über Deutschland.

17. Oktober 1835.

So eben komme ich von Auteuil zurück, wo ich Börne besuchte, [...]. Ich gestehe, daß ich eine lebhafte Neugierde auf die persönliche Bekanntschaft des Mannes hatte, dessen literarische und politische Ansichten so oft in Deutschland der Gegenstand einer meist bittern und stets leidenschaftlichen Kritik gewesen waren. Dazu kam, daß ich vor Kurzem Heine in Boulogne hatte kennen lernen, der sich niemals anders als auf die gehässigste Weise über Börne äußerte und von ihm mit einer Geringschätzung sprach, die allerdings mein Verlangen, Jenen persönlich kennen zu lernen, hätte schwächen oder zerstören müssen, falls ich mich durch die Autorität eines Gegners, zumal von so geringer Wahrhaftigkeit, was ich später einsah, leiten lassen wollte. Denn leider hatte mir Heine das alte Sprichwort: praesentia minuit famam, nur allzu sehr bestätigt: was auch in öffentlichen Blättern gegen ihn und mit welcher Berechtigung es gesagt worden war, immer konnte ich in dem Verfasser der »Reisebilder«, in dem Dichter so vieler echt poetischer Lieder, einen Mann von Geist erwarten, der auch im täglichen Umgange, im gewöhnlichen Gespräch die vortheilhafte Meinung bestätigt, die er in seinen Schriften theilweise erregt hat. Doch wenn irgend jemals Schriftsteller und Mensch zwei verschiedene Wesen waren, so findet das bei Heine statt, dessen Unterhaltung eben so viel Fadheit und Geschmacklosigkeit verräth als seine Poesieen Witz und geistreichen Schwung zeigen; ein Übelstand, der unwidersprechlich darthut, daß es nicht die überströmende Fülle einer nach allen ihren natürlichen Anlagen und Vermögen durchgebildeten Seele, sondern nur die momentane — den intermettirenden Springquellen nicht unähnliche — Begeisterung ist, welcher die dichterischen Ergüsse Heine's ihre Entstehung verdanken.

Karl Gutzkow, Börne und Heine.

Juni 1835.

Börne hat Heine'n im Feuilleton des Reformateur bei mehr als der bloßen Partei angeklagt. Er appellirte an alle Diejenigen, welche sich ein Urtheil zutrauen, nicht an Die, welche zu seiner Meinung gehörten. Da konnte es nicht fehlen, daß er in der Verdammung Heine's einen auffallenden Anklang fand und damit ein zufälliges Resultat erreichte. Nein, wir müssen Börne'n innerhalb seiner Partei zurückdrängen und das Gleichgewicht zwischen beiden wieder herstellen. Sollte dies Verfahren wie eine Rechtfertigung Heine's aussehen, so kann ich Nichts dafür.

Börne und Heine, beide haben eine Tendenz nach jenem Bilde, unter welchem sie von der Freiheit träumen. Börne wird aus Sehnsucht ein Verzweifelter, Heine aus

Sehnsucht ein Übermüthiger. Börne rettet das Übrige, während er Eines aufgeben muß; Heine wirft Alles hin, er krankt an demselben Schmerze. Börne hält sich an Gott und gibt den Menschen auf. Heine klammert sich an die Menschen und scheidet sich von Gott. Börne will die moralische und religiöse Weltordnung kultiviren, bis wir in andern politischen Verhältnissen sind. Heine will, ehe wir nicht zu demselben Ziele sind, auch alles Übrige preisgeben. Wer hat Recht? Thörichte Frage! Fragen soll man nur: Wer ist mäßiger? Auch das nicht. Wer ist muthiger? Noch weniger dies: Wer ist unglücklicher? Sie sind es beide im gleichen Grade; nur darin unterscheiden sie sich, daß der Eine seiner Sache nützlicher ist, als der Andere.

Börne, dem der deutsche Adler an der Leber frißt, ist kein Prometheus. Heine ist es; denn Heine flucht den Göttern, wie Prometheus. Börne glaubt früher zu seinem Ziele kommen zu können, wie Heine; denn Börne läßt der Welt, was sie hat, nur will er ihren politischen Zustand verändern. Heine will ihr noch den Glauben nehmen. Das ist der Unterschied: Börne hat nur Einen, Heine hat sie Alle gegen sich.

Börne leidet an einer Einseitigkeit; Heine an einer Ungerechtigkeit. Börne glaubt, die einzige Frage der Zeit wäre die der Könige. Heine rächt sich gleichsam an den Gärten, Besitzungen, an dem ehrlichen Namen des Mannes, der ihm seine Tochter nicht geben will. Wenn Börne an seinem Ziele wäre, vielleicht würde er dann erst die andern sozialen Meinungen, welche nicht zur Politik gehören, angreifen. Wenn Heine es wäre, vielleicht würde er gegen Börne's Frivolität schreiben, vielleicht eingestehen, daß er früher die Erde und den Himmel nur verwüstet hätte, beinahe um zu sagen: Wenn ihr uns das Eine vorenthaltet, nun, so werde euch auch das Andere benommen!

Diesmal ist es Börne, welcher Heine'n der Frivolität anklagt, aber es ist ein großer Leichtsinn, das Jahrhundert nur auf die constitutionelle Frage zu reduziren. — Börne schneidet für unsere Zeit die Speculation ab, wenn er die theologische Debatte in die Vergangenheit verweis't, und von den Untersuchungen über das Christenthum wie von einer antiquirten und verbrauchten Maxime spricht. Börne tödtet die Keime künstlerischer Ausbildung, mit deren Blüte vielleicht die nächste Zukunft unseres Vaterlandes bedacht ist, wenn er eben so von den Bestrebungen, über die Schönheit neue Bestimmungen festzusetzen, geringschätzig redet. Es ist ein großer Despotismus, sich selbst zum Maßstabe der Zeit zu machen. Börne's Autorschaft, welche so abgerundet und vollendet, so zusammenhängend und einig vor uns steht, braucht freilich nur Consequenz, braucht nichts von den Fragen der Gegenwart. Es ist grausam, junge Autoren, die gewiß in ihrer Liebe zum Vaterlande uneigennützig sind, nur auf jene isolirte politische Thätigkeit hinzuweisen, wo die Einseitigkeit der Grundsätze eben so sehr die Tendenz wie die Individualität ruinirt.

Man kann nicht in Abrede stellen, daß Heine's unentwickelte Charakterbildung, vor allen Dingen aber die große Leere, welche selbst in genialen Köpfen entsteht, wenn sie in einer so vollen, concreten und überhäuften Zeit nichts thun, als von ihrem ursprünglichen subjectiven Kapitale leben, diesen Autor zum Kampfe der Zeit im großen, tragischen Style ganz ungeschickt macht. Möge jedes Wort, was Börne in dieser Rücksicht gesagt hat, auf ein gutes Feld fallen und in Heinen nicht Groll, sondern Entschlüsse hervorrufen! Im Übrigen aber muß man sich entschieden gegen Börne's Prinzipien, so weit sie in jenen Aufsätzen zum Vorschein kommen, erklären, wie gegen alle Insinuationen, die von der rein bürgerlichen Auffassung der Ereignisse herkommen, oder mit einer Meinungsschattirung des Tiersparti, es sei, welche es wolle, irgend im Zusammenhange stehen.

Adalbert v. Bornstedt,
Spitzelbericht an die österreichische Regierung.

Paris, 27. Oktober 1835.

Boerne lebt mit Heine in Todtfeindschaft; dieser spricht von dem ersten nie anders als mit den schmutzigsten

Prädikaten; gegenseitig ist der Neid der Hauptgrund des Hasses. Boerne ist aber unstreitig als Schriftsteller und als Mensch bei weitem mehr werth und also auch in seiner Parthei sehr geachtet und ungefähr *das* für Deutschland, was Lamenais in Frankreich ist. Heine und Boerne sprechen sich nie, sehen sich nie, grüßen sich nie; es ist also Unsinn zu behaupten, sie arbeiten zusammen.

Karl Noé (Deckname: Nordberg),
Spitzelbericht an die österreichische Regierung.

Paris, 16. Januar 1836.

Die Bemühung, zu Paris das revolutionäre Zentrum der deutschen Refugierten und sogenannten Patrioten zu gründen und die Leitung einem Komitee zu übertragen, ist seit vergangener Woche vollkommen ausgeführt.

Börne als der reichste, älteste und berühmteste Schriftsteller ist jetzt die revolutionäre Autorität und bei ihm werden jetzt Zusammenkünfte gehalten. [...]

Börne besitzt ungefähr 50.000 Reichstaler Privatvermögen, lebt sehr angenehm in Paris und verdient durch die stets wiederholten Auflagen seiner deutschen Werke bedeutend. Die deutschen Republikaner gehen regelmäßig seit Wochen zu Börne; der bekannte Hübotter erscheint dort auch, Harro Harring fortwährend, ebenso der Straßburger Refugierte Hundt-Radowsky, eine alte Ruine der ehemaligen Altdeutschen, in Deutschland als radikaler Schriftsteller bekannt, jetzt aber in viehischer Trunkenheit demoralisiert. Heine hat mit allen diesen Menschen nichts gemein und hält sich ganz zu den französischen Tagesliteratoren, macht diesen den Hof und nennt Börne und seine Gefährten »Falstaff und seine Bande«.

Ludwig Börne, Notizen zu Heines Offenem Brief
An die Hohe Bundesversammlung *vom 28. Januar 1836,
der zwei Tage später,
unter dem Titel* La Diète de Francfort et M. Heine,
im Pariser Journal des Débats *abgedruckt wurde.*

Februar 1836.

Das Erstaunen dieser Worte [»Bundesversammlung« und »Heine«], sich vereint zu finden, muß groß sein; aber was uns betrifft, so erstaunt uns das nicht im geringsten: wie der Herr, so das Gescherr — siehe das Vorwort dieses Autors zu seinem *Salon*. — Wir raten Herrn Heine, einem freien Geleit, das die Frankfurter Bundesversammlung gewährt, nicht allzusehr zu trauen. Auch Deutschland hat sein Nowgorod. »Die Gesetze meines Vaterlandes« [schreibt Heine]. Ein Gesetz, dem die Münchener Jesuiten soufflieren, das ein Handlanger des Herrn von Rochow entwirft, und das von einer hirnrissigen Bundesversammlung verabschiedet wird, ist kein Gesetz des Vaterlandes und verdient keinen respektvollen Gehorsam. — [...] Man wird die demütige Bittschrift des Herrn Heine als Unterpfand seiner Bekehrung mit Befriedigung zur Kenntnis nehmen; aber sicherlich wird sich die Frankfurter Bundesversammlung mit einem solchen Widerruf nicht zufriedengeben. — Es ist recht bescheiden von Herrn Heine, daß er erklärt, er stehe unter Luther; aber es wäre noch bescheidener gewesen, hätte er sich gar nicht erst mit ihm verglichen — er, der Schaum, der einen Felsen bedeckt [...] — Herr Heine, der als Jude geboren und nach mosaischem Gesetz erzogen ist, und der nun als Nachfolger Luthers und als die solideste Stütze des Protestantismus auftritt!

Die Frankfurter Bundesversammlung wird das Sendschreiben des Herrn Heine mit einem höhnischen Lächeln gelesen haben; aber sie wird sich mit leeren Worten nicht zufriedengeben; sie wird ihm erst verzeihen, wenn er die Verleugnung seiner Grundsätze vollendet hat.

Es wäre schön, Herrn Heine zu hören, wie er auf der großen Landstraße zwischen Forbach und Mainz Psalmen singt.

Luther und Heine! Wir sind keine Fabeldichter. Aber wenn wir's wären, was für ein Thema für eine Fabel: *Der Felsen und der Schwamm!*

Die Frankfurter Bundesversammlung, die Herr Heine, es ist noch keine zwei Jahre her, in einer seiner Schriften den Vampir genannt hat, der dem deutschen Volk das Herzblut aussaugt — sollte sie sich seither gebessert, sollte sie sich in eine Taube verwandelt haben? Oder hat Herr Heine kein Herzblut mehr zu verlieren?

Die deutschen Patrioten haben alles eingebüßt, sogar die Hoffnung; nur die Ehre ist ihnen geblieben. Herr Heine hat mit seinem Brief an die Frankfurter Bundesversammlung versucht, auch das, was ihnen noch bleibt, aufs Spiel zu setzen; es ist ihm nicht gelungen; aber an gutem Willen, das muß man ihm lassen, hat es ihm nicht dazu gefehlt. Jedem andern gegenüber [...] hätten wir uns weniger gemäßigt geäußert; aber der heroische Stoizismus des Herrn Heine entwaffnet uns, und wir würden uns schämen, eine so billige Offenherzigkeit wie die seine auszunützen.

Es ist schön, die unglückliche und verfolgte Unschuld in Schutz zu nehmen, aber wenn es sich um fünfzehn Millionen Unschuldiger handelt, wie im Fall der deutschen Protestanten, die hinter mehreren Königen und einer halben Million Soldaten hermarschieren, so können sich die selbst verteidigen. Herr Heine würde ein verdienstvolleres Werk tun, wenn er, statt die Protestanten, die niemand anzugreifen gedenkt, in Schutz zu nehmen, seine machtvolle Unterstützung seinen früheren Mitbrüdern im Glauben, den Juden, liehe, in deren Religion er geboren und aufgewachsen ist, und die, wenig zahlreich wie sie sind, bis auf den heutigen Tag im größten Teil Deutschlands rechtlos dastehen und von der christlichen Bevölkerung drangsaliert und gequält werden.

Es liegt mir nichts daran, die Liebe anderer Leute zu stören, nicht einmal ihre Eigenliebe; aber die Franzosen sollten nicht glauben, daß wir Deutsche auf Herrn Heine angewiesen wären, und daß er der Herkules Deutschlands wäre, der die Hydra des Katholizismus zerschmettert hätte.

Franz Grillparzer, Tagebuch.

Paris, 27. April 1836.

Wir kamen gleich in die Literatur, fanden uns in unsern Neigungen und Abneigungen ziemlich auf demselben Wege und ich erfreute mich des seltenen Vergnügens bei einem deutschen Literator *[Heine]* gesunden Menschenverstand zu finden. Er scheint durch die Bundestagsbeschlüße sehr alterirt und schrieb eben an einer Denkschrift an die abgeschmackte Versammlung. Vom Ultra-Liberalismus will er durchaus nichts wissen und spricht mit Verachtung von den deutschen Refugiés. Mit Börne steht er schlecht. Beklagt sich, daß dieser ihn für seinen Freund ausgegeben, was er nie gewesen. Gieng nach einer Stunde, herzlich entlassen.

Friedrich Wilhelm Rogge [»Paul Welf«],
Ein seltenes Leben.

April 1836 [1877].

Was Rogge weder an Heine, noch an Börne gefiel, war, daß sie sich gegenseitig herunterrissen und verklatschten, und wie Heine Börne's Freundin als Jedem zugänglich bezeichnete, so behauptete auch Börne von Heine's Mathilde, es könne sich Jeder für einige Franken mit ihren dreißig Schönheiten bekannt machen.

Ludwig Börne
an Karl Theodor Welcker in Freiburg.

Auteuil, 16. Mai 1836.

In Deutschland herrscht jetzt Grabesstille, unter 34 Millionen Menschen vernimmt man keinen Laut. Unter den exilierten bin ich noch der einzige, der den guten Willen nicht verloren von Zeit zu Zeit seinem unglücklichen Vaterlande ein Wort des Trostes, der Ermunterung zuzurufen. Heine, der mit dem Keim der Schurkerei hierhergekommen, hat sich in der schurkischen Luft von Paris schnell entwickelt, über die Blüte der Verderbnis ist er schon hinaus, er steht in voller Frucht: einige Zeit spottete er über Freiheit und was dem Menschen heilig, jetzt handelt er gegen sie.

Ludwig Börne,
MENZEL DER FRANZOSENFRESSER.

[1836].

Ich bin keiner von denen, die das Herz im Bauche tragen und deren Philosophie von der Verdauung abhängt. Ich bin nur krank an meinem Vaterlande; es werde frei, und ich gesunde. Ich bin kein dunkler Heraklit, der heitere Anakreon ist mir viel näher verwandt. Wie oft habe ich nicht hier in Paris, zusammen mit meinem alten Freunde Heine, bei Punsch und Wein das Hohelied Salomonis durchgejubelt! Ist das ein grämlicher Mensch, der bei Véry im Palais Royal den lüderlichen Schir Haschirim singt? Solcher wäre eher ein liebenswürdiger Taugenichts zu nennen. Was ist denn so wunderlich an mir, das einer kunstreichen Enträtselung bedarf? Ich bin standhaft geblieben, während andere umgewandelt. Mich haben die Zeiten gegerbt, ich bin rauh, aber fest, während andere, früher gleichgesinnt mit mir, der Essig des deutschen Liberalismus, in dem sie eine Weile gelegen, so mürbe gebeizt hat, daß sie an dem gelinden Feuer gnädiger Augen in wenigen Minuten gar geworden. Nach einem guten Frühstücke sich auf das Sofa hinstrecken, einige auserlesene moralische Kapitel in Paul de Kocks Romanen lesen, dann einschlafen und träumen; mittags mit fröhlichen Gesellen schmausen; abends mit angenehmen Frauenzimmern plaudern und mit Bankiers und Wechselagenten gegen die Republikaner losziehen, die uns unser Geld wegnehmen und uns den Hals abschneiden wollen, — das wäre auch meine Lust, hörte ich nicht auf die Stimme des bessern Genius in mir. Es komme ein wackerer Mann, der mich ablöse und für unser elendes Vaterland das Wort führe; ich werde ihn als meinen Erretter, als meinen Wohltäter begrüßen. Ich bin müde wie ein Jagdhund und möchte »Florentinische Nächte« schreiben.

Eduard Beurmann,
Spitzelbericht an die österreichische Regierung.

Ende 1836.

[Börne] hat sich nie französischen Zuständen akkommodiert, ist nie in die gesellschaftlichen Bestrebungen der Parteien eingegangen und überhaupt ohne jene feine Dialektik, die die Bestrebungen der modernen Publizistik auszeichnet. Er sieht wohl ein, daß sich die Sachen im Staate nicht so abmachen lassen wie in seinen Briefen und daß die lustigen Einfälle seines Humors so wenig Resultate bieten wie die gesalbte Begeisterung eines Lamennais. Und doch kann sich Börne nicht von diesen Ansichten, von dieser Auffassung der Dinge trennen. Börne ist — wenn der Ausdruck hier am rechten Orte — sehr faul und ein edler Mensch, deshalb muß ihm seine Betrachtungsweise die bequemste sein, er braucht, um solche Anschauungen zu liefern, nicht einmal das Zimmer zu verlassen. In ihnen ist viel subjektive Wahrheit, viel subjektives Recht und viel Groll enthalten. Alles dieses besitzt Börne (der letztere rührt aus seinen gedrückten Frankfurter Verhältnissen her) und deshalb kann er die Gesellschaft zu seinen quasi publizistischen Arbeiten entbehren. Aber diese isolierte Stellung mußte ihn in Paris ohne schriftstellerisches Renommee lassen, bei allem dem, daß er ziemlich gut französisch schreibt. In Paris bedarf der Schriftsteller der Vermittlung der sozialen Verhältnisse, er muß sich einer Partei anschließen, spezielle politische Tendenzen haben und am Ende auch einige Charlatanerie. Börne aber weiß selbst nicht, was er will, und wenn er auch jene Mittel, die die französische Literatur benützt, sich die Blicke der Menge zuzuwenden, billigt, so ist er doch zu stolz, einen Artikel über den *celèbre écrivain* Louis Börne, von ihm selbst verfaßt, der französischen Journalistik durch einen Vermittler antragen zu lassen. Endlich hat Börne, so sehr er auch die Franzosen lobt, einen großen Fonds deutscher Sitte und Grundsätze, die sich, selbst da, wo er sie verleugnen will, geltend machen. Er ist der heftigste Gegner der romantischen Schule, weil sie Saiten berührt, die der deutschen Moral nicht zusagen. Dieser Umstand läßt Börne über alle künstlerischen Vorzüge jener Werke hinwegsehen; er äußerte einfach menschlich, frankfurterisch-deutsch, gegen mich, den Romantikern schwebe keine andere Tendenz vor als das Geld, man wolle verdienen. Mit diesem einfachen Kalkul kann Börne freilich nicht zu einer Stellung gelangen. Es würde den Franzosen sehr verdrießen, wenn man ihm seine Leidenschaften mit solchen hausbackenen Urteilen verwürzte. Ich bin häufig mit Börne zusammengekommen in Auteuil sowohl als in der *rue Lafitte,* wo er während der Saison wohnt, er hatte eine Vorliebe für meine Auffassung der Dinge gefaßt, für meine Porträtierung und Laune, meine Schilderung von Frankfurter Verhältnissen, die ihm noch stets am Herzen liegen; aber ich fand ihn einen Tag wie alle im Schlafrock auf dem Sofa hingekauert, ohne Kenntnis der Dinge, die um ihn her vorgingen. Paris ist für ihn nicht mehr als Frankfurt, von allen deutschen Gewohnheiten hat er sich nur das Rauchen abgewöhnt.

Heine ist das Gegenteil von Börne. Leichtsinnig, geschwätzig in der Unterhaltung ohne Geist, möchte man ihn leicht für einen geistreichen Parvenu halten, der Talent und Genie geerbt, ohne zu wissen, was er damit anfangen solle. Vor allen Dingen ist Heine ohne Charakter und ohne Tatkraft, ich möchte behaupten, er werde kaum noch etwas von Bedeutung liefern, weil ihm viel an dem Aufsehen liegt, das Geschrei macht, wozu ihm jetzt die Mittel benommen. Der Liberalismus war ihm nur ein Relief für sein Talent, er kokettierte mit ihm wie mit Napoleon, Grundsätze hatte er nie gehabt. Freilich nahm Heine an den modernen Bestrebungen der französischen Literatur teil, aber das sollte ihm nur zur Vermehrung seines deutschen Renommees dienen. Er sah von vorhinein ein, daß er es in Frankreich nie zu Resultaten bringen werde, aber er opferte Geld und Zeit auf, seine Werke übersetzen zu lassen, Artikel über sich selbst für die französischen Journale zu verfassen und zu der *Europe litteraire* gezogen zu werden, die binnen kurzem einen ansehnlichen Fonds verdinierte. Ja seine Eitelkeit ging so weit, seinen Freund und literarischen Stubenheizer Lewald zu einer rein erdichteten Schilderung seiner häuslichen Verhältnisse zu vermögen, in welchen eine *femme entretenue,* Salons, Soireen und hundert Details des Luxus und Wohllebens vorkommen, von welchen Heine nichts weiß. Er lebt in der Tat sehr dürftig und beschränkt mit einer Grisette; wie er sich gegen mich äußerte, der ich diese Wirtschaft in der *rue Cadet Nr. 18* mit ansah, *en étudiant.* Heine möchte eben so gern wie Börne nach Deutschland zurück. Dieser wird sich nie dazu verstehen, seinen Wunsch deutlich auszusprechen, jener würde vielleicht unter allen Bedingungen die Rückkehr erkaufen. Börne stand sein Charakter in betreff einer einflußreichen Stellung in Paris entgegen, Heine seine Charakterlosigkeit.

Eduard Beurmann, Brüssel und Paris.

Ende 1836 [1837].

Börne war Heine's Feind vom Gesichtspunkte der Partheien aus, aber den poetischen Werth des Verfassers der *Reisebilder* hat er bis an seinen Tod gewürdigt, er bedauerte nur, daß es ihm nicht so leicht würde, *florentinische Nächte* in Paris zu schreiben. Anders aber urtheilen jene Deutschen, die aus den kleinen zerstreuten Revolutionen nach Paris kamen, und das will eben Heine's mißliche Lage erklären. Sie verlangten von ihm zuerst Sympathie für ihr Unglück, und der geängstigte Dichter steuerte ihnen mit Geld bei; später aber wollten sie Anerkennung, Heine sollte in seinem »Salon« von der deutschen Literatur in Paris sprechen und als er nicht gemeinschaftliche Sache mit ihr machen konnte und wollte, drohte man ihn in die »Gallerie denkwürdiger Israeliten« zu bringen. Heine, der sich stets darauf beruft, der es hat drucken lassen, daß er zur Hälfte von Adel, daß seine Mutter eine geborne von Geldern, daß er aber auch Protestant und zwar Einer der eifrigsten sey, in einer Gallerie von Israeliten! das war zu toll! *Börne* schürte das Feuer und rieb sich vergnüglich die Hände, als Heine trotz aller Einwendungen und Demonstrationen in demselben Hefte einen Platz fand, in welchem Spinoza abgebildet und besprochen ist. So spielt man dem armen Dichter aus purer Schadenfreude mit; denn es war durchaus keine andere Ursache vorhanden, ihn dort einzuführen. Börne sagte mir selbst: »Ich stehe nicht darin, und er ist geschildert vom Kopf bis zu den Zehen, selbst das haben sie nicht ausgelassen, daß er in Frankfurt in einem Kramladen gewesen ist.«

Heinrich Heine an Julius Campe in Hamburg.

Paris, 20. Dezember 1836.

Mein Gott! ich weiß nicht, warum Sie eben *mich* zum Sündenbock erkoren und zur Versöhnung der deutschen Staatsgötter mich abschlachten lassen. Von allen Seiten, ja von den höchsten Männern, gelangt zu mir die Versicherung, daß ich für die Sünden der Campeschen Buchhandlung mehr als für die eignen leiden mußte — und in der That, ich schaudre jedesmal, wenn ich denke welche Menschen Sie mir seitdem als Verlagskollegen zugesellt! Ich nenne ihnen keinen, weil ich nicht will, daß dergl Lumpengesindel auch nur ahne, daß ich davon Notiz nehme. Als man mir Ihren jüngsten Autor *[Börne]* nannte verhüllte ich mein Gesicht.

Heinrich Heine an Julius Campe in Hamburg.

Paris, 23. Januar 1837.

Zwey Dinge sind es nur, die mich in Bezug auf Sie verstimmen, ja die bey mir, wenn ich daran denke, eine Bitterkeit hervorrufen. Das eine ist der gerechte Vorwurf, daß Sie, während Sie die kühnsten Dinge drucken ließen, ja während Sie in diesem Augenblicke noch den 15ten Theil des Herrn Börne verlegen (wir wissen alles), dennoch meine Werke aufs grausamste der fremdhändigen Verstümmlung preisgegeben ...

Julius Campe an Heinrich Heine in Paris.

Hamburg, 28. Januar 1837.

Heute habe ich Ihren Brief v 23 Januar empfangen, und nun begreife ich welcher Autor es ist, der Sie zur Verhüllung Ihres Hauptes vermogte! — Börne ist es, — Ich weiß nicht wodurch ich es verdient habe, von Ihnen ein Rindvieh gescholten zu werden! Ein Rindvieh müßte ich seyn, wollte ich ein solches Werk drucken. Ich sage ein Rindvieh! denn wollte ich ein ruinierter Mann werden, hätte ich nichts weiter zu thun, als ein solches Buch drucken laßen: das wäre genug, um vernichtet — vertilgt zu werden. Weil Sie schwach genug sind Sich solche Dinge in den Kopf zu setzen, so will ich es Ihnen betheuren, daß ich dem Verlage dieses Büchleins so fremd bin, wie Sie deßen Autorschaft es sind. Also hören Sie: ich will der niederträchtigste Schuft seyn, der je auf Erden gewandelt hat, wenn ich das Buch drucken ließ; Oder nur gewußt habe, daß es erscheinen würde: erst am 9ten Januar las ich im Correspondenten die Anzeige des Buches. Ich hielt es für eine Mystification, ging in das Bureau und ließ mir die Anzeige vorlegen und erkannte die Handschrift für ächt. [...]

Ich habe an Börne nicht geschrieben, er mögte sonst glauben, ich wollte ein Exp geschenkt haben; überhaupt habe ich von Börne sei *Juny* keine Zeile gesehen.

Übrigens wenn er etwas geschrieben, daß der Censur nicht anstößig, dann sehe ich, in der That, nicht das Verbrechen ein, von ihm etwas zu verlegen. Das räumen Sie mir doch ein?

Eugen v. Vaerst an Heinrich Heine in Paris.

Paris, 19. Februar 1837.

Sie sind nicht Einmal zu Börne's Begräbniß gewesen, das wird man Ihnen — Haupt des jungen Deutschlands! — sobald nicht vergeben.

Julius Campe an Heinrich Heine in Paris.

Hamburg, 5. April 1837.

Dem Börne habe ich eine kleine Buchhändlerische Denkrede gehalten, für die Trockenen und die Öhligten. Ich muß etwas thun, um den Vorrath zur Ader zu laßen. Sie sagen Ihrer Mutter, mit Börnes Schriften sey es bald aus. Sie irren darin. Börne ist zu guter Stunde gestorben. Alles achtet und ehrt ihn, sieht in ihm einen Apostel der Freiheit, der als Blutzeuge gestorben ist: als *Verbannter!* Ich frage Sie, bedarf es mehr, um der Nachwelt überliefert zu werden? Alle Blätter, selbst die *Wiener,* haben Denkreden auf ihn. Jeder preißt seine Unwandelbarkeit: *eben dieses ist* die Angel, um die sich alles dreht und alle Partheien für den *Todten* Börne stimmt! *Seine Consequenz,* die ist es eben, die so allgemein und wunderbar die Herzen der Menschen mit Liebe, Achtung und Mitleid ihm zugeführt und dauernd erworben hat!

Heinrich Heine
an Johann Hermann Detmold in Hannover.

Paris, 24. Juli 1837.

Börne scheint wirklich jetzt von den Deutschen kanonisirt zu werden. Dieser ehrliche Mann ist dennoch mit Verläumdungen, die er der Welt über mich insinuirt hat, ins Grab gegangen. Es ist sehr wahrscheinlich, daß ich mein Stillschweigen über ihn breche. — Nächstens mehr hierüber.

Johann Hermann Detmold
an Heinrich Heine in Paris.

Hannover, 4. August 1837.

Was Sie mir über Börne schreiben ist mir nichts Neues: das war auch übrigens zu erwarten, daß man ihn halb kanonisire. Sie sollen erst mal sehen wie es Ihnen gehn wird, sans comparaison mit Börne. Erstlich die deutsche Pietät gegen Todte. Zweitens diesmal gelinde Censur, denn da der Mann todt, so ließ man ihn immerhin loben, *er thut nichts mehr* und die ihn loben sind keinerweise gefährlich. Endlich war das Lob deshalb so stark weil alle die Gesinnungen, ich will nicht sagen Sympathien, die durch die Censur pp. unterdrückt schweigen, bei dieser Gelegenheit allegorisch-symbolisch sich Luft machen. Und dann die Juden die dafür bezahlen.

Heinrich Heine an Julius Campe in Hamburg.

Paris, 6. September 1837.

Börne findet nach seinem Tode große Anerkennung als Mensch. Deutschland verliert in ihm unstreitig seinen größten Patrioten; die Literatur verliert wenig an ihm.

Ludwig Wihl, Heinrich Heine in Paris.

Oktober 1837 – Frühjahr 1838.

Heine begnügte sich nicht mit dem Lorbeerkranze der Dichtung; er wollte Staatsmann, Philosoph, Religionsstifter, der Himmel weiß, was nicht Alles werden. Börne neidete ihm den Lorbeer nicht an, aber wenn er Göthe wegen dessen entschieden aristokratischer Richtung oder Theilnahmlosigkeit bei den Leiden des Volkes mit dem Ingrimm eines Jesajas verfolgte, so donnerte er gegen Heine's Französische Zustände, gegen Heine's philosophisch-theologischen Salon wegen des Spielens mit Fragen, für die er selber sein Leben hindurch, ein Märtyrer, sein Herzblut verspritzte. Der Kampf zwischen beiden Planeten war ein natürlicher, er konnte erst im Père Lachaise erlöschen. Diese meine Ansicht kommt nicht Heine hinter dem Rücken; ich habe sie ihm zu keiner Stunde verschwiegen, so oft sich auf Börne die Rede wandte; und ich lebe auch der Überzeugung, daß wir noch einmal schöne Bekenntnisse über seine Beziehungen zu Börne und den Zeitfragen, sey es in einer eigenen Schrift, oder in seinen Memoiren erhalten werden. Gehe Heine dann so offen und grade zu Werke als möglich, behalte er keine pensées de derrière la tête!

Heinrich Heine,
Erster Entwurf zu
Ludwig Börne. Eine Denkschrift.

[1837].

Der *Dr* Ludw. B., ruhmwürdigen Andenkens, hat während den letzten Jahren seines Lebens theils durch mündliche theils durch schriftliche Insinuazionen, eine Reihe von Verläumdungen über mich in Umlauf gebracht. Fremder Bösmäuligkeit hat er nicht selten Antrieb und Wort geliehen, um meinen guten Leumund, oder das, was ich dazu rechne, in der öffentlichen Meinung zu untergraben. Mehrmals ertappte ich ihn in so schnödem Getreibe, wobey er einst sogar der Beyhülfe eines der schlechtesten Gesellen, die Gott in seinem Zorn erschaffen, nicht verschmähte ... Und doch war der Verstorbene ein ehrlicher Mann, tugendhaft, freylich im Sinne der alten Welt, aber tugendhaft, und den edelsten Zwecken sein Lebensglück und das Leben selbst aufopfernd. Ja, das war es, weil er eben mit unbegrenzter Liebe sich den edelsten Zwecken hingab, war er nicht wählig in den Mitteln, und, nach den Tradizionen der Schule, worin sein Geist sich entwickelt, war ihm das schlechte Mittel gut, wenn es jene Zwecke förderte.

Sonderbar! die zwey verschiedensten Sekten waren es die dem schändlichen Grundsatze, daß der Zweck die Mittel heilige, unbedingt huldigten. Es sind nemlich Jakobiner und Jesuiten die sich hier begegnen. Aber beide beseelte ein hoher Glaube, um dessentwillen viel gefrevelt und viel verziehen werden darf. Diese strebten die wankende Herrschaft einer Gottheit, die sie für die wahre hielten, aufs neue zu befestigen, jene stritten um die verlorenen Rechte der Menschheit wieder zu erobern. Wir anderen, die wir weder Jacobiner noch Jesuiten sind, wir wollen uns der Lüge so viel als möglich enthalten, denn wir können uns nicht rechtfertigen durch Unerschütterlichkeit unserer Überzeugungen. Wir zweifeln oft an uns selber, unsere Gedanken wurzeln im sandigen Boden der Schulweißheit, jeder geistige Windzug bewegt sie, wie das Rohr am Bache; wir haben auch keine Freude an unserem

Glauben, und noch weniger hätten wir Freude am Martyrthum.

Das schlimmste Gift, das an uns nagt, ist die Furcht ob der Möglichkeit eines Abfalls. Es sträubt sich oft mein Haar, wenn ich daran denke, daß ich vielleicht morgen dasjenige liebe, was mir noch heute so tief verhaßt ist, und daß ich dasjenige hasse, dem ich jetzt mit aller Liebe meiner Seele anhänge! Dann möchte ich gern mit dem Tode das schleunigste Bündniß schließen, damit er mich schütze vor mir selber. In Zeiten wie die unseren, gilt mehr als je der Spruch des Solon, daß niemand glücklich zu preisen ist vor seinem Ende! Ach! es muß gewiß das größte Unglück seyn, am Schlusse seiner Tage, gleichviel ob aus Überzeugung oder Treulosigkeit, als Abtrünniger zu sterben in den Armen seiner Feinde!

Ludwig Börne hat glücklich vollendet, und die Freunde warens welche über seinem Sarge die männliche Thräne vergossen und das trauernde Wort gesprochen. Der Glückliche! Er ruht auf dem blühenden Gräberhügel, im Kreise seiner Liebesgenossen, auf dem Père-la-Chaise, und ihm zu Füßen liegt das Jerusalem seines Glaubens, das ewige Paris ... schöner kann man nicht sterben! schöner nicht begraben seyn!

Ich habe nie eine Beleidigung auf dieser Erde verziehen. Für Ludwig Börne aber mache ich eine Ausnahme, und ich verzeihe ihm die Verlästerungen meines Namens, die er direkt und indirekt in der Welt verbreitet. Ich werde mit keiner Silbe etwas Gehässiges über ihn selber vorbringen, und ich beschränke mich darauf in meinen Erinnerungen herumzustöbern, um getreue alle persönlichen und geistigen Berührungen worin ich mit ihm gerathen, anzugeben, damit das Publikum einsehe, wie diese Berührungen seine Ansichten über mich allmählig vertrüben und verbittern mußten und wie diese Berührungen immer lose und zufällig, nie eine besondere Freundschaft zwischen ihm und mir hervorbrachten und hervorbringen konnten. Bey seinen Lebzeiten hätte ich namentlich dieses letztere nicht erörtern können, aus Furcht, persönlich zu beleidigen. Die entgegengesetztesten Partheyen hatten sich nemlich das Losungswort gegeben, dem Publikum einzureden, es bestünde zwischen mir und dem seligen Börne die intimste Freundschaft, und er selber gefiel sich entweder aus Eitelkeit in diesem Wahn, oder er unterstützte ihn aus Schlauheit, damit man etwa daheim in Deutschland glauben möchte, die halbausgesprochenen, halbangedeuteten Insinuazionen in Betreff meiner, wie sie hie und da in seinen Schriften vorkommen, beruheten auf geheime Thatsachen, die nur der Freund vom Freunde wissen könne oder die auf Beobachtungen während eines vieljährigen Zusammenlebens, im Schooße der Freundschaft, basirt seyen. Diese Schlußfolge war sehr bedenklich für meinen guten Leumund, und ich hätte gern dem Publikum offenkundig erklärt, daß der *Dr.* Börne mir im Leben immer ferne gestanden, und ihm über meine Privatverhältnisse keine anderen Urkunden zugänglich waren, als die welche allen übrigen Verlästerern offenstanden nemlich Archive der Frau Basen diesseits und jenseits des Rheines. Aber eine solche Erklärung hätte mir bey der großen Menge den Verdacht zuziehen können, als sey ihr geheimer Beweggrund die Furcht ob solidarischer Verantwortung, indem die ultraaristokratische Parthey, in Verzweyflung ob der Mäßigung, derer ich mich seit meinem Auffenthalt in Frankreich beständig beflissen, mir gern eine Mitschuld an den börneschen Extravaganzen andichteten und dadurch besser zu befehden glaubten. Auch hätte ich die Ränke einiger jüdischen Schildhalter des großen Agitators enthüllen müssen, was mich zu Expektorazionen verleiten konnte, die noch widerwärtigeren Mißverständnissen ausgesetzt waren. Sonderbar! als sie mir die empfindlichste Schmach zufügen wollten, erklärten sie mich für ihres Gleichen.

Ein letzter Grund meines Stillschweigens bestand wohl darinn daß der Verstorbene mein Sprechen auf alle mögliche Weise zu provoziren suchte, und vielleicht deßhalb die offenbarsten Unwahrheiten über mich vorbrachte, damit ich mich nur mit einem berichtigenden Worte darüber äußere und ihm Gott weiß zu welcher Polemik Gelegenheit gebe. Man muß aber nie thun, was ein Gegner begehrt. Ich hatte mir vorgenommen, er möge sagen was er wolle, ihm bey seinen Lebzeiten nie zu antworten; und in der That mein Schweigen war seine härteste Strafe. Ich bin überhaupt sehr hartherzig gegen persönliche Angriffe. Mytridates der Literatur bin ich so sehr an Gift gewöhnt, daß mir eine gewöhnliche Dosis gar nichts schadet. Ja, des Lobes früh übersättigt, war ich später nur noch für Tadel empfänglich, und nur wenn man auf mich losschlug, empfand ich einigen Genuß. Das gewöhnliche Hundegebell konnte mir ganz nichts mehr anhaben, und es ging mir im figürlichen Sinne des Wortes, wie dem wackeren Semilasso, der, ich weiß nicht mehr in welcher seiner Afrikanischen Reise, von einem Beduinenlager erzählt, wo er die Nacht zubrachte, und wo ringsumher an den Zeltenpfälen eine Menge Hunde angebunden waren, die beständig und in allen Tonarten bellten: »wär es nur ein einziger Hund gewesen, setzt Semilasso ganz richtig hinzu, so hätte ich die ganze Nacht nicht schlafen können.« Das ist es weil die Meuthe von Kläffern so zahlreich war, die seit einem Dutzend Jahren, unaufhörlich und in den verschiedensten Weisen, mich anbellt, so kann ich ruhig schlafen, und ich bin ein für alle mahl daran gewöhnt. Im Anfang, vor 15 Jahren, als ich eben in der Literatur auftrat, konnte ich mahl mehre Nächte kein Auge zu machen, wegen eines kleinen Möpschens, das im brockhausischen Literaturblatte gegen mich belferte. Aber bald kamen der pietistische Dachs, der urdeutsche Pudel, der jesuitische Spitz, die alte tugendhafte Dogge, das berliner Windspiel, die Bullenbeißer, die Hofhunde, kurz alle möglichen Hunde kamen und bellten Chorus ... Ja »wär es nur ein einziger Hund gewesen, so hätte ich nicht schlafen können.«

Nur ein mahl, als ich aus ganz besonderen Gründen nicht schlafen konnte, stand ich in der Nacht auf, und schlug einen Hund todt. Er starb nicht gleich, sondern schleppte sich noch bis nach Sicilien, bis zu einem Dorfe bey Palermo, wo der Hund begraben liegt. Den Menzel habe ich nicht todtgeschlagen, das war der Gutzkow, der that es; ich gab dem verreckten Vieh nur den Gnadenstoß, den Gnadenfußtritt.

Wahrhaftig, ich bin so leicht nicht durch feindliches Hundegeheul aus meiner Ruhe zu bringen, man hat ganze

Bücher voll Verläumdungen gegen mich gegeiffert und gebelfert ohne daß ich ein Wort darüber verloren, und man darf mir wohl glauben, daß ich jetzt, wo von einem Todten die Rede ist, nicht aus persönlicher Empfindlichlichkeit zur Feder greife. Ich würde auch nach Börnes Tode über die Verunglimpfungen, die ich ihm verdanke, hartnäckig geschwiegen haben, wenn nicht eine ganz äußere Veranlassung mich zur Rede aufforderte. Ich werde kein Wort gegen den Todten vorbringen, worauf der Lebende einer Erwiederung bedurfte. *De mortuis nihil nisi bene,* dieser banale Spruch, enthält nicht eine Lehre der Pietät sondern auch der Weißheit. Die Todten sind immer im Vortheil bey einer Polemik; Wir die Lebenden stehen vor ihnen wie Gringere.

Heinrich Heine
an Julius Campe in Hamburg.

Paris, 12. April 1839.

Ich will gern noch mit Herausgabe der Zeitmemoiren warten; nur ein einziges kostbares Büchlein, betitelt *Ludwig Börne,* möchte ich diesen Herbst erscheinen lassen; aber ich laß mir nichts mehr verstümmeln. Künftig, das brauch ich vielleicht gar nicht dem Freunde zu sagen, wird in keinem Buch, nicht im Telegraphen, überhaupt in keiner Schrift, worunter die Firma Hoffman et Campe als Verleger steht, kein einziger persönlicher Angriff gegen mich gedruckt. [...] Wenn Gutzkow im Telegrafen nichts Gutes über meine Persönlichkeit zu sagen hat, so ersuchen Sie ihn lieber ganz zu schweigen. Über den ästhetischen Werth meiner Schriften kann er sagen, was er will — Treibt ihn aber sein böser Dämon meine *Person* schmähen oder unglimpflich antasten zu wollen, so mag er es in einem Buche oder in einem Blatte thun, worunter nicht der Name Campe als Verleger steht. Sie können überzeugt seyn, daß ich nicht so schwachmüthig seyn würde, Ihnen künftig nur eine Zeile im Verlag zu geben, wenn mir der Verdruß widerführe ... Doch ich schreibe heute unter bösen Voraussetzungen, ich bitte um Verzeihung, wenn ich Ihnen oder Gutzkow damit Unrecht thue — aber ich habe jetzt das Bedürfniß keinen meiner Gedanken zu verhehlen. Das ist vielleicht heilsam.

Da Sie mir vor einiger Zeit gemeldet Gutzkow schreibe eine Biographie Börnes, so halte ich es für nöthig, Ihnen zu bemerken, daß das oben erwähnte Büchlein über Börne keine Biographie ist sondern nur die Schilderung persönlicher Berührungen in Sturm und Noth, und eigentlich ein Bild dieser Sturm- und Nothzeit seyn soll. Ich habe $^2/_3$ schon abgeschrieben. Sagen Sie mir, wann erscheint der gutzkowsche Börne? Könnte ich ihn etwa in sechs Wochen haben? Mit Freude würde ich glänzend davon in meiner Schrift Notiz nehmen. Kollidiren (vergessen Sie nicht Gutzkow darauf aufmerksam zu machen) werden wir in keinem Fall. Mir steht ein ganz anderes Material, durch Persönlichen Umgang und pariser Selbsterlebnisse, zu Geboth; will aber das Buch noch mals mit Sorgfalt durchgehen, damit es so geistreich als möglich. — Grüßen Sie Gutzow freundlich; böser Unmuth ist, glaub ich, bey mir ganz verraucht.

Julius Campe
an Heinrich Heine in Paris.

Hamburg, 18. April 1839.

Daß Sie von Gutzkow nichts zu befürchten haben, weil er in Ihnen den Mann von Geist respectirt, versichere ich Sie; aber seyn Sie freundlicher und vertraulicher gegen ihn, als Sie es bisher waren. Ruhe kann er nicht gut halten; er ist zu *reizbar*. Wie eine Windsbraut, reißt es ihn hin und sein colloßaler Verstand, zeigt ihm die Punkte, wo er eindringen kann.

Durch seine dramatische Richtung, ist Börne in den Hintergrund geschoben. Bis jetzt habe ich noch keine Zeile von ihm gehabt und werde vor Herbst auch schwerlich etwas erhalten. Im Mai, noch, ehe ich von der Meße heimkehre, geht er nach Frankfurt, wo seine Frau schon ist, um ihre Niederkunft zu halten. — Unter diesen Umständen kann ich Ihnen nichts davon senden. Übrigens

ist seine Auffaßung ganz anderer Art, als die Sie geben. Er schildert Börne's Jugend — Frankfurt — die Judengaße etc Madame Wohl wird Ihre Briefschaften geben und so alle seine Freunde. Es wird eine gründliche Arbeit, woran sich vielleicht sein Nachlaß reihen dürfte, wenn eine Ausbeute sich ergiebt. [...]
Wenn Ihr Börne fertig ist, laßen Sie ihn herankommen, damit wir einen Druckort ausmitteln, wo man uns gnädig behandelt.

Heinrich Laube,
Nekrolog auf Heinrich Heine.

Mai 1839 – Januar 1840 [1846].

Er war eine Künstlernatur, die unter anderem auch den Tribun spielte, und die politische Welt sagte entrüstet: Du sollst nicht bloß spielen, du sollst sein, was du vorstellst, und du sollst nicht unter anderem Tribun sein, du sollst nur Tribun sein! Das hätte er gar nicht gekonnt, auch wenn er gewollt hätte. Aus diesem Mißverständnisse und Mißverhältnisse erwuchsen ihm Legionen von Feinden, und besonders bei der Entstehung seines unglücklichsten Buches, des Buches über Ludwig Börne, habe ich das ganze innere Geflecht dieses Schicksals in der Nähe betrachten können. Er schrieb dies Buch in der zweiten Hälfte des Jahres 1839, und ich habe das Manuskript Wochen lang in Händen gehabt, und täglich und oft Stunden lang hab' ich in ihn hineingeredet: er solle es in solcher Gestalt nicht herausgeben, er thue Börne und thue sich Unrecht, und all' das Schöne darin könne nur richtig erscheinen und wirken, wenn er die persönlichen und politischen Fragen sondere und scheide von der Frage des höchsten Gesichtspunktes. Umsonst! Eben weil er Poet war, konnte er nur dichten, nicht sondern und scheiden, und konnte er die Fragen nur als verschlungenes Gewächs bringen, welchem leider die befangene Zuschauerwelt die getrennten Wurzeln nicht ansehen konnte. Es war denn auch wie auf jeden eigensinnigen Poeten kein Einfluß auszuüben auf ihn. Der eigene Sinn ist ja die Kraft des Poeten! Wenn ich ihm die gefährlichsten Stellen des Buches vorlas und die Gefahr derselben auseinandersetzte, so lächelte er, hörte offenbar nur mit halbem Ohr zu und sagte endlich bloß: »Aber ist's nicht schön ausgedrückt?« — Mag sein, und doch ist's am falschen Orte! — »Und ist's nicht wahr?« — Nein, in diesem Zusammenhange ist's nicht wahr! — »Ah, pardon, in meinem Zusammenhange ist es gründlich wahr; ich kann nicht schreiben, wie die Dinge in Ihnen zusammenhängen, ich kann nicht Ihre Bücher schreiben!«

Man sieht, hier war nicht die geringste Änderung durchzusetzen. Nur in einem Punkte gab er scheinbar nach. Ich behauptete — und die Folge hat meine Behauptung nur zu sehr bestätigt! — das Buch werde mit all seinem Geist und Witz nur den Eindruck persönlicher Feindschaft und verletzender Impietät gegen einen von der ganzen Nation geliebten Toten machen — »der aber mein Feind war«, unterbrach er mich, »und Feind dessen, was das beste in mir ist, Feind meiner größeren Weltanschauung!« — »Mag sein«, entgegnete ich, »so muß das Buch seinen Höhepunkt darin zeigen, daß Sie im Gegensatze zu Börnes bloß politischen Gedanken Ihre höhere Weltanschauung nachdrücklich und schwungvoll entwickeln. Können Sie die persönliche Feindschaft nicht unterdrücken, so müssen Sie einen Berg in dem Buche errichten, neben welchem die persönliche Feindschaft nicht nur in den Schatten tritt, sondern von welchem sie als ein Schatten, als eine Konsequenz erscheint. Dieser Berg allein erfüllt die Form des Buches und bringt das, was jetzt grell erscheint und verletzt, in ein besseres Licht.« »Darin können Sie recht haben«, sagte er nach einer Pause, und seinen Hut nehmend, setzte er hinzu: »Ich werde den Berg errichten!« Und nun sagte er täglich, wenn er in der Dämmerungsstunde vor dem Diner zu uns kam, oder wenn wir auf den Boulevards einhergingen im Abendnebel, den er so liebte in der Vergoldung durch Gasflammen, täglich wiederholte er: »Ich baue am Berge!« Und das war sein letztes Wort am Postwagen. Er wollte äußerlich nachgeben, aber nur äußerlich, denn ganz richtig hatte er einmal gesagt: »Wenn der Berg ein wirklicher Berg werden soll, so muß er ein Buch werden, größer als das, in welches er jetzt verlegt werden soll«. — Allerdings! — »Ich bin aber froh, daß ich mit dem einen Buche fertig bin, ich will ein Lustspiel schreiben.« — Kurz, aus Malice sendete er mir mit dem Postwagen einen ganzen Ballen des neuen Buches, und der Berg bestand aus nichts weiterem als den »Briefen aus Helgoland«, welche er in das Manuskript hineingeschoben hatte. Sie bildeten aber weit eher ein Thal, als einen Berg, denn sie ließen recht geflissentlich die Gedanken in die Julirevolution hinablaufen, und gerade über diese und deren Gedankenwelt hatte er sich neben Börne erheben sollen. Das wußte er so gut und besser als ich. Er spottete meines Rates, wohl wissend, daß ich ihm treu bleiben würde, auch wenn die ganze Welt Zeter schrie. Letzteres geschah, und doch schrieb er mir nie in einer Silbe, daß ich richtig prophezeit, und daß ihm dies eine Buch drei Vierteile seiner Verehrer in zornige Widersacher umgewandelt; ja endlich schrieb er einmal in seiner großartigen »Süffisanz«: »Die Klügeren wissen jetzt schon, daß ich in diesem Buche recht habe mit meinen ›Göttern der Zukunft‹, welche ich auf meinem Schiffe zu retten hatte, und die anderen werden es später einsehen, falls sie ebenfalls klüger werden.«

Heinrich Laube,
Erinnerungen an Heinrich Heine.

Mai 1839 – Januar 1840 [1868].

In so behaglicher Epoche seines Lebens hatte er das polemische Buch über Börne geschrieben, treu seiner innersten Natur, immer auf dem Kriegsfuße zu bleiben und für jede Stunde sich eines siegreichen Feldzugs fähig zu erweisen. Lächelnd gab er mir das Manuscript und war sehr erstaunt ob meiner Bestürzung. Ich war aus tausend Gründen dagegen. Zunächst aus strategischen im Sinne der liberalen Operationsarmee. Wozu diesen Zwiespalt der liberalen Kräfte enthüllen und erweitern?! Ganz ohne Noth und Zwang. Alsdann aus literarischen Gründen. Ich suchte ihm auseinander zu setzen, wie tief der Unterschied sei zwischen ihm und Börne, der Unterschied der Aufgaben und Fähigkeiten; daß Börne einen Parteikampf zu führen gehabt und mit scharfem Talente, mit unleugbarer Bravour geführt; daß Heine dagegen größere Fähigkeiten, größere Aufgaben zu lösen habe. Das Schicksal des Menschen, nicht blos das Schicksal des Staatsbürgers, sei ihm überantwortet für sein Talent und seinen Geist. Heine verleugne seinen weiteren Beruf, wenn er ohne dringende Nöthigung ein Duell aufführe wegen persönlicher Differenzen in untergeordneten Dingen.

Es war umsonst. Der Trieb nach persönlicher Rache, oder wenigstens nach persönlicher Genugthuung, war zu stark in Heine's Naturell. »Aug' um Auge, Zahn um Zahn«, war jüdisch-biblisch tief eingeprägt in sein Wesen. — »Nun denn«, schloß ich nach tagelangen Debatten, »wenn Du also dem Gelüste absolut nicht entsagen kannst, dann adle es wenigstens durch eine Zuthat, welche über Börne hinaus ragt!«

»Wie das?«

»Setze mitten in diese Invectiven hinein einen Berg, welcher Deine höheren und weiteren Anschauungen der Welt erhebend darstellt. Sein Inhalt wird den Lesern die Überzeugung einflößen, die Polemik vor und hinter diesem Berge sei eine leichte Zuthat, welche erklärt und entschuldigt werde durch Dein persönliches Bedürfniß, historisch vollständig zu sein, historisch aufzuräumen.«

Das leuchtete ihm ein. »Das ist der Rede werth!« sagte er und ging fort. Und als er wieder kam, legte er die Hand über beide Augen, wie er zu tun pflegte, wenn er etwas reiflich Überdachtes aussprechen wollte, und sprach: »Mit dem ›Berge‹ hast du Recht. Ich werde ihn errichten.« Und so sprach er nun Tag um Tag: »Der Berg ist angefangen! Der Berg wächst, der Berg erhebt sich!«

Dies war sein letztes Wort, als wir Abschied nahmen. Ich verließ Paris, ehe das Buch fertig war, und war recht enttäuscht, als ich einige Monate später in Deutschland das Buch erhielt, und als angekündigten Berg darin nichts weiter fand, als die Freiheitshymnen aus Helgoland, welche er in die Mitte eingeschoben. Das war freilich meine Meinung nicht gewesen, so wohlfeil hatte ich mir den Berg nicht vorgestellt. Aber kleinlaut mußte ich mir doch auch eingestehen, daß man auf einen Künstler nicht einwirken könne, wie auf einen bloßen Schriftsteller, und daß Heine auf dem letzten Grunde seiner innersten Natur immer Künstler sei und bleibe, welcher nicht lehrsam sich äußern könne, sondern immer eine Strömung der Leidenschaft suche.

Heinrich Laube, Erinnerungen 1810–1841.

1839 [1875].

Ich hielt es deshalb immer für ein Irreführen, daß man stets Börne und Heine nebeneinander nannte, als gehörten sie eng zu einander. Das war gar nicht der Fall; sie waren grundverschiedene Leute. Für Börne war die Politik wirklich die Lebensfrage, das Ein und Alles, und der weiter schweifende Heine mußte ihm bei näherer Bekanntschaft gründlich mißfallen. Das war denn auch eingetreten, nachdem sie eine Zeitlang neben einander gelebt hatten in Paris. Der redliche Parteimann Börne hatte sich entsetzt über den leichtfliegenden Heine, und der poetisch trachtende Heine hatte sich gelangweilt und geärgert über den eng einher schreitenden Börne. Der Verkehr zwischen ihnen hatte völlig aufgehört, und mit Groll über Heine war Börne gestorben.

Jetzt, 1839, wollte nun Heine ein Buch schreiben über Börne. Davon sprach er mir. Ich fand das falsch, und rieth ihm dringend davon ab. Der liberalen Sache konnte das nur schaden, und Heine's Schilderung des Börne'schen Wesens kam der Welt zurecht, wenn sie in späteren Jahren erschien. Sie würde dann auch reifer und gerechter auftreten. Das war denn bald ein Gegenstand täglichen Streites zwischen uns.

Heine war in solchem Streite niemals gröblich, niemals unangenehm. Er erfand immer große Gesichtspunkte. Riß man sie ihm nieder unter der Bemerkung, daß er ja selbst nicht an sie glaube, da lachte er wol, beharrte aber doch zäh auf seiner Ansicht, auf seinem Willen. Er hatte sich das Thema einmal aufgebaut, und an vielen Stellen geistreiche Wendungen hinein gezeichnet, sogar gute Witze — wie kannst Du verlangen, schrie er, daß ich das Alles aufgeben soll vor Deiner Parteiweisheit! Ich gehöre zu keiner Partei, oder doch nur — schloß er lachend — zu *meiner* Partei.

Im Laufe des Jahres schrieb er bekanntlich das Buch dennoch und brachte triumphirend das Manuscript mit den Worten: Lies, und bleibe Deiner Sinne Meister! Es ist außerordentlich.

Ich blieb meiner Sinne Meister und nannte das Buch leer und blos ärgerlich. Leer?! sagte er erstaunt. Ja, leer und ärgerlich, weil es sich in bloßer Polemik herumtummelt, und keine eigentliche Heine'sche Welt aufrichtet. In der Mitte wenigstens, schloß ich, müßte ein Berg stehen Heine'scher Weltanschauung, welcher die Börne'sche Welt überragt.

Zu dieser Kritik schwieg er verdrießlich und ging fort.

Heinrich Laube, Erinnerungen.

Juni 1839 [1883].

Er hatte eine stete Neigung, über Schriftsteller, namentlich über die uns verwandten, zu sprechen. Da hatte er dann immer Gutzkow bei den Haaren und gab seiner Antipathie gegen ihn giftige Worte. »Er gehört nicht zu uns,« rief er, »er versteht die Schönheit der Welt nicht; er ist ein Nazarener wie der Börne, welcher Goethe verachtet.«

Heinrich Heine an Julius Campe in Hamburg.

Paris, 30. September 1839.

Meine zwey außerordentlichsten Bücher, der Börne und die Juliusrevoluzion liegen, unabgeschrieben — Wenn Sie wüßten wie durch Sie der Hauptspaß mir verdorben ward.

Heinrich Laube an Gustav Schlesier.
Paris, 24. Dezember 1839.

Heine bringt ein Buch über Börne, was die jacobinische Börnewelt Gutzkows niederhalten soll. Es ist in ein paar Wochen fertig.

Heinrich Heine an Betty Heine in Hamburg.
Paris, Anfang Februar 1840.

[Inhaltsangabe]
Heine schickt der Mutter das Manuskript seiner Schrift über Ludwig Börne mit der Bitte, Campe zu fragen, ob dieser sie verlegen wolle. Sie soll von Campe 2000 Mark Banco als Honorar verlangen und ihm sagen, daß er sich großen Erfolg von diesem Buch verspreche und daß er Campe für vieles Mißgeschick und bedeutende Makulatur-Acquisition eine Hilfe senden wolle. Falls Campe jedoch nicht einverstanden sei, bittet Heine seine Mutter, das Manuscript sofort an Heinrich Laube nach Leipzig abzusenden.

Heinrich Heine an Julius Campe in Hamburg.
Paris, 18. Februar 1840.

Die Spannung und die Neugier, womit mein Börne bereits erwartet wird, ängstigte mich ein wenig, um so mehr da lange kein Buch von mir erschienen. Ich habe mich daher entschlossen, ein ganz besonderes Opfer zu bringen, und aus den Tagebüchern, welche ein integrirender Theil meiner Memoiren, detachirte ich eine schöne Partie, welche die Enthusiasmusperiode von 1830 schildert und in meinen Börne, zwischen dem ersten und zweiten Buche, vortrefflich eingeschaltet werden konnte; was dem Ganzen, wie Sie sehen werden, ein gesteigertes Interesse verleiht. Jetzt bin ich ganz ruhig, und ich glaube, mein Börne wird als das beste Werk, das ich geschrieben, anerkannt werden. Das Werk wird daher jetzt aus fünf Büchern, statt aus vieren bestehen, es wird jetzt um $1/4$

dicker, da das hinzugefügte Buch weit über 5 Druckbogen beträgt. Eine lange Citazion soll daher ausfallen und die prägnanteste und überraschendste Wirkung hervorgebracht werden. — Ist nun diese Zugabe nicht ein großes Opfer, und zeigt sich hierinn ein Honorargeitz? Sie sehen, ich thue Alles für das Werk, und ich sakrifizire ihm nicht bloß den Honorarbetrag von 5 bis 6 Druckbogen, sondern auch die weit unberechenbarern Interessen eines meiner kostbarsten Manuskripte. [...]

Sollte, gegen alle meine Erwartung, der Börne dennoch nicht bey Ihnen gedruckt werden, so werde ich Ihnen gleich ein anderes Buch antragen und die Honorarforderung soll Sie dabey nicht erschrecken. — Es ist eben so schändlich wie thörigt von Gutzkow daß er mich zwingen will einen anderen Verleger zu nehmen. Es mag ihn gewiß wurmen daß Sie mir viel Geld und ihm wenig geben. Aber er bedenkt nicht, daß wenn ich Ihnen nichts in Verlag gebe, Sie noch weit weniger im Stande sind Ihre Großmuth an ihm auszuüben. Sie selber sagten mir in Ihrem letzten Briefe, daß Gutzkows Bücher keinen Absatz finden, daß er nicht von der Menge gelesen wird — lieber Gott! Das hätten Sie gar nicht nöthig gehabt, mir zu sagen, das weiß ich.

Julius Campe an Heinrich Heine in Paris.

Hamburg, 25. Februar 1840.

[Gutzkows Buch über] Börne liegt seit November fertig auf meinem Tische, Gründe veranlaßten mich, ihn ungedruckt zu lassen. Ietzt, wo Sie ihn auf die Fersen rücken, habe ich ihn in die Presse gegeben. Dieses liegenlassen seines Werkes wird ihn verletzt haben. Doch weshalb sprach er seine Wünsche nicht aus? — Meine Gründe würden ihn anschaulich gemacht haben, daß ich gegründete Ursache hatte.

Madame Wohl nämlich, verhandelte über die Börneschen Schriften mit einer Buchhandlung. Mein Zeitraum ist um. *Ohne mir ein Wort* zusagen hat sie sie an Brodhag verkauft; gleichwohl habe ich noch eine bedeutende Zahl liegen und so wird eine Concurenz entstehen, die groß ist. —

Ob Gutzkow darin eine Rolle spielte? das war mir Unklar. Das Weib hatte ihm von dem Nachlaß Börne's gesprochen und derg. mehr, der aber schon in Auerbachs Händen damals war und der nun ebenfalls: — also *Sie, Auerbach* und *Gutzkow* bringen *ein Leben Börnes!!!* — Eine Jury versammelt sich im Jahre 1840, die ihn richten. — — — — Was sagen Sie dazu? Hat der Verleger Ursache sich zu freuen, wenn das Publikum nicht weiß, wohin es hören soll? Sie sind ein befangener Jurist — Sie wird man lesen, um die Kehrseite kennen zu lernen, gewiß aber nicht, um sich ehrlich mit Börne abzufinden.

Heinrich Heine an Julius Campe in Hamburg.

Paris, 18. April 1840.

Liebster Campe! Eine Last der verdrießlichsten Geschäfte erlaubt mir erst heute Ihren Brief vom 3 April zu beantworten und das Manuskript des Börne abzuschicken. Wegen des neu hinzugekommenen Buches (das Ihnen hoffentlich gefallen wird,) mußte ich das ganze Manuskript umpaginiren. [...]

Thun Sie nur Alles mögliche für den Börne, und drucken Sie nicht zu viel Exemplare, damit ich durch eine 2te Auflage für meine grenzenlosen Mühseligkeiten entschädigt werde. Hierbey werde ich nun sehen, ob es sich für mich lohnt, wenn ich bey der Abfassung eines Buches und der Wahl des Stoffes die merkantilischen Interessen im Auge behalte. Daß der Druck so sorgfältig als möglich seyn wird, hoffe ich ebenfalls, so wie auch, daß außer dem Passus über den König von Bayern nichts unterdrückt wird. Ich soll Sie gewähren lassen — aber ich muß Sie nochmals drauf aufmerksam machen, daß das Buch, trotz einiger starken Ausdrücke, dennoch im Grunde nicht von der Art ist, daß es den Regierungen mißfiele; am allerwenigsten die Preußen werden damit unzufrieden seyn, und dieses Buches wegen werden Sie wahrlich nicht verfolgt werden — Sie dürfen es daher getrost drucken, ohne sich durch die Gnade Sievekings eine Art Censurdeckung zu erbitten — Zeigen Sie das Buch keinem Menschen und lassen Sie es plötzlich vom Stapel laufen — Ich habe auf die Gefahr hin, verkannt zu werden alle eigne Doctrin im Buche ausgelassen und mehr als die Regierungen werden die Revoluzionären über mich ungehalten seyn weil ich sie tadle, ohne etwas Positives, die eignen Ideen, auszusprechen. Das Buch hat 21 Bogen und Sie dürfen es getrost ohne Censur drucken, Sie haben hier nichts zu riskiren. Lassen Sie bey Leibe vom Inhalte des Buchs vor dem Erscheinen nichts verlauten. Daß Sie dem Intriganten Gutzkow nicht davon sprechen, ist hier zu sehr die Sache ihrer Ehre, als daß ich noch davon zu sprechen brauchte. Sie sehen, ich gebe volles Vertrauen. — Ich wiederhole Ihnen, daß ich bey der Abfassung des Buches Ihre Censurnöthen im Auge hatte, daß ich die Selbstcensur sehr gewissenhaft übte, und daß ich sogar ängstlich bin des Guten zuviel gethan zu haben. Ich bitte sorgen Sie, daß in dieser Beziehung die öffentliche Meinung nicht irre geleitet wird. Ich hinge lieber alles Bücherschreiben an den Nagel, als daß ich mich des Servilismus beschuldigen ließe.

Julius Campe an Heinrich Heine in Paris.

Hamburg, 3. Juli 1840.

So weit ich bis jetzt die Correctur gelesen, gestehe ich Ihnen, hat mir das Buch viel Vergnügen gemacht und ich gebe Ihnen die Versicherung: daß Sie damit jetzt, wo man Sie als verblühet und abgethan von diversen Seiten darzustellen suchte, allen Prophezeihungen eine Lüge anhängen. Ja noch mehr, Sie werden damit Sich verjüngt unter der Lesewelt einbürgern! Wohlverstanden, ich rede von der *ersten* Hälfte des Buches. Die 2te liegt in der Erinnerung zu weit hinter mir, die ist flau. — Sie bringen darin gar vieles, das uns allen eine abgemachte und daher nur aufgewärmte Sache ist: die Sie nicht geschrieben hätten, lebten Sie in Deutschland! [...]

Gutzkows Börne liegt noch ruhig in meinem Pulte —.

Noch habe ich ihn nicht gesehen, nicht geschrieben. Wohlaber liegen von ihm Billiette auf meinem Pulte, die ich nicht geöffnet habe. Sie sehen, wie weit es zwischen uns gediehen ist. Es liegt mir an ihm nichts.

Julius Campe an Heinrich Heine in Paris.

Hamburg, 10. Juli 1840.

Das Buch ist einer Explosion gleich zu achten. Ich bin die Unterlage, der Schauplatz, wo das sich entzündet und werde keinen kleinen Schlag davon bekommen! Ich fühle und weiß das alles zur genüge und werde mich mit Umsicht in diesen Kampf begeben. Theils ist es Übermuth, Muthwille — Schalkhaftigkeit, in dieser dürren Zeit einen Brander los zu laßen, mich auf die alte Woge der Zeit zu spülen. Doch will ich es mit Umsicht und Verstand thuen; der Brutalität die Stirne zu bieten, und daher darf ich kein Opfer scheuen: es durch setzen zu können.

Heinrich Heine an Julius Campe in Hamburg.

Paris, 17. Juli 1840.

Der Börne ist indessen politisch nicht so ein wildes Thier, wie Sie fürchten; manches Bedenkliche steht freylich drin, aber das *Ganze* wird keinem höchsten Mißfallen begegnen.

Aber, um des Himmels willen, wir waren überein gekommen, daß die Stelle über den König von Bayern gestrichen werde, ich habe es ausdrücklich zugestanden — und zu meiner lachendsten Verwundrung sehe ich in den Aushängebogen, daß Sie diese Stelle ganz unverkürzt abdrucken ließen.

Heinrich Heine an Julius Campe in Hamburg.

Paris, 21. Juli 1840.

Da, wie ich sehe, noch Zeit ist, so haben Sie die Güte den Börne mit folgender Zueignung zu versehen:

Seinem geliebten Freunde
Heinrich Laube
widmet
diese Denkschrift
der Verfasser.

Ich bitte Sie, tragen Sie nur ängstlich Sorge, daß niemand nichts vom Börne zu Gesicht bekömmt und zu frühe Lerm schlagen kann. Monsieur Gutzkow ist als Schriftsteller nicht sehr zu fürchten — er hetzt mir höchstens ein paar Unterlümpchen auf den Hals — aber sehr gefährlich sind seine nach Berlin hinzischelnden Intriguen. In Betreff letzterer höre ich von allen Seiten seine Meisterschaft rühmen!

Julius Campe an Heinrich Heine in Paris.

Hamburg, 23. Juli 1840.

Gutzkow ist außer sich; — über die Manöver: Bogen oder Mspt zu bekommen, will ich *nicht* berichten. Aber im Telegraphen hat er eine Staffette aus Paris über Ihr Buch, womit er sich lächerlich macht. Genug, haben Sie sich die Bogen heften laßen? Thun Sie es, freuen Sie Sich an der stattlichen Gestallt des Buches! *so* ist die *ganze* Auflage. Es präsentiert sich als *Buch*, als ein reiches Buch: das Ihnen Freude machen muß. Die Stelle gegen den baierschen Ludewig, meinten Sie früher, *könnte* herauskommen, wenn *ich* wollte; — *ich* wollte *nicht;* so ist sie geblieben. [...]

Gutzkow's Börne liegt; er spukt Feuer und Flammen auf mich, weil ich consequent bleibe und ihm eine solche Consequenz, wie er sie bei mir erfährt, noch nie geboten seyn mag. Ich laße mich weder hetzen noch locken: ich wanke nicht, *ich will* nicht! der Intrigant, der! [...]

Ihr Börne ist ein kluges und schönes Buch, bis dahin: wo Sie auf Ihre Differenzen kommen. Sich mit ihm vergleichen; wozu war es nöthig, daß *Sie* das thun? — Hätten Sie das doch der Welt überlaßen! die oft ungerecht ist, lange ungerecht seyn kann; doch der Prozeß ist nicht damit abgethan. Stets nimt einer die Akten vor und so kommt die Wahrheit doch zu Tage, ohne das der Betheiligte gefragt wird. So wird es zwischen Ihnen und Börne ebenfalls sich gestallten.

Sie waren so schön im Zuge, hätten Sie diesem gefolgt bis zum Schluß, Sie würden überall mit Jubel, ohne Mißton, empfangen seyn. Todten weihet man einen Kranz so gerne, den man im Leben nie bieten würde. — Dem alten Fell, der Wohl, der könnten Sie die Pomade fingerdick auf streichen, das ist kurzweilig und gebührt diesem weiblichen Harlequin, dieser Närrin, in groß Folio. Fast hätte ich Lust, die Variante die Sie gestrichen, noch als besondere Zugabe für Frankfurt hinzuzufügen, wie es in den Kochbüchern steht: »dasselbe auf eine andere Art«. Das Weib ist mir so lange ich Börne kenne, stets als eine Lüge, als ein weibliches Ungethüm erschienen. Sie will eine Rahel, eine Bettina erscheinen; gebährdet sich dabei so tragi-komisch, daß sie mir wie eine Comödiantin oder Verrückte vorkam, die eine Rolle oder eine fixe Idee vertritt.

Heinrich Heine an Julius Campe in Hamburg.

Paris, 24. Juli 1840.

Aber nun eine höchst wichtige Sache:

Als ich gestern Abend nach Hause kam, fand ich den 23ten Bogen des Börne nebst Titel des Umschlags. Diesen Titel kann ich durchaus nicht genehmigen, und ich kann nicht begreifen wie Sie zu diesem Mißgriff kommen. Der Titel des Buches, wie ich Ihnen bestimmt genug geschrieben, heißt:

Ludwig Börne.
Eine Denkschrift
von
H. Heine.

Ich hoffe, daß dieser Titel ganz genau aufs Buch gestellt wird. Aber auch auf den Umschlag muß dieser Titel stehen, und meinen Sie etwa daß auf dem Umschlag mein Namen oben anstehe, so setzen Sie immerhin:

H. Heines
Denkschrift
über
Ludwig Börne.

Ich weiß nicht warum, aber das ganzausschreiben meines Vornahmens Heinrich schockirte mich hier, und dann habe ich nicht eigentlich eine Schrift über Börne geschrieben, sondern über den Zeitkreis worinn er sich zunächst bewegte und sein Name war hier vielmehr nur ein Buchtitel. Haben Sie nur einen Moment darüber nachgedacht so begreifen Sie leicht, daß mir der Umschlagtitel *Heinrich Heine über Ludwig Börne* ein Greul seyn muß und daß ich Sie schleunigst angehe, ihn zu verändern. Sagen Sie mir auch umgehend, ob meine Dedikazion für den Börne noch zeitig genug angelangt.

Julius Campe an Heinrich Heine in Paris.
Hamburg, 1. August 1840.

Daß ich Ihren mir aufgegebenen Titel nicht druckte, hat seine Richtigkeit. Das Buch war fertig, es fehlte *nur der Titel,* der sich am Mspte *nicht* befindet, das mit der Überschrift: *»erstes Buch«* beginnt. Diese Lücke ward ich inne, sah *alle Ihre* Briefe durch, in denen das Buch *nur* als: *»Leben Börnes«* figurirt. Ich eilte zu Ihrer Mutter in dieser Noth. Sie sagte mir den gewählten Titel gleich aus dem Kopfe und da es Abend und schon dunkel war, bat ich um eine genaue Untersuchung in Ihren Briefen; so erhielt ich die *Bestätigung,* und druckte ihn, weil ich ihn sehr gut und *richtig bezeichnend* fand, ja, wenn Sie wollen, *schön* fand.

Ich will damit den neuen nicht verachten; aber wahrlich, Sie dürfen Sich darüber beruhigen, er ist so gut, wie er ist. [...]

Auf die Änderung des Titels zurückkommend, muß ich Ihnen noch sagen, daß es eine reine Unmöglichkeit ist, wenn ich die Arbeit auch nicht in Betracht zöge, den Titel zu ändern. Mit *Schnell-Fuhr* gingen die Ballen nach allen Richtungen ab, sind diese aus dem *Hause,* dann ist es zu *spät;* sie sind *außer* meiner *Macht;* wenn ich auch auf einnem Platze die Änderung durch setzte —, auf dem andern geht es nicht. Bedenken Sie den Rumor, wenn dasselbe Buch unter verschiedenen Titel im Publikum wäre! — Was man nicht ändern kann, muß man geschehen lassen. [...]

Die Dichter sind Wortklauber. Ich vertheidige mich so hartnäckig, um den Glauben zu verdrängen, der sich Bahn sucht, als hätte ich der Sache nicht die Gewißenhaftigkeit angedeihen laßen, die Sie wünschen. Sind Sie anderer Meinung, wißen es gewiß, daß Sie den Titel mir aufgaben, dann sagen Sie in welchem Briefe er aufgeführt ist, dann soll er Ihnen sofort zur Bestätigung vorgelegt werden: mehr kann ich nicht thun. In 8 Tagen gebe ich das Buch hier aus. Ich grüße Sie herzlichst!

Heinrich Heine an Julius Campe in Hamburg.

Paris, 8. August 1840.

Was hat denn Gutzkow im Tellegraphen von mir gesagt? Ich seh das Blatt nicht. Überhaupt melden Sie mir gleich, was gegen mein Buch ausgeheckt wird. Übrigens überlasse ich dasselbe ganz seinem Schicksal. Es mag sich allein herumbeißen. Genug, es ist mit Zähnen auf die Welt gekommen.

Die Denkschrift.

Heinrich Heine,
LUDWIG BÖRNE. EINE DENKSCHRIFT.
[1837–1839].

Erstes Buch.

Es war im Jahr 1815, nach Christi Geburt, daß mir der Name Börne zuerst ans Ohr klang. Ich befand mich mit meinem seligen Vater auf der Frankfurter Messe, wohin er mich mitgenommen, damit ich mich in der Welt einmal umsehe; das sey bildend. Da bot sich mir ein großes Schauspiel. In den sogenannten Hütten, oberhalb der Zeil, sah ich die Wachsfiguren, wilde Thiere, außerordentliche Kunst- und Naturwerke. Auch zeigte mir mein Vater die großen, sowohl christlichen als jüdischen Magazine, worin man die Waaren 10 Procent unter dem Fabrikpreis einkauft, und man doch immer betrogen wird. Auch das Rathhaus, den Römer, ließ er mich sehen, wo die deutschen Kaiser gekauft wurden, 10 Procent unter dem Fabrikpreis. Der Artikel ist am Ende ganz ausgegangen. Einst führte mich mein Vater ins Lesekabinett einer der Δ oder $\overset{\frown}{\Pi}$ Logen, wo er oft soupirte, Kaffe trank, Karten spielte und sonstige Freymaurer-Arbeiten verrichtete. Während ich im Zeitungslesen vertieft lag, flüsterte mir ein junger Mensch, der neben mir saß, leise ins Ohr:

»Das ist der Doktor Börne, welcher gegen die Commödianten schreibt!«

Als ich aufblickte, sah ich einen Mann, der, nach einem Journale suchend, mehrmals im Zimmer sich hin- und herbewegte und bald wieder zur Thür hinausging. So kurz auch sein Verweilen, so blieb mir doch das ganze Wesen des Mannes im Gedächtnisse, und noch heute könnte ich ihn mit diplomatischer Treue abkonterfeyen. Er trug einen schwarzen Leibrock, der noch ganz neu glänzte, und blendend weiße Wäsche; aber er trug dergleichen nicht wie ein Stutzer, sondern mit einer wohlhabenden Nachlässigkeit, wo nicht gar mit einer verdrießlichen Indifferenz, die hinlänglich bekundete, daß er sich mit dem Knoten der weißen Kravatte nicht lange vor dem Spiegel beschäftigt, und daß er den Rock gleich angezogen, sobald ihn der Schneider gebracht, ohne lange zu prüfen, ob er zu eng oder zu weit. Er schien weder groß noch klein von Gestalt, weder mager noch dick, sein Gesicht war weder roth noch blaß, sondern von einer angerötheten Blässe oder verblaßten Röthe, und was sich darin zunächst aussprach, war eine gewisse ablehnende Vornehmheit, ein gewisses Dedain, wie man es bey Menschen findet, die sich besser als ihre Stellung fühlen, aber an der Leute Anerkenntniß zweifeln. Es war nicht jene geheime Majestät, die man auf dem Antlitz eines Königs oder eines Genies, die sich incognito unter der Menge verborgen halten, entdecken kann; es war vielmehr jener revoluzionäre, mehr oder minder titanenhafte Mißmuth, den man auf den Gesichtern der Prätendenten jeder Art bemerkt. Sein Auftreten, seine Bewegung, sein Gang, hatten etwas Sicheres, Bestimmtes, Charaktervolles. Sind außerordentliche Menschen heimlich umflossen von dem Ausstralen ihres Geistes? Ahnet unser Gemüth dergleichen Glorie, die wir mit den Augen des Leibes nicht sehen können? Das moralische Gewitter in einem solchen außerordentlichen Menschen wirkt vielleicht elektrisch auf junge noch nicht abgestumpfte Gemüther, die ihm nahen, wie das materielle Gewitter auf Katzen wirkt? Ein Funken aus dem Auge des Mannes berührte mich, ich weiß nicht wie, aber ich vergaß nicht diese Berührung und vergaß nie den Doktor Börne, welcher gegen die Commödianten schrieb.

Ja, er war damals Theaterkritiker und übte sich an den Helden der Bretterwelt. Wie mein Universitäts-Freund Dieffenbach, als wir in Bonn studirten, überall wo er einen Hund oder eine Katze erwischte, ihnen gleich die Schwänze abschnitt, aus purer Schneidelust, was wir ihm damals, als die armen Bestien gar entsetzlich heulten, so sehr verargten, später aber ihm gern verziehen, da ihn diese Schneidelust zu dem größten Operateur Deutschlands machte: so hat sich auch Börne zuerst an Commödianten versucht, und manchen jugendlichen Übermuth, den er damals beging an den Heigeln, Weidnern, Ursprüchen und dergleichen unschuldigen Thieren, die seitdem ohne Schwänze herumlaufen, muß man ihm zu Gute halten für die besseren Dienste, die er später als großer politischer Operateur mit seiner gewetzten Kritik zu leisten verstand.

Es war Varnhagen von Ense, welcher etwa zehn Jahre nach dem erwähnten Begegnisse den Namen Börne wieder in meiner Erinnerung heraufrief, und mir Aufsätze des Mannes, namentlich in der »Wage« und in den »Zeitschwingen« zu lesen gab. Der Ton, womit er mir diese Lektüre empfahl, war bedeutsam dringend, und das Lächeln, welches um die Lippen der anwesenden Rahel schwebte, jenes wohlbekannte, räthselhaft wehmüthige, vernunftvoll mystische Lächeln, gab der Empfehlung ein noch größeres Gewicht. Rahel schien nicht bloß auf literarischem Wege über Börne unterrichtet zu seyn, und wie ich mich erinnere, versicherte sie bey dieser Gelegenheit: es existirten Briefe, die Börne einst an eine geliebte Person gerichtet habe, und worin sein leidenschaftlicher hoher Geist sich noch glänzender als in seinen gedruckten Aufsätzen ausspräche. Auch über seinen Styl äußerte sich Rahel, und zwar mit Worten, die jeder, der mit ihrer Sprache nicht vertraut ist, sehr mißverstehen möchte; sie sagte: Börne kann nicht schreiben, eben so wenig wie ich oder Jean Paul. Unter Schreiben verstand sie nemlich die ruhige Anordnung, so zu sagen die Redakzion der Gedanken, die logische Zusammensetzung der Redetheile, kurz jene Kunst des Periodenbaues, den sie sowohl bei Goethe, wie bey ihrem Gemahl so enthusiastisch bewunderte, und worüber wir damals fast täglich die fruchtbarsten Debatten führten. Die heutige Prosa, was ich hier beyläufig bemerken will, ist nicht ohne viel Versuch, Berathung, Widerspruch und Mühe geschaffen worden. Rahel liebte vielleicht Börne um so mehr, da sie ebenfalls zu jenen Autoren gehörte, die, wenn sie gut schreiben sollen, sich immer in einer leidenschaftlichen Anregung, in einem gewissen Geistesrausch befinden müssen: Bachanten des Gedankens, die dem Gotte mit heiliger Trunkenheit nachtaumeln. Aber bey ihrer Vorliebe für wahlverwandte Naturen, hegte sie dennoch die größte Bewunderung für jene besonnenen Bildner des Wortes, die all ihr Denken, Fühlen und Anschauen, abgelöst von der gebährenden Seele, wie einen gegebenen Stoff zu handhaben und gleichsam plastisch darzustellen wissen. Ungleich jener großen Frau, hegte Börne den engsten Widerwillen gegen dergleichen Darstellungsart; in seiner subjektiven Befangenheit begriff er nicht die objektive Freyheit, die göthische Weise, und die künstlerische Form hielt er für Gemüthlosigkeit: er glich dem Kinde, welches, ohne den glühenden Sinn einer griechischen Statue zu ahnen, nur die marmornen Formen betastet und über Kälte klagt.

Indem ich hier antizipirend von dem Widerwillen rede, welchen die göthische Darstellungsart in Börne aufregte, lasse ich zugleich errathen, daß die Schreibart des letztern schon damals kein unbedingtes Wohlgefallen bey mir hervorrief. Es ist nicht meines Amtes, die Mängel dieser Schreibweise aufzudecken, auch würde jede Andeutung über das, was mir an diesem Style am meisten mißfiel, nur von den wenigsten verstanden werden. Nur so viel will ich bemerken, daß, um vollendete Prosa zu schreiben, unter andern auch eine große Meisterschaft in metrischen Formen erforderlich ist. Ohne solche Meisterschaft fehlt dem Prosaiker ein gewisser Takt, es entschlüpfen ihm Wortfügungen, Ausdrücke, Cäsuren und Wendungen, die nur in gebundener Rede statthaft sind, und es entsteht ein geheimer Mißlaut, der nur wenige, aber sehr feine Ohren verletzt.

Wie sehr ich aber auch geneigt war, an der Außenschaale, an dem Style Börnes zu mäkeln, und namentlich wo er nicht beschreibt, sondern räsonnirt, die kurzen Sätze seiner Prosa als eine kindische Unbeholfenheit zu betrachten: so ließ ich doch dem Inhalt, dem Kern seiner Schriften, die reichlichste Gerechtigkeit wiederfahren, ich verehrte die Originalität, die Wahrheitsliebe, überhaupt den edlen Charakter, der sich durchgängig darin aussprach, und seitdem verlor ich den Verfasser nicht mehr aus dem Gedächtniß. Man hatte mir gesagt, daß er noch immer zu Frankfurt lebe, und als ich mehre Jahre später, Anno 1827, durch diese Stadt reisen mußte, um mich nach München zu begeben, hatte ich mir bestimmt vorgenommen, dem Doktor Börne in seiner Behausung meinen Besuch abzustatten. Dieses gelang mir, aber nicht ohne vieles Umherfragen und Fehlsuchen; überall wo ich mich nach ihm erkundigte, sah man mich ganz befremdlich an, und man schien in seinem Wohnorte ihn entweder wenig zu kennen, oder sich noch weniger um ihn zu bekümmern. Sonderbar! Hören wir in der Ferne von einer Stadt, wo dieser oder jener große Mann lebt, unwillkührlich denken wir uns ihn als den Mittelpunkt der Stadt, deren Dächer sogar von seinem Ruhme bestralt würden. Wie wundern wir uns nun, wenn wir in der Stadt selbst anlangen und den großen Mann wirklich darin aufsuchen wollen und ihn erst lange erfragen müssen, bis wir ihn unter der großen Menge herausfinden! So sieht der Reisende schon in weitester Ferne den hohen Dom einer Stadt; gelangt er aber in ihr Weichbild selbst, so verschwindet derselbe wieder seinen Blicken, und erst hin- und herwandernd, durch viele krumme und enge Sträßchen kommt der große Thurmbau wieder zum Vorschein, in der Nähe von gewöhnlichen Häusern und Boutiken, die ihn schier verborgen halten.

Als ich bey einem kleinen Brillenhändler nach Börne frug, antwortete er mir mit pfiffig wiegendem Köpfchen: wo der Doktor Börne wohnt, weiß ich nicht, aber Madame Wohl wohnt auf dem Wollgraben. Eine alte rothhaarige Magd, die ich ebenfalls ansprach, gab mir endlich die erwünschte Auskunft, indem sie vergnügt lachend hinzusetzte: ich diene ja bey der Mutter von Madame Wohl.

Ich hatte Mühe, den Mann wieder zu erkennen, dessen früheres Aussehen mir noch lebhaft im Gedächtnisse schwebte. Keine Spur mehr von vornehmer Unzufriedenheit und stolzer Verdüsterung. Ich sah jetzt ein zufriedenes Männchen, sehr schmächtig, aber nicht krank, ein kleines Köpfchen mit schwarzen glatten Härchen, auf den Wangen sogar ein Stück Röthe, die lichtbraunen Augen sehr munter, Gemüthlichkeit in jedem Blick, in jeder Bewegung, auch im Tone. Dabey trug er ein gestricktes Kamisölchen von grauer Wolle, welches eng anliegend wie ein Ringenpanzer, ihm ein drollig mährchenhaftes Ansehen gab. Er empfing mich mit Herzlichkeit und Liebe; es vergingen keine drey Minuten und wir geriethen ins vertraulichste Gespräch. Wovon wir zuerst redeten? Wenn Köchinnen zusammen kommen, sprechen sie von ihrer Herrschaft, und wenn deutsche Schriftsteller zusammen kommen, sprechen sie von ihren Verlegern. Unsere Conversazion begann daher mit Cotta und Campe, und als ich, nach einigen gebräuchlichen Klagen, die guten Eigenschaften des letzteren eingestand, vertraute mir Börne, daß er mit einer Herausgabe seiner sämmtlichen Schriften schwanger gehe, und für dieses Unternehmen sich den Campe merken wolle. Ich konnte nemlich von Julius Campe versichern, daß er kein gewöhnlicher Buchhändler sey, der mit dem Edlen, Schönen, Großen nur Geschäfte machen und eine gute Conjunktur benutzen will, sondern daß er manchmal das Große, Schöne, Edle unter sehr ungünstigen Conjunkturen druckt und wirklich sehr schlechte Geschäfte damit macht. Auf solche Worte horchte Börne mit beiden Ohren, und sie haben ihn späterhin veranlaßt, nach Hamburg zu reisen und sich mit dem Verleger der Reisebilder über eine Herausgabe seiner sämmtlichen Schriften zu verständigen.

Sobald die Verleger abgethan sind, beginnen die wechselseitigen Complimente, zwischen zwey Schriftstellern, die sich zum ersten Male sprechen. Ich übergehe, was Börne über meine Vorzüglichkeit äußerte, und erwähne nur den leisen Tadel, den er bisweilen in den schäumenden Kelch des Lobes einträufeln ließ. Er hatte nemlich kurzvorher den zweiten Theil der Reisebilder gelesen, und vermeinte, daß ich von Gott, welcher doch Himmel und Erde erschaffen und so weise die Welt regiere, mit zu wenig Reverenz, hingegen von dem Napoleon, welcher doch nur ein sterblicher Despot gewesen, mit übertriebener Ehrfurcht gesprochen habe. Der Deist und Liberale trat mir also schon merkbar entgegen. Er schien den Napoleon wenig zu lieben, obgleich er doch unbewußt den größten Respekt vor ihm in der Seele trug. Es verdroß ihn, daß die Fürsten sein Standbild von der Vendomesäule so ungroßmüthig herabgerissen. »Ach! rief er, mit einem bittern Seufzer: Ihr konntet dort seine Statue getrost stehen lassen; Ihr brauchtet nur ein Plakat mit der Inschrift ›18ter Brümaire‹ daran zu befestigen, und die Vendomesäule wäre seine verdiente Schandsäule geworden! Wie liebte ich diesen Mann bis zum 18ten Brümaire, noch bis zum Frieden von Campo Formio bin ich ihm zugethan, als er aber die Stufen des Thrones erstieg, sank er immer tiefer im Werthe; man konnte von ihm sagen: er ist die rothe Treppe hinaufgefallen!«

»Ich habe noch diesen Morgen, setzte Börne hinzu, ihn bewundert, als ich in diesem Buche, das hier auf meinem Tische liegt (er zeigte auf Thiers Revoluzionsgeschichte) die vortreffliche Anekdote las, wie Napoleon zu Udine eine Entrevue mit Cobentzl hat, und im Eifer des Gesprächs das Porzelan zerschlägt, das Cobentzl einst von der Kaiserinn Catharina erhalten, und gewiß sehr liebte. Dieses zerschlagene Porzelan hat vielleicht den Frieden von Campo Formio herbeygeführt. Der Cobentzl dachte gewiß: mein Kaiser hat soviel Porzelan, und das giebt ein Unglück, wenn der Kerl nach Wien käme und gar zu feurig in Eifer geriethe: das beste ist, wir machen mit ihm Friede. Wahrscheinlich in jener Stunde, als zu Udine das Porzelanservice von Cobentzl zu Boden purzelte und in lauter Scherben zerbrach, zitterte zu Wien alles Porzelan, und nicht bloß die Kaffekannen und Tassen, sondern auch die chinesischen Pagoden, sie nickten mit den Köpfen vielleicht hastiger als je, und der Friede wurde ratifizirt. In Bilderläden sieht man den Napoleon gewöhnlich, wie er auf bäumendem Roß den Simplon besteigt, wie er mit hochgeschwungener Fahne über die Brücke von Lodi stürmt u. s. w. Wenn ich aber ein Maler wäre, so würde ich ihn darstellen, wie er das Service von Cobentzl zerschlägt. Das war seine erfolgreichste That. Jeder König fürchtete seitdem für sein Porzelan, und gar besondere Angst überkam die Berliner wegen ihrer großen Porzelanfabrik. Sie haben keinen Begriff davon, liebster Heine, wie man durch den Besitz von schönem Porzelan im Zaum gehalten wird. Sehen sie z. B. mich, der ich einst so wild war, als ich wenig Gepäck hatte und gar kein Porzelan. Mit dem Besitzthum, und gar mit gebrechlichem Besitzthum kommt die Furcht und die Knechtschaft. Ich habe mir leider vor kurzem ein schönes Theeservice angeschafft — die Kanne war so lockend prächtig vergoldet — auf der Zuckerdose war das eheliche Glück abgemalt, zwey Liebende, die sich schnäbeln — auf der einen Tasse der Katharinenthurm, auf einer andern die Konstablerwache, lauter vaterländische Gegenden auf den übrigen Tassen — Ich habe wahrhaftig jetzt meine liebe Sorge, daß ich in meiner Dummheit nicht zu frey schreibe und plötzlich flüchten müßte — Wie könnte ich in der Geschwindigkeit all diese Tassen und gar die große Kanne einpacken? In der Eile könnten sie zerbrochen werden, und zurücklassen möchte ich sie in keinem Falle. Ja wir Menschen sind sonderbare Käutze! Derselbe Mensch, der vielleicht Ruhe und Freude seines Lebens, ja das Leben selbst aufs Spiel setzen würde, um seine Meinungsfreyheit zu behaupten, der will doch nicht gern ein paar Tassen verlieren, und wird ein schweigender Sklave, um seine Theekanne zu conserviren. Wahrhaftig, ich fühle, wie das verdammte Porzelan mich im Schreiben hemmt, ich werde so milde, so vorsichtig, so ängstlich... Am Ende glaub ich gar, der Porzelanhändler war ein östreichischer Polizeyagent und Metternich hat mir das Porzelan auf den Hals geladen, um mich zu zähmen. Ja, ja, deßhalb war es so wohlfeil und der Mann war so beredsam. Ach! die Zuckerdose mit dem ehelichen Glück war eine so süße Lockspeise! Ja, je mehr ich mein Porzelan betrachte, desto wahrscheinlicher wird mir der Gedanke, daß es von Metternich herrührt. Ich verdenke es ihm nicht im Mindesten, daß man mir auf solche Weise beyzukommen sucht. Wenn man kluge Mittel gegen mich anwendet, werde ich nie unwirsch; nur die Plumpheit und die Dummheit ist mir unausstehlich. Da ist aber unser frankfurter Senat ———«

Ich habe meine Gründe, den Mann nicht weiter sprechen zu lassen, und bemerke nur, daß er am Ende seiner Rede mit gutmüthigem Lachen ausrief: »Aber noch bin ich stark genug, meine Porzelanfesseln zu brechen, und macht man mir den Kopf warm, wahrhaftig, die schöne vergoldete Theekanne fliegt zum Fenster hinaus mitsammt der Zuckerdose und dem ehelichen Glück und dem Katharinenthurm und der Konstablerwache und den vaterländischen Gegenden, und ich bin dann wieder ein freyer Mann, nach wie vor!«

Börnes Humor, wovon ich eben ein sprechendes Beyspiel gegeben, unterschied sich von dem Humor Jean Pauls dadurch, daß letzterer gern die entferntesten Dinge ineinanderrührte, während jener, wie ein lustiges Kind, nur nach dem Nahliegenden griff, und während die Phantasie des konfusen Polyhistors von Bayreuth in der Rumpelkammer aller Zeiten herumkramte und mit Siebenmeilenstiefeln alle Weltgegenden durchschweifte, hatte Börne nur den gegenwärtigen Tag im Auge und die Gegenstände, die ihn beschäftigten, lagen alle in seinem räumlichen Gesichtskreis. Er besprach das Buch, das er eben gelesen, das Ereigniß, das eben vorfiel, den Stein, an den er sich eben gestoßen, Rothschild, an dessen Haus er täglich vorbeyging, den Bundestag, der auf der Zeil residirt, und den er ebenfalls an Ort und Stelle hassen konnte, endlich alle Gedankenwege führten ihn zu Metternich. Sein Groll gegen Goethe hatte vielleicht ebenfalls örtliche Anfänge; ich sage Anfänge, nicht Ursachen; denn wenn auch der Umstand, daß Frankfurt ihre gemeinschaftliche Vaterstadt war, Börnes Aufmerksamkeit zunächst auf Goethe lenkte, so war doch der Haß, der gegen diesen Mann in ihm brannte und immer leidenschaftlicher entloderte, nur die nothwendige Folge einer tiefen in der Natur beider Männer begründeten Differenz. Hier wirkte keine kleinliche Schelsucht, sondern ein uneigennütziger Widerwille, der angebornen Trieben gehorcht, ein Hader, welcher, alt wie die Welt, sich in allen Geschichten des Menschengeschlechts kund giebt, und am grellsten hervortrat in dem Zweykampfe, welchen der judäische Spiritualismus gegen hellenische Lebensherrlichkeit führte, ein Zweykampf, der noch immer nicht entschieden ist und vielleicht nie ausgekämpft wird: der kleine Nazarener haßte den großen Griechen, der noch dazu ein griechischer Gott war.

Das Werk von Wolfgang Menzel war eben erschienen, und Börne freute sich kindisch, daß jemand gekommen sey, der den Muth zeige so rücksichtslos gegen Goethe aufzutreten. »Der Respekt« setzte er naiv hinzu, »hat mich immer davon abgehalten, dergleichen öffentlich auszusprechen. Der Menzel, der hat Muth, der ist ein ehrlicher Mann, und ein Gelehrter; den müssen sie kennen lernen, an dem werden wir noch viele Freude erleben; der hat viel Courage, der ist ein grundehrlicher Mann, und ein großer

Gelehrter! An dem Goethe ist gar nichts, er ist eine Memme, ein serviler Schmeichler und ein Dilettant.«

Auf dieses Thema kam er oft zurück; ich mußte ihm versprechen, in Stuttgart den Menzel zu besuchen, und er schrieb mir gleich zu diesem Behufe eine Empfehlungskarte, und ich höre ihn noch eifrig hinzusetzen: der hat Muth, außerordentlich viel Courage, der ist ein braver, grundehrlicher Mann und ein großer Gelehrter!

Wie in seinen Äußerungen über Goethe, so auch in seiner Beurtheilung anderer Schriftsteller, verrieth Börne immer seine nazarenische Beschränktheit. Ich sage nazarenisch, um mich weder des Ausdrucks »jüdisch« noch »christlich« zu bedienen, obgleich beide Ausdrücke für mich synonym sind und von mir nicht gebraucht werden, um einen Glauben, sondern um ein Naturell zu bezeichnen. »Juden« und »Christen« sind für mich ganz sinnverwandte Worte im Gegensatz zu »Hellenen,« mit welchem Namen ich ebenfalls kein bestimmtes Volk, sondern eine sowohl angeborne als angebildete Geistesrichtung und Anschauungsweise bezeichne. In dieser Beziehung möchte ich sagen: alle Menschen sind entweder Juden oder Hellenen, Menschen mit ascetischen, bildfeindlichen, vergeistigungssüchtigen Trieben, oder Menschen von lebensheiterem, entfaltungsstolzem und realistischem Wesen. So gab es Hellenen in deutschen Prädigerfamilien, und Juden, die in Athen geboren und vielleicht von Theseus abstammen. Der Bart macht nicht den Juden, oder der Zopf macht nicht den Christen, kann man hier mit Recht sagen. Börne war ganz Nazarener, seine Antipathie gegen Goethe ging unmittelbar hervor aus seinem nazarenischen Gemüthe, seine spätere politische Exaltazion war begründet in jenem schroffen Ascetismus, jenem Durst nach Martyrthum, der überhaupt bey den Republikanern gefunden wird, den sie republikanische Tugend nennen und der von der Passionssucht der früheren Christen so wenig verschieden ist. In seiner spätern Zeit wendete sich Börne sogar zum historischen Christenthum, er sank fast in den Katholizismus, er fraternisirte mit dem Pfaffen La Mennais und verfiel in den widerwärtigsten Kapuzinerton, als er sich einst über einen Nachfolger Goethes, einen Pantheisten von der heitern

Observanz, öffentlich aussprach. — Psychologisch merkwürdig ist die Untersuchung, wie in Börnes Seele allmählig das eingeborene Christenthum emporstieg, nachdem es lange niedergehalten worden von seinem scharfen Verstand und seiner Lustigkeit. Ich sage Lustigkeit, gaité, nicht Freude, joie; die Nazarener haben zuweilen eine gewisse springende gute Laune, eine witzige eichkätzchenhafte Munterkeit, gar lieblich kapriziös, gar süß, auch glänzend, worauf aber bald eine starre Gemüthsvertrübung folgt: es fehlt ihnen die Majestät der Genußseligkeit, die nur bey bewußten Göttern gefunden wird.

Ist aber in unserem Sinne kein großer Unterschied zwischen Juden und Christen, so existirt dergleichen desto herber in der Weltbetrachtung frankfurter Philister; über die Mißstände, die sich daraus ergeben, sprach Börne sehr viel und sehr oft während den drey Tagen, die ich ihm zu Liebe in der freyen Reichs- und Handelsstadt Frankfurt am Mayn verweilte.

Ja, mit drolliger Güte drang er mir das Versprechen ab, ihm drey Tage meines Lebens zu schenken, er ließ mich nicht mehr von sich, und ich mußte mit ihm in der Stadt herumlaufen, allerley Freunde besuchen, auch Freundinnen, z. B. Madame Wohl auf dem Wollgraben. Diese Madame Wohl auf dem Wollgraben ist die bekannte Freyheitsgöttin, an welche späterhin die Briefe aus Paris adressirt wurden. Ich sah eine magre Person, deren gelblich weißes, pockennarbiges Gesicht einem alten Matzekuchen glich. Trotz ihrem Äußern und obgleich ihre Stimme kreischend war, wie eine Thüre, die sich auf rostigen Angeln bewegt, so gefiel mir doch alles, was die Person sagte; sie sprach nemlich mit großem Enthusiasmus von meinen Werken. Ich erinnere mich, daß sie ihren Freund in große Verlegenheit setzte, als sie ausplaudern wollte, was er ihr bey unserm Eintritt ins Ohr geflüstert; Börne ward roth wie ein Mädchen, als sie, trotz seiner Bitten, mir verrieth, er habe sich geäußert: mein Besuch sey für ihn eine größere Ehre, als wenn ihn Goethe besucht hätte. Wenn ich jetzt bedenke, wie schlecht er schon damals von Goethe dachte, so darf ich mir jene Äußerung nicht als ein allzugroßes Compliment anrechnen.

Über das Verhältniß Börnes zu der erwähnten Dame erfuhr ich damals eben so wenig Bestimmtes, wie andere Leute. Auch war es mir gleichgültig, ob jenes Verhältniß warm oder kühl, feucht oder trocken war. Die böse Welt behauptete, Herr Börne säße bey Madame Wohl auf dem Wollgraben so recht in der Wolle; die ganz böse Welt zischelte: es herrsche zwischen beiden nur eine abstrakte Seelen-Verbindung, ihre Liebe sey platonisch.

Was mich betrifft, so interessirt mich bey ausgezeichneten Leuten der Gegenstand ihrer Liebesgefühle immer weniger, als das Gefühl der Liebe selbst. Letzteres aber — das weiß ich — muß bey Börne sehr stark gewesen seyn. Wie später bey der Lektüre seiner gesammelten Schriften, so schon in Frankfurt durch manche hingeworfene Äußerung, merkte ich, daß Börne zu verschiedenen Jahrzeiten seines Lebens von den Tücken des kleinen Gottes weidlich geplagt worden. Namentlich von den Qualen der Eifersucht weiß er viel zu sagen, wie denn überhaupt die Eifersucht in seinem Charakter lag, und ihn, im Leben wie in der Politik, alle Erscheinungen durch die gelbe Lupe des Mißtrauens betrachten ließ. Ich erwähnte, daß Börne zu verschiedenen Zeiten seines Lebens von Liebesleiden heimgesucht worden. —

»Ach,« seufzte er einmal wie aus der Tiefe schmerzlicher Erinnerungen, »in spätern Jahren ist diese Leidenschaft noch weit gefährlicher als in der Jugend. Man sollte es kaum glauben, da sich doch mit dem Alter auch unsere Vernunft entwickelt hat, und diese uns unterstützen könnte im Kampfe mit der Leidenschaft. Saubere Unterstützung! Merken Sie sich das: die Vernunft hilft uns nur, jene kleinen Kaprizen zu bekämpfen, die wir auch ohne ihre Intervenzion bald überwinden würden. Aber sobald sich eine große wahre Leidenschaft unseres Herzens bemächtigt hat, und unterdrückt werden soll, wegen des positiven Schadens, der uns dadurch bedroht, alsdann gewährt uns die Vernunft wenig Hülfe, ja, die Canaille, sie wird alsdann sogar eine Bundesgenossin des Feindes, und anstatt unsere materiellen oder moralischen Interessen zu vertreten, leiht sie dem Feinde, der Leidenschaft, alle ihre Logik, alle ihre Syllogismen, alle ihre Sophismen, und dem stummen

Wahnsinn liefert sie die Waffe des Wortes. Vernünftig, wie sie ist, schlägt sich die Vernunft immer zur Parthey des Stärkern, zur Parthey der Leidenschaft, und verläßt sie wieder, sobald die Force derselben durch die Gewalt der Zeit oder durch das Gesetz der Reakzion gebrochen wird. Wie verhöhnt sie alsdann die Gefühle, die sie kurz vorher so eifrig rechtfertigte! Mißtrauen Sie, lieber Freund, in der Leidenschaft immer der Sprache der Vernunft, und ist die Leidenschaft erloschen, so mißtrauen Sie ihr ebenfalls, und seyen Sie nicht ungerecht gegen Ihr Herz!«

Nachdem Börne mir Madame Wohl auf dem Wollgraben gezeigt, wollte er mich auch die übrigen Merkwürdigkeiten Frankfurts sehen lassen, und vergnügt, im gemüthlichsten Hundetrapp, lief er mir zur Seite, als wir durch die Straßen wanderten. Ein wunderliches Ansehen gab ihm sein kurzes Mäntelchen und sein weißes Hütchen, welches zur Hälfte mit einem schwarzen Flor umwickelt war. Der schwarze Flor bedeutete den Tod seines Vaters, welcher ihn bey Lebzeiten sehr knapp gehalten, ihm jetzt aber auf einmal viel Geld hinterließ. Börne schien damals die angenehmen Empfindungen solcher Glücksveränderungen noch in sich zu tragen, und überhaupt im Zenith des Wohlbehagens zu stehen. Er klagte sogar über seine Gesundheit, d. h. er klagte, er werde täglich gesünder und mit der zunehmenden Gesundheit schwänden seine geistigen Fähigkeiten. »Ich bin zu gesund und kann nichts mehr schreiben«, klagte er im Scherz, vielleicht auch im Ernst, denn bey solchen Naturen ist das Talent abhängig von gewissen krankhaften Zuständen, von einer gewissen Reitzbarkeit, die ihre Empfindungs- und Ausdrucksweise steigert, und die mit der eintretenden Gesundheit wieder verschwindet. »Er hat mich bis zur Dummheit kurirt,« sagte Börne von seinem Arzte, zu welchem er mich führte, und in dessen Haus ich auch mit ihm speiste.

Die Gegenstände, womit Börne in zufällige Berührung kam, gaben seinem Geiste nicht bloß die nächste Beschäftigung, sondern wirkten auch unmittelbar auf die Stimmung seines Geistes, und mit ihrem Wechsel stand seine gute oder böse Laune in unmittelbarer Verbindung. Wie das Meer von den vorüberziehenden Wolken, so empfing

Börnes Seele die jedesmalige Färbung von den Gegenständen, denen er auf seinem Weg begegnete. Der Anblick schöner Gartenanlagen oder einer Gruppe schäckernder Mägde, die uns entgegenlachten, warfen gleichsam Rosenlichter über Börnes Seele, und der Wiederschein derselben gab sich kund in sprühenden Witzen. Als wir aber durch das Judenquartier gingen, schienen die schwarzen Häuser ihre finstern Schatten in sein Gemüth zu gießen.

»Betrachten Sie diese Gasse,« sprach er seufzend, »und rühmen Sie mir alsdann das Mittelalter! Die Menschen sind todt, die hier gelebt und geweint haben, und können nicht widersprechen, wenn unsere verrückten Poeten und noch verrücktern Historiker, wenn Narren und Schälke von der alten Herrlichkeit ihre Entzückungen drucken lassen; aber wo die todten Menschen schweigen, da sprechen desto lauter die lebendigen Steine.«

In der That, die Häuser jener Straße sahen mich an, als wollten sie mir betrübsame Geschichten erzählen, Geschichten, die man wohl weiß, aber nicht wissen will, oder lieber vergäße, als daß man sie ins Gedächtniß zurückriefe. So erinnere ich mich noch eines giebelhohen Hauses, dessen Kohlenschwärze um so greller hervorstach, da unter den Fenstern eine Reihe kreideweißer Talglichter hingen; der Eingang, zur Hälfte mit rostigen Eisenstangen vergittert, führte in eine dunkle Höhle, wo die Feuchtigkeit von den Wänden herabzurieseln schien, und aus dem Innern tönte ein höchst sonderbarer, näselnder Gesang. Die gebrochene Stimme schien die eines alten Mannes, und die Melodie wiegte sich in den sanftesten Klagelauten, die allmählig bis zum entsetzlichsten Zorne anschwollen. Was ist das für ein Lied? frug ich meinen Begleiter. »Es ist ein gutes Lied,« antwortete dieser mit einem mürrischen Lachen, »ein lyrisches Meisterstück, das im diesjährigen Musenalmanach schwerlich seines Gleichen findet . . . Sie kennen es vielleicht in der deutschen Übersetzung: wir saßen an den Flüssen Babels, unsere Harfen hingen an den Trauerweiden u. s. w. Ein Prachtgedicht! und der alte Rabbi Chayim singt es sehr gut mit seiner zittrigen, abgemergelten Stimme; die Sontag sänge es vielleicht mit größerem Wohllaut, aber nicht mit so viel Ausdruck, mit so viel Gefühl ... Denn der alte Mann haßt noch immer die Babylonier und weint noch täglich über den Untergang Jerusalems durch Nebukadnezar ... Dieses Unglück kann er gar nicht vergessen, obgleich so viel Neues seitdem passirt ist, und noch jüngst der zweite Tempel durch Titus, den Bösewicht, zerstört worden. Ich muß Ihnen nemlich bemerken, der alte Rabbi Chayim betrachtet den Titus keineswegs als ein delicium generis humani, er hält ihn für einen Bösewicht, den auch die Rache Gottes erreicht hat ... Es ist ihm nemlich eine kleine Mücke in die Nase geflogen, die, allmählig wachsend, mit ihren Klauen in seinem Gehirn herumwühlte und ihm so grenzenlose Schmerzen verursachte, daß er nur dann einige Erholung empfand, wenn in seiner Nähe einige hundert Schmiede auf ihre Ambosse loshämmerten. Das ist sehr merkwürdig, daß alle Feinde der Kinder Israel ein so schlechtes Ende nehmen. Wie es dem Nebukadnezar gegangen ist, wissen Sie, er ist in seinen alten Tagen ein Ochs geworden und hat Gras essen müssen. Sehen Sie den persischen Staatsminister Haman, ward er nicht am Ende gehenkt zu Susa, in der Hauptstadt? Und Antiochus, der König von Syrien, ist er nicht bey lebendigem Leibe verfault, durch die Läusesucht? Die spätern Bösewichter, die Judenfeinde, sollten sich in Acht nehmen ... Aber was hilft's, es schreckt sie nicht ab, das furchtbare Beyspiel, und dieser Tage habe ich wieder eine Broschüre gegen die Juden gelesen, von einem Professor der Philosophie, der sich Magis amica nennt. Er wird einst Gras essen, ein Ochs ist er schon von Natur, vielleicht gar wird er mal gehenkt, wenn er die Sultaninn Favorite des Königs von Flachsenfingen beleidigt, und Läuse hat er gewiß auch schon wie der Antiochus. Am liebsten wär' mir's, er ginge zur See und machte Schiffbruch an der nordafrikanischen Küste. Ich habe nemlich jüngst gelesen, daß die Mahometaner, die dort wohnen, sich durch ihre Religion berechtigt glauben, alle Christen, die bey ihnen Schiffbruch leiden und in ihre Hände fallen, als Sklaven zu behandeln. Sie vertheilen unter sich diese Unglücklichen und benutzen jeden derselben nach seinen Fähigkeiten. So hat nun jüngst ein Engländer, der jene Küsten bereiste, dort einen deutschen Gelehrten gefunden, der Schiffbruch gelitten und Sklave geworden, aber zu gar nichts anderem zu gebrauchen war, als daß man ihm Eyer zum Ausbrüten unterlegte; er gehörte nemlich zur theologischen Fakultät. Ich wünsche nun, der Doktor Magis amica käme in eine solche Lage; wenn er auf seinen Eyern drey Wochen unaufstehlich sitzen müßte (sind es Enteneyer sogar vier Wochen) so kämen ihm gewiß allerley Gedanken in den Sinn, die ihm bisher nie eingefallen, und ich wette, er verwünscht den Glaubensfanatismus, der in Europa die Juden und in Afrika die Christen herabwürdigt, und sogar einen Doktor der Theologie bis zur Bruthenne entmenscht . . . Die Hühner, die er ausgebrütet, werden sehr tolerant schmecken, besonders wenn man sie mit einer Sauce à la Marengo verzehrt.«

Aus leicht begreiflichen Gründen übergehe ich die Bemerkungen, die mein Begleiter in bitterster Fülle losließ, als wir auf unserer Wandrung im Weichbilde Frankfurts dem Hause vorübergingen, wo der Bundestag seine Sitzungen hält. Die Schildwache hielt ihr Mittagsschläfchen in aufrechter Stellung, und die Schwalben, die an den Fliesen der Fenster ihre friedlichen Nester gebaut, flogen seelenruhig auf und nieder. Schwalben bedeuten Glück, behauptete meine Großmutter; sie war sehr abergläubisch.

Von der Ecke der Schnur-Gasse bis zur Börse mußten wir uns durchdrängen; hier fließt die goldene Ader der Stadt, hier versammelt sich der edle Handelsstand und schachert und mauschelt . . . Was wir nemlich in Norddeutschland Mauscheln nennen, ist nichts anders als die eigentliche frankfurter Landessprache, und sie wird von der unbeschnittenen Populazion eben so vortrefflich gesprochen, wie von der beschnittenen. Börne sprach diesen Jargon sehr schlecht, obgleich er, eben so wie Goethe, den heimathlichen Dialekt nie ganz verläugnen konnte. Ich habe bemerkt, daß Frankfurter, die sich von allen Handelsinteressen entfernt hielten, am Ende jene frankfurter Aussprache, die wir, wie gesagt, in Norddeutschland Mauscheln nennen, ganz verlernten.

Eine Strecke weiter, am Ausgange der Saalgasse, erfreuten wir uns einer viel angenehmeren Begegnung. Wir sahen nemlich einen Rudel Knaben, welche aus der Schule kamen, hübsche Jungen mit rosigen Gesichtchen, einen Pack Bücher unterm Arm.

»Weit mehr Respekt,« rief Börne, – »weit mehr Respekt habe ich für diese Buben, als für ihre erwachsenen Väter. Jener Kleine mit der hohen Stirn denkt vielleicht jetzt an den zweiten punischen Krieg, und er ist begeistert für Hannibal, und als man ihm heute erzählte, wie der große Karthager schon als Knabe den Römern Rache schwur . . . ich wette, da hat sein kleines Herz mitgeschworen . . . Haß und Untergang dem bösen Rom! Halte deinen Eid, mein kleiner Waffenbruder. Ich möchte ihn küssen, den vortrefflichen Jungen! Der andere Kleine, der so pfiffig aussieht, denkt vielleicht an den Mithridates und möchte ihn einst nachahmen . . . Das ist auch gut, ganz gut, und du bist mir willkommen. Aber, Bursche, wirst du auch Gift schlucken können, wie der alte König des Pontus? Übe dich frühzeitig. Wer mit Rom Krieg führen will, muß alle möglichen Gifte vertragen können, nicht bloß plumpen Arsenik, sondern auch einschläferndes phantastisches Opium, und gar das schleichende Aquatofana der Verläumdung! Wie gefällt Ihnen der Knabe, der so lange Beine hat und ein so unzufrieden aufgestülptes Näschen? Den jückt es vielleicht, ein Catilina zu werden, er hat auch lange Finger und er wird einmal den Ciceros unserer Republik, den gepuderten Vätern des Vaterlands, eine Gelegenheit geben, sich mit langen schlechten Reden zu blamiren. Der dort, der arme kränkliche Bub, möchte gewiß weit lieber die Rolle des Brutus spielen . . . Armer Junge, du wirst keinen Cäsar finden, und mußt dich begnügen, einige alte Perücken mit Worten zu erstechen, und wirst dich endlich, nicht in dein Schwert, sondern in die Schellingsche Philosophie stürzen und verrückt werden! Ich habe Respekt für diese Kleinen, die sich den ganzen Tag für die hochherzigsten Geschichten der Menschheit interessiren, während ihre Väter nur für das Steigen oder Fallen der Staatspapiere Interesse fühlen, und an Kaffebohnen und Cochenille und Manufakturwaaren denken! Ich hätte nicht übel Lust, dem kleinen Brutus dort eine Tüte mit Zuckerkringeln zu kaufen . . . Nein, ich will ihm lieber Branntewein zu trinken geben, damit er klein bleibe . . . Nur so lange wir klein sind, sind wir ganz uneigennützig, ganz heldenmüthig, ganz heroisch ... Mit dem wachsenden Leib schrumpft die Seele immer mehr ein ... Ich fühle es an mir selber ... Ach, ich bin ein großer Mann gewesen, als ich noch ein kleiner Junge war!«

Als wir über den Römerberg kamen, wollte Börne mich in die alte Kaiserburg hinaufführen, um dort die goldene Bulle zu betrachten.

»Ich habe sie noch nie gesehen,« seufzte er, »und seit meiner Kindheit hegte ich immer eine geheime Sehnsucht nach dieser goldnen Bulle. Als Knabe machte ich mir die wunderlichste Vorstellung davon und ich hielt sie für eine Kuh mit goldnen Hörnern; später bildete ich mir ein, es sey ein Kalb, und erst als ich ein großer Junge wurde, erfuhr ich die Wahrheit, daß sie nemlich nur eine alte Haut sey, ein nichtsnutzig Stück Pergament, worauf geschrieben steht, wie Kaiser und Reich sich einander wechselseitig verkauften. Nein, laßt uns diesen miserablen Contract, wodurch Deutschland zu Grunde ging, nicht betrachten; ich will sterben, ohne die goldne Bulle gesehen zu haben.«

Ich übergehe hier ebenfalls die bittern Nachbemerkungen. Es gab ein Thema, das man nur zu berühren brauchte, um die wildesten und schmerzlichsten Gedanken, die in Börnes Seele lauerten, hervorzurufen; dieses Thema war Deutschland und der politische Zustand des deutschen Volks. Börne war Patriot vom Wirbel bis zur Zehe und das Vaterland war seine ganze Liebe.

Als wir denselben Abend wieder durch die Judengasse gingen, und das Gespräch über die Insassen derselben wieder anknüpften, sprudelte die Quelle des Börneschen Geistes um so heiterer, da auch jene Straße, die am Tage einen düsteren Anblick gewährte, jetzt aufs Fröhlichste illuminiert war, und die Kinder Israel an jenem Abend, wie mir mein Cicerone erklärte, ihr lustiges Lampenfest feyerten. Dieses ist einst gestiftet worden zum ewigen Andenken an den Sieg, den die Makkabäer über den König von Syrien so heldenmüthig erfochten haben.

»Sehen Sie,« sagte Börne, »das ist der 18te October der Juden, nur daß dieser makkabäische 18te October mehr als zwey Jahrtausende alt ist, und noch immer gefeyert

wird, statt daß der leipziger 18te October noch nicht das funfzehnte Jahr erreicht hat, und bereits in Vergessenheit gerathen. Die Deutschen sollten bey der alten Madame Rothschild in die Schule gehen, um Patriotismus zu lernen. Sehen Sie hier, in diesem kleinen Hause wohnt die alte Frau, die Lätizia, die so viele Finanzbonaparten geboren hat, die große Mutter aller Anleihen, die aber trotz der Weltherrschaft ihrer königlichen Söhne noch immer ihr kleines Stammschlößchen in der Judengasse nicht verlassen will, und heute wegen des großen Freudenfestes ihre Fenster mit weißen Vorhängen geziert hat. Wie vergnügt funkeln die Lämpchen, die sie mit eigenen Händen anzündete, um jenen Siegestag zu feyern, wo Judas Makkabäus und seine Brüder eben so tapfer und heldenmüthig das Vaterland befreyten, wie in unsern Tagen Friedrich Wilhelm, Alexander und Franz II. Wenn die gute Frau diese Lämpchen betrachtet, treten ihr die Thränen in die alten Augen, und sie erinnert sich mit wehmüthiger Wonne jener jüngeren Zeit, wo der selige Meyer Amschel Rothschild, ihr theurer Gatte, das Lampenfest mit ihr feyerte, und ihre Söhne noch kleine Bübchen waren und kleine Lichtchen auf den Boden pflanzten, und in kindischer Lust darüber hin- und hersprangen, wie es Brauch und Sitte ist in Israel!«
»Der alte Rothschild,« fuhr Börne fort, »der Stammvater der regierenden Dynastie, war ein braver Mann, die Frömmigkeit und Gutherzigkeit selbst. Es war ein mildthätiges Gesicht mit einem spitzigen Bärtchen, auf dem Kopf ein dreyeckig gehörnter Hut, und die Kleidung mehr als bescheiden, fast ärmlich. So ging er in Frankfurt herum, und beständig umgab ihn, wie ein Hofstaat, ein Haufen armer Leute, denen er Allmosen ertheilte oder mit gutem Rath zusprach; wenn man auf der Straße eine Reihe von Bettlern antraf mit getrösteten und vergnügten Mienen, so wußte man, daß hier eben der alte Rothschild seinen Durchzug gehalten. Als ich noch ein kleines Bübchen war, und eines Freytags Abends mit meinem Vater durch die Judengasse ging, begegneten wir dem alten Rothschild, welcher eben aus der Synagoge kam; ich erinnere mich, daß er, nachdem er mit meinem Vater gesprochen, auch mir einige liebreiche Worte sagte, und daß er endlich die Hand auf meinen

Kopf legte, um mich zu segnen. Ich bin fest überzeugt, diesem Rothschildschen Segen verdanke ich es, daß späterhin, obgleich ich ein deutscher Schriftsteller wurde, doch niemals das baare Geld in meiner Tasche ganz ausging.«

Ich kann nicht umhin, hier die Zwischenbemerkung einzuschalten, daß Börne immer im behaglichen Wohlstande lebte, und sein späterer Ultraliberalismus keineswegs, wie bey vielen Patrioten, dem verbissenen Ingrimm der eigenen Armuth beyzumessen war. Obgleich er selber reich war, ich sage reich, nach dem Maaßstabe seiner Bedürfnisse, so hegte er doch einen unergründlichen Groll gegen die Reichen. Obgleich der Segen des Vaters auf seinem Haupte ruhte, so haßte er doch die Söhne, Meyer Amsel Rothschilds Söhne.

Wie weit die persönlichen Eigenschaften dieser Männer zu jenem Hasse berechtigten, will ich hier nicht untersuchen; es wird an einem anderen Orte ausführlich geschehen. Hier möchte ich nur der Bemerkung Raum geben, daß unsere deutschen Freyheitsprediger eben so ungerecht wie thöricht handeln, wenn sie das Haus Rothschild wegen seiner politischen Bedeutung, wegen seiner Einwirkung auf die Interessen der Revoluzion, kurz wegen seines öffentlichen Charakters, mit so viel Grimm und Blutgier anfeinden. Es giebt keine stärkere Beförderer der Revoluzion als eben die Rothschilde ... und was noch befremdlicher klingen mag: diese Rothschilde, die Banquiers der Könige, diese fürstlichen Seckelmeister, deren Existenz durch einen Umsturz des europäischen Staatensystems in die ernsthaftesten Gefahren gerathen dürfte, sie tragen dennoch im Gemüthe das Bewußtseyn ihrer revoluzionären Sendung. Namentlich ist dieses der Fall bey dem Manne, der unter dem scheinlosen Namen Baron James bekannt ist, und in welchem sich jetzt, nach dem Tode seines erlauchten Bruders von England, die ganze politische Bedeutung des Hauses Rothschild resumirt. Dieser Nero der Finanz, der sich in der Rue-Laffitte seinen goldenen Palast erbauet hat, und von dort aus als unumschränkter Imperator die Börsen beherrscht, er ist, wie weiland sein Vorgänger, der römische Nero, am Ende ein gewaltsamer Zerstörer des bevorrechteten Patrizierthums und Begründer der neuen Demokrazie. Einst, vor mehren Jahren, als er in guter Laune war und wir Arm in Arm, ganz famillionär wie Hirsch Hyazynth sagen würde, in den Straßen von Paris umherflanirten, setzte mir Baron James ziemlich klar auseinander: wie eben er selber, durch sein Staatspapierensystem, für den gesellschaftlichen Fortschritt in Europa überall die ersten Bedingnisse erfüllt, gleichsam Bahn gebrochen habe. »Zu jeder Begründung einer neuen Ordnung von Dingen« — sagte er mir — »gehört ein Zusammenfluß von bedeutenden Menschen, die sich mit diesen Dingen gemeinsam zu beschäftigen haben. Dergleichen Menschen lebten ehemals vom Ertrag ihrer Güter oder ihres Amtes, und waren deßhalb nie ganz frey, sondern immer an einen entfernten Grundbesitz oder an irgend eine örtliche Amtsverwaltung gefesselt; jetzt aber gewährt das Staatspapierensystem diesen Menschen die Freyheit, jeden beliebigen Aufenthalt zu wählen, überall können sie von den Zinsen ihrer Staatspapiere, ihres portativen Vermögens geschäftlos leben, und sie ziehen sich zusammen und bilden die eigentliche Macht der Hauptstädte. Von welcher Wichtigkeit aber eine solche Residenz der verschiedenartigsten Kräfte, eine solche Centralisazion der Intelligenzen und socialen Autoritäten, das ist hinlänglich bekannt. Ohne Paris hätte Frankreich nie seine Revoluzion gemacht; hier hatten so viele ausgezeichnete Geister Weg und Mittel gefunden, eine mehr oder minder sorglose Existenz zu führen, mit einander zu verkehren und so weiter. Jahrhunderte haben in Paris einen solchen günstigen Zustand allmählig herbeygeführt. Durch das Rentensystem wäre Paris weit schneller Paris geworden, und die Deutschen, die gern eine ähnliche Hauptstadt hätten, sollten nicht über das Rentensystem klagen: es centralisirt, es macht vielen Leuten möglich, an einem selbstgewählten Orte zu leben, und von dort aus der Menschheit jeden nützlichen Impuls zu geben . . .«

Von diesem Standpunkt aus betrachtet Rothschild die Resultate seines Schaffens und Treibens. Ich bin mit dieser Ansicht ganz einverstanden, ja ich gehe noch weiter, und ich sehe in Rothschild einen der größten Revoluzionäre, welche die moderne Demokrazie begründeten. Richelieu,

Robespierre und Rothschild sind für mich drey terroristische Namen, und sie bedeuten die graduelle Vernichtung der alten Aristokrazie. Richelieu, Robespierre und Rothschild sind die drey furchtbarsten Nivelleurs Europas. Richelieu zerstörte die Souverainität des Feudaladels und beugte ihn unter jene königliche Willkühr, die ihn entweder durch Hofdienst herabwürdigte, oder durch krautjunkerliche Unthätigkeit in der Provinz vermodern ließ. Robespierre schlug diesem unterwürfigen und faulen Adel endlich das Haupt ab. Aber der Boden blieb, und der neue Herr desselben, der neue Gutsbesitzer, ward ganz wieder ein Aristokrat, wie seine Vorgänger, deren Prätenzionen er unter anderem Namen fortsetzte. Da kam Rothschild, und zerstörte die Oberherrschaft des Bodens, indem er das Staatspapierensystem zur höchsten Macht emporhob, dadurch die großen Besitzthümer und Einkünfte mobilisirte, und gleichsam das Geld mit den ehemaligen Vorrechten des Bodens belehnte. Er stiftete freylich dadurch eine neue Aristokrazie, aber diese, beruhend auf dem unzuverlässigsten Elemente, auf dem Gelde, kann nimmermehr so nachhaltig mißwirken, wie die ehemalige Aristokrazie, die im Boden, in der Erde selber, wurzelte. Geld ist flüssiger als Wasser, windiger als Luft, und dem jetzigen Geldadel verzeiht man gern seine Impertinenzen, wenn man seine Vergänglichkeit bedenkt ... er zerrinnt und verdunstet, ehe man sich dessen versieht.

Indem ich oben die Namen Richelieu, Robespierre und Rothschild zusammenstellte, drängte sich mir die Bemerkung auf, daß diese drey größten Terroristen noch mancherley andere Ähnlichkeiten bieten. Sie haben z. B. mit einander gemein eine gewisse unnatürliche Liebe zur Poesie: Richelieu schrieb schlechte Tragödien, Robespierre machte erbärmliche Madrigale, und James Rothschild, wenn er lustig wird, fängt er an zu reimen ...

Doch das gehört nicht hierher, diese Blätter haben sich zunächst mit einem kleineren Revoluzionär, mit Ludwig Börne zu beschäftigen. Dieser hegte, wie wir mit Bedauern bemerken, den höchsten Haß gegen die Rothschilde, und in seinem Gespräche, als wir zu Frankfurt dem Stammhause derselben vorübergingen, äußerte sich jener Haß bereits eben so grell und giftig, wie in seinen späteren pariser Briefen. Nichtsdestoweniger ließ er doch den persönlichen Eigenschaften dieser Leute manche Gerechtigkeit wiederfahren, und er gestand mir ganz naiv: daß er sie nur hassen könne, daß es ihm aber trotz aller Mühe nicht möglich sey, sie verächtlich oder gar lächerlich zu finden. »Denn sehen Sie,« — sprach er — »die Rothschilde haben so viel Geld, eine solche Unmasse von Geld, daß sie uns einen fast grauenhaften Respekt einflößen; sie identifizirten sich so zu sagen mit dem Begriff des Geldes überhaupt, und Geld kann man nicht verachten. Auch haben diese Leute das sicherste Mittel angewendet, um jenem Ridikül zu entgehen, dem so manche andere baronisirte Millionären-Familien des alten Testaments verfallen sind: sie enthalten sich des christlichen Weihwassers. Die Taufe ist jetzt bey den reichen Juden an der Tagesordnung, und das Evangelium, das den Armen Judäas vergebens gepredigt worden, ist jetzt in Floribus bey den Reichen. Aber da die Annahme desselben nur Selbstbetrug, wo nicht gar Lüge ist, und das angeheuchelte Christenthum mit dem alten Adam bisweilen recht grell kontrastirt, so geben diese Leute dem Witze und dem Spotte die bedenklichsten Blößen. Oder glauben Sie, daß durch die Taufe die innere Natur ganz verändert worden? Glauben Sie, daß man Läuse in Flöhe verwandeln kann, wenn man sie mit Wasser begießt?«

Ich glaube nicht.

»Ich glaub's auch nicht, und ein eben so melancholischer wie lächerlicher Anblick ist es für mich, wenn die alten Läuse, die noch aus Egypten stammen, aus der Zeit der pharaonischen Plage, sich plötzlich einbilden, sie wären Flöhe, und christlich zu hüpfen beginnen. In Berlin habe ich auf der Straße alte Töchter Israels gesehen, die am Halse lange Kreuze trugen, Kreuze, die noch länger als ihre Nasen und bis an den Nabel reichten; in den Händen hielten sie ein evangelisches Gesangbuch, und sie sprachen von der prächtigen Predigt, die sie eben in der Dreyfaltigkeitskirche gehört. Die eine frug die andere: bey wem sie das heilige Abendmahl genommen? und beide rochen dabey aus dem Halse. Widerwärtiger war mir noch der Anblick von schmutzigen Bartjuden, die aus ihren polnischen Kloaken kamen, von der Bekehrungsgesellschaft in Berlin für den Himmel angeworben wurden, und in ihrem mundfaulen Dialekte das Christenthum predigten und so entsetzlich dabey stanken. Es wäre jedenfalls wünschenswerth, wenn man dergleichen polnisches Läusevolk nicht mit gewöhnlichem Wasser, sondern mit Eau-de-Cologne taufen ließe.«

Im Hause des Gehängten, unterbrach ich diese Rede, muß man nicht von Stricken sprechen, lieber Doktor, sagen Sie mir vielmehr: wo sind jetzt die großen Ochsen, die, wie mein Vater mir einst erzählte, auf dem jüdischen Kirchhofe hier zu Frankfurt herumliefen und in der Nacht so entsetzlich brüllten, daß die Ruhe der Nachbaren dadurch gestört wurde?

»Ihr Herr Vater« rief Börne lachend, »hat Ihnen in der That keine Unwahrheit gesagt. Es existirte früherhin der Gebrauch, daß die jüdischen Viehhändler die männliche Erstgeburt ihrer Kühe nach biblischer Vorschrift dem lieben Gotte widmeten, und in dieser Absicht, aus allen Gegenden Deutschlands, hierher nach Frankfurt brachten, wo man jenen Ochsen Gottes den jüdischen Kirchhof zum Grasen anwies, und wo sie bis an ihr seliges Ende sich herumtrieben und wirklich oft entsetzlich brüllten. Aber die alten Ochsen sind jetzt todt, und das heutige Rindvieh hat nicht mehr den rechten Glauben, und ihre Erstgeburten bleiben ruhig daheim, wenn sie nicht gar zum Christenthume übergehen. Die alten Ochsen sind todt.«

Ich kann nicht umhin, bey dieser Gelegenheit zu erwähnen, daß mich Börne während meines Aufenthalts in Frankfurt einlud, bey einem seiner Freunde zu Mittag zu speisen, und zwar weil derselbe, in getreuer Beharrniß an jüdischen Gebräuchen, mir die berühmte Schaletspeise vorsetzen werde; und in der That, ich erfreute mich dort jenes Gerichtes, das vielleicht noch egyptischen Ursprungs und alt wie die Pyramiden ist. Ich wundre mich, daß Börne späterhin, als er scheinbar in humoristischer Laune, in der That aber aus plebejischer Absicht, durch mancherley Erfindungen und Insinuazionen, wie gegen Kronenträger überhaupt, so auch gegen ein gekröntes Dichterhaupt den Pöbel verhetzte ... ich wundre mich, daß er in seinen Schriften nie erzählt hat, mit welchem Appetit, mit welchem Enthusiasmus, mit welcher Andacht, mit welcher Überzeugung ich einst beim Doktor St. . . . das altjüdische Schaletessen verzehrt habe! Dieses Gericht ist aber auch ganz vortrefflich, und es ist schmerzlichst zu bedauern, daß die christliche Kirche, die dem alten Judenthume so viel Gutes entlehnte, nicht auch den Schalet adoptirt hat. Vielleicht hat sie sich dieses für die Zukunft noch vorbehalten, und wenn es ihr mal ganz schlecht geht, wenn ihre heiligsten Symbole, sogar das Kreuz, seine Kraft verloren, greift die christliche Kirche zum Schaletessen, und die entwischten Völker werden sich wieder mit neuem Appetit in ihren Schooß hineindrängen. Die Juden wenigstens werden sich alsdann auch mit Überzeugung dem Christenthume anschließen . . . denn, wie ich klar einsehe, es ist nur der Schalet, der sie zusammenhält in ihrem alten Bunde. Börne versicherte mir sogar, daß die Abtrünnigen, welche zum neuen Bunde übergegangen, nur den Schalet zu riechen brauchen, um ein gewisses Heimweh nach der Synagoge zu empfinden, daß der Schalet so zu sagen der Kuhreigen der Juden sey.

Auch nach Bornheim sind wir mit einander hinausgefahren, am Sabbath, um dort Kaffe zu trinken und die Töchter Israels zu betrachten . . . Es waren schöne Mädchen und rochen nach Schalet, allerliebst. Börne zwinkerte mit den Augen. In diesem geheimnißvollen Zwinkern, in diesem unsicher lüsternen Zwinkern, das sich vor der innern Stimme fürchtet, lag die ganze Verschiedenheit unserer Gefühlsweise. Börne nemlich war, wenn auch nicht in seinen Gedanken, doch desto mehr in seinen Gefühlen, ein Sklave der nazarenischen Abstinenz; und wie es allen Leuten seines Gleichen geht, die zwar die sinnliche Enthaltsamkeit als höchste Tugend anerkennen, aber nicht vollständig ausüben können, so wagte er es nur im Verborgenen, zitternd und erröthend, wie ein genäschiger Knabe, von Evas verbotenen Äpfeln zu kosten. Ich weiß nicht, ob bey diesen Leuten der Genuß intensiver ist, als bey uns, die wir dabey den Reitz des geheimen Unterschleifs, der moralischen Contrebande, entbehren; behauptet man doch, daß Mahomet seinen Türken den Wein verboten habe, damit er ihnen desto süßer schmecke.

In großer Gesellschaft war Börne wortkarg und einsylbig, und dem Fluß der Rede überließ er sich nur im Zwiegespräch, wenn er glaubte, sich neben einem gleichgesinnten Menschen zu befinden. Daß Börne mich für einen solchen ansah, war ein Irrthum, der späterhin für mich sehr viele Verdrießlichkeiten zur Folge hatte. Schon damals in Frankfurt harmonirten wir nur im Gebiete der Politik, keineswegs in den Gebieten der Philosophie, oder der Kunst, oder der Natur — die ihm sämmtlich verschlossen waren. Vielleicht entfallen mir späterhin in dieser Beziehung einige charakteristische Züge. Wir waren überhaupt von entgegengesetztem Wesen, und diese Verschiedenheit wurzelte am Ende vielleicht nicht bloß in unserer moralischen, sondern auch physischen Natur.

Es giebt im Grunde nur zwey Menschensorten, die mageren und die fetten, oder vielmehr Menschen, die immer dünner werden, und solche, die aus schmächtigen Anfängen allmählig zur ründlichsten Corpulenz übergehen. Die ersteren sind eben die gefährliche Sorte, die Cäsar so sehr fürchtete — ich wollte, er wäre fetter, sagt er von Cassius. Brutus war von einer ganz anderen Sorte, und ich bin überzeugt, wenn er nicht die Schlacht bey Philippi verloren, und sich bey dieser Gelegenheit erstochen hätte, wäre er eben so dick geworden, wie der Schreiber dieser Blätter— »Und Brutus war ein braver Mann.«

Da ich hier an Shakespeare erinnert werde, so ergreife ich die Gelegenheit, mich für eine alte Lesart zu erklären, die den Hamlet »fett« nennt. — Bedauernswürdiger Prinz von Dänemark! die Natur hatte dich dazu bestimmt, in glücklichster Wohlbeleibtheit deine Tage zu verschlendern, und da fällt auf einmal die Welt aus ihren Angeln, und du sollst sie wieder einrahmen! Armer dicker Dänenprinz! — — —

Die drey Tage, welche ich in Frankfurt in Börnes Gesellschaft zubrachte, verflossen in fast idyllischer Friedsamkeit. Er bestrebte sich angelegentlichst, mir zu gefallen. Er ließ die Raqueten seines Witzes so heiter als möglich aufleuchten, und wie bey chinesischen Feuerwerken am Ende der Feuerwerker selbst unter sprühendem Flammengeprassel in die Luft steigt: so schlossen die humoristischen Reden des Mannes immer mit einem tollen Brillantfeuer, worin er sich selbst aufs keckste preis gab. Er war harmlos wie ein Kind. Bis zum letzten Augenblick meines Aufenthalts in Frankfurt, lief er gemüthlich neben mir einher, mir an den Augen ablauschend, ob er mir vielleicht noch irgend eine Liebe erweisen könne. Er wußte, daß ich auf Veranlassung des alten Baron Cotta nach München reiste, um dort die Redakzion der politischen Annalen zu übernehmen, und auch einigen projektirten literarischen Instituten meine Thätigkeit zu widmen. Es galt damals, für die liberale Presse jene Organe zu schaffen, die späterhin so heilsamen Einfluß üben könnten; es galt, die Zukunft zu säen, eine Aussaat, für welche in der Gegenwart nur die Feinde Augen hatten, so daß der arme Sämann schon gleich nur Ärger und Schmähung einerndtete. Männiglich bekannt sind die giftigen Jämmerlichkeiten, welche die ultramontane aristokratische Propaganda in München gegen mich und meine Freunde ausübte.

»Hüten Sie sich, in München mit den Pfaffen zu kollidiren,« waren die letzten Worte, welche mir Börne beim Abschied ins Ohr flüsterte. Als ich schon im Coupé des Postwagens saß, blickte er mir noch lange nach, wehmüthig, wie ein alter Seemann, der sich aufs feste Land zurückgezogen hat, und sich von Mitleid bewegt fühlt, wenn er einen jungen Fant sieht, der sich zum ersten Male aufs Meer begiebt... Der Alte glaubte damals, dem tückischen Elemente auf ewig Valet gesagt zu haben, und den Rest seiner Tage im sichern Hafen beschließen zu können. Armer Mann! Die Götter wollten ihm diese Ruhe nicht gönnen! Er mußte bald wieder hinaus auf die hohe See, und dort begegneten sich unsere Schiffe, während jener furchtbare Sturm wüthete, worin er zu Grunde ging. Wie das heulte! wie das krachte! Beim Licht der gelben Blitze, die aus dem schwarzen Gewölk herabschossen, konnte ich genau sehen, wie Muth und Sorge auf dem Gesichte des Mannes schmerzlich wechselten! Er stand am Steuer seines Schiffes, und trotzte dem Ungestüm der Wellen, die ihn manchmal zu verschlingen drohten, manchmal ihn nur kleinlich bespritzten und durchnäßten, was einen so kummervollen und zugleich komischen Anblick gewährte, daß man darüber weinen und lachen konnte. Armer Mann! Sein Schiff war ohne Anker und sein Herz ohne Hoffnung ... Ich sah, wie der Mast brach, wie die Winde das Tauwerk zerrissen ... Ich sah, wie er die Hand nach mir ausstreckte ...

Ich durfte sie nicht erfassen, ich durfte die kostbare Ladung, die heiligen Schätze, die mir vertraut, nicht dem sicheren Verderben preisgeben ... Ich trug an Bord meines Schiffes die Götter der Zukunft.

Zweites Buch.

Helgoland den I^{ten} Julius 1830.

— — Ich selber bin dieses Guerilla-Krieges müde und sehne mich nach Ruhe, wenigstens nach einem Zustand, wo ich mich meinen natürlichen Neigungen, meiner träumerischen Art und Weise, meinem phantastischen Sinnen und Grübeln, ganz fessellos hingeben kann. Welche Ironie des Geschickes, daß ich, der ich mich so gerne auf die Pfühle des stillen beschaulichen Gemüthlebens bette, daß eben ich dazu bestimmt war, meine armen Mitdeutschen aus ihrer Behaglichkeit hervorzugeißeln und in die Bewegung hineinzuhetzen! Ich, der ich mich am liebsten damit beschäftige, Wolkenzüge zu beobachten, metrische Wortzauber zu erklügeln, die Geheimnisse der Elementargeister zu erlauschen und mich in die Wunderwelt alter Mährchen zu versenken ... ich mußte politische Annalen herausgeben, Zeitinteressen vortragen, revoluzionäre Wünsche anzetteln, die Leidenschaften aufstacheln, den armen deutschen Michel beständig an der Nase zupfen, daß er aus seinem gesunden Riesenschlaf erwache ... Freylich, ich konnte dadurch bey dem schnarrchenden Giganten nur ein sanftes Niesen, keineswegs aber ein Erwachen bewirken ... Und riß ich auch heftig an seinem Kopfkissen, so rückte er es sich doch wieder zurecht mit schlaftrunkener Hand ... Einst wollt ich aus Verzweiflung seine Nachtmütze in Brand stecken, aber sie war so feucht von Gedankenschweiß, daß sie nur gelinde rauchte ... und Michel lächelte im Schlummer ...

Ich bin müde und lechze nach Ruhe. Ich werde mir ebenfalls eine deutsche Nachtmütze anschaffen und über die Ohren ziehen. Wenn ich nur wüßte, wo ich jetzt mein Haupt niederlegen kann. In Deutschland ist es unmöglich. Jeden Augenblick würde ein Polizeydiener herankommen und mich rütteln, um zu erproben, ob ich wirklich schlafe; schon diese Idee verdirbt mir alles Behagen. Aber in der That, wo soll ich hin? Wieder nach Süden? Nach dem Lande, wo die Zitronen blühen und die Goldorangen? Ach! vor jedem Zitronenbaum steht dort eine östreichische Schildwache und donnert dir ein schreckliches Werda! entgegen. Wie die Zitronen so sind auch die Goldorangen jetzt sehr sauer. Oder soll ich nach Norden? Etwa nach Nordosten? Ach! die Eisbären sind jetzt gefährlicher als je, seitdem sie sich civilisiren und Glaceehandschuh tragen. Oder soll ich wieder nach dem verteufelten England, wo ich nicht in effigie hängen, wie viel weniger in Person leben möchte! Man sollte einem noch Geld dazugeben um dort zu wohnen, und statt dessen kostet einem der Aufenthalt in England doppelt so viel wie an anderen Orten. Nimmermehr nach diesem schnöden Lande, wo die Maschienen sich wie Menschen und die Menschen wie Maschienen gebehrden. Das schnurrt und schweigt so beängstigend. Als ich dem hiesigen Gouverneur präsentirt wurde, und dieser Stockengländer mehre Minuten ohne ein Wort zu sprechen unbeweglich vor mir stand, kam es mir unwillkührlich in den Sinn ihn einmal von hinten zu betrachten, um nachzusehen, ob man etwa dort vergessen habe die Maschienen aufzuziehen. Daß die Insel Helgoland unter brittischer Herrschaft steht, ist mir schon hinlänglich fatal. Ich bilde mir manchmal ein, ich röche jene Langeweile, welche Albions Söhne überall ausdünsten. In der That, aus jedem Engländer entwickelt sich ein gewisses Gas, die tödtliche Stickluft der Langeweile, und dieses habe ich mit eigenen Augen beobachtet, nicht in England, wo die Atmosphäre ganz davon geschwängert ist, aber in südlichen Ländern, wo der reisende Britte isolirt umherwandert und die graue Aureole der Langeweile, die sein Haupt umgiebt, in der sonnig blauen Luft recht schneidend sichtbar wird. Die Engländer freylich glauben, ihre dicke Langeweile sey ein

Produkt des Ortes, und um derselben zu entfliehen, reisen sie durch alle Lande, langweilen sich überall und kehren heim mit einem diary of an ennuyée. Es geht ihnen wie dem Soldaten, dem seine Kameraden, als er schlafend auf der Pritsche lag, Unrath unter die Nase rieben; als er erwachte, bemerkte er, es röche schlecht in der Wachstube, und er ging hinaus, kam aber bald zurück und behauptete, auch draußen röche es übel, die ganze Welt stänke.

Einer meiner Freunde, welcher jüngst aus Frankreich kam, behauptete, die Engländer bereisten den Continent aus Verzweiflung über die plumpe Küche ihrer Heimath; an den französischen Table-d'hôten sähe man dicke Engländer, die nichts als Vol-au-Vents, Crème, Süprèms, Ragouts, Gelees und dergleichen luftige Speisen verschluckten, und zwar mit jenem kolossalen Appetite, der sich daheim an Rostbeefmassen und Yorkshyrer Plumpudding geübt hatte, und wodurch am Ende alle französische Gastwirthe zu Grunde gehen müssen. Ist etwa wirklich die Exploitazion der Table-d'hôten der geheime Grund weßhalb die Engländer herumreisen? Während wir über die Flüchtigkeit lächeln, womit sie überall die Merkwürdigkeiten und Gemäldegallerien ansehen, sind sie es vielleicht, die uns mystifiziren, und ihre belächelte Neugier ist nichts als ein pfiffiger Deckmantel für ihre gastronomischen Absichten?

Aber wie vortrefflich auch die französische Küche, in Frankreich selbst soll es jetzt schlecht aussehen, und die große Retirade hat noch kein Ende. Die Jesuiten floriren dort und singen Triumpflieder. Die dortigen Machthaber sind dieselben Thoren, denen man bereits vor 50 Jahren die Köpfe abgeschlagen ... Was half's! sie sind dem Grabe wieder entstiegen und jetzt ist ihr Regiment noch thörichter als früher; denn, als man sie aus dem Todtenreich ans Tageslicht herauflieβ, haben manche von ihnen, in der Hast, den ersten besten Kopf aufgesetzt, der ihnen zur Hand lag, und da ereigneten sich gar heillose Mißgriffe: die Köpfe passen manchmal nicht zu dem Rumpf und zu dem Herzen, das darin spukt. Da ist mancher, welcher wie die Vernunft selbst auf der Tribüne sich ausspricht, so daß wir den klugen Kopf bewundern, und doch läßt er sich gleich drauf von dem unverbesserlich verrückten Herzen zu den dümmsten Handlungen verleiten … Es ist ein grauenhafter Widerspruch zwischen den Gedanken und Gefühlen, den Grundsätzen und Leidenschaften, den Reden und den Thaten dieser Revenants!

Oder soll ich nach Amerika, nach diesem ungeheuren Freyheitsgefängniß, wo die unsichtbaren Ketten mich noch schmerzlicher drücken würden als zu Hause die sichtbaren, und wo der widerwärtigste aller Tyrannen, der Pöbel, seine rohe Herrschaft ausübt! Du weißt wie ich über dieses gottverfluchte Land denke, das ich einst liebte, als ich es nicht kannte … Und doch muß ich es öffentlich loben und preisen, aus Metièrpflicht … Ihr lieben deutschen Bauern! geht nach Amerika! dort giebt es weder Fürsten noch Adel, alle Menschen sind dort gleich, gleiche Flegel … mit Ausnahme freylich einiger Millionen, die eine schwarze oder braune Haut haben und wie die Hunde behandelt werden! Die eigentliche Sklaverey, die in den meisten nordamerikanischen Provinzen abgeschafft, empört mich nicht so sehr wie die Brutalität womit dort die freyen Schwarzen und die Mulatten behandelt werden. Wer auch nur im entferntesten Grade von einem Neger stammt, und wenn auch nicht mehr in der Farbe, sondern nur in der Gesichtsbildung eine solche Abstammung verräth, muß die größten Kränkungen erdulden, Kränkungen die uns in Europa fabelhaft dünken. Dabey machen diese Amerikaner großes Wesen von ihrem Christenthum und sind die eifrigsten Kirchengänger. Solche Heucheley haben sie von den Engländern gelernt, die ihnen übrigens ihre schlechtesten Eigenschaften zurückließen. Der weltliche Nutzen ist ihre eigentliche Religion und das Geld ist ihr Gott, ihr einziger, allmächtiger Gott. Freylich, manches edle Herz mag dort im Stillen die allgemeine Selbstsucht und Ungerechtigkeit bejammern. Will es aber gar dagegen ankämpfen, so harret seiner ein Martyrthum, das alle europäische Begriffe übersteigt. Ich glaube, es war in Neuyork wo ein protestantischer Prediger über die Mißhandlung der farbigen Menschen so empört war, daß er, dem grausamen Vorurtheil trotzend, seine eigne Tochter mit einem Neger verheurathete. Sobald diese wahrhaft christliche That bekannt wurde, stürmte das Volk nach dem Hause des Predigers, der nur durch die Flucht dem Tode entrann; aber das Haus ward demolirt und die Tochter des Predigers, das arme Opfer, ward vom Pöbel ergriffen und mußte seine Wuth entgelten. She was lynched, d. h. sie ward splitternakt ausgekleidet, mit Teer bestrichen, in den aufgeschnittenen Federbetten herumgewälzt, in solcher anklebenden Federhülle durch die ganze Stadt geschleift und verhöhnt ...

O Freyheit! du bist ein böser Traum!

Helgoland den 8ten Julius.

— — Da gestern Sonntag war, und eine bleyerne Langeweile über der ganzen Insel lag und mir fast das Haupt eindrückte, griff ich aus Verzweiflung zur Bibel ... und ich gestehe es dir, trotz dem daß ich ein heimlicher Hellene bin, hat mich das Buch nicht bloß gut unterhalten, sondern auch weidlich erbaut. Welch ein Buch! groß und weit wie die Welt, wurzelnd in die Abgründe der Schöpfung und hinaufragend in die blauen Geheimnisse des Himmels ... Sonnenaufgang und Sonnenuntergang, Verheißung und Erfüllung, Geburt und Tod, das ganze Drama der Menschheit, Alles ist in diesem Buche ... Es ist das Buch der Bücher, Biblia. Die Juden sollten sich leicht trösten, daß sie Jerusalem und den Tempel und die Bundeslade und die goldnen Geräthe und Kleinodien Salomonis eingebüßt haben ... solcher Verlust ist doch nur geringfügig in Vergleichung mit der Bibel, dem unzerstörbaren Schatze, den sie gerettet. Wenn ich nicht irre, war es Mahomet, welcher die Juden »das Volk des Buches« nannte, ein Name der ihnen bis heutigen Tag im Oriente verblieben und tiefsinnig bezeichnend ist. Ein Buch ist ihr Vaterland, ihr Besitz, ihr Herrscher, ihr Glück und ihr Unglück. Sie leben in den umfriedeten Marken dieses Buches, hier üben sie ihr unveräußerliches Bürgerrecht, hier kann man sie nicht verjagen, nicht verachten, hier sind sie stark und bewundrungswürdig. Versenkt in der Lektüre dieses Buches, merkten sie wenig von den Veränderungen, die um sie her in der wirklichen Welt vorfielen; Völker erhuben sich und schwanden, Staaten blühten empor und erloschen, Revoluzionen stürmten über den Erdboden ... sie aber, die Juden, lagen gebeugt über ihrem Buche und merkten nichts von der wilden Jagd der Zeit, die über ihre Häupter dahinzog!

Wie der Prophet des Morgenlandes sie »das Volk des Buches« nannte, so hat sie der Prophet des Abendlands in seiner Philosophie der Geschichte als »das Volk des Geistes« bezeichnet. Schon in ihren frühesten Anfängen, wie wir im Pentateuch bemerken, bekunden die Juden ihre Vorneigung für das Abstrakte, und ihre ganze Religion ist nichts als ein Akt der Dialektik, wodurch Materie und Geist getrennt, und das Absolute nur in der alleinigen Form des Geistes anerkannt wird. Welche schauerlich isolirte Stellung mußten sie einnehmen unter den Völkern des Alterthums, die dem freudigsten Naturdienste ergeben, den Geist vielmehr in den Erscheinungen der Materie, in Bild und Symbol, begriffen! Welche entsetzliche Opposizion bildeten sie deßhalb gegen das buntgefärbte, hieroglyphenwimmelnde Egypten, gegen Phönizien den großen Freudetempel der Astarte, oder gar gegen die schöne Sünderinn, das holde, süßduftige Babylon, und endlich gar gegen Griechenland, die blühende Heimath der Kunst!

Es ist ein merkwürdiges Schauspiel, wie das Volk des Geistes sich allmählig ganz von der Materie befreyt, sich ganz spiritualisirt. Moses gab dem Geiste gleichsam materielle Bollwerke, gegen den realen Andrang der Nachbarvölker: Rings um das Feld, wo er Geist gesäet, pflanzte er das schroffe Ceremonialgesetz und eine egoistische Nazionalität als schützende Dornhecke. Als aber die heilige Geistpflanze so tiefe Wurzel geschlagen und so himmelhoch emporgeschossen, daß sie nicht mehr ausgereutet werden konnte: da kam Jesus Christus und riß das Ceremonialgesetz nieder, das fürder keine nützliche Bedeutung mehr hatte, und er sprach sogar das Vernichtungsurtheil über die jüdische Nazionalität... Er berief alle Völker der Erde zur Theilnahme an dem Reiche Gottes, das früher nur einem einzigen auserlesenen Gottesvolke gehörte, er gab der ganzen Menschheit das jüdische Bürgerrecht... Das war eine **große Emanzipazionsfrage, die jedoch weit großmüthiger gelöst wurde** wie die heutigen Emanzipazionsfragen in

Sachsen und Hannover ... Freylich der Erlöser, der seine Brüder vom Ceremonialgesetz und der Nazionalität befreyte und den Cosmopolitismus stiftete, ward ein Opfer seiner Humanität, und der Stadtmagistrat von Jerusalem ließ ihn kreuzigen und der Pöbel verspottete ihn ....

Aber nur der Leib ward verspottet und gekreuzigt, der Geist ward verherrlicht, und das Marthyrthum des Triumphators, der dem Geiste die Weltherrschaft erwarb, ward Sinnbild dieses Sieges, und die ganze Menschheit strebte seitdem, in imitationem Christi, nach leiblicher Abtödtung und übersinnlichem Aufgehen im absoluten Geiste ...

Wann wird die Harmonie wieder eintreten, wann wird die Welt wieder gesunden von dem einseitigen Streben nach Vergeistigung, dem tollen Irrthume, wodurch sowohl Seele wie Körper erkrankten! Ein großes Heilmittel liegt in der politischen Bewegung und in der Kunst. Napoleon und Goethe haben trefflich gewirkt. Jener, indem er die Völker zwang sich allerley gesunde Körperbewegung zu gestatten; dieser, indem er uns wieder für griechische Kunst empfänglich machte und solide Werke schuf, woran wir uns, wie an marmornen Götterbildern, festklammern können, um nicht unterzugehen im Nebelmeer des absoluten Geistes ...

                        Helgoland den 18ten Julius.

Im alten Testamente habe ich das erste Buch Mosis ganz durchgelesen. Wie lange Karavanenzüge zog die heilige Vorwelt durch meinen Geist. Die Kameele ragen hervor. Auf ihrem hohen Rücken sitzen die verschleyerten Rosen von Canaan. Fromme Viehhirten, Ochsen und Kühe vor sich hintreibend. Das zieht über kahle Berge, heiße Sandflächen, wo nur hie und da eine Palmengruppe zum Vorschein kommt und Kühlung fächelt. Die Knechte graben Brunnen. Süßes, stilles, hellsonniges Morgenland! Wie lieblich ruht es sich unter deinen Zelten! O Laban, könnt ich deine Heerden weiden! Ich würde dir gerne sieben Jahre dienen um Rahel, und noch andere sieben Jahre für die Lea, die du mir in den Kauf giebst! Ich höre wie sie blöcken, die Schafe Jakobs, und ich sehe wie er ihnen die geschälten

Stäbe vorhält, wenn sie in der Brunstzeit zur Tränke gehn. Die gesprenkelten gehören jetzt uns. Unterdessen kommt Ruben nach Hause und bringt seiner Mutter einen Strauß Dudaim, die er auf dem Felde gepflückt. Rahel verlangt die Dudaim und Lea giebt sie ihr, mit der Bedingung, daß Jakob dafür die nächste Nacht bey ihr schlafe. Was sind Dudaim? Die Commentatoren haben sich vergebens darüber den Kopf zerbrochen. Luther weiß sich nicht besser zu helfen, als daß er diese Blumen ebenfalls Dudaim nennt. Es sind vielleicht schwäbische Gelbveiglein. Die Liebesgeschichte von der Dina und dem jungen Sichem hat mich sehr gerührt. Ihre Brüder Simeon und Levy haben jedoch die Sache nicht so sentimentalisch aufgefaßt. Abscheulich ist es, daß sie den unglücklichen Sichem und alle seine Angehörigen mit grimmiger Hinterlist erwürgten, obgleich der arme Liebhaber sich anheischig machte ihre Schwester zu heurathen, ihnen Länder und Güter zu geben, sich mit ihnen zu einer einzigen Familie zu verbünden, obgleich er bereits in dieser Absicht sich und sein ganzes Volk beschneiden ließ. Die beiden Burschen hätten froh seyn sollen, daß ihre Schwester eine so glänzende Partie machte, die angelobte Verschwägerung war für ihren Stamm von höchstem Nutzen, und dabei gewannen sie, außer der kostbarsten Morgengabe auch eine gute Strecke Land, dessen sie eben sehr bedurften ... Man kann sich nicht anständiger auffführen, wie dieser verliebte Sichemprinz, der am Ende doch nur aus Liebe die Rechte der Ehe antizipirt hatte ... Aber das ist es, er hatte ihre Schwester geschwächt, und für dieses Vergehen giebts bey jenen ehrstolzen Brüdern keine andere Buße, als den Tod ... und wenn der Vater sie ob ihrer blutigen That zur Rede stellt und die Vortheile erwähnt, die ihnen die Verschwägerung mit Sichem verschafft hätte, antworten sie: sollten wir etwa Handel treiben mit der Jungfernschaft unserer Schwester?

Störrige, grausame Herzen, diese Brüder. Aber unter dem harten Stein duftet das zarteste Sittlichkeitsgefühl. Sonderbar, dieses Sittlichkeitsgefühl, wie es sich noch bey anderen Gelegenheiten im Leben der Erzväter äußert, ist nicht Resultat einer positiven Religion oder einer politischen Gesetzgebung — nein, damals gab es bey den Vorfahren der Juden weder positive Religion noch politisches Gesetz, beides entstand erst in späterer Zeit. Ich glaube daher behaupten zu können, die Sittlichkeit ist unabhängig von Dogma und Legislazion, sie ist ein reines Produkt des gesunden Menschengefühls, und die wahre Sittlichkeit, die Vernunft des Herzens, wird ewig fortleben, wenn auch Kirche und Staat zu Grunde gehen.

Ich wünschte, wir besäßen ein anderes Wort zur Bezeichnung dessen, was wir jetzt Sittlichkeit nennen. Wir könnten sonst verleitet werden, die Sittlichkeit als ein Produkt der Sitte zu betrachten. Die romanischen Völker sind in demselben Falle, indem ihr morale von mores abgeleitet worden. Aber wahre Sittlichkeit ist, wie von Dogma und Legislazion, so auch von den Sitten eines Volks unabhängig. Letztere sind Erzeugnisse des Climas, der Geschichte, und aus solchen Faktoren entstanden Legislazion und Dogmatik. Es giebt daher eine indische, eine chinesische, eine christliche Sitte, aber es giebt nur eine einzige, nemlich eine menschliche Sittlichkeit. Diese läßt sich vielleicht nicht im Begriff erfassen, und das Gesetz der Sittlichkeit, das wir Moral nennen, ist nur eine dialektische Spielerey. Die Sittlichkeit offenbart sich in Handlungen und nur in den Motiven derselben, nicht in ihrer Form und Farbe, liegt die sittliche Bedeutung. Auf dem Titelblatt von Golownins Reise nach Japan stehen als Motto die schönen Worte, welche der russische Reisende von einem vornehmen Japanesen vernommen: »Die Sitten der Völker sind verschieden, aber gute Handlungen werden überall als solche anerkannt werden.«

Solange ich denke, habe ich über diesen Gegenstand, die Sittlichkeit, nachgedacht. Das Problem über die Natur des Guten und Bösen, das seit anderthalb Jahrtausend alle große Gemüther in quälende Bewegung gesetzt, hat sich bey mir nur in der Frage von der Sittlichkeit geltend gemacht — —

Aus dem alten Testament springe ich manchmal ins neue, und auch hier überschauert mich die Allmacht des großen Buches. Welchen heiligen Boden betritt hier dein Fuß! Bey dieser Lektüre sollte man die Schuhe ausziehen, wie in der Nähe von Heiligthümern.

Die merkwürdigsten Worte des neuen Testaments sind für mich die Stelle im Evangelium Johannis c. 16, v. 12. 13. »Ich habe euch noch viel zu sagen, aber ihr könnet es jetzt nicht tragen. Wenn aber jener, der Geist der Wahrheit, kommen wird, der wird euch in alle Wahrheit leiten. Denn er wird nicht von sich selbst reden, sondern was er hören wird, das wird er reden, und was zukünftig ist, wird er euch verkündigen.« Das letzte Wort ist also nicht gesagt worden, und hier ist vielleicht der Ring, woran sich eine neue Offenbarung knüpfen läßt. Sie beginnt mit der Erlösung vom Worte, macht dem Martyrthum ein Ende und stiftet das Reich der ewigen Freude: das Millennium. Alle Verheißungen finden zuletzt die reichste Erfüllung.

Eine gewisse mystische Doppelsinnigkeit ist vorherrschend im neuen Testamente. Eine kluge Abschweifung, nicht ein System, sind die Worte: gieb Cäsarn was des Cäsars und Gott was Gottes ist. So auch, wenn man Christum frägt: bist du König der Juden? ist die Antwort ausweichend. Ebenfalls auf die Frage, ob er Gottes Sohn sey? Mahomet zeigt sich weit offener, bestimmter. Als man ihn mit einer ähnlichen Frage anging, nemlich, ob er Gottes Sohn sey, antwortete er: Gott hat keine Kinder.

Welch ein großes Drama ist die Passion! Und wie tief ist es motivirt, durch die Prophezeihungen des alten Testamentes! Sie konnte nicht umgangen werden, sie war das rothe Siegel der Beglaubniß. Gleich den Wundern, so hat auch die Passion als Annonce gedient... Wenn jetzt ein Heiland aufsteht, braucht er sich nicht mehr kreuzigen zu lassen, um seine Lehre eindrücklich zu veröffentlichen... er läßt sie ruhig drucken und annonzirt das Büchlein in der Allgemeinen Zeitung mit sechs Kreuzer die Zeile Inserazionsgebühr.

Welche süße Gestalt dieser Gottmensch! Wie bornirt erscheint in Vergleichung mit ihm der Heros des alten Testaments! Moses liebt sein Volk, mit einer rührenden Innigkeit; wie eine Mutter sorgt er für die Zukunft dieses Volks. Christus liebt die Menschheit, jene Sonne umflammte die ganze Erde mit den wärmenden Stralen seiner Liebe. Welch ein lindernder Balsam für alle Wunden dieser Welt sind seine Worte! Welch ein Heilquell für alle Leidende war das Blut welches auf Golgatha floß! ... Die weißen marmornen Griechengötter wurden bespritzt von diesem Blute, und erkrankten vor innerem Grauen, und konnten nimmermehr genesen! Die meisten freylich trugen schon längst in sich das verzehrende Siechthum und nur der Schreck beschleunigte ihren Tod. Zuerst starb Pan. Kennst du die Sage, wie Plutarch sie erzählt? Diese Schiffersage des Alterthums ist höchst merkwürdig. — Sie lautet folgendermaßen:

Zur Zeit des Tiberius fuhr ein Schiff nahe an den Inseln Parä, welche an der Küste von Ätolien liegen, des Abends vorüber. Die Leute, die sich darauf befanden, waren noch nicht schlafen gegangen, und viele saßen nach dem Nachtessen beim Trinken, als man auf einmal von der Küste her eine Stimme vernahm, welche den Namen des Thamus, (so hieß nemlich der Steuermann), so laut rief, daß alle in die größte Verwunderung geriethen. Beim ersten und zweiten Rufe schwieg Thamus, beim dritten antwortete er; worauf dann die Stimme mit noch verstärktem Tone diese Worte zu ihm sagte: »Wenn du auf die Höhe von Palodes anlangst, so verkündige, daß der große Pan gestorben ist!« Als er nun diese Höhe erreichte, vollzog Thamus den Auftrag, und rief vom Hintertheil des Schiffes nach dem Lande hin: »der große Pan ist todt!« Auf diesen Ruf erfolgten von dort her die sonderbarsten Klagetöne, ein Gemisch von Seufzen und Geschrey der Verwundrung, und wie von vielen zugleich erhoben. Die Augenzeugen erzählten dies Ereigniß in Rom, wo man die wunderlichsten Meinungen darüber äußerte. Tiberius ließ die Sache näher untersuchen und zweifelte nicht an der Wahrheit.

Helgoland den 29ten Julius.

Ich habe wieder im alten Testamente gelesen. Welch ein großes Buch! Merkwürdiger noch als der Inhalt ist für mich diese Darstellung, wo das Wort gleichsam ein Naturprodukt ist, wie ein Baum, wie eine Blume, wie das Meer, wie die Sterne, wie der Mensch selbst. Das sprößt, das fließt, das funkelt, das lächelt, man weiß nicht wie, man weiß nicht warum, man findet alles ganz natürlich. Das ist wirklich das Wort Gottes, statt daß andere Bücher nur von Menschenwitz zeugen. Im Homer, dem anderen großen Buche, ist die Darstellung ein Produkt der Kunst, und wenn auch der Stoff immer, eben so wie in der Bibel, aus der Realität aufgegriffen ist, so gestaltet er sich doch zu einem poetischen Gebilde, gleichsam umgeschmolzen im Tiegel des menschlichen Geistes; er wird geläutert durch einen geistigen Prozeß, welchen wir die Kunst nennen. In der Bibel erscheint auch keine Spur von Kunst; das ist der Styl eines Notizenbuchs, worin der absolute Geist, gleichsam ohne alle individuelle menschliche Beyhülfe, die Tagesvorfälle eingezeichnet, ungefähr mit derselben thatsächlichen Treue, womit wir unsere Waschzettel schreiben. Über diesen Styl läßt sich gar kein Urtheil aussprechen, man kann nur seine Wirkung auf unser Gemüth konstatiren, und nicht wenig mußten die griechischen Grammatiker in Verlegenheit gerathen, als sie manche frappante Schönheiten in der Bibel nach hergebrachten Kunstbegriffen definiren sollten. Longinus spricht von Erhabenheit. Neuere Ästhetiker sprechen von Naivität. Ach! wie gesagt, hier fehlen alle Maßstäbe der Beurtheilung ... die Bibel ist das Wort Gottes.

Nur bey einem einzigen Schriftsteller finde ich etwas was an jenen unmittelbaren Styl der Bibel erinnert. Das ist Shakspear. Auch bey ihm tritt das Wort manchmal in jener schauerlichen Nacktheit hervor, die uns erschreckt und erschüttert; in den Shakspearschen Werken sehen wir manchmal die leibhaftige Wahrheit ohne Kunstgewand. Aber das geschieht nur in einzelnen Momenten; der Genius der Kunst, vielleicht seine Ohnmacht fühlend, überließ hier der Natur sein Amt auf einige Augenblicke, und benauptet hernach um so eifersüchtiger seine Herrschaft in der plastischen Gestaltung und in der witzigen Verknüpfung des Dramas. Shakspear ist zu gleicher Zeit Jude und Grieche, oder vielmehr beide Elemente, der Spiritualismus und die Kunst, haben sich in ihm versöhnungsvoll durchdrungen, und zu einem höheren Ganzen entfaltet.

Ist vielleicht solche harmonische Vermischung der beiden Elemente die Aufgabe der ganzen europäischen Civilisazion? Wir sind noch sehr weit entfernt von einem solchen Resultate. Der Grieche Göthe und mit ihm die ganze poetische Parthey, hat in jüngster Zeit seine Antipathie gegen Jerusalem fast leidenschaftlich ausgesprochen. Die Gegenparthey, die keinen großen Namen an ihrer Spitze hat, sondern nur einige Schreyhälse, wie z. B. der Jude Pustkuchen, der Jude Wolfgang Menzel, der Jude Hengstenberg, diese erheben ihr pharisäisches Zeter um so krächzender gegen Athen und den großen Heiden.

Mein Stubennachbar, ein Justizrath aus Königsberg, der hier badet, hält mich für einen Pietisten, da er immer, wenn er mir seinen Besuch abstattet, die Bibel in meinen Händen findet. Er möchte mich deßhalb gern ein bischen prickeln, und ein kaustisch ostpreußisches Lächeln beflimmert sein mageres hagestolzes Gesicht, jedesmal wenn er über Religion mit mir sprechen kann. Wir disputirten gestern über die Dreyeinigkeit. Mit dem Vater ging es noch gut; das ist ja der Weltschöpfer und jedes Ding muß seine Ursache haben. Es haperte schon bedeutend mit dem Glauben an den Sohn, den sich der kluge Mann gern verbitten möchte, aber jedoch am Ende, mit fast ironischer Gutmüthigkeit, annahm. Jedoch die dritte Person der Dreyeinigkeit, der heilige Geist, fand den unbedingtesten Widerspruch. Was der heilige Geist ist, konnte er durchaus nicht begreifen, und plötzlich auflachend rief er: »Mit dem heiligen Geist hat es wohl am Ende dieselbe Bewandniß wie mit dem dritten Pferde, wenn man Extrapost reist; man muß immer dafür bezahlen und bekömmt es doch nie zu sehen, dieses dritte Pferd.«

Mein Nachbar, der unter mir wohnt, ist weder Pietist noch Razionalist, sondern ein Holländer, indolent und ausgebuttert wie der Käse womit er handelt. Nichts kann ihn in Bewegung setzen, er ist das Bild der nüchternsten Ruhe, und sogar wenn er sich mit meiner Wirthinn über sein Lieblingsthema, das Einsalzen der Fische, unterhält, erhebt sich seine Stimme nicht aus der plattesten Monotonie. Leider, wegen des dünnen Bretterbodens, muß ich manchmal dergleichen Gespräche anhören, und während ich hier oben mit dem Preußen über die Dreyeinigkeit sprach, erklärte unten der Holländer, wie man Kabeljau, Laberdan und Stockfisch von einander unterscheidet; es sey im Grunde ein und dasselbe.

Mein Hauswirth ist ein prächtiger Seemann, berühmt auf der ganzen Insel wegen seiner Unerschrockenheit in Sturm und Noth, dabey gutmüthig und sanft wie ein Kind. Er ist eben von einer großen Fahrt zurückgekehrt, und mit lustigem Ernste erzählte er mir von einem Phänomen, welches er gestern, am 28. Juli, auf der hohen See wahrnahm. Es klingt drollig: mein Hauswirth behauptet nemlich, die ganze See roch nach frischgebackenem Kuchen, und zwar sey ihm der warme delikate Kuchenduft so verführerisch in die Nase gestiegen, daß ihm ordentlich weh ums Herz ward. Siehst du, das ist ein Seitenstück zu dem neckenden Luftbild, das dem lechzenden Wandrer in der arabischen Sandwüste eine klare erquickende Wasserfläche vorspiegelt. Eine gebackene Fata Morgana.

Helgoland den 1ten August.

— — Du hast keinen Begriff davon, wie das dolce far niente mir hier behagt. Ich habe kein einziges Buch, das sich mit den Tagesinteressen beschäftigt, hierher mitgenommen. Meine ganze Bibliothek besteht aus Paul Warnefrids Geschichte der Langobarden, der Bibel, dem Homer und einigen Scharteken über Hexenwesen. Über letzteres möchte ich gern ein interessantes Büchlein schreiben. Zu diesem Behufe beschäftigte ich mich jüngst mit Nachforschung über die letzten Spuren des Heidenthums in der getauften modernen Zeit. Es ist höchst merkwürdig, wie lange und unter welchen Vermummungen sich die schönen Wesen der griechischen Fabelwelt in Europa erhalten haben. — Und im Grunde erhielten sie sich ja bey uns bis auf heutigen Tag, bey uns, den Dichtern. Letztere haben, seit dem Sieg der christlichen Kirche, immer eine stille Gemeinde gebildet, wo die Freude des alten Bilderdienstes, der jauchzende Götterglaube sich fortpflanzte von Geschlecht auf Geschlecht, durch die Tradizion der heiligen Gesänge ... Aber ach! die Ecclesia pressa, die den Homeros als ihren Propheten verehrt, wird täglich mehr und mehr bedrängt, der Eifer der schwarzen Familiaren wird immer bedenklicher angefacht. Sind wir bedroht mit einer neuen Götterverfolgung?

Furcht und Hoffnung wechseln ab in meinem Geiste, und mir wird sehr ungewiß zu Muthe.

— — Ich habe mich mit dem Meere wieder ausgesöhnt, (Du weißt, wir waren en delicatesse) und wir sitzen wieder des Abends beysammen und halten geheime Zwiegespräche. Ja, ich will die Politik und die Philosophie an den Nagel hängen und mich wieder der Naturbetrachtung und der Kunst hingeben. Ist doch all dieses Quälen und Abmühen nutzlos, und obgleich ich mich marterte für das allgemeine Heil, so ward doch dieses wenig dadurch gefördert. Die Welt bleibt, nicht im starren Stillstand, aber im erfolglosesten Kreislauf. Einst, als ich noch jung und unerfahren, glaubte ich, daß wenn auch im Befreyungskampfe der Menschheit der einzelne Kämpfer zu Grunde geht, dennoch die große Sache am Ende siege ... Und ich erquickte mich an jenen schönen Versen Byrons: »Die Wellen kommen eine nach der andern herangeschwommen, und eine nach der anderen zerbrechen sie und zerstieben sie auf dem Strande, aber das Meer selber schreitet vorwärts — — «

Ach! wenn man dieser Naturerscheinung länger zuschaut, so bemerkt man, daß das vorwärtsgeschrittene Meer, nach einem gewissen Zeitlauf, sich wieder in sein voriges Bett zurückzieht, später aufs neue daraus hervortritt, mit derselben Heftigkeit das verlassene Terrain wieder zu gewinnen sucht, endlich kleinmüthig wie vorher die Flucht ergreift, und dieses Spiel beständig wiederholend, dennoch niemals weiter kommt ... Auch die Menschheit bewegt sich nach den Gesetzen von Ebb und Fluth, und vielleicht auch auf die Geisterwelt übt der Mond seine siderischen Einflüsse — —

Es ist heute junges Licht, und trotz aller wehmüthigen Zweifelsucht, womit sich meine Seele hin- und herquält, beschleichen mich wunderliche Ahnungen ... Es geschieht jetzt etwas außerordentliches in der Welt ... Die See riecht nach Kuchen, und die Wolkenmönche sahen vorige Nacht so traurig aus, so betrübt ...

Ich wandelte einsam am Strand in der Abenddämmerung.

Ringsum herrschte feyerliche Stille. Der hochgewölbte Himmel glich der Kuppel einer gothischen Kirche. Wie unzählige Lampen hingen die Sterne; aber sie brannten düster und zitternd. Wie eine Wasserorgel rauschten die Meereswellen; stürmische Choräle, schmerzlich, verzweiflungsvoll, jedoch mitunter auch triumphirend. Über mir ein luftiger Zug von weißen Wolkenbildern, die wie Mönche aussahen, alle gebeugten Hauptes und kummervollen Blickes dahinziehend, eine traurige Prozession ... Es sah fast aus als ob sie einer Leiche folgten ... Wer wird begraben? Wer ist gestorben? sprach ich zu mir selber. Ist der große Pan todt?

Helgoland den 6ten August.

Während sein Heer mit den Langobarden kämpfte, saß der König der Heruler ruhig in seinem Zelte und spielte Schach. Er bedrohte mit dem Tode denjenigen, der ihm eine Niederlage melden würde. Der Späher, der, auf einem Baume sitzend, dem Kampfe zuschaute, rief immer: wir siegen! wir siegen! — bis er endlich laut aufseufzte: »Unglücklicher König! Unglückliches Volk der Heruler!« Da merkte der König, daß die Schlacht verloren, aber zu spät! Denn die Langobarden drangen zu gleicher Zeit in sein Zelt und erstachen ihn ...

Eben diese Geschichte las ich im Paul Warnefrid, als das dicke Zeitungspaquet mit den warmen, glühend heißen Neuigkeiten vom festen Lande ankam. Es waren Sonnenstralen, eingewickelt in Druckpapier, und sie entflammten meine Seele, bis zum wildesten Brand. Mir war als könnte ich den ganzen Ocean bis zum Nordpol anzünden mit den Gluthen der Begeisterung und der tollen Freude, die in mir loderten. Jetzt weiß ich auch, warum die ganze See nach Kuchen roch. Der Seine-Fluß hatte die gute Nachricht unmittelbar ins Meer verbreitet, und in ihren Kristallpalästen haben die schönen Wasserfrauen, die von jeher allem Heldenthum hold, gleich einen Theedansant gegeben, zur Feyer der großen Begebenheiten, und deßhalb roch das ganze Meer nach Kuchen. Ich lief wie wahnsinnig im Hause herum, und küßte zuerst die dicke Wirthinn, und dann ihren freundlichen Seewolf, auch umarmte ich den preußischen Justizkommissarius, um dessen Lippen freylich das frostige Lächeln des Unglaubens nicht ganz verschwand. Sogar den Holländer drückte ich an mein Herz ... Aber dieses indifferente Fettgesicht blieb kühl und ruhig, und ich glaube, wär ihm die Juliussonne in Person um den Hals gefallen, Mynheer würde nur in einen gelinden Schweiß, aber keineswegs in Flammen gerathen seyn. Diese Nüchternheit in Mitten einer allgemeinen Begeisterung ist empörend. Wie die Spartaner ihre Kinder vor der Trunkenheit bewahrten, indem sie ihnen als warnendes Beyspiel einen berauschten Heloten zeigten: so sollten wir in unseren Erziehungsanstalten einen Holländer füttern, dessen sympathielose, gehäbige Fischnatur den Kindern einen Abscheu vor der Nüchternheit einflößen möge. Wahrlich diese holländische Nüchternheit ist ein weit fataleres Laster als die Besoffenheit eines Heloten. Ich möchte Mynheer prügeln ...

Aber nein, keine Excesse! Die Pariser haben uns ein so brillantes Beyspiel von Schonung gegeben. Wahrlich, Ihr verdient es frey zu seyn, Ihr Franzosen, denn Ihr tragt die Freyheit im Herzen. Dadurch unterscheidet Ihr Euch von Euren armen Vätern, welche sich aus jahrtausendlicher Knechtschaft erhoben, und bey allen ihren Heldenthaten auch jene wahnsinnige Greul ausübten, worüber der Genius der Menschheit sein Antlitz verhüllte. Die Hände des Volks sind diesmal nur blutig geworden im Schlachtgewühle gerechter Gegenwehr, nicht nach dem Kampf. Das Volk verband selbst die Wunden seiner Feinde, und als die That abgethan war, ging es wieder ruhig an seine Tagesbeschäftigung, ohne für die große Arbeit auch nur ein Trinkgeld verlangt zu haben!

»Den Sklaven, wenn er die Kette bricht,
Den freyen Mann, den fürchte nicht!«

Du siehst wie berauscht ich bin, wie außer mir, wie allgemein ... ich zitire Schillers Glocke.

Und den alten Knaben, dessen unverbesserliche Thorheit so viel Bürgerblut gekostet, haben die Pariser mit rührender Schonung behandelt. Er saß wirklich beim Schachspiel, wie der König der Heruler, als die Sieger in sein Zelt stürzten. Mit zitternder Hand unterzeichnete er die Abdankung. Er hat die Wahrheit nicht hören wollen. Er behielt ein offnes Ohr nur für die Lüge der Höflinge. Diese riefen immer: wir siegen! wir siegen! Unbegreiflich war diese Zuversicht des königlichen Thoren ... Verwundert blickte er auf, als das Journal-des-Debats, wie einst der Wächter während der Langobardenschlacht plötzlich ausrief: malheureux roi! malheureuse France!

Mit ihm, mit Carl X, hat endlich das Reich Carls des Großen ein Ende, wie das Reich des Romulus sich endigte mit Romulus Augustulus. Wie einst ein neues Rom, so beginnt jetzt ein neues Frankreich.

Es ist mir alles noch wie ein Traum; besonders der Name Lafayette klingt mir wie eine Sage aus der frühesten Kindheit. Sitzt er wirklich jetzt wieder zu Pferde, kommandirend die Nazionalgarde? Ich fürchte fast, es sey nicht wahr, denn es ist gedruckt. Ich will selbst nach Paris gehen, um mich mit leiblichen Augen davon zu überzeugen ... Es muß prächtig aussehen, wenn er dort durch die Straßen reitet, der Bürger beider Welten, der göttergleiche Greis, die silbernen Locken herabwallend über die heilige Schulter ... Er grüßt mit den alten lieben Augen die Enkel jener Väter, die einst mit ihm kämpften für Freyheit und Gleichheit ... Es sind jetzt sechzig Jahr, daß er aus Amerika zurückgekehrt mit der Erklärung der Menschheitsrechte, den zehn Geboten des neuen Weltglaubens, die ihm dort offenbart wurden unter Kanonendonner und Blitz ... Dabey weht wieder auf den Thürmen von Paris die dreyfarbige Fahne und es klingt die Marseillaise!

Lafayette, die dreyfarbige Fahne, die Marseillaise ... Ich bin wie berauscht. Kühne Hoffnungen steigen leidenschaftlich empor, wie Bäume mit goldenen Früchten und wilden, wachsenden Zweigen, die ihr Laubwerk weit ausstrecken bis in die Wolken ... Die Wolken aber im raschen Fluge entwurzeln diese Riesenbäume und jagen damit von dannen. Der Himmel hängt voller Violinen und auch ich rieche es jetzt, die See duftet nach frischgebackenen Kuchen. Das ist ein beständiges Geigen da droben in himmelblauer Freudigkeit, und das klingt aus den smaragdenen Wellen wie heiteres Mädchengekicher. Unter der Erde aber kracht es und klopft es, der Boden öffnet sich, die alten

Götter strecken daraus ihre Köpfe hervor, und mit hastiger Verwunderung fragen sie: »was bedeutet der Jubel, der bis ins Mark der Erde drang? Was giebts neues? dürfen wir wieder hinauf?« Nein, Ihr bleibt unten in Nebelheim, wo bald ein neuer Todesgenosse zu Euch hinabsteigt ... »Wie heißt er?« Ihr kennt ihn gut, ihn, der Euch einst hinabstieß in das Reich der ewigen Nacht ...

Pan ist todt!

Helgoland den 10ten August.

Lafayette, die dreyfarbige Fahne, die Marseillaise ...

Fort ist meine Sehnsucht nach Ruhe. Ich weiß jetzt wieder was ich will, was ich soll, was ich muß ... Ich bin der Sohn der Revoluzion und greife wieder zu den gefeyten Waffen, worüber meine Mutter ihren Zaubersegen ausgesprochen ... Blumen! Blumen! Ich will mein Haupt bekränzen zum Todeskampf. Und auch die Leyer, reicht mir die Leyer, damit ich ein Schlachtlied singe ... Worte gleich flammenden Sternen, die aus der Höhe herabschießen und die Paläste verbrennen und die Hütten erleuchten ... Worte gleich blanken Wurfspeeren, die bis in den siebenten Himmel hinaufschwirren und die frommen Heuchler treffen, die sich dort eingeschlichen ins Allerheiligste ... Ich bin ganz Freude und Gesang, ganz Schwert und Flamme!

Vielleicht auch ganz toll ... Von jenen wilden, in Druckpapier gewickelten Sonnenstralen ist mir einer ins Hirn geflogen, und alle meine Gedanken brennen lichterloh. Vergebens tauche ich den Kopf in die See. Kein Wasser löscht dieses griechische Feuer. Aber es geht den anderen nicht viel besser. Auch die übrigen Badegäste traf der pariser Sonnenstich, zumal die Berliner, die dieses Jahr in großer Anzahl hier befindlich und von einer Insel zur andern kreuzen, so daß man sagen konnte, die ganze Nordsee sey überschwemmt von Berlinern. Sogar die armen Helgolander jubeln vor Freude, obgleich sie die Ereignisse nur instinktmäßig begreifen. Der Fischer welcher mich gestern nach der kleinen Sandinsel, wo man badet, überfuhr, lachte mich an mit den Worten: »Die armen Leute haben gesiegt!« Ja, mit seinem Instinkt, begreift das Volk die Ereignisse vielleicht besser als wir mit allen unseren Hülfskenntnissen. So erzählte mir einst Frau v. Varnhagen: als man den Ausgang der Schlacht bey Leipzig noch nicht wußte, sey plötzlich die Magd ins Zimmer gestürzt, mit dem Angstschrey: »der Adel hat gewonnen.«

Diesmal haben die armen Leute den Sieg erfochten. »Aber es hilft ihnen nichts, wenn sie nicht auch das Erbrecht besiegen!« diese Worte sprach der Ostpreußische Justizrath in einem Tone, der mir sehr auffiel. Ich weiß nicht warum diese Worte, die ich nicht begreife, mir so beängstigend im Gedächtnis bleiben. Was will er damit sagen, der trockene Kautz?

Diesen Morgen ist wieder ein Paquet Zeitungen angekommen. Ich verschlinge sie wie Manna. Ein Kind wie ich bin, beschäftigen mich die rührenden Einzelheiten noch weit mehr als das bedeutungsvolle Ganze. O könnte ich nur den Hund Medor sehen! Dieser interessirt mich weit mehr als die Anderen, die dem Philipp von Orleans mit schnellen Sprüngen die Krone apportirt haben. Der Hund Medor apportirte seinem Herrn Flinte und Patrontasche, und als sein Herr fiel und sammt seinen Mithelden auf dem Hofe des Louvre begraben wurde, da blieb der arme Hund, wie ein Steinbild der Treue, regungslos auf dem Grabe sitzen, Tag und Nacht, von den Speisen die man ihm bot, nur wenig genießend, den größten Theil derselben in die Erde verscharrend, vielleicht als Atzung für seinen begrabenen Herrn!

Ich kann gar nicht mehr schlafen, und durch den überreizten Geist jagen die bizarrsten Nachtgesichte. Wachende Träume, die über einander hinstolpern, so daß die Gestalten sich abentheuerlich vermischen, und wie im chinesischen Schattenspiel sich jetzt zwerghaft verkürzen, dann wieder gigantisch verlängern; zum Verrücktwerden. In diesem Zustande ist mir manchmal zu Sinne, als ob meine eignen Glieder ebenfalls sich kolossal ausdehnten und daß ich, wie mit ungeheur langen Beinen, von Deutschland nach Frankreich und wieder zurückliefe. Ja, ich erinnere mich, vorige Nacht lief ich solchermaßen durch alle deutsche Länder und Ländchen, und klopfte an den Thüren meiner Freunde, und störte die Leute aus dem Schlafe... Sie glotzten mich manchmal an mit verwunderten Glasaugen, so daß ich selbst erschrak und nicht gleich wußte was ich eigentlich wollte und warum ich sie weckte! Manche dicke Philister die allzuwiderwärtig schnarrchten, stieß ich bedeutungsvoll in die Rippen, und gähnend frugen sie: »Wie viel Uhr ist es denn?« In Paris, lieben Freunde, hat der Hahn gekräht; das ist alles was ich weiß. — Hinter Augsburg, auf dem Wege nach München, begegneten mir eine Menge gothischer Dome, die auf der Flucht zu seyn schienen und ängstlich wackelten. Ich selber, des vielen Umherlaufens satt, ich gab mich endlich ans Fliegen, und so flog ich von einem Stern zum andern. Sind aber keine bevölkerte Welten, wie Andere träumen, sondern nur glänzende Steinkugeln, öde und fruchtlos. Sie fallen nicht herunter, weil sie nicht wissen worauf sie fallen können. Schweben dort oben auf und ab, in der größten Verlegenheit. Kam auch in den Himmel. Thür und Thor stand offen. Lange, hohe, weithallende Säle, mit altmodischen Vergoldungen, ganz leer, nur daß hie und da, auf einem sammtnen Armsessel, ein alter gepuderter Bedienter saß, in verblichen rother Livree und gelinde schlummernd. In manchen Zimmern waren die Thürflügel aus ihren Angeln gehoben, an andern Orten waren die Thüren fest verschlossen und obendrein mit großen runden Amtssiegeln dreyfach versiegelt, wie in Häusern wo ein Bankrott oder ein Todesfall eingetreten. Kam endlich in ein Zimmer, wo an einem Schreibpult ein alter dünner Mann saß, der unter hohen Papierstößen kramte. War schwarz gekleidet, hatte ganz weiße Haare, ein faltiges Geschäftsgesicht und frug mich mit gedämpfter Stimme: was ich wolle? In meiner Naivität hielt ich ihn für den lieben Herr-Gott, und ich sprach zu ihm ganz zutrauungsvoll: »Ach, lieber Herrgott, ich möchte donnern lernen, blitzen kann ich ... ach, lehren Sie mich auch donnern!« Sprechen Sie nicht so laut, entgegnete mir heftig der alte dünne Mann, drehte mir den Rücken, und kramte weiter unter seinen Papieren. »Das ist der Herr Registrator« flüsterte mir einer von den rothen Bedienten, der von seinem Schlafsessel sich erhob und sich gähnend die Augen rieb ...

Pan ist todt!

Cuxhafen den 19ten August.

Unangenehme Überfahrt, in einem offenen Kahn, gegen Wind und Wetter; so daß ich, wie immer in solchen Fällen, von der Seekrankheit zu leiden hatte. Auch das Meer, wie andre Personen, lohnt meine Liebe mit Ungemach und Quälnissen. Anfangs geht es gut, da laß ich mir das neckende Schaukeln gern gefallen. Aber allmählig schwindelt es mir im Kopfe, und allerley fabelhafte Gesichte umschwirren mich. Aus den dunkeln Meerstrudeln steigen die alten Dämonen hervor, in scheußlicher Nacktheit bis an die Hüften, und sie heulen schlechte unverständliche Verse, und spritzen mir den weißen Wellenschaum ins Antlitz. Zu noch weit fataleren Fratzenbildern gestalten sich droben die Wolken, die so tief herabhängen, daß sie fast mein Haupt berühren und mir mit ihren dummen Fistelstimmchen die unheimlichsten Narretheyen ins Ohr pfeifen. Solche Seekrankheit, ohne gefährlich zu seyn, gewährt sie dennoch die entsetzlichsten Mißempfindungen, unleidlich bis zum Wahnsinn. Am Ende, im fieberhaften Katzenjammer, bildete ich mir ein, ich sey ein Wallfisch und ich trüge im Bauche den Propheten Jonas.

Der Prophet Jonas aber rumorte und wüthete in meinem Bauche und schrie beständig: »O Ninive! O Ninive! Du wirst untergehen! In deinen Palästen werden Bettler sich lausen, und in deinen Tempeln werden die babylonischen Kürassiere ihre Stuten füttern. Aber Euch, Ihr Priester Baals, Euch wird man bey den Ohren fassen und Eure Ohren festnageln an die Pforte der Tempel! Ja, an die Thüren Eurer Läden wird man Euch mit den Ohren annageln, Ihr Leibbäcker Gottes! Denn Ihr habt falsches Gewicht gegeben, Ihr habt leichte betrügerische Brode dem Volke verkauft! O Ihr geschorenen Schlauköpfe! wenn das Volk hungerte, reichtet Ihr ihm eine dünne homöopathische Scheinspeise, und wenn es dürstete, tranket Ihr statt seiner: höchstens den Königen reichtet Ihr den vollen Kelch. Ihr aber, Ihr assyrischen Spießbürger und Grobiane, Ihr werdet Schläge bekommen mit Stöcken und Ruthen, und auch Fußtritte werdet Ihr bekommen, und Ohrfeigen, und ich kann es Euch voraussagen mit Bestimmtheit, denn erstens werde ich alles mögliche thun, damit Ihr sie bekommt, und zweitens bin ich Prophet, der Prophet Jonas, Sohn Amithai ... O Ninive, O Ninive, du wirst untergehn!«

So ungefähr predigte mein Bauchredner, und er schien dabey so stark zu gestikuliren und sich in meinen Gedärmen zu verwickeln, daß sich mir alles kullernd im Leibe herumdrehte ... bis ich es endlich nicht länger ertragen konnte und den Propheten Jonas ausspuckte.

Solcherweise ward ich erleichtert und genas endlich ganz und gar, als ich landete und im Gasthof eine gute Tasse Thee bekam.

Hier wimmelts von Hamburgern und ihren Gemahlinnen, die das Seebad gebrauchen. Auch Schiffskapitäne aus allen Ländern, die auf guten Fahrwind warten spatzieren hier hin und her, auf den hohen Dämmen, oder sie liegen in den Kneipen und trinken sehr starken Grog und jubeln über die drey Julitage. In allen Sprachen bringt man den Franzosen ihr wohlverdientes Vivat, und der sonst so wortkarge Britte preist sie eben so redselig wie jener geschwätzige Portugiese, der es bedauerte, daß er seine Ladung Orangen nicht direkt nach Paris bringen könne, um das Volk zu erfrischen nach der Hitze des Kampfes. Sogar in Hamburg, wie man mir erzählt, in jenem Hamburg wo der Franzosenhaß am tiefsten wurzelte, herrscht jetzt nichts als Enthusiasmus für Frankreich ... Alles ist vergessen, Davoust, die beraubte Bank, die füsilirten Bürger, die altdeutschen Röcke, die schlechten Befreyungsverse, Vater Blücher, Heil Dir im Siegerkranze, alles ist vergessen ... In Hamburg flattert die Trikolore, überall erklingt dort die Marseillaise, sogar die Damen erscheinen im Theater mit dreyfarbigen Bandschleifen auf der Brust, und sie lächeln mit ihren blauen Augen, rothen Mündlein und weißen Näschen ... Sogar die reichen Banquiers, welche in Folge der revoluzionären Bewegung an ihren Staatspapieren sehr viel Geld verlieren, theilen großmüthig die allgemeine Freude, und jedesmal wenn ihnen der Makler meldet, daß die Course noch tiefer gefallen, schauen sie desto vergnügter und antworten: »es ist schon gut, es thut nichts, es thut nichts!«

Ja, überall, in allen Landen, werden die Menschen die

Bedeutung dieser drey Julitage sehr leicht begreifen und darin einen Triumph der eigenen Interessen erkennen und feyern. Die große That der Franzosen spricht so deutlich zu allen Völkern und allen Intelligenzen, den höchsten und den niedrigsten, und in den Steppen der Baschkiren werden die Gemüther eben so tief erschüttert werden wie auf den Höhen Andalousiens ... Ich sehe schon wie dem Napolitaner der Makaroni und dem Irländer seine Kartoffel im Munde stecken bleibt, wenn die Nachricht bey ihnen anlangt ... Pulischinell ist kapabel zum Schwert zu greifen, und Paddy wird vielleicht einen Bull machen, worüber den Engländern das Lachen vergeht.

Und Deutschland? Ich weiß nicht. Werden wir endlich von unseren Eichenwäldern den rechten Gebrauch machen, nemlich zu Barrikaden für die Befreyung der Welt? Werden wir, denen die Natur so viel Tiefsinn, so viel Kraft, so viel Muth ertheilt hat, endlich unsere Gottesgaben benutzen und das Wort des großen Meisters, die Lehre von den Rechten der Menschheit, begreifen, proklamiren und in Erfüllung bringen?

Es sind jetzt sechs Jahre, daß ich, zu Fuß das Vaterland durchwandernd, auf die Wartburg ankam und die Zelle besuchte wo Doktor Luther gehaust. Ein braver Mann, auf den ich keinen Tadel kommen lasse; er vollbrachte ein Riesenwerk, und wir wollen ihm immer dankbar die Hände küssen, für das was er that. Wir wollen nicht mit ihm schmollen, daß er unsere Freunde allzu unhöflich anließ, als sie in der Exegese des göttlichen Wortes etwas weiter gehen wollten als er selber, als sie auch die irdische Gleichheit der Menschen in Vorschlag brachten ... Ein solcher Vorschlag war freylich damals noch unzeitgemäß, und Meister Hemling, der dir dein Haupt abschlug, armer Thomas Münzer, er war in gewisser Hinsicht wohlberechtigt zu solchem Verfahren: denn er hatte das Schwert in Händen, und sein Arm war stark!

Auf der Wartburg besuchte ich auch die Rüstkammer, wo die alten Harnische hängen, die alten Pickelhauben, Tartschen, Hellebarden, Flammberge, die eiserne Garderobe des Mittelalters. Ich wandelte nachsinnend im Saale herum mit einem Universitätsfreunde, einem jungen Herrn vom Adel, dessen Vater damals einer der mächtigsten Viertelfürsten in unserer Heimath war, und das ganze zitternde Ländchen beherrschte. Auch seine Vorfahren sind mächtige Barone gewesen, und der junge Mann schwelgte in heraldischen Erinnerungen beim Anblick der Rüstungen und der Waffen, die, wie ein angehefteter Zettel meldete, irgend einem Ritter seiner Sippschaft angehört hatten. Als er das lange Schwert des Ahnherrn von dem Haken herablangte und aus Neugier versuchte, ob er es wohl handhaben könnte, gestand er, daß es ihm doch etwas zu schwer sey und er ließ entmuthigt den Arm sinken. Als ich dieses sah, als ich sah wie der Arm des Enkels zu schwach für das Schwert seiner Väter, da dachte ich heimlich in meinem Sinn: Deutschland könnte frey sein.

(Neun Jahre später.)

Zwischen meinem ersten und meinem zweiten Begegniß mit Ludwig Börne liegt jene Juliusrevoluzion, welche unsere Zeit gleichsam in zwey Hälften auseinander sprengte. Die vorstehenden Briefe mögen Kunde geben von der Stimmung, in welcher mich die große Begebenheit antraf, und in gegenwärtiger Denkschrift sollen sie als vermittelnde Brücke dienen zwischen dem ersten und dem dritten Buche. Der Übergang wäre sonst zu schroff. Ich trug Bedenken eine größere Anzahl dieser Briefe mitzutheilen, da in den nächstfolgenden der zeitliche Freyheitsrausch allzu ungestüm über alle Polizeyverordnungen hinaustaumelte, während späterhin allzuernüchterte Betrachtungen eintreten und das enttäuschte Herz in muthlose, verzagende und verzweifelnde Gedanken sich verliert! Schon die ersten Tage meiner Ankunft in der Hauptstadt der Revoluzion merkte ich, daß die Dinge in der Wirklichkeit ganz andre Farben trugen, als ihnen die Lichteffekte meiner Begeisterung in der Ferne geliehen hatten. Das Silberhaar, das ich um die Schulter Lafayettes, des Helden beider Welten, so majestätisch flattern sah, verwandelte sich bey näherer Betrachtung in eine braune Perücke, die einen engen Schädel kläglich bedeckte. Und gar der Hund Medor, den ich auf dem Hofe des Louvre besuchte, und der, gelagert

unter dreyfarbigen Fahnen und Trophäen, sich ruhig füttern ließ: er war gar nicht der rechte Hund, sondern eine ganz gewöhnliche Bestie, die sich fremde Verdienste anmaßte, wie bey den Franzosen oft geschieht, und eben so wie viele Andre exploitirte er den Ruhm der Juliusrevoluzion ... Er ward gehätschelt, gefördert, vielleicht zu den höchsten Ehrenstellen erhoben, während der wahre Medor, einige Tage nach dem Siege, bescheiden davon geschlichen war, wie das wahre Volk, das die Revoluzion gemacht ...
Armes Volk! Armer Hund! sic vos non vobis.
Es ist eine schon ältliche Geschichte. Nicht für sich, seit undenklicher Zeit, nicht für sich hat das Volk geblutet und gelitten, sondern für andre. Im Juli 1830 erfocht es den Sieg für jene Bourgeoisie, die eben so wenig taugt wie jene Noblesse, an deren Stelle sie trat, mit demselben Egoismus ... Das Volk hat nichts gewonnen durch seinen Sieg als Reue und größere Noth. Aber seyd überzeugt, wenn wieder die Sturmglocke geläutet wird und das Volk zur Flinte greift, diesmal kämpft es für sich selber und verlangt den wohlverdienten Lohn. Diesmal wird der wahre, ächte Medor geehrt und gefüttert werden ... Gott weiß, wo er jetzt herumläuft, verachtet, verhöhnt und hungernd...
Doch still, mein Herz, du verräthst dich zu sehr ...

Drittes Buch

— — — Es war im Herbst 1831, ein Jahr nach der Juliusrevoluzion, als ich zu Paris den Doktor Ludwig Börne wiedersah. Ich besuchte ihn im Gasthof Hôtel de Castille, und nicht wenig wunderte ich mich über die Veränderung, die sich in seinem ganzen Wesen aussprach. Das bischen Fleisch, das ich früher an seinem Leibe bemerkt hatte, war jetzt ganz verschwunden, vielleicht geschmolzen von den Stralen der Juliussonne, die ihm leider auch ins Hirn gedrungen. Aus seinen Augen leuchteten bedenkliche Funken. Er saß, oder vielmehr er wohnte in einem großen buntseidnen Schlafrock, wie eine Schildkröte in ihrer Schaale, und wenn er manchmal argwöhnisch sein dünnes Köpfchen hervorbeugte, ward mir unheimlich zu Muthe.

Aber das Mitleid überwog, wenn er aus dem weiten Ärmel die arme abgemagerte Hand zum Grüße oder zum freundschaftlichen Händedruck ausstreckte. In seiner Stimme zitterte eine gewisse Kränklichkeit, und auf seinen Wangen grinsten schon die schwindsüchtig rothen Streiflichter. Das schneidende Mißtrauen das in allen seinen Zügen und Bewegungen lauerte, war vielleicht eine Folge der Schwerhörigkeit, woran er früher schon litt, die aber seitdem immer zunahm und nicht wenig dazu beytrug mir seine Conversazion zu verleiden.

»Willkommen in Paris!« — rief er mir entgegen. — »Das ist gut, daß Sie gekommen sind; das ist brav! Ich bin überzeugt die Guten, die es am besten meinen, werden alle bald hier seyn. Hier ist der Convent der Patrioten von ganz Europa und zu dem großen Werke müssen sich alle Völker die Hände reichen. Sämmtliche Fürsten müssen in ihren eigenen Ländern beschäftigt werden, damit sie nicht in Gemeinschaft die Freyheit in Deutschland unterdrücken. Ach Gott! ach Deutschland! Es wird bald sehr betrübt bey uns aussehen und sehr blutig. Revoluzionen sind eine schreckliche Sache, aber sie sind nothwendig, wie Amputazionen, wenn irgend ein Glied in Fäulniß gerathen. Da muß man schnell zuschneiden und ohne ängstliches Innehalten. Jede Verzögerung bringt Gefahr, und wer aus Mitleid oder aus Schrecken, beim Anblick des vielen Blutes, die Operazion nur zur Hälfte verrichtet, der handelt grausamer als der schlimmste Wütherich. Hol der Henker alle weichherzigen Chirurgen und ihre Halbheit! Marat hatte ganz recht, il faut faire saigner le genre humain, und hätte man ihm die 300,000 Köpfe bewilligt, die er verlangte, so wären Millionen der besseren Menschen nicht zu Grunde gegangen und die Welt wäre auf immer von dem alten Übel geheilt!«

»Die Republik« — ich lasse den Mann ausreden, mit Übergehung mancher schnörkelhaften Absprünge — »die Republik muß durchgesetzt werden. Nur die Republik kann uns retten. Der Henker hole die sogenannten konstituzionellen Verfassungen wovon unsere deutschen Kammerschwätzer alles Heil erwarten. Constituzionen verhalten sich zur Freyheit wie positive Religionen zur Naturreligion: sie werden durch ihr stabiles Element eben so viel

Unheil anrichten wie jene positiven Religionen, die, für einen gewissen Geisteszustand des Volkes berechnet, im Anfang sogar diesem Geisteszustand überlegen sind, aber späterhin sehr lästig werden, wenn der Geist des Volkes die Satzung überflügelt. Die Constituzionen entsprechen einem politischen Zustand, wo die Bevorrechteten von ihren Rechten einige abgeben, und die armen Menschen, die früher ganz zurückgesetzt waren, plötzlich jauchzen, daß sie ebenfalls Rechte erlangt haben ... Aber diese Freude hört auf, sobald die Menschen, durch ihren freyeren Zustand, für die Idee einer vollständigen, ganz ungeschmälerten, ganz gleichheitlichen Freyheit empfänglich geworden sind; was uns heute die herrlichste Acquisizion dünkt wird unseren Enkeln als ein kümmerliches Abfinden erscheinen, und das geringste Vorrecht, das die ehemalige Aristokrazie noch behielt, vielleicht das Recht ihre Röcke mit Petersilie zu schmücken, wird alsdann eben so viel Bitterkeit erregen, wie einst die härteste Leibeigenschaft, ja eine noch tiefere Bitterkeit, da die Aristokrazie mit ihrem letzten Petersilien-Vorrecht um so hochmüthiger prunken wird! ... Nur die Naturreligion, nur die Republik kann uns retten. Aber die letzten Reste des alten Regiments müssen vernichtet werden, ehe wir dran denken können, das neue bessere Regiment zu begründen. Da kommen die unthätigen Schwächlinge und Quietisten und schniffeln: wir Revoluzionäre rissen Alles nieder, ohne im Stande zu seyn etwas an die Stelle zu setzen! Und sie rühmen die Instituzionen des Mittelalters, worinn die Menschheit so sicher und ruhig gesessen habe. Und jetzt, sagen sie, sey alles so kahl und nüchtern und öde und das Leben sey voll Zweifel und Gleichgültigkeit.«

»Ehemals wurde ich immer wüthend über diese Lobredner des Mittelalters. Ich habe mich aber an diesen Gesang gewöhnt und jetzt ärgere ich mich nur wenn die lieben Sänger in eine andere Tonart übergehen und beständig über unser Niederreißen jammern. Wir hätten gar nichts anderes im Sinne als alles niederzureißen. Und wie dumm ist diese Anklage! Man kann ja nicht eher bauen, ehe das alte Gebäude niedergerissen ist und der Niederreißer verdient eben so viel Lob als der Aufbauende, ja noch mehr, da sein Geschäft noch viel wichtiger ... Z. B. in meiner Vaterstadt, auf dem Dreyfaltigkeitsplatze, stand eine alte Kirche, die so morsch und baufällig war, daß man fürchtete, durch ihren Einsturz würden einmal plötzlich viele Menschen getödtet oder verstümmelt werden. Man riß sie nieder und die Niederreißer verhüteten ein großes Unglück, statt daß die ehemaligen Erbauer der Kirche nur ein großes Glück beförderten ... Und man kann eher ein großes Glück entbehren als ein großes Unglück ertragen! Es ist wahr, viel gläubige Herrlichkeit blühte einst in den alten Mauern, und sie waren späterhin eine fromme Reliquie des Mittelalters, gar poetisch anzuschauen, des Nachts, im Mondschein ... Wem aber, wie meinem armen Vetter, als er mal vorbeyging, einige Steine dieses übriggebliebenen Mittelalters auf den Kopf fielen, (er blutete lange und leidet noch heute an der Wunde!), der verwünscht die Verehrer alter Gebäude und segnet die tapferen Arbeitsleute, die solche gefährliche Ruinen niederreißen ... Ja, sie haben sie niedergerissen, sie haben sie dem Boden gleich gemacht, und jetzt wachsen dort grüne Bäumchen und spielen kleine Kinder, des Mittags, im Sonnenlicht.«

In solchen Reden gab's keine Spur der früheren Harmlosigkeit, und der Humor des Mannes, worin alle gemüthliche Freude erloschen, ward mitunter gallenbitter, blutdürstig und sehr trocken. Das Abspringen von einem Gegenstand zum anderen entstand nicht mehr durch tolle Laune, sondern durch launische Tollheit, und war wohl zunächst der buntscheckigen Zeitungslektüre beyzumessen, womit sich Börne damals Tag und Nacht beschäftigte. Inmitten seiner terroristischen Expektorationen, griff er plötzlich zu einem jener Tagesblätter, die in großen Haufen vor ihm ausgestreut lagen und rief lachend:

»Hier können Sie's lesen, hier stehts gedruckt: ›Deutschland ist mit großen Dingen schwanger!‹ Ja, das ist wahr, Deutschland geht schwanger mit großen Dingen; aber das wird eine schwere Entbindung geben. Und hier bedarfs eines männlichen Geburthelfers, und der muß mit eisernen Instrumenten agiren. Was glauben Sie?«

Ich glaube Deutschland ist gar nicht schwanger.

»Nein, nein, Sie irren sich. Es wird vielleicht eine Mißgeburt zur Welt kommen, aber Deutschland wird gebähren. Nur müssen wir uns der geschwätzigen alten Weiber entledigen, die sich herandrängen und ihren Hebammendienst anbieten. Da ist z. B. so eine Vettel von Rotteck. Dieses alte Weib ist nicht einmal ein ehrlicher Mann. Ein armseliger Schriftsteller, der ein bischen liberalen Demagogismus treibt und den Tagesenthusiasmus ausbeutet, um die große Menge zu gewinnen, um seinen schlechten Büchern Absatz zu verschaffen, um sich überhaupt eine Wichtigkeit zu geben. Der ist halb Fuchs halb Hund und hüllt sich in ein Wolfsfell, um mit den Wölfen zu heulen. Da ist mir doch tausendmal lieber der dumme Kerl von Raumer — so eben lese ich seine Briefe aus Paris — der ist ganz Hund, und wenn er liberal knurrt, täuscht er niemand und jeder weiß, er ist ein unterthäniger Pudel, der niemand beißt. Das läuft beständig herum und schnopert an allen Küchen und möchte gern einmal in unsere Suppe seine Schnauze stekken, fürchtet aber die Fußtritte der hohen Gönner. Und sie geben ihm wirklich Fußtritte und halten das arme Vieh für einen Revoluzionär. Lieber Himmel, es verlangt nur ein bischen Wedelfreyheit, und wenn man ihm diese gewährt, so leckt es dankbar die goldenen Sporen der ukkermärkischen Ritterschaft. Nichts ist ergötzlicher als solche unermüdliche Beweglichkeit neben der unermüdlichen Geduld. Dieses tritt recht hervor in jenen Briefen, wo der arme Laufhund auf jeder Seite selbst erzählt, wie er vor den pariser Theatern ruhig Queue machte ... Ich versichere Sie, er machte ruhig Queue mit dem großen Troß und ist so einfältig es selbst zu erzählen. Was aber noch weit stärker, was die Gemeinheit seiner Seele ganz zur Anschauung bringt, ist das Geständniß, daß er, wenn er vor Ende der Vorstellung das Theater verließ, jedesmal seine Contremarque verkaufte. Es ist wahr, als Fremder braucht er nicht zu wissen, daß solcher Verkauf einen ordentlichen Menschen herabwürdigt; aber er hätte nur die Leute zu betrachten brauchen, denen er seine Contremarque verhandelte, um von selbst zu merken, daß sie nur der Abschaum der Gesellschaft sind, Diebesgesindel und Maquereaus, kurz Leute, mit denen ein ordentlicher Mensch nicht gern spricht, vielweniger ein Handelsgeschäft treibt. Der muß von

Natur sehr schmutzig seyn, wer aus diesen schmutzigen Händen Geld nimmt!«

Damit man nicht wähne, als stimme ich in dem Urtheil über den Herrn Professor Friedrich von Raumer ganz mit Börne überein, so bemerke ich zu seinem Vortheil, daß ich ihn zwar für schmutzig halte, aber nicht für dumm. Das Wort schmutzig, wie ich ebenfalls ausdrücklich bemerken will, muß hier nicht im materiellen Sinn genommen werden... Die Frau Professorinn würde sonst Zeter schreyen und alle ihre Waschzettel drucken lassen, worin verzeichnet steht, wie viel reine Unterhemden und Chemisettchen ihr liebes Männlein im Laufe des Jahres angezogen... und ich bin überzeugt, die Zahl ist groß, da der Herr Professor Raumer im Laufe des Jahres so viel läuft und folglich schwitzt und folglich viel Wäsche nöthig hat. Es kommt ihm nemlich nicht der gebratene Ruhm ins Haus geflogen, er muß vielmehr beständig auf den Beinen seyn, um ihn aufzusuchen, und wenn er ein Buch schreibt, so muß er erst von Pontio nach Pilato rennen, um die Gedanken zusammen zu kriegen und endlich dafür zu sorgen, daß das mühsam zusammengestoppelte Opus auch von der literarischen Claque hinlänglich unterstützt wird. Das bewegliche süßhölzerne Männchen ist ganz einzig in dieser Betriebsamkeit, und nicht mit Unrecht bemerkte einst eine geistreiche Frau: »sein Schreiben ist eigentlich ein Laufen.« Wo was zu machen ist, da ist es, das Raumerchen aus Anhalt Dessau. Jüngst lief es nach London; vorher sah man es während drey Monathe überall hin und herlaufen, um die dazu nöthigen Empfehlungsschreiben zu betteln, und nachdem es in der englischen Gesellschaft ein bischen herumgeschnopert und ein Buch zusammengelaufen, erläuft es auch einen Verleger für die englische Übersetzung, und Sara Austin, meine liebenswürdige Freundinn, muß nothgedrungen ihre Feder dazu hergeben, um das saure fließpapierne Deutsch in velinschönes Englisch zu übersetzen und ihre Freunde anzutreiben, das übersetzte Produkt in den verschiedenen englischen Revues zu rezensiren... und diese erlaufenen englischen Rezensionen läßt dann Brockhaus zu Leipzig wieder ins Deutsche übersetzen, unter dem Titel: englische Stimmen über Fr. v. Raumer!

Ich wiederhole, daß ich mit dem Urtheil Börnes über Herrn v. Raumer nicht übereinstimme, er ist ein schmutziger, aber kein dummer Kerl, wie Börne meinte, der, vielleicht weil er ebenfalls »Briefe aus Paris« drucken ließ, den armen Nebenbuhler so scharf kritisirte, und bey jeder Gelegenheit eine Lauge des boshaftesten Spottes über ihn ausgoß.

Ja, lacht nicht, Herr von Raumer war damahls ein Nebenbuhler von Börne, dessen »Briefe aus Paris« fast gleichzeitig mit den erwähnten Briefen erschienen, worin Es, das Raumerchen, mit der Madame Crelinger und ihrem Gatten aus Paris korrespondirte.

Diese Briefe sind längst verschollen, und wir erinnern uns nur noch des spaßhaften Eindrucks, den sie hervorbrachten, als sie gleichzeitig mit den pariser Briefen von Börne auf dem literarischen Markte erschienen. Was letztere betrifft, so gestehe ich, die zwey ersten Bände, die mir in jener Periode zu Gesicht kamen, haben mich nicht wenig erschreckt. Ich war überrascht von diesem ultra radikalen Tone, den ich am wenigsten von Börne erwartete. Der Mann, der sich, in seiner anständigen, geschniegelten Schreibart, immer selbst inspizierte und kontrolirte, und der jede Sylbe, ehe er sie niederschrieb, vorher abwog und abmaß ... der Mann, der in seinem Style immer etwas beybehielt von der Gewöhnung seines reichsstädtischen Spießbürgerthums, wo nicht gar von den Ängstlichkeiten seines früheren Amtes ... der ehemalige Polizeyaktuar von Frankfurt am Mayn stürzte sich jetzt in einen Sanskülottismus des Gedankens und des Ausdrucks, wie man dergleichen in Deutschland noch nie erlebt hat. Himmel! welche entsetzliche Wortfügungen! welche hochverrätherische Zeitwörter! welche majestätsverbrecherische Accusative! welche Imperative! welche polizeywidrige Fragezeichen! welche Metaphern, deren bloßer Schatten schon zu zwanzig Jahr Festungsstrafe berechtigte! Aber trotz des Grauens, den mir jene Briefe einflößten, weckten sie in mir eine Erinnerung, die sehr komischer Art, die mich fast bis zum Lachen erheiterte, und die ich hier durchaus nicht verschweigen kann. Ich gestehe es, die ganze Erscheinung Börnes, wie sie sich in jenen Briefen offenbarte, erinnerte mich an den alten Polizeyvogt, der, als ich ein kleiner Knabe war, in meiner Vaterstadt regierte. Ich sage regierte, da er mit unumschränktem Stock die öffentliche Ruhe verwaltend, uns kleinen Buben einen ganz majestätischen Respekt einflößte und uns schon durch seinen bloßen Anblick gleich auseinander jagte, wenn wir auf der Straße gar zu lermige Spiele trieben. Dieser Polizeyvogt wurde plötzlich wahnsinnig und bildete sich ein, er sey ein kleiner Gassenjunge, und zu unserer unheimlichsten Verwunderung sahen wir, wie er, der allmächtige Straßenbeherrscher, statt Ruhe zu stiften, uns zu dem lautesten Unfug aufforderte. »Ihr seyd viel zu zahm, rief er, ich aber will Euch zeigen, wie man Spektakel machen muß!« Und dabey fing er an wie ein Löwe zu brüllen oder wie ein Kater zu miauen, und er klingelte an den Häusern, daß die Thürglocke abriß, und er warf Steine gegen die klirrenden Fensterscheiben, immer schreyend: ich will Euch lehren, Jungens, wie man Spektakel macht! Wir kleinen Buben amüsirten uns sehr über den Alten und liefen jubelnd hinter ihm drein, bis man ihn ins Irrenhaus abführte.

Während der Lektüre der Börneschen Briefe dachte ich wahrhaftig immer an den alten Polizeyvogt, und mir war oft, als hörte ich wieder seine Stimme: ich will Euch lehren, wie man Spektakel macht!

In den mündlichen Gesprächen Börnes war die Steigerung seines politischen Wahnsinns minder auffallend, da sie im Zusammenhang blieb mit den Leidenschaften, die in seiner nächsten Umgebung wütheten, sich beständig schlagfertig hielten und nicht selten auch thatsächlich zuschlugen. Als ich Börne zum zweitenmale besuchte, in der Rue de Provence, wo er sich definitiv einquartirt hatte, fand ich in seinem Salon eine Menagerie von Menschen wie man sie kaum im Jardin des Plantes finden möchte. Im Hintergrunde kauerten einige deutsche Eisbären, welche Tabak rauchten, fast immer schwiegen und nur dann und wann einige vaterländische Donnerworte im tiefsten Brummbaß hervorfluchten. Neben ihnen hockte auch ein polnischer Wolf, welcher eine rothe Mütze trug und manchmal die süßlich fadesten Bemerkungen mit heiserer Kehle heulte. Dann fand ich dort einen französischen Affen, der zu den häßlichsten gehörte, die ich jemals gesehen; er schnitt beständig Gesichter, damit man sich das schönste darunter aussuchen möge. Das unbedeutendste Subjekt in jener börneschen Menagerie war ein Herr *, der Sohn des alten *, eines Weinhändlers in Frankfurt am Mayn, der ihn gewiß in sehr nüchterner Stimmung gezeugt, ... eine lange, hagere Gestalt, die wie der Schatten einer eau-de-cologne-Flasche aussah, aber keineswegs wie der Inhalt derselben roch. Trotz seines dünnen Aussehens, trug er, wie Börne behauptete, zwölf wollene Unterjacken; denn ohne dieselben würde er gar nicht existiren. Börne machte sich beständig über ihn lustig:

»Ich präsentire Ihnen hier einen *, es ist freylich kein * erster Größe, aber er ist doch mit der Sonne verwandt, er empfängt von derselben sein Licht... er ist ein unterthäniger Verwandter der Herrn von Rothschild... Denken Sie sich, Herr *, ich habe diese Nacht im Traum den frankfurter Rothschild hängen sehen, und Sie waren es, welcher ihm den Strick um den Hals legte...«

Herr * erschrak bey diesen Worten, und wie in Todesangst rief er: »Herr Berne, ich bitte Ihnen, sagen Sie das nicht weiter ... ich hab Grind ...« »Ich hab Grind« — wiederholte mehrmals der junge Mensch, und indem er sich gegen mich wandte, bat er mich mit leiser Stimme ihm in eine Ecke des Zimmers zu folgen, um mir seine delikate »Posiziaun« zu vertrauen. »Sehen Sie« flüsterte er heimlich, »ich habe eine delikate Posiziaun. Von der einen Seite ist Madame Wohl auf dem Wollgraben meine Tante und auf der anderen Seite ist die Frau von Herrn von Rothschild auch so zu sagen meine Tante. Ich bitte Ihnen, erzählen Sie nicht im Hause des Herrn Baron v. Rothschild, daß Sie mich hier bey Berne gesehen haben ... ich hab Grind.«

Börne machte sich über diesen Unglücklichen beständig lustig und besonders hechelte er ihn wegen der mundfaulen und kauderwälschen Art wie er das Französische aussprach. »Mein lieber Landsmann« sagte er, »die Franzosen haben Unrecht über Sie zu lachen; sie offenbaren dadurch ihre Unwissenheit. Verstünden sie deutsch, so würden sie einsehen, wie richtig Ihre Redensarten konstruirt sind, nemlich vom deutschen Standpunkte aus . . . Und warum sollen Sie Ihre Nazionalität verläugnen? Ich bewundere sogar, mit welcher Gewandtheit Sie Ihre Muttersprache, das frankfurter Mauscheln, ins Französische übertragen . . . Die Franzosen sind ein unwissendes Volk, und werden es nie dahin bringen, ordentlich deutsch zu lernen. Sie haben keine Geduld . . . Wir Deutschen sind das geduldigste und gelehrigste Volk . . . Wie viel müssen wir schon als Knaben lernen! wie viel Latein! wie viel Griechisch, wie viel persische Könige, und ihre ganze Sippschaft bis zum Großvater! . . . ich wette, so ein unwissender Franzose weiß sogar in seinen alten Tagen noch nicht, daß die Mutter des Cyrus Frau Mandane geheißen und eine geborne Astyages war. Auch haben wir die besten Handbücher für alle Wissenschaften herausgegeben. Neanders Kirchengeschichte und Meyer Hirschs Rechenbuch sind klassisch. Wir sind ein denkendes Volk und weil wir so viel Gedanken hatten, daß wir sie nicht alle aufschreiben konnten, haben wir die Buchdruckerey erfunden, und weil wir manchmal vor lauter Denken und Bücherschreiben oft das liebe Brod nicht hatten, erfanden wir die Kartoffel.«

Das deutsche Volk, brummte der deutsche Patriot aus seiner Ecke, hat auch das Pulver erfunden.

Börne wandte sich rasch nach dem Patrioten, der ihn mit dieser Bemerkung unterbrochen hatte, und sprach sarkastisch lächelnd: »Sie irren sich, mein Freund, man kann nicht so eigentlich behaupten, daß das deutsche Volk das Pulver erfunden habe. Das deutsche Volk besteht aus dreyßig Millionen Menschen. Nur einer davon hat das Pulver erfunden . . . die übrigen 29,999,999 Deutsche, haben das Pulver nicht erfunden. — Übrigens ist das Pulver eine gute Erfindung, eben so wie die Druckerey, wenn man nur den rechten Gebrauch davon macht. Wir Deutschen aber benutzen die Presse, um die Dummheit und das Pulver, um die Sklaverey zu verbreiten —«

Einlenkend, als man ihm diese irrige Behauptung verwies, fuhr Börne fort: »Je nun, ich will eingestehen, daß die deutsche Presse sehr viel Heil gestiftet, aber es wird überwogen von dem gedruckten Unheil. Jedenfalls muß man dieses einräumen in Beziehung auf bürgerliche Frey-

heit ... Ach! wenn ich die ganze deutsche Geschichte
durchgehe, bemerke ich, daß die Deutschen für bürgerliche
Freyheit wenig Talent besitzen, hingegen die Knechtschaft,
sowohl theoretisch als praktisch, immer leicht erlernten und
diese Disciplin nicht bloß zu Hause sondern auch im Aus-
lande mit Erfolg dozirten. Die Deutschen waren immer die
ludi magistri der Sklaverey, und wo der blinde Gehorsam
in die Leiber oder in die Geister eingeprügelt werden sollte,
nahm man einen deutschen Exerziermeister. Auch haben
wir die Sklaverey über ganz Europa verbreitet, und als
Denkmäler dieser Sündfluth sitzen deutsche Fürstenge-
schlechter auf allen Thronen Europas, wie nach uralten
Überschwemmungen, auf den höchsten Bergen die Reste
versteinerter Seeungeheuer gefunden werden ... Und
noch jetzt, kaum wird ein Volk frey, so wird ihm ein deutscher Prügel auf den Rücken gebunden ... und sogar in
der heiligen Heimath des Harmodios und Aristogeitons, im
wiederbefreyten Griechenland, wird jetzt deutsche Knechtschaft eingesetzt, und auf der Akropolis von Athen fließt
bayersches Bier und herrscht der bayersche Stock ... Ja,
es ist erschrecklich, daß der König von Bayern, dieser
kleine Tyrannos und schlechte Poet, seinen Sohn auf den
Thron jenes Landes setzen durfte, wo einst die Freyheit und
die Dichtkunst geblüht, jenes Landes, wo es eine Ebene
giebt, welche Marathon und einen Berg, welcher Parnaß
heißt! Ich kann nicht daran denken, ohne daß mir das
Gehirn zittert ... Wie ich in der heutigen Zeitung gelesen,
haben wieder drey Studenten, in München, vor dem Bilde
des König Ludwigs, niederknien und Abbitte thun müssen.
Niederknien vor dem Bilde eines Menschen, der noch dazu
ein schlechter Poet ist! Wenn ich ihn in meiner Macht
hätte, dieser schlechte Dichter sollte niederknien vor dem
Bilde der Musen und Abbitte thun, wegen seiner schlechten
Verse, wegen beleidigter Majestät der Poesie! Sprecht mir
jetzt noch von römischen Kaisern, welche so viel Tausende
von Christen hinrichten ließen, weil diese nicht vor ihrem
Bilde knien wollten ... Jene Tyrannen waren wenigstens
Herrn der ganzen Welt, von Aufgang bis zum Niedergang,
und wie wir an ihren Statuen noch heute sehen, wenn auch
keine Götter, so waren sie doch schöne Menschen. Man

beugt sich am Ende leicht vor Macht und Schönheit. Aber niederknien vor Ohnmacht und Häßlichkeit — — — «

— — Es bedarf wohl keines besonderen Winks für den scharfsinnigen Leser, aus welchen Gründen ich den Frevler nicht weiter sprechen lasse. Ich glaube, die angeführten Phrasen sind hinreichend, um die damalige Stimmung des Mannes zu bekunden; sie war im Einklang mit dem hitzigen Treiben jener deutschen Tumultanten, die, seit der Juliusrevoluzion, in wilden Schwärmen nach Paris kamen und sich schon gleich um Börne sammelten. Es ist kaum zu begreifen, wie dieser sonst so gescheute Kopf sich von der rohesten Tobsucht beschwatzen und zu den gewaltsamsten Hoffnungen verleiten lassen konnte! Zunächst gerieth er in den Kreis jenes Wahnsinnes, als dessen Mittelpunkt der berühmte Buchhändler F. zu betrachten war. Dieser F., man sollte es kaum glauben, war ganz der Mann nach dem Herzen Börnes. Die rothe Wuth, die in der Brust des Einen kochte, das dreytägige Juliusfieber, das die Glieder des Einen rüttelte, der jakobinische Veitstanz worin der Eine sich drehte, fand den entsprechenden Ausdruck in den Pariser Briefen des Anderen. Mit dieser Bemerkung will ich aber nun einen Geistesirrthum, keineswegs einen Herzensirrthum andeuten, bey dem Einen wie bey dem Anderen. Denn auch F. meinte es gut mit dem deutschen Vaterlande, er war aufrichtig, heldenmüthig, jeder Selbstopferung fähig, jedenfalls ein ehrlicher Mann, und zu solchem Zeugniß glaube ich mich um so mehr verpflichtet, da, seit er in strenger Haft schweigen muß, die servile Verläumdung an seinem Leumund nagt. Man kann ihn mancher unklugen, aber keiner zweydeutigen Handlung beschuldigen; er zeigte namentlich im Unglück sehr viel Charakter, er war durchglüht von reinster Bürgertugend, und um die Schellenkappe, die sein Haupt umklingelt, müssen wir einen Kranz von Eichenlaub flechten. Der edle Narr, er war mir tausendmal lieber als jener andre Buchhändler, der ebenfalls nach Paris gekommen, um eine deutsche Übersetzung der französischen Revoluzion zu besorgen, jener leise Schleicher, welcher matt und menschenfreundlich wimmerte und wie eine Hyäne aussah, die zur Abführung eingenommen . . . Übrigens rühmte man auch letztern als einen ehrlichen Mann, der sogar seine Schulden bezahle, wenn er das große Loos in der Lottorie gewinnt, und wegen solcher Ehrlichkeitsverdienste ward er zum Finanzminister des erneuten deutschen Reichs vorgeschlagen ... In Vertrauen gesagt, er mußte sich mit den Finanzen begnügen, denn die Stelle eines Ministers des Innern hatte F. schon vorweg vergeben, nemlich an Garnier, wie er auch die deutsche Kaiserkrone dem Hauptmann S. bereits zugesagt ...

Garnier freylich behauptete, der Buchhändler F. wolle den Hauptmann S. zum deutschen Kaiser machen, weil dieser Lump ihm Geld schuldig sey und er sonst nicht zu seinem Gelde kommen könne ... Das ist aber unrichtig und zeugt nur von Garniers Medisance; F. hat vielleicht aus republikanischer Arglist eben das kläglichste Subjekt zum Kaiser gewählt, um dadurch das Monarchenthum herabzuwürdigen und lächerlich zu machen ...

Der Einfluß des F. war indessen bald beendigt, als derselbe, ich glaube im November, Paris verließ, und an die Stelle des großen Agitators einige neue Oberhäupter emporstiegen; unter diesen waren die bedeutendsten der schon erwähnte Garnier und ein gewisser Wolfrum. Ich darf sie wohl mit Namen nennen, da der Eine todt ist, und dem Andren, welcher sich im sicheren England befindet, durch die Hindeutung auf seine ehemalige Wichtigkeit ein großer Gefallen erzeigt wird; beide aber, Garnier zum Theil, Wolfrum aber ganz, schöpften ihre Inspirazionen aus dem Munde Börnes, der von nun an als die Seele der pariser Propaganda zu betrachten war. Der Wahnsinn blieb derselbe, aber, um mit Polonius zu reden, es kam Methode hinein.

Ich habe mich eben des Wortes »Propaganda« bedient; aber ich gebrauche dasselbe in einem anderen Sinne als gewisse Delatoren, die unter jenem Ausdruck eine geheime Verbrüderung verstehen, eine Verschwörung der revoluzionären Geister in ganz Europa, eine Art blutdürstiger, atheistischer und regizider Maçoney. Nein, jene pariser Propaganda bestand vielmehr aus rohen Händen als aus feinen Köpfen; es waren Zusammenkünfte von Handwerkern deutscher Zunge, die in einem großen Saale des Passage Saumon oder in den Faubourgs sich versammelten, wohl fürnemlich, um in der lieben Sprache der Heimath über vaterländische Gegenstände mit einander zu konversiren. Hier wurden nun, durch leidenschaftliche Reden, im Sinne der rheinbayrischen Tribüne, viele Gemüther fanatisirt, und da der Republikanismus eine so grade Sache ist, und leichter begreifbar, als z. B. die konstituzionelle Regierungsform, wobey schon mancherley Kenntnisse vorausgesetzt werden: so dauerte es nicht lange und tausende von deutschen Handwerksgesellen wurden Republikaner und predigten die neue Überzeugung. Diese Propaganda war weit gefährlicher als alle jene erlogenen Popanze, womit die erwähnten Delatoren unsre deutschen Regierungen schreckten, und vielleicht weit mächtiger als Börnes geschriebene Reden war Börnes mündliches Wort, welches er an Leute richtete, die es mit deutschem Glauben einsogen und mit apostolischem Eifer in der Heimath verbreiteten. Ungeheuer groß ist die Anzahl deutscher Handwerker, welche ab und zu nach Frankreich auf die Wanderschaft gehen. Wenn ich daher las, wie norddeutsche Blätter sich darüber lustig machten, daß Börne mit 600 Schneidergesellen auf den Montmartre gestiegen, um ihnen eine Bergpredigt zu halten, mußte ich mitleidig die Achsel zucken, aber am wenigsten über Börne, der eine Saat ausstreute, die früh oder spät die furchtbarsten Früchte hervorbringt. Er sprach sehr gut, bündig, überzeugend, volksmäßig; nackte, kunstlose Rede, ganz im Bergpredigerton. Ich habe ihn freylich nur ein einzigesmal reden hören, nemlich in dem Passage Saumon, wo Garnier der »Volksversammlung« präsidirte ... Börne sprach über den Preßverein, welcher sich vor aristokratischer Form zu bewahren habe; Garnier donnerte gegen Nikolas, den Zaar von Rußland; ein verwachsener, krummbeiniger Schustergeselle trat auf und behauptete, alle Menschen seyen gleich ... Ich ärgerte mich nicht wenig über diese Impertinenz ... Es war das erste und letzte Mal, daß ich der Volksversammlung beywohnte.

Dieses eine Mal war aber auch hinreichend ... Ich will dir gern, lieber Leser, bey dieser Gelegenheit ein Geständniß machen, das du eben nicht erwartest. Du meinst vielleicht, der höchste Ehrgeitz meines Lebens hätte immer darin bestanden, ein großer Dichter zu werden, etwa gar auf dem Capitol gekrönt zu werden, wie weiland Messer Francesco Petrarcha ... Nein, es waren vielmehr die großen Volksredner, die ich immer beneidete, und ich hätte für mein Leben gern auf öffentlichem Markte, vor einer bunten Versammlung, das große Wort erhoben, welches die Leidenschaften aufwühlt oder besänftigt und immer eine augenblickliche Wirkung hervorbringt. Ja, unter vier Augen will ich es dir gern eingestehen, daß ich in jener unerfahrenen Jugendzeit, wo uns die komödiantenhaften Gelüste anwandeln, mich oft in eine solche Rolle hineindachte. Ich wollte durchaus ein großer Redner werden, und wie Demosthenes deklamirte ich zuweilen am einsamen Meeresstrand, wenn Wind und Wellen brausten und heulten; so übt man seine Lungen und gewöhnt sich dran, mitten im größten Lerm einer Volksversammlung zu sprechen. Nicht selten sprach ich auch auf freyem Felde vor einer großen Anzahl Ochsen und Kühe, und es gelang mir das versammelte Rindviehvolk zu überbrüllen. Schwerer schon ist es vor Schaafen eine Rede zu halten. Bey allem was du ihnen sagst, diesen Schaafsköpfen, wenn du sie ermahnst sich zu befreyen, nicht wie ihre Vorfahren geduldig zur Schlachtbank zu wandern ... sie antworten dir, nach jedem Satze mit einem so unerschütterlich gelassenen Mäh! Mäh! daß man die Contenanze verlieren kann. Kurz, ich that alles, um, wenn bey uns einmal eine Revoluzion aufgeführt werden möchte, als deutscher Volksredner auftreten zu können. Aber ach! schon gleich bey der ersten Probe merkte ich, daß ich in einem solchen Stücke meine Lieblingsrolle nimmermehr tragiren kann. Und lebten sie noch, weder Demosthenes, noch Cicero, noch Mirabeau könnten in einer deutschen Revoluzion als Sprecher auftreten: denn bey einer deutschen Revoluzion wird geraucht. Denkt Euch meinen Schreck, als ich in Paris der obenerwähnten Volksversammlung beywohnte, fand ich sämmtliche Vaterlandsretter mit Tabakspfeifen im Maule, und der ganze Saal war so erfüllt von schlechtem Knasterqualm, daß er mir gleich auf die Brust schlug und es mir platterdings unmöglich gewesen wär, ein Wort zu reden ...

Ich kann den Tabaksqualm nicht vertragen, und ich merkte, daß in einer deutschen Revoluzion, die Rolle eines Großsprechers in der Weise Börnes et Consorten nicht für mich paßte. Ich merkte überhaupt, daß die deutsche Tribunatskarriere nicht eben mit Rosen, und am allerwenigsten mit reinlichen Rosen bedeckt. So z. B. mußt du allen diesen Zuhörern, »lieben Brüdern, und Gevattern« recht derb die Hand drücken. Es ist vielleicht metaphorisch gemeint, wenn Börne behauptet: im Fall ihm ein König die Hand gedrückt, würde er sie nachher ins Feuer halten, um sie zu reinigen; es ist aber durchaus nicht bildlich, sondern ganz buchstäblich gemeint, daß ich, wenn mir das Volk die Hand gedrückt, sie nachher waschen werde.

Man muß in wirklichen Revoluzionszeiten das Volk mit eignen Augen gesehen, mit eigner Nase gerochen haben, man muß mit eignen Ohren anhören, wie dieser souveraine Rattenkönig sich ausspricht, um zu begreifen, was Mirabeau andeuten will mit den Worten: man macht keine Revoluzion mit Lavendelöhl. So lange wir die Revoluzionen in den Büchern lesen, sieht das alles sehr schön aus, und es ist damit wie mit jenen Landschaften, die, kunstreich gestochen auf dem weißen Velinpapier, so rein, so freundlich aussehen, aber nachher, wenn man sie in Natura betrachtet, vielleicht an Grandiosität gewinnen, doch einen sehr schmutzigen und schäbigen Anblick in den Einzelheiten gewähren; die in kupfergestochenen Misthaufen riechen nicht, und der in kupfergestochene Morast ist leicht mit den Augen zu durchwaten.

War es Tugend oder Wahnsinn was den Ludwig Börne dahin brachte, die schlimmsten Mistdüfte mit Wonne einzuschnaufen und sich vergnüglich im plebejischen Koth zu wälzen? Wer löst uns das Räthsel dieses Mannes, der in weichlichster Seide erzogen worden, späterhin in stolzen Anflügen seine innere Vornehmheit bekundete, und gegen das Ende seiner Tage plötzlich überschnappte in pöbelhafte Töne und in die banalen Manieren eines Demagogen der untersten Stufe? Stachelten ihn etwa die Nöthen des Vaterlandes bis zum entsetzlichsten Grade des Zorns oder ergriff ihn der schauerliche Schmerz eines verlorenen Lebens? ... Ja, das war es vielleicht; er sah wie er dieses ganze Leben hindurch mit all seinem Geiste und all seiner Mäßigung nichts ausgerichtet hatte, weder für sich noch für Andere, und er verhüllte sein Haupt, oder, um bürgerlich zu reden, er zog die Mütze über die Ohren und wollte fürder weder sehen noch hören, und stürzte sich in den heulenden Abgrund ... Das ist immer eine Resource, die uns übrig bleibt, wenn wir angelangt bey jenen hoffnungslosen Marken, wo alle Blumen verwelkt sind, wo der Leib müde und die Seele verdrießlich ... Ich will nicht dafür stehen, daß ich nicht einst unter denselben Umständen dasselbe thue ... Wer weiß, vielleicht am Ende meiner Tage überwinde ich meinen Widerwillen gegen den Tabaksqualm und lerne rauchen und halte die ungewaschensten Reden vor dem ungewaschensten Publikum ...

Blätternd in Börnes Pariser Briefen, stieß ich jüngst auf eine Stelle, welche mit den Äußerungen, die mir oben entschlüpft, einen sonderbaren Zusammenklang bildet. Sie lautet folgendermaßen:

— — »Vielleicht fragen Sie mich verwundert, wie ich Lump dazu komme mich mit Byron zusammen zu stellen? Darauf muß ich Ihnen erzählen, was Sie noch nicht wissen. Als Byrons Genius, auf seiner Reise durch das Firmament auf die Erde ankam, eine Nacht dort zu verweilen, stieg er zuerst bei mir ab. Aber das Haus gefiel ihm gar nicht, er eilte schnell wieder fort und kehrte in das Hotel Byron ein. Viele Jahre hat mich das geschmerzt, lange hat es mich betrübt, daß ich so wenig geworden, gar nichts erreicht. Aber jetzt ist es vorüber, ich habe es vergessen und lebe zufrieden in meiner Armuth. Mein Unglück ist, daß ich im Mittelstande geboren bin, für den ich gar nicht passe. Wäre mein Vater Besitzer von Millionen oder ein Bettler gewesen, wäre ich der Sohn eines vornehmen Mannes oder eines Landstreichers, hätte ich es gewiß zu etwas gebracht. Der halbe Weg, den Andere durch ihre Geburt voraus hatten, entmuthigte mich; hätten sie den ganzen Weg vorausgehabt, hätte ich sie gar nicht gesehen und sie eingeholt. So aber bin ich der Perpendikel einer bürgerlichen Stubenuhr geworden, schweifte rechts, schweifte links aus und mußte immer zur Mitte zurückkehren.«

Dieses schrieb Börne den 20. März 1831. Wie über andre, hat er auch über sich selber schlecht prophezeit. Die bürgerliche Stubenuhr wurde eine Sturmglocke, deren Geläute Angst und Schrecken verbreitete. Ich habe bereits gezeigt, welche ungestüme Glöckner an den Strängen rissen, ich habe angedeutet, wie Börne den zeitgenossenschaftlichen Passionen als Organ diente und seine Schriften nicht als das Produkt eines Einzelnen, sondern als Dokument unserer politischen Sturm- und Drangperiode betrachtet werden müssen. Was in jener Periode sich besonders geltend machte und die Gährung bis zur kochenden Sud steigerte, waren die polnischen und rheinbairischen Vorgänge, und diese haben auf den Geist Börnes den mächtigsten Einfluß geübt. Eben so glühend wie einseitig war sein Enthusiasmus für die Sache Polens, und als dieses muthige Land unterlag, trotz der wunderbarsten Tapferkeit seiner Helden, da brachen bey Börne alle Dämme der Geduld und Vernunft. Das ungeheure Schicksal so vieler edlen Märtyrer der Freyheit, die, in langen Trauerzügen Deutschland durchwandernd, sich in Paris versammelten, war in der That geeignet ein edel gefühlvolles Herz bis in seine Tiefen zu bewegen. Aber was brauch ich dich, theurer Leser, an diese Betrübnisse zu erinnern, du hast in Deutschland den Durchzug der Polen mit eignen thränenden Augen angesehen, und du weißt, wie das ruhige stille deutsche Volk, das die eigenen Landesnöthen so geduldig erträgt, bey dem Anblick der unglücklichen Sarmaten, von Mitleid und Zorn, so gewaltig erschüttert wurde und so sehr außer Fassung kam, daß wir nahe daran waren, für jene Fremden das zu thun, was wir nimmermehr für uns selber thäten, nemlich die heiligsten Unterthanspflichten bey Seite zu setzen und eine Revoluzion zu machen ... zum Besten der Polen.

Ja, mehr als alle obrigkeitliche Plackereyen und demagogischen Schriften hat der Durchzug der Polen den deutschen Michel revoluzionirt, und es war ein großer Fehler der respektiven deutschen Regierungen, daß sie jenen Durchzug in der bekannten Weise gestatteten. Der größere Fehler freylich bestand darin, daß sie die Polen nicht längere Zeit in Deutschland verweilen ließen; denn diese Ritter der Freyheit hätten bey verlängertem Auffenthalt jene bedenkliche, höchstbedrohliche Sympathie, die sie den Deutschen einflößten, selber wieder zerstört. Aber sie zogen rasch durchs Land, hatten keine Zeit, durch Dichtung und Wahrheit, einer den anderen zu diskreditiren, und sie hinterließen die staatsgefährlichste Aufregung.

Ja, wir Deutschen waren nahe daran eine Revoluzion zu machen, und zwar nicht aus Zorn und Noth, wie andre Völker, sondern aus Mitleid, aus Sentimentalität, aus Rührung, für unsre armen Gastfreunde, die Polen. Thatsüchtig schlugen unsre Herzen, wenn diese uns am Kamin erzählten; wie viel sie ausgestanden von den Russen, wie viel Elend, wie viel Knutenschläge ... bey den Schlägen horchten wir noch sympathetischer, denn eine geheime Ahnung sagte uns, die russischen Schläge, welche jene Polen bereits empfangen, seyen dieselben, die wir in der Zukunft noch zu bekommen haben. Die deutschen Mütter schlugen angstvoll die Hände über den Kopf, als sie hörten, daß der Kaiser Nikolas, der Menschenfresser, alle Morgen drey kleine Polenkinder verspeise, ganz roh, mit Essig und Öhl. Aber am tiefsten erschüttert waren unsre Jungfrauen, wenn sie im Mondschein an der Heldenbrust der polnischen Märtyrer lagen, und mit ihnen jammerten und weinten über den Fall von Warschau und den Sieg der russischen Barbaren ... Das waren keine frivole Franzosen, die bey solchen Gelegenheiten nur schäkerten und lachten ... nein, diese larmoyanten Schnurrbärte gaben auch etwas fürs Herz, sie hatten Gemüth, und nichts gleicht der holden Schwärmerey, womit deutsche Mädchen und Frauen ihre Bräutigame und Gatten beschworen, so schnell als möglich eine Revoluzion zu machen ... zum Besten der Polen.

Eine Revoluzion ist ein Unglück, aber ein noch größeres Unglück ist eine verunglückte Revoluzion; und mit einer solchen bedrohte uns die Einwanderung jener nordischen Freunde, die in unsre Angelegenheiten alle jene Verwirrung und Unzuverlässigkeit gebracht hätten, wodurch sie selber daheim zu Grunde gegangen. Ihre Einmischung wäre uns um so verderblicher geworden, da die deutsche

Unerfahrenheit sich von den Rathschlägen jener kleinen polnischen Schlauheit, die sich für politische Einsicht ausgiebt, gern leiten ließ, und gar die deutsche Bescheidenheit, bestochen von jener flinken Ritterlichkeit, die den Polen eigen ist, diesen letztern die wichtigsten Führerstellen vertraut hätte. — Ich habe mich damals, in dieser Beziehung, über die Popularität der Polen nicht wenig geängstigt. Es hat sich vieles seitdem geändert, und gar für die Zukunft, für die deutschen Freyheitsinteressen einer spätern Zeit, braucht man die Popularität der Polen wenig zu fürchten. Ach nein, wenn einst Deutschland sich wieder rüttelt, und diese Zeit wird dennoch kommen, dann werden die Polen kaum noch dem Namen nach existiren, sie werden ganz mit den Russen verschmolzen seyn, und als solche werden wir uns auf donnernden Schlachtfeldern wieder begegnen ... und sie werden für uns minder gefährlich seyn als Feinde, denn als Freunde. Der einzige Vortheil, den wir ihnen verdanken, ist jener Russenhaß, den sie bey uns gesät und der, still fortwuchernd im deutschen Gemüthe uns mächtig vereinigen wird, wenn die große Stunde schlägt, wo wir uns zu vertheidigen haben gegen jenen furchtbaren Riesen, der jetzt noch schläft und im Schlafe wächst, die Füße weitausstreckend in die duftigen Blumengärten des Morgenlands, mit dem Haupte anstoßend an den Nordpol, träumend ein neues Weltreich ... Deutschland wird einst mit diesem Riesen den Kampf bestehen müssen, und für diesen Fall ist es gut, daß wir die Russen schon früh hassen lernten, daß dieser Haß in uns gesteigert wurde, daß auch alle andren Völker daran Theil nehmen ... das ist ein Dienst, den uns die Polen leisten, die jetzt als Propaganda des Russenhasses in der ganzen Welt umherwandern. Ach, diese unglücklichen Polen! sie selber werden einst die nächsten Opfer unseres blinden Zornes seyn, sie werden einst, wenn der Kampf beginnt, die russische Avantgarde bilden, und sie genießen alsdann die bittern Früchte jenes Hasses, den sie selber gesät. Ist es der Wille des Schicksals, oder ist es glorreiche Beschränktheit, was die Polen immer dazu verdammte, sich selber die schlimmste Falle und endlich die Todesgrube zu graben ... seit den Tagen Sobieskis, der die Türken schlug, Polens natürliche Alliirte, und die Östreicher rettete... der ritterliche Dummkopf!

Ich habe oben von der »kleinen polnischen Schlauheit« gesprochen. Ich glaube dieser Ausdruck wird keiner Mißdeutung anheim fallen; kommt er doch aus dem Munde eines Mannes, dessen Herz am frühesten für Polen schlug, und der lange schon vor der polnischen Revoluzion für dieses heldenmüthige Volk sprach und litt. Jedenfalls will ich jenen Ausdruck noch dahin mildern, daß ich nachträglich bemerke, er bezieht sich hier auf die Jahre 1831 und 1832, wo die Polen von der großen Wissenschaft der Freyheit nicht einmal die ersten Elementarkenntnisse besaßen, und die Politik ihnen nichts anders dünkte, als eben ein Gewebe von Weiberkniffen und Hinterlist, kurz als eine Manifestazion jener »kleinen polnischen Schlauheit,« für welche sie sich ein ganz besonderes Talent zutrauten.

Diese Polen waren gleichsam ihrem heimathlichen Mittelalter entsprungen, und, ganze Urwälder von Unwissenheit im Kopfe tragend, stürmten sie nach Paris, und hier warfen sie sich entweder in die Sekzionen der Republikaner oder in die Sakristeyen der katholischen Schule: denn um Republikaner zu seyn, dazu braucht man wenig zu wissen, und um Katholik zu seyn braucht man gar nichts zu wissen, sondern braucht man nur zu glauben. Die Gescheutesten unter ihnen begriffen die Revoluzion nur in der Form der Emeute, und sie ahndeten nimmermehr, daß namentlich auch in Deutschland durch Tumult und Straßenauflauf wenig gefördert wird. Eben so unheilvoll wie spaßhaft war das Manöver womit einer ihrer größten Staatsmänner gegen die deutschen Regierungen verfuhr. Er hatte nemlich bey dem Durchzug der Polen bemerkt, wie ein einziger Pole hinreichend war, um eine stille deutsche Stadt in Bewegung zu setzen, und da er der gelehrteste Lithauer war und aus der Geographie ganz genau wußte, daß Deutschland aus einigen dreyzig Staaten besteht, schickte er von Zeit zu Zeit einen Polen nach der Hauptstadt eines dieser Staaten ... er setzte gleichsam einen Polen auf irgend einen jener dreyzig deutschen Staaten, wie auf die Nummern eines Rouletts, wahrscheinlich ohne große Hoffnung des Gelingens, aber ruhig berechnend: an einem einzigen Polen ist nicht viel verloren, verursacht er jedoch wirklich eine Emeute, gewinnt meine Nummer, so kommt vielleicht eine ganze Revoluzion dabey heraus!

Ich spreche von 1831 und 32. Seitdem sind acht Jahre verflossen, und eben so gut wie die Helden deutscher Zunge haben auch die Polen manche bittere aber nützliche Erfahrung gemacht und viele von ihnen konnten die schreckliche Muße des Exils zum Studium der Civilisazion benutzen. Das Unglück hat sie ernsthaft geschult und sie haben etwas tüchtiges lernen können. Wenn sie einst in ihr Vaterland zurückkehren, werden sie dort die heilsamste Saat ausstreuen, und wo nicht ihre Heimath, doch gewiß die Welt wird die Früche ihrer Aussaat ärndten. Das Licht, das sie einst mit nach Hause bringen, wird sich vielleicht weit verbreiten nach dem fernsten Nordosten und die dunkeln Föhrenwälder in Flammen setzen, so daß bey der auflodernden Helle unsere Feinde sich einander beschauen und vor einander entsetzen werden ... sie würgen sich alsdann unter einander in wahnsinnigem Wechselschreck und erlösen uns von aller Gefahr ihres Besuches. Die Vorsehung vertraut das Licht zuweilen den ungeschicktesten Händen, damit ein heilsamer Brand entstehe in der Welt...

Nein, Polen ist noch nicht verloren ... Mit seiner politischen Existenz ist sein wirkliches Leben noch nicht abgeschlossen. Wie einst Israel nach dem Falle Jerusalems, so vielleicht nach dem Falle Warschaus erhebt Polen sich zu den höchsten Bestimmungen. Es sind diesem Volke vielleicht noch Thaten vorbehalten, die der Genius der Menschheit höher schätzt, als die gewonnenen Schlachten und das ritterthümliche Schwertergeklirre nebst Pferdegetrampel seiner nazionalen Vergangenheit! Und auch ohne solche nachblühende Bedeutung wird Polen nie ganz verloren seyn... Es wird ewig leben auf den rühmlichsten Blättern der Geschichte!!!

Nächst dem Durchzug der Polen, habe ich die Vorgänge in Rheinbayern als den nächsten Hebel bezeichnet, welcher nach der Juliusrevoluzion die Aufregung in Deutschland bewirkte und auch auf unsere Landsleute in Paris den größten Einfluß ausübte. Die hiesige Volksversammlung war im Anfang nichts anderes als eine Filialgesellschaft des Preßvereins von Zweybrücken. Einer der gewaltigsten Redner der Bipontiner kam hierher; ich habe ihn nie in der Volksversammlung sprechen gehört, sah ihn damals nur zufällig einmal im Kaffehause, wo er mit hoher Stirn das neue Reich verkündete und die gemäßigten Verräther, namentlich die Redaktoren der augsburger Allgemeinen Zeitung mit dem Strang bedrohte ... (Ich wundre mich, daß ich damals noch den Muth hatte als Redakteur der Allgemeinen Zeitung thätig zu seyn ... Jetzt sind die Zeiten minder gefährlich ... Es sind seitdem acht Jahre verflossen, und der damalige Schreckensmann, der Tribun aus Zweybrücken, ist in diesem Augenblick einer der schreibseligsten Mitarbeiter der Allgemeinen Zeitung ...)

Von Rheinbayern sollte die deutsche Revoluzion ausgehen. Zweybrücken war das Bethlehem, wo die junge Freyheit, der Heiland, in der Wiege lag und welterlösend greinte. Neben dieser Wiege brüllte manches Öchslein, das späterhin, als man auf seine Hörner zählte, sich als ein sehr gemüthliches Rindvieh erwies. Man glaubte ganz sicher, daß die deutsche Revoluzion in Zweybrücken beginnen würde, und alles war dort reif zum Ausbruch. Aber, wie gesagt, die Gemüthlichkeit einiger Personen vereitelte jenes polizeywidrige Unterfangen. Da war z. B. unter den verschworenen Bipontinern ein gewaltiger Bramarbas, der immer am lautesten wüthete, der von Tyrannenhaß am tollsten übersprudelte, und dieser sollte, mit der ersten That vorangehend, eine Schildwache, die einen Hauptposten bewachte, gleich niederstechen ... »Was! — rief der Mann, als man ihm diese Ordre gab, — was! mir, mir konntet Ihr eine so schauderhafte, so abscheuliche, so blutdürstige Handlung zumuthen? Ich, Ich soll eine unschuldige Schildwache umbringen? Ich, der ich ein Familienvater bin! Und diese Schildwache ist vielleicht ebenfalls ein Familienvater. Ein Familienvater soll einen Familienvater ermorden! ja tödten! umbringen!«

Da der Dr. Pistor, einer der Zweybrücker Helden, welcher mir diese Geschichte erzählte, jetzt dem Bereiche jeder Verantwortlichkeit entsprungen ist, darf ich ihn wohl als Gewährsmann nennen. Er versicherte mir, daß die deutsche Revoluzion durch die erwähnte Sentimentalität des Familienvaters vor der Hand ajournirt wurde. Und doch war der Moment ziemlich günstig. Nur damals und während den Tagen des Hambacher Festes hätte mit einiger Aussicht guten Erfolges die allgemeine Umwälzung in Deutschland versucht werden können. Jene Hambacher Tage waren der letzte Termin den die Göttinn der Freyheit uns gewährte; die Sterne waren günstig; seitdem erlosch jede Möglichkeit des Gelingens. Dort waren sehr viele Männer der That versammelt, die selber von ernsten Willen glühten und auf die sicherste Hülfe rechnen konnten. Jeder sah ein, es sey der rechte Moment zu dem großen Wagniß, und die meisten setzten gerne Glück und Leben aufs Spiel ... Wahrlich, es war nicht die Furcht, welche damals nur das Wort entzügelte und die That zurückdämmte. — Was war es aber, was die Männer von Hambach abhielt die Revoluzion zu beginnen?

Ich wage es kaum zu sagen, denn es klingt unglaublich, aber ich habe die Geschichte aus authentischer Quelle, nemlich von einem Mann, der als wahrheitsliebender Republikaner bekannt und selber zu Hambach in dem Comité saß, wo man über die anzufangende Revoluzion debattirte; er gestand mir nemlich im Vertrauen: als die Frage der Competenz zur Sprache gekommen, als man darüber stritt, ob die zu Hambach anwesenden Patrioten auch wirklich kompetent seyen im Namen von ganz Deutschland eine Revoluzion anzufangen? da seyen diejenigen, welche zur raschen That riethen, durch die Mehrheit überstimmt worden, und die Entscheidung lautete: »man sey nicht kompetent.«

O, Schilda, mein Vaterland!

Venedey möge es mir verzeihen, wenn ich diese geheime Competenzgeschichte ausplaudre und ihn selber als Gewährsmann nenne; aber es ist die beste Geschichte, die ich auf dieser Erde erfahren habe. Wenn ich daran denke, vergesse ich alle Kümmernisse dieses irdischen Jammerthals, und vielleicht einst, nach dem Tode, in der neblichten Langeweile des Schattenreichs, wird die Erinnerung an diese Competenzgeschichte mich aufheitern können ... Ja, ich bin überzeugt, wenn ich sie dort Proserpinen erzähle, der mürrischen Gemahlinn des Höllengotts, so wird sie lächeln, vielleicht laut lachen ...

O Schilda, mein Vaterland!

Ist die Geschichte nicht werth mit goldenen Buchstaben auf Sammt gestickt zu werden, wie die Gedichte des Moallakat, welche in der Moschee von Mekka zu schauen sind? Ich möchte sie jedenfalls in Verse bringen und in Musik setzen lassen, damit sie großen Königskindern als Wiegenlied vorgesungen werde ... Ihr könnt ruhig schlafen, und zur Belohnung für das furchtheilende Lied, das ich Euch gesungen, Ihr großen Königskinder, ich bitte Euch, öffnet die Kerkerthüren der gefangenen Patrioten ... Ihr habt nichts zu riskiren, die deutsche Revoluzion ist noch weit von Euch entfernt, gut Ding will Weile, und die Frage der Competenz ist noch nicht entschieden ...

O Schilda, mein Vaterland!

Wie dem aber auch sey, das Fest von Hambach gehört zu den merkwürdigsten Ereignissen der deutschen Geschichte, und wenn ich Börne glauben soll, der diesem Feste beywohnte, so gewährte dasselbe ein gutes Vorzeichen für die Sache der Freyheit. Ich hatte Börne lange aus den Augen verloren, und es war bey seiner Rückkehr von Hambach, daß ich ihn wiedersah, aber auch zum letztenmale in diesem Leben. Wir gingen mit einander in den Tuilerien spazieren, er erzählte mir viel von Hambach und war noch ganz begeistert von dem Jubel jener großen Volksfeyer. Er konnte nicht genug die Eintracht und den Anstand rühmen, die dort herrschten. Es ist wahr, ich habe es auch aus anderen Quellen erfahren, zu Hambach gab es durchaus keine äußere Excesse, weder betrunkene Tobsucht, noch pöbelhafte Roheit, und die Orgie, der Kirmestaumel, war mehr in den Gedanken als in den Handlungen. Manches tolle Wort wurde laut ausgesprochen in jenen Reden, die zum Theil späterhin gedruckt erschienen. Aber der eigentliche Wahnwitz ward bloß geflüstert. Börne erzählte mir: während er mit Siebenpfeiffer redete, nahte sich demselben ein alter Bauer und raunte ihm einige Worte ins Ohr, worauf jener verneinend den Kopf schüttelte. »Aus Neugier« setzte Börne hinzu, »frug ich den Siebenpfeiffer, was der Bauer gewollt, und jener gestand mir, daß der alte Bauer ihm mit bestimmten Worten gesagt habe: Herr Siebenpfeiffer, wenn Sie König seyn wollen, wir machen Sie dazu!«

»Ich habe mich sehr amüsirt« — fuhr Börne fort — »wir waren dort alle wie Blutsfreunde, drückten uns die Hände, tranken Brüderschaft, und ich erinnere mich besonders eines alten Mannes, mit welchem ich eine ganze Stunde geweint habe, ich weiß gar nicht mehr warum. Wir Deutschen sind ein ganz prächtiges Volk und gar nicht mehr so unpraktisch wie sonst. Wir hatten in Hambach auch das lieblichste Maywetter, wie Milch und Rosen, und ein schönes Mädchen war dort, die mir die Hand küssen wollte, als wär ich ein alter Kapuziner: ich habe das nicht gelitten, und Vater und Mutter befahlen ihr mich auf den Mund zu küssen, und versicherten mir, daß sie mit dem größten Vergnügen meine sämmtlichen Schriften gelesen. Ich habe mich sehr amüsirt. Auch meine Uhr ist mir gestolen worden. Aber das freut mich ebenfalls, das ist gut, das giebt mir Hoffnung. Auch wir, und das ist gut, auch wir haben Spitzbuben unter uns, und wir werden daher desto leichter reussiren. Da ist der verwünschte Kerl von Montesquieu, welcher uns eingeredet hatte, die Tugend sey das Prinzip der Republikaner! und ich ängstigte mich schon, daß unsere Parthey aus lauter ehrlichen Leuten bestehen und deßhalb nichts ausrichten würde. Es ist durchaus nöthig, daß wir, eben so gut wie unsre Feinde, auch Spitzbuben unter uns haben. Ich hätte gerne den Patrioten entdeckt, der mir zu Hambach meine Uhr gemaust; ich würde ihm, wenn wir zur Regierung kommen, sogleich die Polizey übertragen und die Diplomatie. Ich kriege ihn aber heraus, den Dieb. Ich werde nemlich im hamburger Correspondenten annonziren, daß ich dem ehrlichen Finder meiner Uhr die Summe von 100 Louisd'or auszahle. Die Uhr ist es werth, schon als Curiosität: es ist nemlich die erste Uhr, welche die deutsche Freyheit gestolen hat. Ja, auch wir, Germaniens Söhne, wir erwachen aus unserer schläfrigen Ehrlichkeit ... Tyrannen zittert, wir stehlen auch!«

Der arme Börne konnte nicht aufhören von Hambach zu reden und von dem Plaisir, das er dort genossen. Es war, als ob er ahnte, daß er zum letzten Mal in Deutschland gewesen, zum letzten Mal deutsche Luft geathmet, deutsche

Dummheiten eingesogen, mit durstigen Ohren — »Ach!« seufzte er, »wie der Wanderer im Sommer nach einem Labetrunk schmachtet, so schmachte ich manchmal nach jenen frischen erquicklichen Dummheiten, wie sie nur auf dem Boden unseres Vaterlands gedeihen. Diese sind so tiefsinnig, so melancholisch lustig, daß einem das Herz dabey jauchzt. Hier bey den Franzosen sind die Dummheiten so trocken, so oberflächlich, so vernünftig, daß sie für jemand, der an Besseres gewohnt, ganz ungenießbar sind. Ich werde deßhalb in Frankreich täglich vergrämter und bitterer und sterbe am Ende. Das Exil ist eine schreckliche Sache. Komme ich einst in den Himmel, ich werde mich gewiß auch dort unglücklich fühlen, unter den Engeln, die so schön singen und so gut riechen . . . sie sprechen ja kein deutsch und rauchen keinen Knaster . . . Nur im Vaterland ist mir wohl! Vaterlandsliebe! Ich lache über dieses Wort im Munde von Leuten, die nie im Exil gelebt . . . Sie könnten eben so gut von Milchbreyliebe sprechen. Milchbreyliebe! In einer afrikanischen Sandwüste hat das Wort schon seine Bedeutung. Wenn ich je so glücklich bin, wieder nach dem lieben Deutschland zurückzukehren, so nennen Sie mich einen Schurken, wenn ich dort gegen irgend einen Schriftsteller schreibe, der im Exile lebt. Wäre nicht die Furcht vor den Schändlichkeiten, die man einen im Gefängniß aussagen läßt, ich wäre nicht mehr fortgegangen, hätte mich ruhig festsetzen lassen, wie der brave Wirth und die Anderen, denen ich ihr Schicksal voraussagte, ja, denen ich alles voraussagte, wie ich es im Traum gesehen . . .«

»Ja, das war ein närrischer Traum,« — rief Börne plötzlich mit lautem Lachen, und aus der düsteren Stimmung in die heitere überspringend, wie es seine Gewohnheit war — »das war ein närrischer Traum! Die Erzählungen des Handwerksburschen, der in Amerika gewesen, hatten mich dazu vorbereitet. Dieser erzählte mir nemlich, in den nordamerikanischen Städten sähe man auf der Straße sehr große Schildkröten herumkriechen, auf deren Rücken mit Kreide geschrieben steht, in welchem Gasthaus und an welchem Tage sie als Tortulsuppe verspeist werden. Ich weiß nicht, warum mich diese Erzählung so sehr frappirte, warum ich den ganzen Tag an die armen Thiere dachte, die so ruhig durch die Straßen von Boston umherkriechen, und nicht wissen, daß auf ihrem Rücken ganz bestimmt der Tag und der Ort ihres Untergangs geschrieben steht ... Und Nachts, denken Sie sich, im Traume, sehe ich meine Freunde, die deutschen Patrioten, in lauter solche Schildkröten verwandelt, ruhig herumkriechen, und auf dem Rücken eines jeden steht mit großen Buchstaben ebenfalls Ort und Datum, wo man ihn einstecken werde in den verdammten Suppentopf ... Ich habe des andern Tags die Leute gewarnt, durfte ihnen aber nicht sagen, was mir geträumt: denn sie hättens mir übel genommen, daß sie, die Männer der Bewegung, mir als langsame Schildkröten erschienen ... Aber das Exil, das Exil, das ist eine schreckliche Sache ... Ach! wie beneide ich die Französischen Republikaner! Sie leiden, aber im Vaterlande. Bis zum Augenblick des Todes steht ihr Fuß auf dem geliebten Boden des Vaterlands. Und gar die Franzosen, welche hier in Paris kämpfen, und alle jene theuren Denkmäler vor Augen haben, die ihnen von den Großthaten ihrer Väter erzählen und sie trösten und aufmuntern! Hier sprechen die Steine und singen die Bäume, und so ein Stein hat mehr Ehrgefühl und predigt Gottes Wort, nemlich die Märtyrgeschichte der Menschheit, weit eindringlicher als alle Professoren der historischen Schule zu Berlin und Göttingen. Und diese Kastanienbäume, hier in den Tuilerien, ist es nicht als sängen sie heimlich die Marseillaise, mit ihren tausend grünen Zungen? ... Hier ist heiliger Boden, hier sollte man die Schuhe ausziehen, wenn man spazieren geht ... Hier links ist die Terrasse der Feuillants; dort rechts, wo sich jetzt die Rue Rivoli hinzieht, hielt der Club der Jakobiner seine Sitzungen ... Hier vor uns, im Tuileriengebäude, donnerte der Convent, die Titanenversammlung, wogegen Bonaparte mit seinem Blitzvogel nur wie ein kleiner Jupiter erscheint ... dort gegenüber grüßt uns die Place Louis XVI, wo das große Exempel statuirt wurde ... Und zwischen beiden, zwischen Schloß und Richtplatz, zwischen Feuillants- und Jakobiner-Club, in der Mitte, der heilige Wald, wo jeder Baum ein blühender Freyheitsbaum ...«

An diesen alten Kastanienbäumen in dem Tuileriengarten sind aber mitunter sehr morsche Äste, und eben in dem Augenblicke, wo Börne die obige Phrase schließen wollte, brach mit lautem Gekrach ein Ast jener Bäume, und mit voller Wucht aus bedeutender Höhe herunterstürzend, hätte er uns beide schier zerschmettert, wenn wir nicht hastig zur Seite sprangen. Börne, welcher nicht so schnell wie ich sich rettete, ward von einem Zweige des fallenden Astes an der Hand verletzt, und brummte verdrießlich: »Ein böses Zeichen!«

Viertes Buch.

— Und dennoch beurkundete das Fest von Hambach einen großen Fortschritt, zumal wenn man es mit jenem anderen Feste vergleicht, das einst ebenfalls zur Verherrlichung gemeinsamer Volksinteressen auf der Wartburg statt fand. Nur in Aussendingen, in Zufälligkeiten, sind sich beide Bergfeyern sehr ähnlich; keineswegs ihrem tieferen Wesen nach. Der Geist, der sich auf Hambach aussprach, ist grundverschieden von dem Geiste, oder vielmehr von dem Gespenste, das auf der Wartburg seinen Spuk trieb. Dort, auf Hambach, jubelte die moderne Zeit ihre Sonnenaufgangslieder und mit der ganzen Menschheit ward Brüderschaft getrunken; hier aber, auf der Wartburg, krächzte die Vergangenheit ihren obscuren Rabengesang, und bei Fackellicht wurden Dummheiten gesagt und gethan, die des blödsinnigsten Mittelalters würdig waren! Auf Hambach hielt der französische Liberalismus seine trunkensten Bergpredigten, und sprach man auch viel Unvernünftiges, so ward doch die Vernunft selber anerkannt als jene höchste Autorität, die da bindet und löset und den Gesetzen ihre Gesetze vorschreibt; auf der Wartburg hingegen herrschte jener beschränkte Teutomanismus, der viel von Liebe und Glaube greinte, dessen Liebe aber nichts anders war als Haß des Fremden und dessen Glaube nur in der Unvernunft bestand, und der in seiner Unwissenheit nichts Besseres zu erfinden wußte als Bücher zu verbrennen! Ich sage Unwissenheit, denn in dieser Beziehung war jene frühere Opposizion, die wir unter dem Namen »die Altdeutschen« kennen, noch großartiger als die neuere Opposizion, obgleich diese nicht gar besonders durch Gelehrsamkeit glänzt. Eben derjenige, welcher das Bücherverbrennen auf der Wartburg in Vorschlag brachte, war auch zugleich das unwissendste Geschöpf, das je auf Erden turnte und altdeutsche Lesarten herausgab: wahrhaftig, dieses Subjekt hätte auch Bröders lateinische Grammatik ins Feuer werfen sollen!

Sonderbar! trotz ihrer Unwissenheit hatten die sogenannten Altdeutschen von der deutschen Gelahrtheit einen gewissen Pedantismus geborgt, der ebenso widerwärtig wie lächerlich war. Mit welchem kleinseligen Sylbenstechen und Auspünkteln diskutirten sie über die Kennzeichen deutscher Nazionalität! wo fängt der Germane an? wo hört er auf? darf ein Deutscher Tabak rauchen? Nein, behauptete die Mehrheit. Darf ein Deutscher Handschuhe tragen? Ja, jedoch von Büffelhaut. (Der schmutzige Maßmann wollte ganz sicher gehen und trug gar keine.) Aber Biertrinken darf ein Deutscher, und er soll es als ächter Sohn Germanias; denn Tacitus spricht ganz bestimmt von deutscher Cerevisia. Im Bierkeller zu Göttingen mußte ich einst bewundern, mit welcher Gründlichkeit meine altdeutschen Freunde die Proskripzionslisten anfertigten, für den Tag wo sie zur Herrschaft gelangen würden. Wer nur im siebenten Glied von einem Franzosen, Juden oder Slaven abstammte, ward zum Exil verurtheilt. Wer nur im mindesten etwas gegen Jahn oder überhaupt gegen altdeutsche Lächerlichkeiten geschrieben hatte, konnte sich auf den Tod gefaßt machen, und zwar auf den Tod durchs Beil, nicht durch die Guillotine, obgleich diese ursprünglich eine deutsche Erfindung und schon im Mittelalter bekannt war, unter dem Namen »die welsche Falle.« Ich erinnere mich bey dieser Gelegenheit, daß man ganz ernsthaft debattirte: ob man einen gewissen berliner Schriftsteller, der sich im ersten Bande seines Werkes gegen die Turnkunst ausgesprochen hatte, bereits auf die erwähnte Proskripzionsliste setzen dürfe: denn der letzte Band seines Buches sey noch nicht erschienen, und in diesem letzten Bande könne der

Autor vielleicht Dinge sagen, die den inkriminirten Äußerungen des ersten Bandes eine ganz andere Bedeutung ertheilen.

Sind diese dunklen Narren, die sogenannten Deutschthümler, ganz vom Schauplatz verschwunden? Nein. Sie haben bloß ihre schwarzen Röcke, die Livree ihres Wahnsinns, abgelegt. Die meisten entledigten sich sogar ihres weinerlich brutalen Jargons, und vermummt in den Farben und Redensarten des Liberalismus, waren sie der neuen Opposizion desto gefährlicher während der politischen Sturm- und Drangperiode nach den Tagen des Julius. Ja, im Heere der deutschen Revoluzionsmänner wimmelte es von ehemaligen Deutschthümlern, die mit sauren Lippen die moderne Parole nachlallten und sogar die Marseillaise sangen ... sie schnitten dabey die fatalsten Gesichter ... Jedoch es galt einen gemeinschaftlichen Kampf für ein gemeinschaftliches Interesse, für die Einheit Deutschlands, der einzigen Fortschritts-Idee, die jene frühere Opposizion zu Markte gebracht. Unsere Niederlage ist vielleicht ein Glück ... Man hätte als Waffenbrüder treulich neben einander gefochten, man wäre sehr einig gewesen während der Schlacht, sogar noch in der Stunde des Sieges ... aber den andern Morgen wäre eine Differenz zur Sprache gekommen, die unausgleichbar und nur durch die ultima ratio populorum zu schlichten war, nemlich durch die welsche Falle. Die Kurzsichtigen freylich unter den deutschen Revoluzionären beurtheilten Alles nach französischen Maßstäben, und sie sonderten sich schon in Constituzionelle und Republikaner und wiederum in Girondisten und Montagnards, und nach solchen Eintheilungen haßten und verläumdeten sie sich schon um die Wette: aber die Wissenden wußten sehr gut, daß es im Heere der deutschen Revoluzion eigentlich nur zwey grundverschiedene Partheyen gab, die keiner Transakzion fähig und heimlich dem blutigsten Hader entgegen zürnten. Welche von beiden schien die überwiegende? Die Wissenden unter den Liberalen verhehlten einander nicht, daß ihre Parthey, welche den Grundsätzen der französischen Freyheitslehre huldigte, zwar an Zahl die stärkere, aber an Glaubenseifer und Hülfsmitteln die schwächere sey. In der That, jene regenerirten Deutschthümler bildeten zwar die Minorität, aber ihr Fanatismus, welcher mehr religiöser Art, überflügelt leicht einen Fanatismus, den nur die Vernunft ausgebrütet hat; ferner stehen ihnen jene mächtigen Formeln zu Geboth, womit man den rohen Pöbel beschwört, die Worte »Vaterland, Deutschland, Glauben der Väter u. s. w.« elektrisiren die unklaren Volksmassen noch immer weit sicherer als die Worte: »Menschheit, Weltbürgerthum, Vernunft der Söhne, Wahrheit...!« Ich will hiermit andeuten, daß jene Repräsentanten der Nazionalität im deutschen Boden weit tiefer wurzeln als die Repräsentanten des Cosmopolitismus, und daß letztere im Kampfe mit jenen wahrscheinlich den Kürzern ziehen, wenn sie ihnen nicht schleunigst zuvorkommen ... durch die welsche Falle.

In Revoluzionszeiten bleibt uns nur die Wahl zwischen Tödten und Sterben.

Man hat keinen Begriff von solchen Zeiten, wenn man nicht etwas gekostet hat von dem Fieber, das alsdann die Menschen schüttelt und ihnen eine ganz eigene Denk- und Gefühlsweise einhaucht. Es ist unmöglich, die Worte und Thaten solcher Zeiten während der Windstille einer Friedensperiode, wie die jetzige, zu beurtheilen.

Ich weiß nicht, in wie weit obige Andeutungen einem stillen Verständniß begegnen. Unsere Nachfolger erben vielleicht unsere geheimen Übel, und es ist Pflicht, daß wir sie darauf hinweisen, welches Heilmittel wir für probat hielten. Zugleich habe ich hier oben insinuirt, in wie fern zwischen mir und jenen Revoluzionären, die den französischen Jakobinismus auf deutsche Verhältnisse übertrugen, eine gewisse Verbündung statt finden mußte ... Trotz dem, daß mich meine politischen Meinungen von ihnen schieden im Reiche des Gedankens, würde ich mich doch jederzeit denselben angeschlossen haben auf den Schlachtfeldern der That ... Wir hatten ja gemeinschaftliche Feinde und gemeinschaftliche Gefahren!

Freylich, in ihrer trüben Befangenheit haben jene Revoluzionäre nie die positiven Garantien dieser natürlichen Allianz begriffen. Auch war ich ihnen so weit vorausgeschritten, daß sie mich nicht mehr sahen, und in ihrer Kurzsichtigkeit glaubten sie, ich wäre zurückgeblieben.

Es ist weder hier der Ort, noch ist es jetzt an der Zeit, ausführlicher über die Differenzen zu reden, die sich bald nach der Juliusrevoluzion zwischen mir und den deutschen Revoluzionären in Paris kund geben mußten. Als der bedeutendste Repräsentant dieser letzteren muß unser Ludwig Börne betrachtet werden, zumal in den letzten Jahren seines Lebens, als, in Folge der republikanischen Niederlagen, die zwey thätigsten Agitatoren, Garnier und Wolfrum, vom Schauplatze abtraten.

Von ersterem ist bereits Erwähnung geschehn. Er war einer der rüstigsten Umtriebler, und man muß das Zeugniß geben, daß er alle demagogische Talente im höchsten Grade besaß. Ein Mensch von vielem Geiste, auch vielen Kenntnissen und großer Beredsamkeit. Aber ein Intriguant. In den Stürmen einer deutschen Revoluzion hätte Garnier gewiß eine Rolle gespielt; da aber das Stück nicht aufgeführt wurde, ging es ihm schlecht. Man sagt, er mußte von Paris flüchten, weil sein Gastwirth ihm nach dem Leben trachtete, nicht indem er ihm die Speisen zu vergiften drohte, sondern indem er ihm gar keine Speisen mehr ohne baare Bezahlung verabreichen wollte. Der andere der beiden Agitatoren, Wolfrum, war ein junger Mensch aus Altbayern, wenn ich nicht irre, aus Hof, der hier als Commis in einem Handlungshause kondizionirte, aber seine Stelle aufgab, um den ausbrechenden Freyheitsideen, die auch ihn ergriffen hatten, seine ganze Thätigkeit zu widmen. Es war ein braver, uneigennütziger, von reiner Begeisterung getriebener Mensch, und ich halte mich um so mehr verpflichtet dieses auszusprechen, da sein Andenken noch nicht ganz gereinigt ist von einer schauderhaften Verläumdung. Als er nemlich aus Paris verwiesen wurde und der General Lafayette den Grafen d'Argout, damaligen Minister des Innern, ob dieser Willkühr in der Kammer zur Rede stellte, schnäutzte Graf d'Argout seine lange Nase und behauptete: der Verwiesene sey ein Agent der bayerschen Jesuiten gewesen und unter seinen Papieren habe man die Beweisstücke gefunden. Als Wolfrum, welcher sich in Belgien aufhielt, von dieser schnöden Beschuldigung durch die Tagesblätter Kunde empfing, wollte er auf der Stelle hierher zurückeilen, konnte aber wegen mangelnder Baarschaft nur zu Fuße reisen, und, erkrankt durch Übermüdung und innere Aufregung, mußte er bey seiner Ankunft zu Paris im Hôtel-Dieu einkehren; hier starb er unter fremdem Namen.

Wolfrum und Garnier waren immer Börnes treue Anhänger, aber sie behaupteten ihm gegenüber eine gewisse Unabhängigkeit, und nicht selten schöpften sie ihre Inspirazionen aus ganz andern Quellen. Seitdem aber diese beiden verschwanden, trat Börne unter den Revoluzionären zu Paris unmittelbar persönlich hervor, er herrschte nicht mehr durch Agenten seines Willens, sondern in eigenem Namen, und es fehlte ihm nicht an einem Hofstaat von beschränkten und erhitzten Köpfen, die ihm mit blinder Verehrung huldigten. Unter diesen lieben Getreuen saß er in aller Majestät seines buntseidenen Schlafrocks und hielt Gericht über die Großen dieser Erde, und neben dem Zaaren aller Reußen war es wohl der Schreiber dieser Blätter, den sein rhadamantischer Zorn am stärksten traf ... Was in seinen Schriften nur halbwegs angedeutet wurde, fand im mündlichen Vortrag die grellste Ergänzung, und der argwöhnische Kleingeist, der ihn bemeisterte, und eine gewisse infame Tugend, die für die heilige Sache sogar die Lüge nicht verschmäht, kurz Beschränktheit und Selbsttäuschung, trieben den Mann bis in die Moräste der Verläumdung.

Der Vorwurf in den Worten »argwöhnischer Kleingeist« soll hier weniger das Individuum als vielmehr die ganze Gattung treffen, die in Maximilian Robespierre, glorreichen Andenkens, ihren vollkommensten Repräsentanten gefunden. Mit diesem hatte Börne zuletzt die größte Ähnlichkeit: im Gesichte lauerndes Mißtrauen, im Herzen eine blutdürstige Sentimentalität, im Kopfe nüchterne Begriffe ... Nur stand ihm keine Guillotine zu Gebothe, und er mußte zu Worten seine Zuflucht nehmen und bloß verläumden. Auch dieser Vorwurf trifft mehr die Gattung; denn sonderbar! eben so wie die Jesuiten, haben die Jakobiner das Lügen als ein erlaubtes Kriegsmittel adoptirt, vielleicht weil sich beide der höchsten Zwecke bewußt waren: jene stritten für die Sache Gottes, diese für die Sache der Menscheit ... Wir wollen ihnen daher ihre Verläumdungen verzeihen!

Ob aber bey Ludwig Börne nicht manchmal ein geheimer Neid im Spiele war? Er war ja ein Mensch und während er glaubte, er ruinire den guten Leumund eines Andersgesinnten nur im Interesse der Republik, während er sich vielleicht noch was darauf zu Gute that dieses Opfer gebracht zu haben, befriedigte er unbewußt die versteckten Gelüste der eignen bösen Natur, wie einst Maximilian Robespierre, glorreichen Andenkens!

Und namentlich in Betreff meiner hat der Selige sich solchen Privatgefühlen hingegeben, und alle seine Anfeindungen waren am Ende nichts anders als der kleine Neid, den der kleine Tambour-Maitre gegen den großen Tambour-Major empfindet: er beneidete mich ob des großen Federbusches, der so keck in die Lüfte hineinjauchzt, ob meiner reichgestickten Uniform, woran mehr Silber als er, der kleine Tambour-Maitre, mit seinem ganzen Vermögen bezahlen konnte, ob der Geschicklichkeit, womit ich den großen Stock balanzire, ob der Liebesblicke, die mir die jungen Dirnen zuwerfen, und die ich vielleicht mit etwas Koketterie erwiedre!

Der Umgebung Börnes mag ebenfalls vieles von den angedeuteten Verirrungen zur Last fallen; er ward von den lieben Getreuen zu mancher schlimmen Äußerung angestachelt, und das mündlich Geäußerte ward noch bösartiger aufgestutzt und zu wunderlichen Privatzwecken verarbeitet. Bey all seinem Mißtrauen war er leicht zu betrügen, er ahnte nie, daß er ganz fremden Leidenschaften diente und nicht selten sogar den Einflüsterungen seiner Gegner gehorchte. Man versicherte mir, einige von den Spionen, die für Rechnung gewisser Regierungen hier herumschnüffeln, wußten sich so patriotisch zu gebehrden, daß Börne ihnen sein ganzes Vertrauen schenkte und Tag und Nacht mit ihnen zusammenhockte und konspirirte.

Und doch wußte er, daß er von Spionen umgeben war, und einst sagte er mir: »da geht beständig ein Kerl hinter mir her, der mich auf allen Straßen verfolgt, vor allen Häusern stehen bleibt, wo ich hineingehe und gewiß von irgend einer Regierung theuer dafür bezahlt wird. Wüßte ich nur, welche Regierung, ich würde ihr schreiben, daß ich das Geld selbst verdienen möchte, daß ich selber ihr täglich einen gewissenhaften Rapport abstatten wolle, wie ich den ganzen Tag zugebracht, mit wem ich gesprochen, wohin ich gegangen: ja, ich bin erbötig, diesen Rapport zu weit wohlfeilerem Preise, ja für die Hälfte des Geldes zu liefern, das dieser Kerl, der beständig hinter mir einher geht, sich zahlen läßt; denn ich muß ja alle diese Gänge ohnedies machen. Ich könnte vielleicht davon leben, daß ich mein eigner Spion werde.«

Einen großen, vielleicht den größten Einfluß übte damals auf Börne die sogenannte Madame Wohl, eine bereits in diesen Blättern erwähnte zweydeutige Dame, wovon man nicht genau wußte, zu welchem Titel ihr Verhältniß zu Börne sie berechtigte, ob sie seine Geliebte oder bloß seine Gattinn. Die nächsten Freunde behaupteten lange Zeit steif und fest, daß Madame Wohl ihm heimlich angetraut sey und eines frühen Morgens, als Frau Doktorinn Börne ihre Aufwartung machen werde. Andere meinten, es herrsche zwischen beiden nur eine platonische Liebe, wie einst zwischen Messer Francesko und Madonna Laura, und sie fanden gewiß auch eine große Ähnlichkeit zwischen Petrarchas Sonetten und Börnes Pariser Briefen. Letztere waren nemlich nicht an eine erdichtete Luftgestalt, sondern an Madame Wohl gerichtet, was gewiß zu ihrem Werthe beytrug, indem es ihnen jene bestimmte Physionomie und jenes Individuelle ertheilte, was keine Kunst nachahmen kann. Wenn sich in Briefen nicht bloß der Charakter des Schreibers, sondern auch des Empfängers abspiegelt, so ist Madame Wohl eine höchst respektable Person, die für Freyheit und Menschenrechte glüht, ein Wesen voll Gemüth, voll Begeisterung … Und in der That, wir müssen dieser Ansicht Glauben schenken, wenn wir vernehmen, mit welcher Hingebung die Dame in bitterer Zeit an Börne festhielt, wie sie ihm ihr ganzes Leben weihte, und wie sie jetzt, nach seinem Tode, in trostlosem Kummer verharrt, sich in der Einsamkeit nur noch mit dem Verstorbenen beschäftigend. Unstreitbar herrschte zwischen beiden die innigste Zuneigung, aber während das Publikum zweifelhaft war, welche sinnliche Thatsachen daraus entsprungen seyn möchten, überraschte uns einst die plötzliche Nachricht, daß Madame Wohl sich nicht mit Börne, sondern mit einem jungen Kaufmann aus Frankfurt vermählt habe ... Die Verwunderung hierüber ward noch dadurch gesteigert, daß die Neuvermählte nebst ihrem Gatten hierherkam, mit Börne ein und dieselbe Wohnung bezog, und alle drey einen einzigen Haushalt bildeten. Ja, es hieß, der junge Gatte habe die Frau nur deßhalb geheurathet, um mit Börne in nähere Berührung zu kommen, er habe sich ausbedungen, daß zwischen beiden das frühere Verhältniß unverändert fortwalte. Wie man mir sagt, spielte er im Hause nur die dienende Person, verrichtete die roheren Geschäfte und ward ein sehr nützlicher Laufbursche für Börne, mit dessen Ruhm er hausiren ging und gegen dessen Gegner er unerbittlich Gift und Galle geiferte.

In der That, jener Gatte der Madame Wohl gehört nicht zu der guten Sorte, die mit der Toleranz in der Ehe eine gewisse Harmlosigkeit verbindet, und dadurch allen Spott entwaffnet. Nein, er erinnerte vielmehr an jene böse Gattung, wovon in den indischen Geschichten des Ktesias Erwähnung geschieht. Dieser Autor berichtet nemlich: in Indien gäbe es gehörnte Esel, und während alle andere Esel gar keine Galle haben, hätten jene gehörnten Esel einen solchen Überfluß an Galle, daß ihr Fleisch dadurch ganz bitter schmecke.

Ich hoffe es wird niemand mißdeuten, weßhalb ich obige Particularitäten aus Börnes Privatleben hervorhebe. Sie sollen nur zeigen, daß es noch ganz besondere Mißstände gab, die mir geboten mich von ihm entfernt zu halten. Das ganze Reinlichkeitsgefühl meiner Seele sträubte sich in mir bey dem Gedanken, mit seiner nächsten Umgebung in die mindeste Berührung zu gerathen. Soll ich die Wahrheit gestehen, so sah ich in Börnes Haushalt eine Immoralität, die mich anwiderte. Dieses Geständniß mag befremdlich klingen im Munde eines Mannes, der nie im Zelotengeschrey sogenannter Sittenprediger einstimmte und selber hinlänglich von ihnen verketzert wurde. Verdiente ich wirklich diese Verketzerungen? Nach tiefster Selbstprüfung kann ich mir das Zeugniß geben, daß niemals meine Gedanken und Handlungen in Widerspruch gerathen mit der Moral, mit jener Moral, die meiner Seele eingeboren, die vielleicht meine Seele selbst ist, die beseelende Seele meines Lebens. Ich gehorche fast passiv einer sittlichen Nothwendigkeit, und mache deßhalb keine Ansprüche auf Lorbeerkränze und sonstige Tugendpreise. Ich habe jüngst ein Buch gelesen, worin behauptet wird, ich hätte mich gerühmt, es liefe keine Phryne über die pariser Boulevards, deren Reiz mir unbekannt geblieben. Gott weiß, welchem ehrwürdigen Correspondenzler solche saubre Anekdoten nachgesprochen wurden, ich kann aber dem Verfasser jenes Buches die Versicherung geben, daß ich, selbst in meiner tollsten Jugendzeit, nie ein Weib erkannt habe, wenn ich nicht dazu begeistert ward durch ihre Schönheit, die körperliche Offenbarung Gottes, oder durch die große Passion, jene große Passion, die ebenfalls göttlicher Art, weil sie uns von allen selbstsüchtigen Kleingefühlen befreyt und die eiteln Güter des Lebens, ja das Leben selbst, hinopfern läßt! Was aber unseren Ludwig Börne betrifft, so dürfen wir kühn behaupten, daß es keineswegs die Begeisterung für Schönheit war, die ihn zu seiner Madame Wohl hinzog. Ebenso wenig findet das Verhältniß dieser beiden Personen seine moralische Rechtfertigung in der großen Passion. Beherrscht von der großen Passion, würden beide keinen Anstand genommen haben, selbst ohne den Seegen der Kirche und der Mairie, bey einander zu wohnen; das kleine Bedenken über das Kopfschütteln der Welt hätte sie nicht davon abgehalten.. Und die Welt ist am Ende gerecht und sie verzeiht die Flamme, wenn nur der Brand stark und ächt ist, und schön lodert und lange ... Gegen eitel verpuffendes Strohfeuer ist sie hart und sie verspottet jede ängstliche Halbgluth ... Die Welt achtet und ehrt jede Leidenschaft, sobald sie sich als eine wahre erprobt, und die Zeit erzeugt auch in diesem Falle eine gewisse Legitimität ... Aber Madame Wohl that sich mit Börne zusammen unter dem Deckmantel der Ehe mit einem lächerlichen Dritten, dessen bitteres Fleisch ihr vielleicht manchmal mundete, während ihr Geist sich weidete am süßen Geiste Börnes ... Selbst in diesem anständigsten Falle, selbst im Fall dem idealischen Freunde nur das reine, schöne Gemüth, und dem rohen Gatten die nicht sehr schöne und nicht sehr reinliche Hülle gewidmet ward, beruhte der ganze Haushalt auf der schmutzigsten Lüge, auf entweihter Ehe und Heucheley, auf Immoralität.

Zu dem Ekel, der mich bey dem Zusammentreffen mit Börne von Seiten seiner Umgebung bedrohte, gesellte sich auch das Mißbehagen, womit mich sein beständiges Kannengießern erfüllte. Immer politisches Raisonniren und wieder Raisonniren, und sogar beim Essen, wo er mich aufzusuchen wußte. Bey Tische, wo ich so gern alle Misere der Welt vergesse, verdarb er mir die besten Gerichte, durch seine patriotische Galle, die er gleichsam wie eine bittere Sauce darüber hinschwatzte. Kalbsfüße à la Maître d' Hôtel, damals meine harmlose Lieblingsspeise, er verleidete sie mir durch Hiobsposten aus der Heimath, die er aus den unzuverläßigsten Zeitungen zusammengegabelt hatte. Und dann seine verfluchten Bemerkungen, die einem den Appetit verdarben. So z. B. kroch er mir mahl nach in den Restaurant der Rüe Lepelletièr, wo damals nur politische Flüchtlinge aus Italien, Spanien, Portugal und Polen zu Mittag speisten. Börne, welcher sie alle kannte, bemerkte mit freudigem Händereiben: wir beide seyen von der ganzen Gesellschaft die einzigen, die nicht von ihrer respektiven Regierung zum Tode verurtheilt worden. »Aber ich habe, setzte er hinzu, noch nicht alle Hoffnung aufgegeben, es eben so weit zu bringen. Wir werden am Ende alle gehenkt, und Sie eben so gut wie ich.« Ich äußerte bey dieser Gelegenheit, daß es in der That für die Sache der deutschen Revoluzion sehr fördersam wäre, wenn unsere Regierungen etwas rascher verführen und einige Revoluzionäre wirklich aufhingen, damit die übrigen sähen, daß die Sache gar kein Spaß und Alles an Alles gesetzt werden müsse ... »Sie wollen gewiß, fiel mir Börne in die Rede, daß wir nach dem Alphabeth gehenkt werden, und da wäre ich einer der ersten und käme schon im Buchstab B, man mag mich nun als Börne oder als Baruch hängen; und es hätte dann noch eine gute Weile bis man an Sie käme, tief ins H.«

Das waren nun Tischgespräche, die mich nicht sehr erquickten, und ich rächte mich dafür, indem ich für die Gegenstände des Börneschen Enthusiasmus eine übertriebene, fast leidenschaftliche Gleichgültigkeit affektirte.

Z. B. Börne hatte sich geärgert, daß ich gleich bey meiner Ankunft in Paris nichts Besseres zu thun wußte, als für deutsche Blätter einen langen Bericht über die damalige Gemälde-Ausstellung zu schreiben. Ich lasse dahin gestellt seyn, ob das Kunstinteresse, das mich zu solcher Arbeit trieb, so ganz unvereinbar war mit den revoluzionären Interessen des Tages; aber Börne sah hierin einen Beweis meines Indifferentismus für die heilige Sache der Menschheit, und ich konnte ihm ebenfalls die Freude seines patriotischen Sauerkrauts verleiden, wenn ich bey Tisch von nichts als von Bildern sprach, von Roberts Schnittern, von Horaz Verneths Judith, von Scheffers Faust. »Was thaten Sie — frug er mich einst — am ersten Tag Ihrer Ankunft in Paris? was war ihr erster Gang?« Er erwartete gewiß, daß ich ihm die Place Louis XV oder das Pantheon, die Grabmäler Rousseaus und Voltaires, als meine erste Ausflucht nennen würde, und er machte ein sonderbares Gesicht, als ich ihm ehrlich die Wahrheit gestand, daß ich nemlich gleich bey meiner Ankunft nach der Bibliotheque-royale gegangen und mir vom Aufseher der Manuskripte den Manessischen Codex der Minnesänger hervorholen ließ. Und das ist wahr; seit Jahren gelüstete mich, mit eignen Augen die theuren Blätter zu sehen, die uns unter Anderen die Gedichte Walters von der Vogelweide, des größten deutschen Lyrikers, aufbewahrt haben. Für Börne war dies ebenfalls ein Beweis meines Indifferentismus und er zieh mich des Widerspruchs mit meinen politischen Grundsätzen. Daß ich es nie der Mühe werth hielt letztere mit ihm zu diskutiren, versteht sich von selbst; und als er einst auch in meinen Schriften einen Widerspruch entdeckt haben wollte, begnügte ich mich mit der ironischen Antwort: »Sie irren sich, Liebster, dergleichen findet sich nie in meinen Büchern, denn jedesmal ehe ich schreibe pflege ich vorher meine politischen Grundsätze in meinen früheren Schriften wieder nachzulesen, damit ich mir nicht widerspreche und man mir keinen Abfall von meinen liberalen Prinzipien vorwerfen könne.« Aber nicht bloß beym Essen, sondern sogar in meiner Nachtsruhe inkommodirte mich Börne mit seiner patriotischen Exaltazion. Er kam einmal um Mitternacht zu mir heraufgestiegen in meine Wohnung, weckte mich aus dem süßesten Schlaf, setzte sich vor mein Bett, und jammerte eine ganze Stunde über die Leiden des deutschen Volks, und über die Schändlichkeiten der deutschen Regierungen, und wie die Russen für Deutschland so gefährlich seyen, und wie er sich vorgenommen habe zur Rettung Deutschlands gegen den Kaiser Nikolas zu schreiben und gegen die Fürsten, die das Volk so mißhandelten, und gegen den Bundestag ... Und ich glaube, er hätte bis zum Morgen in diesem Zuge fortgeredet, wenn ich nicht plötzlich, nach langem Schweigen, in die Worte ausbrach: »Sind Sie Gemeinde-Versorger?« —

Nur zweymal habe ich ihn seitdem wieder gesprochen. Das einemal bey der Heirath eines gemeinsamen Freundes, der uns beide als Zeugen gewählt, das andremal auf einem Spaziergang in den Tuilerien, dessen ich bereits erwähnte. Bald darauf erschien der 3te und 4te Theil seiner Pariser Briefe, und ich vermied nicht bloß jede Gelegenheit des Zusammentreffens, sondern ich ließ ihn auch merken, daß ich ihm geflissentlich auswich, und seit der Zeit bin ich ihm zwar zwey- oder dreymal begegnet, aber nie habe ich seitdem ein einziges Wort mit ihm gesprochen. Bey seiner sanguinischen Art wurmte ihn das bis zur Verzweiflung, und er setzte alle möglichen Erfindungen ins Spiel, um mir wieder freundschaftlich nahen zu dürfen, oder wenigstens eine Unterredung mit mir zu bewirken. Ich hatte also nie im Leben mit Börne einen mündlichen Disput, nie sagten wir uns irgend eine schwere Beleidigung; nur aus seinen gedruckten Reden merkte ich die lauernde Böswilligkeit, und nicht verletztes Selbstgefühl, sondern höhere Sorgen und die Treue die ich meinem Denken und Wollen schuldig bin, bewogen mich mit einem Mann zu brechen, der meine Gedanken und Bestrebungen kompromittiren wollte. Solches hartnäckige Ablehnen ist aber nicht ganz in meiner Art, und ich wäre vielleicht nachgiebig genug gewesen, mit Börne wieder zu sprechen und Umgang zu pflegen ... zumal da sehr liebe Personen mich mit vielen Bitten angingen und die gemeinschaftlichen Freunde oft in Verlegenheit geriethen bey Einladungen, deren ich keine annahm, wenn ich nicht vorher die

Zusicherung erhielt, daß Herr Börne nicht geladen sey . . . noch außerdem riethen mir meine Privatinteressen, den grimmblütigen Mann durch solches strenge Zurückweisen nicht allzusehr zu reitzen, . . . aber ein Blick auf seine Umgebung, auf seine lieben Getreuen, auf den vielköpfigen und mit den Schwänzen zusammengewachsenen Rattenkönig, dessen Seele er bildete, und der Ekel hielt mich zurück von jeder neuen Berührung mit Börne.

So vergingen mehrere Jahre, drey, vier Jahre, ich verlor den Mann auch geistig aus dem Gesicht, selbst von jenen Artikeln, die er in französischen Zeitschriften gegen mich schrieb und die im ehrlichen Deutschland so verläumderisch ausgebeutet wurden, nahm ich wenig Notiz, als ich eines späten Herbstabends die Nachricht erhielt: Börne sey gestorben.

Wie man mir sagt, soll er seinen Tod selbst verschuldet haben, durch Eigensinn, indem er sich lange weigerte seinen Arzt, den vortrefflichen Dr. Sichel, rufen zu lassen. Dieser nicht bloß berühmte, sondern auch sehr gewissenhafte Arzt, der ihn wahrscheinlich gerettet hätte, kam zu spät, als der Kranke bereits eine terroristische Selbstkur an sich vorgenommen und seinen ganzen Körper ruinirt hatte.

Börne hatte früher etwas Medizin studirt und wußte von dieser Wissenschaft grade so viel, als man eben braucht, um zu tödten. In der Politik, womit er sich später abgab, waren seine Kenntnisse wahrlich nicht viel bedeutender.

Ich habe seinem Begräbnisse nicht beygewohnt, was unsere hiesigen Correspondenzler nicht ermangelten nach Deutschland zu berichten und was zu bösen Auslegungen Gelegenheit gab. Nichts ist aber thörigter als in jenem Umstande, der rein zufällig seyn konnte, eine feindselige Härte zu erblicken. Die Thoren, sie wissen nicht, daß es kein angenehmeres Geschäft giebt als dem Leichenbegängnisse eines Feindes zu folgen!

Ich war nie Börnes Freund, und ich war auch nie sein Feind. Der Unmuth, den er manchmal in mir erregen konnte, war nie bedeutend, und er büßte dafür hinlänglich durch das kalte Schweigen, das ich allen seinen Verketzerungen und Nücken entgegensetzte. Ich habe während er lebte auch keine Zeile gegen ihn geschrieben, ich gedachte seiner nie, ich ignorirte ihn komplet, und das ärgerte ihn über alle Maaßen.

Wenn ich jetzt von ihm rede, geschieht es wahrlich weder aus Enthusiasmus noch aus Mißlaune; ich bin mir wenigstens der kältesten Unpartheylichkeit bewußt. Ich schreibe hier weder eine Apologie noch eine Critik, und indem ich nur von der eignen Anschauung ausgehe, bey der Schilderung des Mannes, dürfte das Standbild, das ich von ihm liefere, vielleicht als ein ikonisches zu betrachten seyn. Und es gebührte ihm ein solches Standbild, ihm, dem großen Ringer, der in der Arena unserer politischen Spiele so muthig rang, und wo nicht den Lorbeer, doch gewiß den Kranz von Eichenlaub ersiegte.

Wir geben sein Standbild mit seinen wahren Zügen, ohne Idealisirung, je ähnlicher desto ehrender für sein Andenken. Er war ja weder ein Genie noch ein Heros; er war kein Gott des Olymps. Er war ein Mensch, ein Bürger der Erde, er war ein guter Schriftsteller und ein großer Patriot.

Indem ich Ludwig Börne einen guten Schriftsteller genannt, und ihm nur das schlichte Beywort »gut« zuerkenne, möchte ich seinen ästhetischen Werth weder vergrößern noch verkleinern. Ich gebe überhaupt hier, wie ich bereits erwähnt, keine Critik eben so wenig wie eine Apologie seiner Schriften; nur mein unmaßgebliches Dafürhalten darf in diesen Blättern seine Stelle finden. Ich suche dieses Privaturtheil so kurz als möglich abzufassen; daher nur wenige Worte über Börne in rein literarischer Beziehung.

Soll ich in der Literatur einen verwandten Charakter aufsuchen, so böte sich zuerst Gotthold Ephraim Lessing, mit welchem Börne sehr oft verglichen worden. Aber diese Verwandtschaft beruht nur auf der inneren Tüchtigkeit, dem edlen Willen, der patriotischen Passion und dem Enthusiasmus für Humanität. Auch die Verstandesrichtung war in beiden dieselbe. Hier aber hört der Vergleich auf. Lessing war groß durch jenen offenen Sinn für Kunst und philosophische Spekulazion, welcher dem armen Börne gänzlich abging. Es giebt in der ausländischen

Literatur zwey Männer, die mit ihm eine weit größere Ähnlichkeit haben: diese Männer sind William Hazlitt und Paul Courier. Beide sind vielleicht die nächsten literärischen Verwandte Börnes, nur daß Hazlitt ihn ebenfalls an Kunstsinn überflügelt und Courier sich keineswegs zum Börneschen Humor erheben kann. Ein gewißer Esprit ist allen dreyen gemeinsam, obgleich er bey jedem eine verschiedene Färbung trägt: er ist trübsinnig bey Hazlitt, dem Britten, wo er wie Sonnenstralen aus dicken, englischen Nebelwolken hervorblitzt; er ist fast muthwillig heiter bei dem Franzosen Courier, wo er wie der junge Wein der Touraine im Kelter braust und sprudelt und manchmal übermüthig emporzischt; bey Börne, dem Deutschen, ist er beides, trübsinnig und heiter, wie der säuerlich ernste Rheinwein und das närrische Mondlicht der deutschen Heimath ... Sein Esprit wird manchmal zum Humor.

Dieses ist nicht so sehr in den früheren Schriften Börnes als vielmehr in seinen Pariser Briefen der Fall. Zeit, Ort und Stoff haben hier den Humor nicht bloß begünstigt, sondern ganz eigentlich hervorgebracht. Ich will damit sagen, den Humor in den Pariser Briefen verdanken wir weit mehr den Zeitumständen als dem Talent ihres Verfassers. Die Juliusrevoluzion, dieses politische Erdbeben, hatte dergestalt in allen Sphären des Lebens die Verhältnisse auseinander gesprengt, und so buntscheckig die verschiedenartigsten Erscheinungen zusammengeschmissen, daß der Pariser Revoluzionskorrespondent nur treu zu berichten brauchte, was er sah und hörte, und er erreichte von selbst die höchsten Effekte des Humors. Wie die Leidenschaft manchmal die Poesie ersetzt und z. B. die Liebe oder die Todesangst in begeisterte Worte ausbricht, die der wahre Dichter nicht besser und schöner zu erfinden weiß: so ersetzen die Zeitumstände manchmal den angebornen Humor, und ein ganz prosaisch begabter, sinnreicher Autor liefert wahrhaft humoristische Werke, indem sein Geist die spaßhaften und kummervollen, schmutzigen und heiligen, grandiosen und winzigen Combinazionen einer umgestülpten Weltordnung treu abspiegelt. Ist der Geist eines solchen Autors noch obendrein selbst in bewegtem

Zustand, ist dieser Spiegel verschoben oder grellgefärbt von eigner Leidenschaft, dann werden tolle Bilder zum Vorschein kommen, die selbst alle Geburten des humoristischen Genius überbieten ... Hier ist das Gitter, welches den Humor vom Irrenhause trennt ... Nicht selten, in den Börneschen Briefen, zeigen sich Spuren eines wirklichen Wahnsinns, und Gefühle und Gedanken grinsen uns entgegen, die man in die Zwangsjacke stecken müßte, denen man die Dousche geben sollte ...

In stylistischer Hinsicht sind die Pariser Briefe weit schätzbarer als die früheren Schriften Börnes, worin die kurzen Sätze, der kleine Hundetrab, eine unerträgliche Monotonie hervorbringen und eine fast kindische Unbeholfenheit verraten. Diese kurzen Sätze verlieren sich immer mehr und mehr in den Pariser Briefen, wo die entzügelte Leidenschaft nothgedrungen in weitere, vollere Rhythmen überströmt, und kolossale, gewitterschwangere Perioden dahinrollen, deren Bau schön und vollendet ist, wie durch die höchste Kunst.

Die Pariser Briefe können in Beziehung auf Börnes Styl dennoch nur als eine Übergangsstufe betrachtet werden, wenn man sie mit seiner letzten Schrift »Menzel der Franzosenfresser« vergleicht. Hier erreicht sein Styl die höchste Ausbildung, und wie in den Worten so auch in den Gedanken herrscht hier eine Harmonie, die von schmerzlicher aber erhabener Beruhigung Kunde giebt. Diese Schrift ist ein klarer See, worin der Himmel mit allen Sternen sich spiegelt, und Börnes Geist taucht hier auf und unter wie ein schöner Schwan, die Schmähungen, womit der Pöbel sein reines Gefieder besudelte, ruhig von sich abspülend. Auch hat man diese Schrift mit Recht Börnes Schwanengesang genannt. Sie ist in Deutschland wenig bekannt geworden, und Betrachtungen über ihren Inhalt wären hier gewiß an ihrem Platze. Aber, da sie direkt gegen Wolfgang Menzel gerichtet ist und ich bey dieser Gelegenheit denselben wieder ausführlich besprechen müßte, so will ich lieber schweigen. Nur eine Bemerkung kann ich hier nicht unterdrücken, und sie ist glücklicherweise von der Art, daß sie vielmehr von persönlichen Bitternissen ableitet und dem Hader, worin sowohl Börne als die sogenannten Mitglieder des sogenannten jungen Deutschlands mit Menzeln geriethen, eine generelle Bedeutung zuschreibt, wo Werth oder Unwerth der Individuen nicht mehr zur Sprache kommt. Vielleicht sogar liefere ich dadurch eine Justifikazion des Menzelschen Betragens und seiner scheinbaren Abtrünnigkeit.

Ja, er wurde nur scheinbar abtrünnig . . . nur scheinbar . . . denn er hat der Partei der Revoluzion niemals mit dem Gemüthe und mit dem Gedanken angehört. Wolfgang Menzel war einer jener Teutomanen, jener Teutschthümler, die, nach der Sonnenhitze der Juliusrevoluzion, gezwungen wurden, ihre altdeutschen Röcke und Redensarten auszuziehen und sich geistig wie körperlich in das moderne Gewand zu kleiden, das nach französischem Maße zugeschnitten. Wie ich bereits zu Anfang dieses Buches gezeigt, viele von diesen Teutomanen, um an der allgemeinen Bewegung und den Triumpfen des Zeitgeistes Theil zu nehmen, drängten sich in unsere Reihen, in die Reihen der Kämpfer für die Prinzipien der Revoluzion, und ich zweifele nicht, daß sie muthig mitgefochten hätten in der gemeinsamen Gefahr. Ich fürchtete keine Untreue von ihnen während der Schlacht, aber nach dem Siege; ihre alte Natur, die zurückgedrängte Teutschthümeley, wäre wieder hervorgebrochen, sie hätten bald die rohe Masse mit den dunkeln Beschwörungsliedern des Mittelalters gegen uns aufgewiegelt, und diese Beschwörungslieder, ein Gemisch von uraltem Aberglauben und dämonischer Erdkräfte, wären stärker gewesen als alle Argumente der Vernunft.

Menzel war der erste, der, als die Luft kühler wurde, die altdeutschen Rockgedanken wieder vom Nagel herabnahm, und mit Lust wieder in die alten Ideenkreise zurückturnte. Wahrlich, bey dieser Umwendung fiel es mir wie ein Stein vom Herzen, denn in seiner wahren Gestalt war Wolfgang Menzel weit minder gefährlich als in seiner liberalen Vermummung; ich hätte ihm um den Hals fallen mögen und ihn küssen, als er wieder gegen die Franzosen eiferte und auf Juden schimpfte und wieder für Gott und Vaterland, für das Christenthum und deutsche Eichen, in die Schranken trat und erschrecklich bramarbasirte! Ich gestehe es, wie wenig Furcht er mir in dieser Gestalt einflößte, so sehr ängstigte er mich einige Jahre früher, als er plötzlich für die Juliusrevoluzion und die Franzosen in schwärmerische Begeisterung gerieth, als er für die Rechte der Juden seine pathetischen, großherzigen, lafayettischen Emanzipationsreden hielt, als er Ansichten über Welt- und Menschenschicksal losließ, worin eine Gottlosigkeit grinste, wie dergleichen kaum bey den entschlossensten Materialisten gefunden wird, Ansichten die kaum jener Thiere würdig, die sich nähren mit der Frucht der deutschen Eiche. Damals war er gefährlich, damals, ich gestehe es, zitterte ich vor Wolfgang Menzeln!

Börne, in seiner Kurzsichtigkeit, hatte die wahre Natur des letztern nie erkannt, und da man gegen Renegaten, gegen umgewandelte Gesinnungsgenossen weit mehr Unwillen empfindet, als gegen alte Feinde, so loderte sein Zorn am grimmigsten gegen Menzeln. — Was mich anbelangt, der ich fast zu gleicher Zeit eine Schrift gegen Menzel herausgab, so waren ganz andere Motive im Spiel. Der Mann hatte mich nie beleidigt, selbst seine roheste Verlästerung hat keine verletzbare Stelle in meinem Gemüthe getroffen. Wer meine Schrift gelesen, wird übrigens daraus ersehen haben, daß hier das Wort weniger verwunden als reitzen sollte, und alles dahinzielte den Ritter des Deutschthums auf ein ganz anderes, als ein literärisches Schlachtfeld herauszufordern. Menzel hat meiner loyalen Absicht kein Genüge geleistet. Es ist nicht meine Schuld wenn das Publikum daraus allerley verdrießliche Folgerungen zog... Ich hatte ihm aufs großmüthigste die Gelegenheit geboten, sich durch einen einzigen Akt der Mannhaftigkeit in der öffentlichen Meinung zu rehabiliren... Ich setzte Blut und Leben aufs Spiel... Er hats nicht gewollt.

Armer Menzel! ich habe wahrlich keinen Groll gegen dich! Du warst nicht der Schlimmste. Die Anderen sind weit perfider, sie verharren länger in der liberalen Vermummung, oder lassen die Maske nicht ganz fallen... Ich meine hier zunächst einige schwäbische Kammersänger der Freyheit, deren liberale Triller immer leiser und leiser verklingen, und die bald wieder mit der alten Bierstimme die Weisen von Anno 13 und 14 anstimmen werden... Gott erhalte Euch fürs Vaterland! Wenn ihr, um die Fetzen eurer Popularität zu retten, den Menzel, euren vertrautesten Gesinnungsgenossen, sakrifizirt habt, so war das eine sehr verächtliche Handlung.

Und dann muß man bey Menzeln anerkennen, daß er mit bestimmter Mannesunterschrift seine Schmähungen vertrat; er war kein anonymer Skribler und brachte immer die eigne Haut zu Markt. Nach jedem Schimpfwort, womit er uns bespritzte, hielt er fast gutmüthig still, um die verdiente Züchtigung zu empfangen. Auch hats ihm an geschriebenen Schlägen nicht gefehlt und sein literarischer Rücken ist schwarz gestreift, wie eines Zebrahs. Armer Menzel! Er zahlte für manchen anderen, dessen man nicht habhaft werden konnte, für die anonymen und pseudonymen Buschkläpper, die aus den dunkelsten Schlupfwinkeln der Tagespresse ihre feigen Pfeile abschießen... Wie willst du sie züchtigen? Sie haben keinen Namen, den du brandmarken könntest, und gelänge es dir sogar von einem zitternden Zeitungsredakteur die paar leere Buchstaben zu erpressen, die ihnen als Namen dienen, so bist du dadurch noch nicht sonderlich gefördert... Du findest alsdann, daß der Verfasser des insolentesten Schmähartikels kein anderer war als jener klägliche Drohbettler, der mit all seiner unterthänigen Zudringlichkeit auch keinen Sou von dir erpressen konnte... Oder, was noch bitterer ist, du erfährst, daß im Gegentheil ein Lumpazius, der dich um zwey hundert Francs geprellt, dem du einen Rock geschenkt hast, um seine Blöße zu bedecken, dem du aber keine schriftliche Zeile geben wolltest, womit er sich in Deutschland als deinen Freund und großen Mitdichter herumpräsentiren konnte, daß ein solcher Lumpazius es war, der deinen guten Leumund in der Heimath begeiferte... Ach, dieses Gesindel ist kapabel mit vollem Namen gegen dich aufzutreten, und dann bist du erst recht in Verlegenheit! Antwortest du, so verleihst du ihnen eine lebenslängliche Wichtigkeit, die sie auszubeuten wissen, und sie finden eine Ehre darin, daß du sie mit demselben Stocke schlugest, womit ja schon die berühmtesten Männer geschlagen worden... Freylich das Beste wäre, sie bekämen ihre Prügel ganz unfigürlich, mit keinem geistigen, sondern mit einem wirklich materiellen Stocke, wie einst ihr Ahnherr Thersites ...

Ja, es war ein lehrreiches Beyspiel, das du uns gabest, edler Sohn des Laertes, königlicher Dulder Odysseus! Du, der Meister des Wortes, der in der Kunst des Sprechens alle Sterblichen übertrafest! jedem wußtest du Rede zu stehen, und du sprachest eben so gern wie siegreich: nur an einen klebrigten Thersites wolltest du kein Wort verlieren, einen solchen Wicht hieltest du keiner Gegenrede werth, und als er dich schmähte, hast du ihn schweigend geprügelt ...

Wenn mein Vetter in Lüneburg dieses liest, erinnert er sich vielleicht unserer dortigen Spaziergänge, wo ich jedem Betteljungen, der uns ansprach, immer einen Groschen gab, mit der ernsthaften Vermahnung: »lieber Bursche, wenn du dich etwa später auf Literatur legen und Kritiken für die Brockhausischen Literaturblätter schreiben solltest, so reiß mich nicht herunter!« Mein Vetter lachte damals, und ich selber wußte noch nicht, daß »der Groschen, den meine Mutter einer Bettlerinn verweigert« auch in der Literatur so fatalistisch wirken konnte!

Ich habe oben der brockhausischen Literaturblätter erwähnt. Diese sind die Höhlen, wo die unglücklichsten aller deutschen Skribler schmachten und ächzen; die hier hinabsteigen, verlieren ihren Namen und bekommen eine Nummer, wie die verurtheilten Polen in den rußischen Bergwerken, in den Bleyminen von Novgorod: hier müssen sie, wie diese, die entsetzlichsten Arbeiten verrichten z. B. Herrn von Raumer als großen Geschichtschreiber loben, oder Ludwig Tieck als Gelehrten anpreisen und als Mann von Charakter u. s. w. ... Die meisten sterben davon und werden namenlos verscharrt als todte Nummer. Viele unter diesen Unglücklichen, vielleicht die meisten, sind ehemalige Teutomanen, und wenn sie auch keine altdeutschen Röcke mehr tragen, so tragen sie doch altdeutsche Unterhosen; — sie unterscheiden sich von den schwäbischen Gesinnungsgenossen durch einen gewissen märkischen Accent und durch ein weit windigeres Wesen. Die Volksthümeley war von jeher in Norddeutschland mehr Affektazion, wo nicht gar einstudirte Lüge, namentlich in Preußen, wo sogar die Championen der Nazionalität ihren slavischen Ursprung vergebens zu verläugnen suchten. Da lob ich mir meine Schwaben, die meinen es wenigstens ehrlicher und dürfen mit größerem Rechte auf germanische Racenreinheit pochen. Ihr jetziges Hauptorgan, die Cottasche Dreymonatsrevüe, ist beseelt von diesem Stolz, und ihr Redakteur, der Diplomat Kölle, (ein geistreicher Mann, aber der größte Schwätzer dieser Erde und der gewiß nie ein Staatsgeheimniß verschwiegen hat!) der Redakteur jener Revue ist der eingefleischteste Racenmäkler, und sein drittes Wort ist immer Germanische, Romanische und Semitische Race ... Sein größter Schmerz ist, daß der Champion des Germanenthums, sein Liebling Wolfgang Menzel, alle Kennzeichen der mongolischen Abstammung im Gesichte trägt.

Ich finde es für nöthig hier zu bemerken, daß ich den langweilig breiten Schmähartikel, den jüngst die erwähnte Dreymonatsschrift gegen mich auskramte, keineswegs der bloßen Teutomanie, nicht einmal einem persönlichen Grolle, beymesse. Ich war lange der Meinung, als ob der Verfasser, ein gewisser G. Pf., durch jenen Artikel seinen Freund Menzel rächen wolle. Aber ich muß der Wahrheit gemäß meinen Irrthum bekennen. Ich ward seitdem verschiedenseitig eines Besseren unterrichtet. »Die Freundschaft zwischen dem Menzel und dem erwähnten G. Pf.«, sagte mir unlängst ein ehrlicher Schwabe, »besteht nur darin, daß letzterer dem Menzel, der kein französisch versteht, mit seiner Kenntniß dieser Sprache aushilft. Und was den Angriff gegen Sie betrifft, so ist das gar nicht so böse gemeint; der G. Pf. war früher der größte Enthusiast für Ihre Schriften, und wenn er jetzt so glühend gegen die Immoralität derselben eifert, so geschieht das, um sich das Ansehen von strenger Tugend zu geben, und sich gegen den Verdacht der sokratischen Liebe, der auf ihm lastete, etwas zu decken.«

Ich würde den Ausdruck »sokratische Liebe« gern umschrieben haben, aber es sind die eigenen Worte des Dr. D.....r, der mir diese harmlose Confidenz machte. Dr. D.....r, der gewiß nichts dagegen hätte, wenn ich seinen ganzen Namen mittheilte, ist ein Mann von ausgezeichnetem Geist und von einer Wahrheitsliebe, die sich in seinem ganzen Wesen ausspricht. Da er sich in diesem Augenblick zu London befindet, konnte ich ohne vorläufige Anfrage seinen Namen nicht ganz ausschreiben; er steht aber zu Dienst, so wie auch der ganze Name eines der achtungswerthesten Pariser Gelehrten, des Pr. D......g, in dessen Gegenwart mir dieselbe Mittheilung wiederholt ward. — Für das Publikum aber ist es nützlich zu erfahren, welche Motive sich zuweilen unter dem bekannten »sittlich-religiös-patriotischen Bettlermantel« verbergen.

Ich habe mich nur scheinbar von meinem Gegenstande entfernt. Manche Angriffe gegen den seligen Börne finden durch obige Winke ihre theilweise Erklärung. Dasselbe ist der Fall in Beziehung auf sein Buch »Menzel der Franzosenfresser.« Diese Schrift ist eine Vertheidigung des Cosmopolitismus gegen den Nazionalismus; aber in dieser Vertheidigung sieht man, wie der Cosmopolitismus Börnes nur in seinem Kopfe saß, statt daß der Patriotismus tief in seinem Herzen wurzelte, während bey seinem Gegner der Patriotismus nur im Kopfe spukte und die kühlste Indifferenz im Herzen gähnte ... Die listigen Worte womit Menzel sein Deutschthum, wie ein Hausirjude seinen Plunder, anpreist, seine alten Tiraden von Hermann dem Cherusker, dem Corsen, dem gesunden Pflanzenschlaf, Martin Luther, Blücher, der Schlacht bey Leipzig, womit er den Stolz des deutschen Volks kitzeln will, alle diese abgelebten Redensarten weiß Börne so zu beleuchten, daß ihre lächerliche Nichtigkeit aufs ergötzlichste veranschaulicht wird; und dabey brechen aus seinem eigenen Herzen die rührendsten Naturlaute der Vaterlandsliebe, wie verschämte Geständnisse, die man in der letzten Stunde des Lebens nicht mehr zurückhalten kann, die wir mehr hervorschluchzen als aussprechen ... Der Tod steht daneben und nickt, als unabweisbarer Zeuge der Wahrheit!

Ja, er war nicht bloß ein guter Schriftsteller sondern auch ein großer Patriot.

In Beziehung auf Börnes schriftstellerischen Werth muß ich hier auch seiner Übersetzung der Paroles d'un croyant erwähnen, die er ebenfalls in seinem letzten Lebensjahre angefertigt, und die als ein Meisterstück des Styls zu betrachten ist. Daß er eben dieses Buch übersetzte, daß er sich überhaupt in die Ideenkreise La Mennais verlocken ließ, will ich jedoch nicht rühmen. Der Einfluß, den dieser Priester auf ihn ausübte, zeigte sich nicht bloß in der erwähnten Übersetzung der Paroles d'un croyant, sondern auch in verschiedenen französischen Aufsätzen, die Börne damals für den Réformateur und die Balance schrieb, in jenen merkwürdigen Urkunden seines Geistes, wo sich ein Verzagen, ein Verzweifeln an protestantischer Vernunftautorität gar bedenklich offenbart und das erkrankte Gemüth in katholische Anschauungen hinüberschmachtet...

Es war vielleicht ein Glück für Börne, daß er starb... Wenn nicht der Tod ihn rettete, vielleicht sähen wir ihn heute römisch katholisch blamirt.

Wie ist das möglich? Börne wäre am Ende katholisch geworden? Er hätte in den Schooß der römischen Kirche sich geflüchtet, und das leidende Haupt durch Orgelton und Glockenklang zu betäuben gesucht? Nun ja, er war auf dem Wege dasselbe zu thun, was so manche ehrliche Leute schon gethan, als der Ärger ihnen ins Hirn stieg und die Vernunft zu fliehen zwang, und die arme Vernunft ihnen beim Abschied nur noch den Rath gab: wenn ihr doch verrückt seyn wollt, so werdet katholisch und man wird Euch wenigstens nicht einsperren, wie andere Monomanen.

»Aus Ärger katholisch werden« — so lautet ein deutsches Sprichwort, dessen verflucht tiefe Bedeutung mir jetzt erst klar wird. — Ist doch der Katholizismus die schauerlich reitzendste Blüthe jener Doktrin der Verzweiflung, deren schnelle Verbreitung über die Erde nicht mehr als ein großes Wunder erscheint, wenn man bedenkt, in welchem grauenhaft peinlichen Zustand die ganze römische Welt schmachtete... Wie der Einzelne sich trostlos die Adern öffnete und im Tode ein Asyl suchte gegen die Tyranney der Cäsaren: so stürzte sich die große Menge in die Ascetik, in die Abtödtungslehre, in die Martyrsucht, in den ganzen Selbstmord der nazarenischen Religion, um auf einmal die damalige Lebensqual von sich zu werfen und den Folterknechten des herrschenden Materialismus zu trotzen...

Für Menschen, denen die Erde nichts mehr bietet, ward der Himmel erfunden... Heil dieser Erfindung! Heil einer Religion, die dem leidenden Menschengeschlecht in den bittern Kelch einige süße, einschläfernde Tropfen goß, geistiges Opium, einige Tropfen Liebe, Hoffnung und Glauben!

Ludwig Börne war, wie ich bereits in der ersten Abtheilung erwähnte, seiner Natur nach ein geborner Christ, und diese spiritualistische Richtung mußte in den Katholizismus überschnappen, als die verzweifelnden Republikaner, nach den schmerzlichsten Niederlagen, sich mit der katholischen Parthey verbanden. — Wie weit ist es Ernst mit dieser Verbündung? Ich kanns nicht sagen. Manche Republikaner mögen wirklich aus Ärger katholisch geworden seyn. Die meisten jedoch verabscheuen im Herzen ihre neuen Alliirten, und es wird Comödie gespielt von beiden Seiten. Es gilt nur den gemeinschaftlichen Feind zu bekämpfen, und in der That, die Verbindung der beiden Fanatismen, des religiösen und des politischen, ist bedrohlich im höchsten Grade. Zuweilen aber geschieht es, daß die Menschen sich in ihrer Rolle verlieren und aus dem listigen Spiel ein plumper Ernst wird; und so mag wohl mancher Republikaner solange mit den katholischen Symbolen geliebäugelt haben, bis er zuletzt daran wirklich glaubte; und mancher schlaue Pfaffe mag so lange die Marseillaise gesungen haben, bis sie sein Lieblingslied ward, und er nicht mehr Messe lesen kann ohne in die Melodie dieses Schlachtgesangs zu verfallen.

Wir armen Deutschen, die wir leider keinen Spaß verstehen, wir haben das Fraternisiren des Republikanismus und des Katholizismus für baaren Ernst genommen, und dieser Irrthum kann uns einst sehr theuer zu stehen kommen. Arme deutsche Republikaner, die Ihr Satan bannen wollt durch Belzebub, Ihr werdet, wenn Euch solcher Exorcismus gelänge, erst recht aus dem Feuerregen in die Flammentraufe gerathen! Wie gar manche deutsche Patrioten, um protestantische Regierungen zu befehden, mit der katholischen Parthey gemeinschaftliche Sache treiben, kann ich nicht begreifen. Man wird mir, dem die Preußen bekanntlich soviel Herzleid bereiteten, man wird mir schwerlich eine blinde Sympathie für Borussia zuschreiben: ich darf daher freymüthig gestehen, daß ich in dem Kampfe

Preußens mit der katholischen Parthey nur ersterem den Sieg wünsche ... Denn eine Niederlage würde hier nothwendig zur Folge haben, daß einige deutsche Provinzen, die Rheinlande, für Deutschland verloren gingen. — Was kümmert es aber die frommen Leute in München, ob man am Rhein deutsch oder französisch spricht; für sie ist es hinreichend, daß man dort lateinisch die Messe singt. Pfaffen haben kein Vaterland, sie haben nur einen Vater, einen Papa, in Rom.

Daß aber der Abfall der Rheinlande, ihr Heimfall an das romanische Frankreich, eine ausgemachte Sache ist zwischen den Helden der katholischen Parthey und ihren französischen Verbündeten, wird männiglich bekannt seyn. Zu diesen Verbündeten gehört seit einiger Zeit auch ein gewisser ehemaliger Jakobiner, der jetzt eine Krone trägt und mit gewissen gekrönten Jesuiten in Deutschland unterhandelt ... Frommer Schacher! scheinheiliger Verrath am Vaterland!

Es versteht sich von selbst, daß unser armer Börne, der sich nicht bloß von den Schriften, sondern auch von der Persönlichkeit La Mennais ködern ließ, und an den Umtrieben der römischen Freywerber unbewußt Theil nahm, es versteht sich von selbst, daß unser armer Börne nimmermehr die Gefahren ahnte, die, durch die Verbündung der katholischen und republikanischen Parthey, unser Deutschland bedrohen. Er hatte hiervon auch nicht die mindeste Ahnung, er, dem die Integrität Deutschlands, eben so sehr wie dem Schreiber dieser Blätter, immer am Herzen lag. Ich muß ihm in dieser Beziehung das glänzendste Zeugniß ertheilen. »Auch keinen deutschen Nachttopf würde ich an Frankreich abtreten,« rief er einst im Eifer des Gesprächs, als jemand bemerkte, daß Frankreich, der natürliche Repräsentant der Revoluzion, durch den Wiederbesitz der Rheinlande gestärkt werden müsse, um dem aristokratisch absolutistischen Europa desto sicherer widerstehen zu können.

»Keinen Nachttopf tret ich ab,« rief Börne, im Zimmer auf- und abstampfend, ganz zornig.

Es versteht sich, bemerkte ein Dritter, wir treten den Franzosen keinen Fuß breit Land vom deutschen Boden ab; aber wir sollten ihnen einige deutsche Landsleute abtreten, deren wir allenfalls entbehren können. Was dächten Sie, wenn wir den Franzosen z. B. den Raumer und den Rotteck abträten?

»Nein, nein,« rief Börne, aus dem höchsten Zorn in Lachen übergehend — »auch nicht einmal den Raumer oder den Rotteck trete ich ab, die Collekzion wäre nicht mehr complet, ich will Deutschland ganz behalten wie es ist, mit seinen Blumen und seinen Disteln, mit seinen Riesen und seinen Zwergen ... nein, auch die beiden Nachttöpfe trete ich nicht ab!«

Ja, dieser Börne war ein großer Patriot, vielleicht der größte, der aus Germanias stiefmütterlichen Brüsten das glühendste Leben und den bittersten Tod gesogen! In der Seele dieses Mannes jauchzte und blutete eine rührende Vaterlandsliebe, die ihrer Natur nach verschämt, wie jede Liebe, sich gern unter knurrenden Scheltworten und nergelndem Murrsinn versteckte, aber in unbewachter Stunde desto gewaltsamer hervorbrach. Wenn Deutschland allerley Verkehrtheiten beging, die böse Folgen haben konnten, wenn es den Muth nicht hatte eine heilsame Medizin einzunehmen, sich den Staar stechen zu lassen oder sonst eine kleine Operazion auszuhalten, dann tobte und schimpfte Ludwig Börne, und stampfte und wetterte; — wenn aber das vorausgesehene Unglück wirklich eintrat, wenn man Deutschland mit Füßen trat oder so lange peitschte bis Blut floß: dann schmollte Börne nicht länger, und er fing an zu flennen, der arme Narr, der er war, und schluchzend behauptete er alsdann, Deutschland sey das beste Land der Welt, und das schönste Land, und die Deutschen seyen das schönste und edelste Volk, eine wahre Perle von Volk, und nirgends sey man klüger als in Deutschland, und sogar die Narren seyen dort gescheut, und die Flegeley sey eigentlich Gemüth, und er sehnte sich ordentlich nach den geliebten Rippenstößen der Heimath, und er hatte manchmal ein Gelüste nach einer recht saftigen deutschen Dummheit, wie eine schwangere Frau nach einer Birne. Auch wurde für ihn die Entfernung vom Vaterlande eine wahre Marter, und manches böse Wort in seinen Schriften hat diese Qual hervorgepreßt. Wer das Exil nicht kennt, begreift nicht, wie grell es unsere Schmerzen färbt, und wie es Nacht und Gift in unsere Gedanken gießt. Dante schrieb seine Hölle im Exil. Nur wer im Exil gelebt hat, weiß auch was Vaterlandsliebe ist, Vaterlandsliebe mit all ihren süßen Schrecken und sehnsüchtigen Kümmernissen! Zum Glück für unsere Patrioten, die in Frankreich leben müssen, bietet dieses Land so viele Ähnlichkeit mit Deutschland; fast dasselbe Clima, dieselbe Vegetazion, dieselbe Lebensweise. »Wie furchtbar muß das Exil seyn, wo diese Ähnlichkeit fehlt«, — bemerkte mir einst Börne, als wir im Jardin-des-Plantes spatzieren gingen — »wie schrecklich, wenn man um sich her nur Palmen und tropische Gewächse sähe und ganz wildfremde Thierarten, wie Kingourous und Zebrahs ... Zu unserem Glücke sind die Blumen in Frankreich ganz so wie bey uns zu Hause, die Veilchen und Rosen sehen ganz wie Deutsche aus, auch die Ochsen und Kühe, und die Esel sind geduldig und nicht gestreift, ganz wie bey uns, und die Vögel sind gefiedert und singen in Frankreich ganz so wie in Deutschland, und wenn ich gar hier in Paris die Hunde herumlaufen sehe, kann ich mich ganz wieder über den Rhein zurückdenken, und mein Herz ruft mir zu: Das sind ja unsere deutschen Hunde!«

Ein gewisser Blödsinn hat lange Zeit in Börnes Schriften jene Vaterlandsliebe ganz verkannt. Über diesen Blödsinn konnte er sehr mitleidig die Achseln zucken, und über die keuchenden alten Weiber, welche Holz zu seinem Scheiterhaufen herbeyschleppten, konnte er mit Seelenruhe ein Sancta simplicitas! ausrufen. Aber wenn jesuitische Böswilligkeit seinen Patriotismus zu verdächtigen suchte, gerieth er in einen vernichtenden Grimm. Seine Entrüstung kennt alsdann keine Rücksicht mehr, und wie ein beleidigter Titane schleudert er die tödtlichsten Quadersteine auf die züngelnden Schlangen, die zu seinen Füßen kriechen. Hier ist er in seinem vollen Rechte, hier lodert am edelsten sein Manneszorn. Wie merkwürdig ist folgende Stelle in den Pariser Briefen, die gegen Jarke gerichtet ist, der sich unter den Gegnern Börnes durch zwey Eigenschaften, nemlich Geist und Anstand, einigermaßen auszeichnet:

»Dieser Jarke ist ein merkwürdiger Mensch. Man hat ihn von Berlin nach Wien berufen, wo er die halbe Besoldung von Genz bekömmt. Aber er verdiente nicht deren hundertsten Theil, oder er verdiente eine hundertmal größere — es kömmt nur darauf an, was man dem Genz bezahlen wollte, das Gute oder Schlechte an ihm. Diesen katholisch und toll gewordenen Jarke liebe ich ungemein, denn er dient mir, wie gewiß auch vielen andern zum nützlichen Spiele und zum angenehmen Zeitvertreibe. Er giebt seit einem Jahre ein politisches Wochenblatt heraus. Das ist eine unterhaltende Camera obscura; darin gehen alle Neigungen und Abneigungen, Wünsche und Verwünschungen, Hoffnungen und Befürchtungen, Freuden und Leiden, Ängste und Tollkühnheiten und alle Zwecke und Mittelchen der Monarchisten und Aristokraten mit ihren Schatten hinter einander vorüber. Der gefällige Jarke! Er verräth alles, er warnt Alle. Die verborgensten Geheimnisse der großen Welt, schreibt er auf die Wand meines kleinen Zimmers. Ich erfahre von ihm, und erzähle jetzt Ihnen, was sie mit uns vorhaben. Sie wollen nicht allein die Früchte und Blüthen und Blätter und Zweige und Stämme der Revolution zerstören, sondern auch ihre Wurzeln, ihre tiefsten, ausgebreitetsten, festesten Wurzeln und bliebe die halbe Erde daran hängen. Der Hofgärtner Jarke geht mit Messer und Schaufel und Beil umher, von einem Felde, von einem Lande in das andere, von einem Volke zum Andern. Nachdem er alle Revolutionswurzeln ausgerottet und verbrannt, nachdem er die Gegenwart zerstört hat, geht er zur Vergangenheit zurück. Nachdem er der Revolution den Kopf abgeschlagen und die unglückliche Delinquentin ausgelitten hat, verbietet er ihrer längstverstorbenen, längsverwesten Großmutter das Heirathen; er macht die Vergangenheit zur Tochter der Gegenwart. Ist das nicht toll? Diesen Sommer eiferte er gegen das Fest von Hambach. Das unschuldige Fest! Der gute Hammel! Der Wolf von Bundestag der oben am Flusse soff, warf dem Schaafe von deutschem Volke, das weiter unten trank, vor: es trübe ihm das Wasser, und er müsse es auffressen. Herr Jarke ist Zunge des Wolfes. Dann rottet er die Revolution in Baden, Rheinbaiern, Hessen, Sachsen aus; dann die englische Reformbill; dann die polnische, die belgische, die französische Juli-Revolution. Dann vertheidigt er die göttlichen Rechte des Don Miguel. So geht er immer weiter zurück. Vor vier Wochen zerstörte er Lafayette, nicht den Lafayette der Juli-Revolution, sondern den Lafayette vor fünfzig Jahren, der für die amerikanische und die erste französische Revolution gekämpft. Jarke auf den Stiefeln Lafayette's herumkriechen! Es war mir als sähe ich einen Hund an dem Fuße der größten Pyramide scharren, mit dem Gedanken sie umzuwerfen! Immer zurück! Vor vierzehn Tagen setzte er seine Schaufel an die hundert und fünfzigjährige englische Revolution, die von 1688. Bald kömmt die Reihe an den älteren Brutus, der die Tarquinier verjagt, und so wird Herr Jarke endlich zum lieben Gott selbst kommen, der die Unvorsichtigkeit begangen, Adam und Eva zu erschaffen, ehe er noch für einen König gesorgt hatte, wodurch sich die Menschheit in den Kopf gesetzt, sie könne auch ohne Fürsten bestehen. Herr Jarke sollte aber nicht vergessen, daß, sobald er mit Gott fertig geworden, man ihn in Wien nicht mehr braucht. Und dann Adieu Hofrath, Adieu Besoldung. Er wird wohl den Verstand haben, diese eine Wurzel des Hambacher Festes stehen zu lassen.

Das ist der nämliche Jarke, von dem ich in einem früheren Briefe Ihnen etwas mitzutheilen versprochen, was er über mich geäußert. Nicht über mich allein, es betraf auch wohl andere; aber an mich gedachte er gewiß am meisten dabei. Im letzten Sommer schrieb er im politischen Wochenblatte einen Aufsatz: **Deutschland und die Revolution**. Darin kommt folgende Stelle vor. Ob die artige Bosheit oder die großartige Dummheit mehr zu bewundern sey, ist schwer zu entscheiden.«

Die Stelle aus Jarkes Artikel lautet folgendermaßen:

»›Übrigens ist es vollkommen richtig, daß jene Grundsätze, wie wir sie oben geschildert, niemals schaffend ins wirkliche Leben treten, daß Deutschland niemals in eine Republik nach dem Zuschnitte der heutigen Volksführer umgewandelt, daß jene Freiheit und Gleichheit selbst durch die Gewalt des Schreckens niemals durchgesetzt werden könne; **ja es ist zweifelhaft, ob die frechsten Führer der schlechten Richtung nicht selbst blos ein grausenhaftes Spiel mit Deutschlands höchsten**

Gütern spielen, ob sie nicht selbst am besten wissen, daß dieser Weg ohne Rettung zum Verderben führt und blos deshalb mit kluger Berechnung das Werk der Verführung treiben, um in einem großen welthistorischen Akte Rache zu nehmen für den Druck und die Schmach, den das Volk, dem sie ihren Ursprung nach angehören, Jahrhunderte lang von dem unsrigen erduldet.‹« —

»O Herr Jarke, das ist zu arg! Und als Sie dieses schrieben, waren Sie noch nicht österreichischer Rath, sondern nichts weiter als das preußische Gegentheil — wie werden Sie nicht erst rasen, wenn Sie in der wiener Staatskanzlei sitzen? Daß Sie uns die Ruchlosigkeit vorwerfen, wir wollten das deutsche Volk unglücklich machen, weil es uns selbst unglücklich gemacht — das verzeihen wir dem Criminalisten und seiner schönen Imputations-Theorie. Daß Sie uns die Klugheit zutrauen, unter dem Scheine der Liebe unsere Feinde zu verderben — dafür müssen wir uns bei dem Jesuiten bedanken, der uns dadurch zu loben glaubte. Aber daß Sie uns für so dumm halten, wir würden eine Taube in der Hand für eine Lerche auf dem Dache fliegen lassen — dafür müssen Sie uns Rede stehen, Herr Jarke. Wie! Wenn wir das deutsche Volk haßten, würden wir mit aller unserer Kraft dafür streiten, es von der schmachvollsten Erniedrigung in der es versunken, es von der bleiernen Tyrannei die auf ihm lastet, es von dem Übermuthe seiner Aristokraten, dem Hochmuthe seiner Fürsten, von dem Spotte aller Hofnarren, den Verläumdungen aller gedungenen Schriftsteller befreien zu helfen, um es den kleinen, bald vorübergehenden und so ehrenvollen Gefahren der Freiheit Preis zu geben? Haßten wir die Deutschen, dann schrieben wir wie Sie, Herr Jarke. Aber bezahlen ließen wir uns nicht dafür; denn auch noch die sündevolle Rache hat etwas das entheiligt werden kann.«

Die Verdächtigung seines Patriotismus erregte bey Börne, in der angeführten Stelle, eine Mißlaune, die der bloße Vorwurf jüdischer Abstammung niemals in ihm hervorzurufen vermochte. Es amüsirte ihn sogar, wenn die Feinde, bey der Fleckenlosigkeit seines Wandels, ihm nichts Schlimmeres nachzusagen wußten, als daß er der Sprößling eines Stammes, der einst die Welt mit seinem Ruhme erfüllte und trotz aller Herabwürdigung noch immer die uralt heilige Weihe nicht ganz eingebüßt hat. Er rühmte sich sogar oft dieses Ursprungs, freylich in seiner humoristischen Weise, und den Mirabeau parodierend, sagte er einst zu einem Franzosen: »Jésus Christ — qui entre parenthèses était mon cousin — a prêché l' égalité u. s. w.« In der That, die Juden sind aus jenem Teige, woraus man Götter knetet; tritt man sie heute mit Füßen, fällt man morgen vor ihnen auf die Kniee; während die Einen sich im schäbigsten Kothe des Schachers herumwühlen, ersteigen die anderen den höchsten Gipfel der Menschheit, und Golgatha ist nicht der einzige Berg wo ein jüdischer Gott für das Heil der Welt geblutet. Die Juden sind das Volk des Geistes, und jedesmal, wenn sie zu ihrem Prinzipe zurückkehren, sind sie groß und herrlich, und beschämen und überwinden ihre plumpen Dränger. Der tiefsinnige Rosenkranz vergleicht sie mit dem Riesen Anteus, nur daß dieser jedesmal erstarkte, wenn er die Erde berührte, jene aber, die Juden, neue Kräfte gewinnen, sobald sie wieder mit dem Himmel in Berührung kommen. Merkwürdige Erscheinung der grellsten Extreme! während unter diesen Menschen alle möglichen Fratzenbilder der Gemeinheit gefunden werden, findet man unter ihnen auch die Ideale des reinsten Menschenthums, und wie sie einst die Welt in neue Bahnen des Fortschrittes geleitet, so hat die Welt vielleicht noch weitere Iniziazionen von ihnen zu erwarten ...

Die Natur, sagte mir einst Hegel, ist sehr wunderlich; dieselben Werkzeuge die sie zu den erhabensten Zwecken gebraucht, benutzt sie auch zu den niedrigsten Verrichtungen, z. B. jenes Glied, welchem die höchste Mission, die Fortpflanzung der Menschheit, anvertraut ist, dient auch zum — — —

Diejenigen, welche über die Dunkelheit Hegels klagen, werden ihn hier verstehen, und wenn er auch obige Worte nicht eben in Beziehung auf Israel aussprach, so lassen sie sich doch darauf anwenden.

Wie dem auch sey, es ist leicht möglich, daß die Sendung

dieses Stammes noch nicht ganz erfüllt, und namentlich mag dieses in Beziehung auf Deutschland der Fall seyn. Auch letzteres erwartet einen Befreyer, einen irdischen Messias — mit einem himmlischen haben uns die Juden schon gesegnet — einen König der Erde, einen Retter mit Zepter und Schwert, und dieser deutsche Befreyer ist vielleicht derselbe, dessen auch Israel harret . . .

O theurer, sehnsüchtig erwarteter Messias!

Wo ist er jetzt, wo weilt er? Ist er noch ungeboren oder liegt er schon seit einem Jahrtausend irgendwo versteckt, erwartend die große, rechte Stunde der Erlösung? Ist es der alte Barbarossa, der im Kiffhäuser schlummernd sitzt auf dem steinernen Stuhle und schon so lange schläft, daß sein weißer Bart durch den steinernen Tisch durchgewachsen . . . nur manchmal schlaftrunken schüttelt er das Haupt und blinzelt mit den halbgeschlossenen Augen, greift auch wohl träumend nach dem Schwert . . . und nickt wieder ein, in den schweren Jahrtausendschlaf!

Nein, es ist nicht der Kaiser Rothbart, welcher Deutschland befreyen wird, wie das Volk glaubt, das deutsche Volk, das schlummersüchtige, träumende Volk, welches sich auch seinen Messias nur in der Gestalt eines alten Schläfers denken kann!

Da machen doch die Juden sich eine weit bessere Vorstellung von ihrem Messias, und vor vielen Jahren, als ich in Polen war und mit dem großen Rabbi Menasse ben Naphtali zu Krakau verkehrte, horchte ich immer mit freudig offenem Herzen, wenn er von dem Messias sprach . . . Ich weiß nicht mehr in welchem Buche des Talmuds die Details zu lesen sind, die mir der große Rabbi ganz treu mittheilte, und überhaupt nur in den Grundzügen schwebt mir seine Beschreibung des Messias noch im Gedächtnisse. Der Messias, sagte er mir, sey an dem Tage geboren wo Jerusalem durch den Bösewicht, Titus Vespasian, zerstört worden, und seitdem wohne er im schönsten Palaste des Himmels, umgeben von Glanz und Freude, auch eine Krone auf dem Haupte tragend, ganz wie ein König . . . aber seine Hände seyen gefesselt mit goldenen Ketten!

Was, frug ich verwundert, was bedeuten diese goldenen Ketten?

»Die sind nothwendig,« — erwiederte der große Rabbi, mit einem schlauen Blick und einem tiefen Seufzer — »ohne diese Fessel würde der Messias, wenn er manchmal die Geduld verliert, plötzlich herabeilen und zu frühe, zur unrechten Stunde, das Erlösungswerk unternehmen. Er ist eben keine ruhige Schlafmütze. Er ist ein schöner, sehr schlanker aber doch ungeheur kräftiger Mann; blühend wie die Jugend. Das Leben, das er führt, ist übrigens sehr einförmig. Den größten Theil des Morgens verbringt er mit den üblichen Gebeten oder lacht und scherzt mit seinen Dienern, welche verkleidete Engel sind und hübsch singen und die Flöte blasen. Dann läßt er sein langes Haupthaar kämmen und man salbt ihn mit Narden, und bekleidet ihn mit seinem fürstlichen Purpurgewande. Den ganzen Nachmittag studirt er die Cabala. Gegen Abend läßt er seinen alten Kanzler kommen, der ein verkleideter Engel ist, eben so wie die vier starken Staatsräthe, die ihn begleiten, verkleidete Engel sind. Aus einem großen Buche muß alsdann der Kanzler seinem Herren vorlesen was jeden Tag passirte... Da kommen allerley Geschichten vor, worüber der Messias vergnügt lächelt, oder auch mißmüthig den Kopf schüttelt... Wenn er aber hört, wie man unten sein Volk mißhandelt, dann geräth er in den furchtbarsten Zorn und heult, daß die Himmel erzittern... Die vier starken Staatsräthe müssen dann den Ergrimmten zurückhalten, daß er nicht herabeile auf die Erde, und sie würden ihn wahrscheinlich nicht bewältigen, wären seine Hände nicht gefesselt mit den goldnen Ketten... Man beschwichtigt ihn auch mit sanften Reden, daß jetzt die Zeit noch nicht gekommen sey, die rechte Rettungsstunde, und er sinkt am Ende aufs Lager und verhüllt sein Antlitz und weint...«

So ungefähr berichtete mir Menasse ben Naphtali zu Krakau, seine Glaubwürdigkeit mit Hinweisung auf den Talmud verbürgend. Ich habe oft an seine Erzählungen denken müssen, besonders in den jüngsten Zeiten, nach der Juliusrevoluzion. Ja, in schlimmen Tagen, glaubt ich manchmal mit eignen Ohren ein Gerassel zu hören, wie von goldenen Ketten, und dann ein verzweifeltes Schluchzen...

O verzage nicht, schöner Messias, der du nicht bloß Israel erlösen willst, wie die abergläubischen Juden sich einbilden, sondern die ganze leidende Menschheit! O, zerreißt nicht, ihr goldenen Ketten! O, haltet ihn noch einige Zeit gefesselt, daß er nicht zu frühe komme, der rettende König der Welt!

Fünftes Buch.

»— — — Die politischen Verhältnisse jener Zeit (1799) haben eine gar betrübende Ähnlichkeit mit den neuesten Zuständen in Deutschland; nur daß damals der Freyheitssinn mehr unter Gelehrten, Dichtern und sonstigen Literaten blühete, heutigen Tags aber unter diesen viel minder, sondern weit mehr in der großen aktiven Masse, unter Handwerkern und Gewerbsleuten, sich ausspricht. Während zur Zeit der ersten Revoluzion die bleyern deutscheste Schlafsucht auf dem Volke lastete, und gleichsam eine brutale Ruhe in ganz Germanien herrschte, offenbarte sich in unserer Schriftwelt das wildeste Gähren und Wallen. Der einsamste Autor, der in irgend einem abgelegenen Winkelchen Deutschlands lebte, nahm Theil an dieser Bewegung; fast sympathetisch, ohne von den politischen Vorgängen genau unterrichtet zu seyn, fühlte er ihre sociale Bedeutung, und sprach sie aus in seinen Schriften. Dieses Phänomen mahnt mich an die großen Seemuscheln, welche wir zuweilen als Zierrath auf unsere Kamine stellen, und die, wenn sie auch noch so weit vom Meere entfernt sind, dennoch plötzlich zu rauschen beginnen, sobald dort die Fluthzeit eintritt und die Wellen gegen die Küste heranbrechen. Als hier in Paris, in dem großen Menschen-Ocean, die Revoluzion losfluthete, als es hier brandete und stürmte, da rauschten und brausten jenseits des Rheins die deutschen Herzen ... Aber sie waren so isolirt, sie standen unter lauter fühllosem Porzelan, Theetassen und Kaffekannen und chinesischen Pagoden, die mechanisch mit dem Kopfe nickten, als wüßten sie wovon die Rede sey. Ach! unsere armen Vorgänger in Deutschland mußten für jene Revoluzionssympathie sehr arg büßen. Junker und

Pfäffchen übten an ihnen ihre plumpsten und gemeinsten Tücken. Einige von ihnen flüchteten nach Paris und sind hier in Armuth und Elend verkommen und verschollen. Ich habe jüngst einen blinden Landsmann gesehen, der noch seit jener Zeit in Paris ist; ich sah ihn im Palais-Royal, wo er sich ein bischen an der Sonne gewärmt hatte. Es war schmerzlich anzusehen, wie er blaß und mager war und sich seinen Weg an den Häusern weiterfühlte. Man sagte mir, es sey der alte dänische Dichter Heiberg. Auch die Dachstube habe ich jüngst gesehen, wo der Bürger Georg Forster gestorben. Den Freyheitsfreunden, die in Deutschland blieben, wäre es aber noch weit schlimmer ergangen, wenn nicht bald Napoleon und seine Franzosen uns besiegt hätten. Napoleon hat gewiß nie geahnt, daß er selber der Retter der Ideologie gewesen. Ohne ihn wären unsere Philosophen mitsammt ihren Ideen durch Galgen und Rad ausgerottet worden. Die deutschen Freyheitsfreunde jedoch, zu republikanisch gesinnt, um dem Napoleon zu huldigen, auch zu großmüthig um sich der Fremdherrschaft anzuschließen, hüllten sich seitdem in ein tiefes Schweigen. Sie gingen traurig herum mit gebrochenen Herzen, mit geschlossenen Lippen. Als Napoleon fiel, da lächelten sie, aber wehmüthig, und schwiegen; sie nahmen fast gar keinen Theil an dem patriotischen Enthusiasmus, der damals, mit allerhöchster Bewilligung, in Deutschland emporjubelte. Sie wußten was sie wußten und schwiegen. Da diese Republikaner eine sehr keusche, einfache Lebensart führen, so werden sie gewöhnlich sehr alt, und als die Julius-Revoluzion ausbrach, waren noch viele von ihnen am Leben, und nicht wenig wunderten wir uns, als die alten Käutze, die wir sonst immer so gebeugt und fast blödsinnig schweigend umherwandeln gesehen, jetzt plötzlich das Haupt erhoben, und uns Jungen freundlich entgegen lachten, und die Hände drückten, und lustige Geschichten erzählten. Einen von ihnen hörte ich sogar singen; denn im Kaffehause sang er uns die marseiller Hymne vor, und wir lernten da die Melodie und die schönen Worte, und es dauerte nicht lange, so sangen wir sie besser als der Alte selbst; denn der hat manchmal in der besten Strophe wie ein Narr gelacht, oder geweint wie ein Kind. Es ist immer gut, wenn so alte Leute leben bleiben, um den Jungen die Lieder zu lehren. Wir Jungen werden sie nicht vergessen, und einige von uns werden sie einst jenen Enkeln einstudiren, die jetzt noch nicht geboren sind. Viele von uns aber werden unterdessen verfault seyn, daheim oder im Gefängnisse, oder auf einer Dachstube in der Fremde. — — —«

Obige Stelle, aus meinem Buche de l'Allemagne (sie fehlt in der deutschen Ausgabe) schrieb ich vor etwa sechs Jahren, und indem ich sie heute wieder überlese, lagern sich über meine Seele, wie feuchte Schatten, alle jene trostlosen Betrübnisse, wovon mich damals nur die ersten Ahnungen anwehten. Es rieselt mir wie Eiswasser durch die glühendsten Empfindungen und mein Leben ist nur ein schmerzliches Erstarren. O kalte Winterhölle, worin wir zähneklappernd leben! ... O Tod, weißer Schneemann im unendlichen Nebel, was nickst Du so verhöhnend! ...

Glücklich sind die, welche in den Kerkern der Heimath ruhig hinmodern ... denn diese Kerker sind seine Heimath mit eisernen Stangen, und deutsche Luft weht hindurch und der Schlüsselmeister, wenn er nicht ganz stumm ist, spricht er die deutsche Sprache! ... Es sind heute über sechs Monde, daß kein deutscher Laut an mein Ohr klang, und alles was ich dichte und trachte, kleidet sich mühsam in ausländische Redensarten ... Ihr habt vielleicht einen Begriff vom leiblichen Exil, jedoch vom geistigen Exil kann nur ein deutscher Dichter sich eine Vorstellung machen, der sich gezwungen sähe, den ganzen Tag französisch zu sprechen, zu schreiben, und sogar des Nachts, am Herzen der Geliebten, französisch zu seufzen! Auch meine Gedanken sind exilirt, exilirt in eine fremde Sprache.

Glücklich sind die, welche in der Fremde nur mit der Armuth zu kämpfen haben, mit Hunger und Kälte, lauter natürlichen Übeln ... Durch die Luken ihrer Dachstuben lacht ihnen der Himmel und alle seine Sterne ... O, goldenes Elend mit weißen Glaceehandschuhen, wie bist du unendlich qualsamer! ... Das verzweifelnde Haupt muß sich frisiren lassen, wo nicht gar parfumiren, und die zürnenden Lippen, welche Himmel und Erde verfluchen möchten, müssen lächeln, und immer lächeln ...

Glücklich sind die, welche, über das große Leid, am

Ende ihr letztes bischen Verstand verloren, und ein sicheres Unterkommen gefunden in Charenton oder in Bicêtre, wie der arme F. —, wie der arme B. —, wie der arme L. —, und so manche andere, die ich weniger kannte … Die Zelle ihres Wahnsinns dünkt ihnen eine geliebte Heimath, und in der Zwangsjacke dünken sie sich Sieger über allen Despotismus, dünken sie sich stolze Bürger eines freyen Staates … Aber das alles hätten sie zu Hause eben so gut haben können!

Nur der Übergang von der Vernunft zur Tollheit ist ein verdrießlicher Moment und gräßlich … Mich schaudert, wenn ich daran denke, wie der F. zum letztenmale zu mir kam, um ernsthaft mit mir zu verhandeln, daß man auch die Mondmenschen und die entferntesten Sternenbewohner in den großen Völkerbund aufnehmen müsse. Aber wie soll man ihnen unsere Vorschläge ankündigen? Das war die große Frage. Ein anderer Patriot hatte in ähnlicher Absicht eine Art kolossaler Spiegel erdacht, womit man Proklamazionen mit Riesenbuchstaben in der Luft abspiegelt, so daß die ganze Menschheit sie auf einmal lesen könnte, ohne daß Censor und Polizey es zu verhindern vermöchten … Welches staatsgefährliche Projekt! Und doch geschieht dessen keine Erwähnung in dem Bundestagsberichte über die revoluzionäre Propaganda!

Am glücklichsten sind wohl die Todten, die im Grabe liegen, auf dem Père-Lachaise, wie du, armer Börne!

Ja, glücklich sind diejenigen, welche in den Kerkern der Heimath, glücklich die, welche in den Dachstuben des körperlichen Elends, glücklich die Verrückten im Tollhaus, am glücklichsten die Todten! Was mich betrifft, den Schreiber dieser Blätter, ich glaube mich am Ende gar nicht so sehr beklagen zu dürfen, da ich des Glückes aller dieser Leute gewissermaßen theilhaft werde, durch jene wunderliche Empfänglichkeit, jene unwillkührliche Mitempfindung, jene Gemüthskrankheit, die wir bey den Poeten finden und mit keinem rechten Namen zu bezeichnen wissen. Wenn ich auch am Tage wohlbeleibt und lachend dahinwandle durch die funkelnden Gassen Babylons, glaubt mirs! sobald der Abend herabsinkt, erklingen die melancholischen Harfen in meinem Herzen, und gar des

Nachts erschmettern darin alle Pauken und Zimbeln des Schmerzes, die ganze Janitscharenmusik der Weltqual, und es steigt empor der entsetzlich gellende Mummenschanz . . .

O welche Träume! Träume des Kerkers, des Elends, des Wahnsinns, des Todes! Ein schrillendes Gemisch von Unsinn und Weisheit, eine bunte vergiftete Suppe, die nach Sauerkraut schmeckt und nach Orangenblüthen riecht! Welch ein grauenhaftes Gefühl, wenn die nächtlichen Träume das Treiben des Tages verhöhnen, und aus den flammenden Mohnblumen die ironischen Larven hervorgucken und Rübchen schaben, und die stolzen Lorbeerbäume sich in graue Disteln verwandeln, und die Nachtigallen ein Spottgelächter erheben . . .

Gewöhnlich, in meinen Träumen, sitze ich auf einem Eckstein der Rue-Laffitte, an einem feuchten Herbstabend, wenn der Mond auf das schmutzige Boulevardpflaster herabstralt mit langen Streiflichtern, so daß der Koth vergoldet scheint, wo nicht gar mit blitzenden Diamanten übersät . . . Die vorübergehenden Menschen sind ebenfalls nur glänzender Koth: Stockjobbers, Spieler, wohlfeile Skribenten, Falschmünzer des Gedankens, noch wohlfeilere Dirnen, die freylich nur mit dem Leibe zu lügen brauchen, satte Faulbäuche, die im Café-de-Paris gefüttert worden und jetzt nach der Academie-de-Müsique hinstürzen, nach der Kathedrale des Lasters, wo Fanny Elßler tanzt und lächelt . . . Dazwischen rasseln auch die Karossen und springen die Lakayen, die bunt wie Tulpen und gemein wie ihre gnädige Herrschaft . . . Und wenn ich nicht irre, in einer jener frechen goldnen Kutschen sitzt der ehemalige Zigarrenhändler Aguado, und seine stampfenden Rosse bespritzen von oben bis unten meine rosarothen Trikotkleider . . . Ja, zu meiner eigenen Verwunderung, bin ich ganz in rosarothen Trikot gekleidet, in ein sogenanntes fleischfarbiges Gewand, da die vorgerückte Jahrzeit und auch das Clima keine völlige Nacktheit erlaubt wie in Griechenland, bey den Thermopylen, wo der König Leonidas mit seinen dreihundert Spartanern, am Vorabend der Schlacht, ganz nackt tanzte, ganz nackt, das Haupt mit Blumen bekränzt . . . Eben wie Leonidas auf dem Gemälde von David bin ich kostumirt, wenn ich in meinen Träumen auf dem Eckstein sitze, an der Rue-Laffitte, wo der verdammte Kutscher von Aguado mir meine Trikothosen bespritzt... Der Lump, er bespritzt mir sogar den Blumenkranz, den schönen Blumenkranz den ich auf meinem Haupt trage, der aber, unter uns gesagt, schon ziemlich trocken und nicht mehr duftet... Ach! es waren frische freudige Blumen, als ich mich einst damit schmückte, in der Meinung den anderen Morgen ginge es zur Schlacht, zum heiligen Todessieg für das Vaterland———— Das ist nun lange her, mürrisch und müßig sitze ich an der Rue-Laffitte und harre des Kampfes, und unterdessen welken die Blumen auf meinem Haupte, und auch meine Haare färben sich weiß, und mein Herz erkrankt mir in der Brust... Heiliger Gott! was wird einem die Zeit so lange bey solchem thatlosen Harren, und am Ende stirbt mir noch der Muth... Ich sehe wie die Leute vorbeygehen, mich mitleidig anschaun und einander zuflüstern: der arme Narr!

Wie die Nachtträume meine Tagesgedanken verhöhnen, so geschieht es auch zuweilen, daß die Gedanken des Tages über die unsinnigen Nachtträume sich lustig machen, und mit Recht, denn ich handle im Traum oft wie ein wahrer Dummkopf. Jüngst träumte mir, ich machte eine große Reise durch ganz Europa, nur daß ich mich dabey keines Wagens mit Pferden, sondern eines gar prächtigen Schiffes bediente. Das ging gut, wenn ein Fluß oder ein See sich auf meinem Wege befand. Solches war aber der seltenere Fall, und gewöhnlich mußte ich über festes Land, was für mich sehr unbequem, da ich alsdann mein Schiff über weite Ebenen, Waldstege, Moorgründe, und sogar über sehr hohe Berge fortschleppen mußte, bis ich wieder an einen Fluß oder See kam, wo ich gemächlich segeln konnte. Gewöhnlich aber, wie gesagt, mußte ich mein Fahrzeug selber fortschleppen, was mir sehr viel Zeitverlust und nicht geringe Anstrengung kostete, so daß ich am Ende vor Überdruß und Müdigkeit erwachte. Nun aber, des Morgens beim ruhigen Kaffe, machte ich die richtige Bemerkung: Daß ich weit schneller und bequemer gereist wäre, wenn ich gar kein Schiff besessen hätte, und wie ein gewöhnlicher armer Teufel immer zu Fuß gegangen wäre.

Am Ende kommt es auf eins heraus, wie wir die große Reise gemacht haben, ob zu Fuß, oder zu Pferd, oder zu Schiff ... Wir gelangen am Ende alle in dieselbe Herberge, in dieselbe schlechte Schenke, wo man die Thüre mit einer Schaufel aufmacht, wo die Stube so eng, so kalt, so dunkel, wo man aber gut schläft, fast gar zu gut ...

Ob wir einst auferstehen? Sonderbar! meine Tagesgedanken verneinen diese Frage, und aus reinem Widerspruchsgeiste wird sie von meinen Nachtträumen bejaht. So z. B. träumte mir unlängst: ich sey in der ersten Morgenfrühe nach dem Kirchhof gegangen, und dort, zu meiner höchsten Verwunderung, sah ich wie bey jedem Grabe ein paar blankgewichster Stiefel stand, ungefähr wie in den Wirtshäusern vor den Stuben der Reisenden ... Das war ein wunderlicher Anblick, es herrschte eine sanfte Stille auf dem ganzen Kirchhof, die müden Erdenpilger schliefen, Grab neben Grab, und die blankgewichsten Stiefel, die dort in langen Reihen standen, glänzten im frischen Morgenlicht, so hoffnungsreich, so verheißungsvoll, wie ein sonnenklarer Beweis der Auferstehung. — —

Ich vermag den Ort nicht genau zu bezeichnen, wo auf dem Père-Lachaise sich Börnes Grab befindet. Ich bemerke dieses ausdrücklich. Denn während er lebte, ward ich nicht selten von reisenden Deutschen besucht, die mich frugen, wo Börne wohne, und jetzt werde ich sehr oft mit der Anfrage behelligt: wo Börne begraben läge? So viel man mir sagt, liegt er unten auf der rechten Seite des Kirchhofs, unter lauter Generälen aus der Kaiserzeit und Schauspielerinnen des Théâtre-français ... unter todten Adlern und todten Papageyen.

In der Zeitung für die Elegante Welt las ich jüngst, daß das Kreuz auf dem Grabe Börnes vom Sturme niedergebrochen worden. Ein jüngerer Poet besang diesen Umstand in einem schönen Gedichte, wie denn überhaupt Börne, der im Leben so oft mit den faulsten Äpfeln der Prosa beschmissen worden, jetzt nach seinem Tode mit den wohlduftigsten Versen beräuchert wird. Das Volk steinigt gern seine Propheten, um ihre Reliquien desto inbrünstiger zu verehren; die Hunde, die uns heute anbellen, morgen küssen sie gläubig unsere Knochen! —— —

Wie ich bereits gesagt habe, ich liefere hier weder eine Apologie noch eine Kritik des Mannes, womit sich diese Blätter beschäftigen. Ich zeichne nur sein Bild, mit genauer Angabe des Ortes und der Zeit, wo er mir saß. Zugleich verhehle ich nicht, welche günstige oder ungünstige Stimmung mich während der Sitzung beherrschte. Ich liefere dadurch den besten Maaßstab für den Glauben, den meine Angaben verdienen.

Ist aber einerseits dieses beständige Constatiren meiner Persönlichkeit das geeignetste Mittel ein Selbsturtheil des Lesers zu fördern, so glaube ich anderer Seits zu einem Hervorstellen meiner eigenen Person in diesem Buche besonders verpflichtet zu sein, da, durch einen Zusammenfluß der heterogensten Umstände, sowohl die Feinde wie die Freunde Börnes nie aufhörten, bey jeder Besprechung desselben, über mein eigenes Tichten und Trachten mehr oder minder wohlwollend oder böswillig zu räsonniren. Die aristokratische Parthey in Deutschland, wohlwissend daß ihr die Mäßigung meiner Rede weit gefährlicher sey als die Berserkerwuth Börnes, suchte mich gern als einen gleichgesinnten Cumpan desselben zu verschreyen, um mir eine gewisse Solidarität seiner politischen Tollheiten aufzubürden. Die radikale Parthey, weit entfernt, diese Kriegslist zu enthüllen, unterstützte sie vielmehr, um mich in den Augen der Menge als ihren Genossen erscheinen zu lassen und dadurch die Autorität meines Namens auszubeuten. Gegen solche Machinazionen öffentlich aufzutreten war unmöglich; ich hätte nur den Verdacht auf mich geladen, als desavouirte ich Börne, um die Gunst seiner Feinde zu gewinnen. Unter diesen Umständen that mir Börne wirklich einen Gefallen, als er nicht bloß in kurz hingeworfenen Worten, sondern auch in erweiterten Auseinandersetzungen mich öffentlich angriff und über die Meinungsdifferenz, die zwischen uns herrschte, das Publikum selber aufklärte. Das that er namentlich im 6ten Bande seiner Pariser Briefe und in zwey Artikeln, die er in der Französischen Zeitschrift Le Réformateur abdrucken ließ. Diese Artikel, worauf ich, wie bereits erwähnt worden, nie antwortete, gaben wieder Gelegenheit bey jeder Besprechung Börnes auch von mir zu reden, jetzt freylich in einem ganz anderen Tone wie früher. Die Aristokraten überhäuften mich mit den perfidesten Lobsprüchen, sie priesen mich fast zu Grunde: ich wurde plötzlich wieder ein großer Dichter, nachdem ich ja eingesehen hätte, daß ich meine politische Rolle, den lächerlichen Radikalismus, nicht weiter spielen könne. Die Radikalen hingegen fingen nun an öffentlich gegen mich loszuziehen — (privatim thaten sie es zu jeder Zeit) — sie ließen kein gutes Haar an mir, sie sprachen mir allen Charakter ab, und ließen nur noch den Dichter gelten. — Ja, ich bekam so zu sagen meinen politischen Abschied und wurde gleichsam in Ruhestand nach dem Parnassus versetzt. Wer die erwähnten zwey Partheyen kennt, wird die Großmuth, womit sie mir den Titel eines Poeten ließen, leicht würdigen. Die Einen sehen in einem Dichter nichts anderes als einen träumerischen Höfling müßiger Ideale. Die Anderen sehen in dem Dichter gar nichts; in ihrer nüchternen Hohlheit findet Poesie auch nicht den dürftigsten Wiederklang.

Was ein Dichter eigentlich ist, wollen wir dahingestellt seyn lassen. Doch können wir nicht umhin, über die Begriffe, die man mit dem Worte »Charakter« verbindet, unsere unmaßgebliche Meinung auszusprechen.

Was versteht man unter dem Wort »Charakter?«

Charakter hat derjenige, der in den bestimmten Kreisen einer bestimmten Lebensanschauung lebt und waltet, sich gleichsam mit derselben identifizirt, und nie in Widerspruch geräth mit seinem Denken und Fühlen. Bey ganz ausgezeichneten, über ihr Zeitalter hinausragenden Geistern kann daher die Menge nie wissen, ob sie Charakter haben oder nicht, denn die große Menge hat nicht Weitblick genug, um die Kreise zu überschauen, innerhalb derselben sich jene hohen Geister bewegen. Ja, indem die Menge nicht die Grenzen des Wollens und Dürfens jener hohen Geister kennt, kann es ihr leicht begegnen in den Handlungen derselben weder Befugniß noch Nothwendigkeit zu sehen, und die geistig Blöd- und Kurzsichtigen klagen dann über Willkühr, Inkonsequenz, Charakterlosigkeit. Minder begabte Menschen, deren oberflächlichere und engere Lebensanschauung leichter ergründet und überschaut wird, und die gleichsam ihr Lebensprogramm in populärer Sprache ein für allemal auf öffentlichem Markte proklamirt haben, diese kann das verehrungswürdige Publikum immer im Zusammenhang begreifen, es besitzt einen Maaßstab für jede ihrer Handlungen, es freut sich dabey über seine eigene Intelligenz, wie bey einer aufgelösten Charade, und jubelt: seht, das ist ein Charakter!

Es ist immer ein Zeichen von Bornirtheit, wenn man von der bornirten Menge leicht begriffen und ausdrücklich als Charakter gefeyert wird. Bey Schriftstellern ist dies noch bedenklicher, da ihre Thaten eigentlich in Worten bestehen, und was das Publikum als Charakter in ihren Schriften verehrt, ist am Ende nichts anders als knechtische Hingebung an den Moment, als Mangel an Bildnerruhe, an Kunst.

Der Grundsatz, daß man den Charakter eines Schriftstellers aus seiner Schreibweise erkenne, ist nicht unbedingt richtig; er ist bloß anwendbar bey jener Masse von Autoren, denen beim Schreiben nur die augenblickliche Inspirazion die Feder führt und die mehr dem Worte gehorchen als befehlen. Bey Artisten ist jener Grundsatz unzuläßlich, denn diese sind Meister des Wortes, handhaben es zu jedem beliebigen Zwecke, prägen es nach Willkühr, schreiben objektiv, und ihr Charakter verräth sich nicht in ihrem Styl.

Ob Börne ein Charakter ist, während Andere nur Dichter sind, diese unfruchtbare Frage können wir nur mit dem mitleidigsten Achselzucken beantworten.

»Nur Dichter« — wir werden unsere Gegner nie so bitter tadeln, daß wir sie in eine und dieselbe Categorie setzen mit Dante, Milton, Cervantes, Camoens, Philipp Sidney, Friedrich Schiller, Wolfgang Goethe, welche nur Dichter waren ... Unter uns gesagt, diese Dichter, so gar der letztere, zeigten manchmal Charakter!

»Sie haben Augen und sehen nicht, sie haben Ohren und hören nicht, sie haben sogar Nasen und riechen nichts—« Diese Worte lassen sich sehr gut anwenden auf die plumpe Menge, die nie begreifen wird, daß ohne innere Einheit keine geistige Größe möglich ist, und daß, was eigentlich Charakter genannt werden muß, zu den unerläßlichsten Attributen des Dichters gehört.

Die Distinkzion zwischen Charakter und Dichter ist übrigens zunächst von Börne selber ausgegangen, und er hatte selber schon allen jenen schnöden Folgerungen vorgearbeitet, die seine Anhänger später gegen den Schreiber dieser Blätter abhaspelten. In den Pariser Briefen und den erwähnten Artikeln des Reformateurs wird bereits von meinem charakterlosen Poetenthum und meiner poetischen Charakterlosigkeit hinlänglich gezüngelt, und es winden und krümmen sich dort die giftigsten Insinuazionen. Nicht mit bestimmten Worten, aber mit allerley Winken, werde ich hier der zweydeutigsten Gesinnungen, wo nicht gar der gänzlichen Gesinnungslosigkeit, verdächtigt! Ich werde in derselben Weise nicht bloß des Indifferentismus, sondern auch des Widerspruchs mit mir selber bezüchtigt. Es lassen sich hier sogar einige Zischlaute vernehmen, die — (können die Todten im Grabe erröthen?) — ja, ich kann dem Verstorbenen diese Beschämung nicht ersparen: er hat sogar auf Bestechlichkeit hingedeutet...

Schöne, süße Ruhe, die ich in diesem Augenblick in tiefster Seele empfinde! Du belohnst mich hinreichend für Alles, was ich gethan, und für Alles was ich verschmäht... Ich werde mich weder gegen den Vorwurf der Indifferenz, noch gegen den Verdacht der Feilheit vertheidigen. Ich habe es vor Jahren, bey Lebzeiten der Insinuanten, meiner unwürdig gehalten; jetzt fordert Schweigen sogar der Anstand. Das gäbe ein grauenhaftes Schauspiel ... Polemik zwischen dem Tod und dem Exil! — Du reichst mir aus dem Grabe die bittende Hand?... Ohne Groll reiche ich dir die meinige ... Sieh, wie schön ist sie und rein! Sie ward nie besudelt von dem Händedruck des Pöbels, eben so wenig wie vom schmutzigen Golde der Volksfeinde ... Im Grunde hast du mich ja nie beleidigt ... In allen deinen Insinuazionen ist auch für keinen Louisd'or Wahrheit!

Die Stelle in Börnes Pariser Briefen, wo er am unumwundensten mich angriff, ist zugleich so charakteristisch zur Beurtheilung des Mannes selbst, seines Styles, seiner Leidenschaft und seiner Blindheit, daß ich nicht umhin kann, sie hier mitzutheilen. Trotz des bittersten Wollens war er nie im Stande mich zu verletzen, und Alles was er hier, so wie auch in den erwähnten Artikeln des Reformateurs, zu meinem Nachtheil vorbrachte, konnte ich mit einem Gleichmuthe lesen, als wäre es nicht gegen mich gerichtet, sondern etwa gegen Nebukodonosor, König von Babylon, oder gegen den Kalifen Harun-al-Radschid, oder gegen Friedrich den Großen, welcher die Pasquille auf seine Person, die an den berliner Straßenecken etwas zu hoch hingen, viel niedriger anzuheften befahl, damit das Publikum sie besser lesen könne. Die erwähnte Stelle ist datirt von Paris den 25ten Februar 1833 und lautet folgendermaßen:

»Soll ich über Heines französische Zustände ein vernünftiges Wort versuchen? Ich wage es nicht. Das fliegenartige Mißbehagen, das mir beim Lesen des Buches um den Kopf summte, und sich bald auf diese, bald auf jene Empfindung setzte, hat mich so ärgerlich gestimmt, daß ich mich nicht verbürge — ich sage nicht für die Richtigkeit meines Urtheils, denn solche anmaßliche Bürgschaft übernehme ich nie — sondern nicht einmal für die Aufrichtigkeit meines Urtheils. Dabei bin ich aber besonnen genug geblieben, um zu vermuthen, daß diese Verstimmung meine, nicht Heines Schuld ist. Wer so große Geheimnisse wie er besitzt, als wie: in der dreihundertjährigen Unmenschlichkeit der Österreichischen Politik eine erhabene Ausdauer zu finden, und in dem Könige von Baiern einen der edelsten und geistreichsten Fürsten, die je einen Thron geziert; den König der Franzosen, als hätte er das kalte Fieber, an dem einen Tage für gut, an dem andern für schlecht, am dritten Tage wieder für gut, am vierten wieder für schlecht zu erklären; wer es kühn und großartig findet, daß die Herren von Rothschild während der Cholera ruhig in Paris geblieben, aber die unbezahlten Mühen der deutschen Patrioten lächerlich findet; und wer bei aller dieser Weichmüthigkeit sich selbst noch für einen gefesteten Mann hält — Wer so große Geheimnisse besitzt, der mag noch größere haben, die das Räthselhafte seines Buches erklären; ich aber kenne sie nicht. Ich kann mich, nicht blos in das Denken und Fühlen jedes Andern, sondern auch in sein Blut und seine Nerven versetzen, mich an die Quellen aller seiner Gesinnungen und Gefühle stellen, und ihrem Laufe nachgehen mit unermüdlicher Geduld. Doch muß ich dabei mein eigenes Wesen nicht aufzuopfern haben, sondern nur zu beseitigen auf eine Weile. Ich kann Nachsicht haben mit Kinderspielen, Nachsicht mit den Leidenschaften eines Jünglings. Wenn aber an einem Tage des blutigsten Kampfes ein Knabe, der auf dem Schlachtfelde nach Schmetterlingen jagt, mir zwischen die Beine kömmt; wenn an einem Tage der höchsten Noth, wo wir heiß zu Gott beten, ein junger Geck uns zur Seite, in der Kirche nichts sieht als die schönen Mädchen, und mit ihnen liebäugelt und flüstert — so darf uns das, unbeschadet unserer Philosophie und Menschlichkeit, wohl ärgerlich machen.

Heine ist ein Künstler, ein Dichter, und zur allgemeinsten Anerkennung fehlt ihm nur noch seine eigne. Weil er oft noch etwas anders sein will als ein Dichter, verliert er sich oft. Wem wie ihm, die Form das höchste ist, dem muß sie auch das einzige bleiben; denn sobald er den Rand übersteigt fließt er in's Schrankenlose hinab, und es trinkt ihn der Sand. Wer die Kunst als seine Gottheit verehrt, und je nach Laune auch manches Gebet an die Natur richtet, der frevelt gegen Kunst und Natur zugleich. Heine bettelt der Natur ihren Nektar und Blüthenstaub ab, und bauet mit bildendem Wachse der Kunst ihre Zellen. Aber er bildet die Zelle nicht, daß sie den Honig bewahre, sondern sammelt den Honig, damit die Zelle auszufüllen. Darum rührt er auch nicht wenn er weint; denn man weiß, daß er mit den Thränen nur seine Nelkenbeete begießt. Darum überzeugt er nicht, wenn er auch die Wahrheit spricht, denn man weiß, daß er an der Wahrheit nur das Schöne liebt. Aber die Wahrheit ist nicht immer schön, sie bleibt es nicht immer. Es dauert lange bis sie in Blüthe kömmt, und sie muß verblühen ehe sie Früchte trägt. Heine würde die deutsche Freiheit anbeten, wenn sie in voller Blüthe stände; da sie aber wegen des rauhen Winters, mit Mist bedeckt ist, erkennt er sie nicht und verachtet sie. Mit welcher schönen Begeisterung hat er nicht von dem Kampfe der Republikaner in der St. Mery Kirche und von ihrem Heldentode gesprochen! Es war ein glücklicher Kampf, es war ihnen vergönnt den schönen Trotz gegen die Tyrannei zu zeigen und den schönen Tod für die Freiheit zu sterben. Wäre der Kampf nicht schön gewesen, und dazu hätte es nur einer andern Örtlichkeit bedurft, wo man die Republikaner hätte zerstreuen und fangen können — hätte sich Heine über sie lustig gemacht. Was Brutus gethan würde Heine verherrlichen so schön er nur vermag; würde aber ein Schneider den blutigen Dolch aus dem Herzen einer entehrten jungen Nätherin ziehen, die gar Bärbelchen hieße und damit die dummträgen Bürger zu ihrer Selbstbefreiung stacheln — er lachte darüber. Man versetze Heine in das Ballhaus, zu jener denkwürdigen Stunde, wo Frankreich aus seinem tausendjährigen Schlafe erwachte und schwur, es wolle nicht mehr träumen — er wäre der tollheißeste Jakobiner, der wüthendste Feind der Aristokraten und ließe alle Edelleute und Fürsten mit Wonne an einem Tage niedermetzeln. Aber sähe er aus der Rocktasche des feuerspeienden Mirabeau, auf deutsche Studenten-Art eine Tabackspfeife mit roth-schwarz-goldner Quaste hervorragen — dann Pfui Freiheit! Und er ginge hin und machte schöne Verse auf Marie-Antoinettens schöne Augen. Wenn er in seinem Buche die heilige Würde des Absolutismus preißt, so geschah es, außer daß es eine Rede-Übung war, die sich an dem Tollsten versuchte, nicht darum, weil er **politisch reinen Herzens** ist, wie er sagt; sondern er that es, weil er **Athemreines Mundes** bleiben möchte, und er wohl an jenem Tage als er das schrieb einen deutschen Liberalen Sauerkraut mit Bratwurst essen gesehen.

Wie kann man je dem glauben, der selbst nichts glaubt? Heine schämt sich so sehr etwas zu glauben, daß er **Gott den Herrn**, mit lauter Initialbuchstaben drucken läßt, um anzuzeigen, daß es ein Kunstausdruck sei, den er nicht zu verantworten habe. Den verzärtelten Heine bei seiner Sybaritischen Natur kann das Fallen eines Rosenblattes im Schlafe stören; wie sollte er behaglich auf der Freiheit ruhen, die so knorrig ist? Er bleibe fern von ihr. Wen jede Unebenheit ermüdet, wen jeder Widerspruch verwirrt macht, der gehe nicht, denke nicht, lege sich in sein Bett und schließe die Augen. Wo giebt es denn eine Wahrheit, in der nicht etwas Lüge wäre? Wo eine Schönheit, die nicht ihre Flecken hätte? Wo ein Erhabenes, dem nicht eine Lächerlichkeit zur Seite stünde? Die Natur dichtet selten, und reimet niemals; wem ihre Prosa und ihre Ungereimtheiten nicht behagen, der wende sich zur Poesie. Die Natur regiert republikanisch, sie läßt jedem Dinge seinen Willen, bis zur Reife der Missethat, und straft dann erst. Wer schwache Nerven hat und Gefahren scheut, der diene der Kunst, der absoluten, die jeden rauhen Gedanken ausstreicht, ehe er zur That wird, und an jeder That feilt, bis sie zu schmächtig wird zur Missethat.

Heine hat in meinen Augen so großen Werth, das es ihm nicht immer gelingen wird sich zu überschätzen. Also nicht diese Selbstüberschätzung mache ich ihm zum Vorwurfe, sondern daß er überhaupt die Wirksamkeit einzelner Menschen überschätzt, ob er es zwar in seinem eigenen Buche so klar und schön dargethan, daß heute die Individuen nichts mehr gelten, daß selbst Voltaire und Rousseau von keiner Bedeutung wären, weil jetzt die Chöre handelten und die Personen sprächen. Was sind wir denn, wenn wir viel sind? Nichts als die Herolde des Volks. Wenn wir verkündigen und mit lauter vernehmlicher Stimme, was uns, jedem von seiner Parthei aufgetragen, werden wir gelobt und belohnt; wenn wir unvernehmlich sprechen, oder gar verrätherisch eine falsche Botschaft bringen, werden wir getadelt und gezüchtigt. Das vergißt eben Heine, und weil er glaubt, er wie mancher Andere auch, könnte eine Parthei zu Grunde richten, oder ihr aufhelfen, hält er sich für wichtig; sieht umher wem er gefalle, wem nicht; träumt von Freunden und Feinden, und weil er nicht weiß wo er geht und wohin er will, weiß er weder wo seine Freunde noch wo seine Feinde stehen, sucht sie bald hier, bald dort, und weiß sie weder hier noch dort zu finden. Uns andern miserabeln Menschen, hat die Natur zum Glücke nur einen Rücken gegeben, so daß wir die Schläge des Schicksals nur von einer Seite fürchten; der arme Heine aber hat zwei Rücken, er fürchtet die Schläge der Aristokraten und die Schläge der Demokraten, und um beiden auszuweichen, muß er zugleich vorwärts und rückwärts gehen.

Um den Demokraten zu gefallen sagt Heine: Die Jesuitisch-Aristokratische-Parthei in Deutschland verläumde und verfolge ihn, weil er dem Absolutismus kühn die Stirne biete. Dann um den Aristokraten zu gefallen, sagt er: er habe dem Jakobinismus kühn die Stirne geboten; er sei ein guter Royalist und werde ewig monarchisch gesinnt bleiben; in einem Pariser Putzladen, wo er vorigen Sommer bekannt war, sei er unter den acht Putzmachermädchen mit ihren acht Liebhabern — alle sechszehn von höchst gefährlicher republikanischer Gesinnung — der einzige Royalist gewesen, und darum stünden ihm die Demokraten nach dem Leben. Ganz wörtlich sagt er: ›**Ich bin bei Gott! kein Republikaner, ich weiß wenn die Republikaner siegen, so schneiden sie mir die Kehle ab.**‹ Ferner: ›**Wenn die Insurrektion vom 5. Juni nicht scheiterte, wäre es ihnen leicht gelungen, mir den Tod zu bereiten, den sie mir zugedacht: Ich verzeihe ihnen gerne diese Narrheit.**‹ Ich nicht. Republikaner die solche Narren wären, daß sie Heine glaubten aus dem Wege räumen zu müssen um ihr Ziel zu erreichen, die gehörten in das Tollhaus.

Auf diese Weise glaubt Heine bald dem Absolutismus, bald dem Jakobinismus kühn die Stirne zu bieten. Wie man aber einem Feinde die Stirne bieten kann, indem man sich von ihm abwendet, das begreife ich nicht. Jetzt wird zur Wiedervergeltung, der Jakobinismus durch eine gleiche Wendung auch Heine kühn die Stirne bieten. Dann sind sie quitt und so hart sie auch auf einander stoßen mögen, können sie sich nie sehr wehe thun. Diese weiche Art Krieg zu führen ist sehr löblich und an einem blasenden Herolde, die Heldenthaten zu verkündigen, kann es keiner der Kämpfenden Stirne in diesem Falle fehlen.

Gab es je einen Menschen, den die Natur bestimmt hat, ein ehrlicher Mann zu sein, so ist es Heine, und auf diesem Wege könnte er sein Glück machen. Er kann keine fünf Minuten, keine zwanzig Zeilen heucheln, keinen Tag, keinen halben Bogen lügen. Wenn es eine Krone gälte, er kann kein Lächeln, keinen Spott, keinen Witz unterdrücken; und wenn er sein eignes Wesen verkennend, doch lügt, doch heuchelt, ernsthaft scheint wo er lachen, demüthig wo er spotten möchte; so merkt es jeder gleich, und er hat von solcher Verstellung nur den Vorwurf, nicht den Gewinn. Er gefällt sich den Jesuiten des Liberalismus zu spielen. Ich habe es schon einmal gesagt, daß dieses Spiel der guten Sache nützen kann; aber weil es eine einträgliche Rolle ist, darf sie kein ehrlicher Mann selbst übernehmen, sondern muß sie Andern überlassen. So, seiner bessern Natur zum Spotte, findet Heine seine Freude daran zu diplomatisiren, und seine Zähne zum Gefängnißgitter seiner Gedanken zu machen, hinter welchem sie jeder ganz deutlich sieht und dabei lacht. Denn zu verbergen, daß er etwas zu verbergen habe, so weit bringt er es in der Verstellung nie. Wenn ihn der Graf Moltke in einen Federkrieg über den Adel zu verwickeln sucht, bittet er ihn es zu unterlassen; ›denn es schien mir gerade damals bedenklich, in meiner gewöhnlichen Weise, ein Thema öffentlich zu erörtern, das die Tagesleidenschaften so furchtbar ansprechen müßte.‹ Diese Tagesleidenschaft gegen den Adel, die schon funfzigmal dreihundert fünf und sechzig Tage dauert, konnte weder Herr von Moltke noch Heine, noch sonst einer noch furchtbarer machen, als sie schon ist. Um von etwas warm zu sprechen, soll man also warten, bis die Leidenschaft, der er Nahrung geben kann, gedämpft ist, um sie dann von neuen zu entzünden? Das ist freilich die Weisheit der Diplomaten. Heine glaubt etwas zu wissen, das Lafayette gegen die Beschuldigung der Theilnahme an der Juni-Insurrektion vertheidigen kann; aber ›eine leicht begreifliche Diskretion‹ hält ihn ab sich deutlich auszusprechen. Wenn Heine auf diesem Wege Minister wird, dann will ich verdammt sein, sein geheimer Sekretair zu werden, und ihn von Morgen bis Abend anzusehen, ohne zu lachen.«

Ich möchte herzlich gern auch die erwähnten zwey Artikel des Reformateur hier mittheilen, aber drey Schwierigkeiten halten mich davon ab; erstens würden diese Artikel zu viel Raum einnehmen, zweytens, da sie auf französisch geschrieben, müßte ich sie selber übersetzen, und drittens, obgleich ich schon in zehn Cabinets-de-Lectüre nachgefragt, habe ich nirgends mehr ein Exemplar des bereits eingegangenen Reformateur auftreiben können. Doch der Inhalt dieser Artikel ist mir noch hinlänglich bekannt: Sie enthielten die maliziösesten Insinuazionen über Abtrünnigkeit und Inkonsequenz, allerley Anschuldigung von Sinnlichkeit, auch wird darin der Katholizismus gegen mich in Schutz genommen u. s. w. — Von Vertheidigung dagegen kann hier nicht die Rede seyn; diese Schrift, welche weder eine Apologie noch eine Kritik des Verstorbenen seyn soll, bezweckt auch keine Justifikazion des Überlebenden. Genug, ich bin mir der Redlichkeit meines Willens und meiner Absichten bewußt, und werfe ich einen Blick auf meine Vergangenheit, so regt sich in mir ein fast freudiger Stolz über die gute Strecke Weges die ich bereits zurückgelegt. Wird meine Zukunft von ähnlichen Fortschritten zeugen?

Aufrichtig gesagt, ich zweifle daran. Ich fühle eine sonderbare Müdigkeit des Geistes; wenn er auch in der letzten Zeit nicht viel geschaffen, so war er doch immer auf den Beinen. Ob das was ich überhaupt schuf in diesem Leben, gut oder schlecht war, darüber wollen wir nicht streiten. Genug, es war groß; ich merkte es an der schmerzlichen Erweiterung der Seele, woraus diese Schöpfungen hervorgingen . . . und ich merke es auch an der Kleinheit der Zwerge, die davor stehen und schwindlicht hinaufblinzeln . . . Ihr Blick reicht nicht bis zur Spitze, und sie stoßen sich nur die Nasen an dem Piedestal jener Monumente, die ich in der Literatur Europas aufgepflanzt habe, zum ewigen Ruhme des deutschen Geistes. Sind diese Monumente ganz makellos, sind sie ganz ohne Fehl und Sünde? Wahrlich, ich will auch hierüber nichts Bestimmtes behaupten. Aber was die kleinen Leute daran auszusetzen wissen, zeugt nur von ihrer eigenen putzigen Beschränktheit. Sie erinnern mich an die kleinen Pariser Badauds, die bey der Aufrichtung des Obelisk auf der Place-Louis XVI über den Werth oder die Nützlichkeit dieses großen Sonnenzeigers ihre respektiven Ansichten austauschten. Bey dieser Gelegenheit kamen die ergötzlichsten Philistermeinungen zum Vorschein. Da war ein schwindsüchtig dünner Schneider, welcher behauptete, der rothe Stein sey nicht hart genug, um dem nordischen Clima lange zu widerstehen, und das Schneewasser werde ihn bald zerbröckeln und der Wind ihn niederstürzen. Der Kerl hieß Petit Jean und machte sehr schlechte Röcke, wovon kein Fetzen auf die Nachwelt kommen wird, und er selbst liegt schon verscharrt auf dem Père-la-Chaise. Der rothe Stein aber steht noch immer fest auf der Place-Louis XVI, und wird noch Jahrhunderte dort stehen bleiben, trotzend allem Schneewasser, Wind und Schneidergeschwätz!

Das Spaßhafteste bey der Aufrichtung des Obelisken war folgendes Ereigniß:

Auf der Stelle, wo der große Stein gelegen, ehe man ihn aufrichtete, fand man einige kleine Skorpionen, wahrscheinlich entsprungen aus etwelchen Skorpionen-Eyern, die in der Emballage des Obelisken aus Egypten mitgebracht und hier zu Paris von der Sonnenhitze ausgebrütet wurden. Über diese Skorpionen erhuben nun die Badauds ein wahres Zetergeschrey, und sie verfluchten den großen Stein, dem Frankreich jetzt die giftigen Skorpionen verdanke, eine neue Landplage, woran noch Kinder und Kindeskinder leiden würden ... Und sie legten die kleinen Ungethüme in eine Schachtel und brachten sie zum Commissaire-de-Police des Magdalaine-Viertels, wo gleich Procès-verbal darüber aufgenommen wurde ... und Eile that Noth, da die armen Thierchen einige Stunden nachher starben ...

Auch bey der Aufrichtung großer Geistesobelisken können allerley Skorpionen zum Vorschein kommen, kleinliche Giftthierchen, die vielleicht ebenfalls aus Egypten stammen und bald sterben und vergessen werden, während das große Monument erhaben und unzerstörbar stehen bleibt, bewundert von den spätesten Enkeln. — —

Es ist doch eine sonderbare Sache mit dem Obelisken des Luxor, welchen die Franzosen aus dem alten Mizraim herübergeholt und als Zierrath aufgestellt haben, inmitten jenes grauenhaften Platzes, wo sie mit der Vergangenheit den entsetzlichen Bruch gefeyert, am 21ten des Januar

1793! Leichtsinnig wie sie sind, die Franzosen, haben sie hier vielleicht einen Denkstein aufgepflanzt, der den Fluch ausspricht über jeden, welcher Hand legt an das heilige Haupt Pharaos!

Wer enträthselt diese Stimme der Vorzeit, diese uralten Hieroglyphen? Sie enthalten vielleicht keinen Fluch, sondern ein Rezept für die Wunde unserer Zeit! O wer lesen könnte! Wer sie aussprüche, die heilenden Worte, die hier eingegraben ... Es steht hier vielleicht geschrieben, wo die verborgene Quelle rieselt, woraus die Menschheit trinken muß um geheilt zu werden, wo das geheime Wasser des Lebens, wovon uns die Amme in den alten Kindermährchen so viel erzählt hat, und wonach wir jetzt schmachten als kranke Greise. — Wo fließt das Wasser des Lebens? Wir suchen und suchen ...

Ach, es wird noch eine gute Weile dauern, ehe wir das große Heilmittel ausfündig machen; bis dahin muß noch eine lange schmerzliche Zeit dahingesiecht werden, und allerley Quacksalber werden auftreten, mit Hausmittelchen, welche das Übel nur verschlimmern. Da kommen zunächst die Radikalen und verschreiben eine Radikalkur, die am Ende doch nur äußerlich wirkt, höchstens den gesellschaftlichen Grind vertreibt, aber nicht die innere Fäulniß. Gelänge es ihnen auch die leidende Menschheit auf eine kurze Zeit von ihren wildesten Qualen zu befreyen, so geschähe das doch nur auf Kosten der letzten Spuren von Schönheit, die dem Patienten bis jetzt geblieben sind; häßlich wie ein geheilter Philister wird er aufstehen von seinem Krankenlager, und in der häßlichen Spitaltracht, in dem aschgrauen Gleichheitskostüm, wird er sich all sein Lebtag herumschleppen müssen. Alle überlieferte Heiterkeit, alle Süße, aller Blumenduft, alle Poesie wird aus dem Leben herausgepumpt werden, und es wird davon nichts übrig bleiben als die Rumfordsche Suppe der Nützlichkeit. — Für die Schönheit und das Genie wird sich kein Platz finden in dem Gemeinwesen unserer neuen Puritaner, und beide werden fletrirt und unterdrückt werden, noch weit betrübsamer als unter dem älteren Regimente. Denn Schönheit und Genie sind ja auch eine Art Königthum, und sie passen nicht in eine Gesellschaft, wo jeder, im

Mißgefühl der eigenen Mittelmäßigkeit, alle höhere Begabniß herabzuwürdigen sucht, bis aufs banale Niveau.

Die Könige gehen fort, und mit ihnen gehen die letzten Dichter. »Der Dichter soll mit dem König gehen«, diese Worte dürften jetzt einer ganz anderen Deutung anheimfallen. Ohne Autoritätsglauben kann auch kein großer Dichter emporkommen. Sobald sein Privatleben von dem unbarmherzigsten Lichte der Presse beleuchtet wird und die Tageskritik an seinen Worten würmelt und nagt, kann auch das Lied des Dichters nicht mehr den nöthigen Respekt finden. Wenn Dante durch die Straßen von Verona ging, zeigte das Volk auf ihn mit Fingern und flüsterte »der war in der Hölle!« Hätte er sie sonst mit allen ihren Qualen so treu schildern können? Wie weit tiefer, bey solchem ehrfurchtsvollen Glauben, wirkte die Erzählung der Franceska von Rimini, des Ugolino und aller jener Qualgestalten, die dem Geiste des großen Dichters entquollen...

Nein, sie sind nicht bloß seinem Geiste entquollen, er hat sie nicht gedichtet, er hat sie gelebt, er hat sie gefühlt, er hat sie gesehen, betastet, er war wirklich in der Hölle, er war in der Stadt der Verdammten ... er war im Exil! — — —

Die öde Werkeltagsgesinnung der modernen Puritaner verbreitet sich schon über ganz Europa, wie eine graue Dämmerung, die einer starren Winterzeit vorausgeht... Was bedeuten die armen Nachtigallen, die plötzlich schmerzlicher, aber auch süßer als je ihr melodisches Schluchzen erheben im deutschen Dichterwald? Sie singen ein wehmüthiges Adee! Die letzten Nymphen, die das Christenthum verschont hat, sie flüchten ins wildeste Dickicht. In welchem traurigen Zustand habe ich sie dort erblickt, jüngste Nacht!...

Als ob die Bitternisse der Wirklichkeit nicht hinreichend kummervoll wären, quälen mich noch die bösen Nachtgesichte... In greller Bilderschrift zeigt mir der Traum das große Leid, das ich mir gern verhehlen möchte, und das ich kaum auszusprechen wage in den nüchternen Begriffslauten des hellen Tages. — — —

Jüngste Nacht träumte mir von einem großen wüsten

Walde und einer verdrießlichen Herbstnacht. In dem
großen wüsten Walde, zwischen den himmelhohen Bäumen kamen zuweilen lichte Plätze zum Vorschein, die
aber von einem gespenstisch weißen Nebel gefüllt waren. Hie und da, aus dem dicken Nebel, grüßte ein stilles
Waldfeuer. Auf eines derselben hinzuschreitend, bemerkte
ich allerley dunkle Schatten, die sich rings um die Flammen bewegten; doch erst in der unmittelbarsten Nähe
konnte ich die schlanken Gestalten und ihre melancholisch holden Gesichter genau erkennen. Es waren
schöne, nackte Frauenbilder, gleich den Nymphen, die
wir auf den lüsternen Gemälden des Julio Romano sehen
und die, in üppiger Jugendblüthe, unter sommergrünem
Laubdach, sich anmuthig lagern und erlustigen ... Ach!
kein so heiteres Schauspiel bot sich hier meinem Anblick!
die Weiber meines Traumes, obgleich noch immer geschmückt mit dem Liebreitz ewiger Jugend, trugen dennoch eine geheime Zerstörniß an Leib und Wesen; die
Glieder waren noch immer bezaubernd durch süßes Ebenmaß, aber etwas abgemagert und wie überfröstelt von kaltem Elend, und gar in den Gesichtern, trotz des lächelnden
Leichtsinns, zuckten die Spuren eines abgrundtiefen Grams.
Auch, statt auf schwellenden Rasenbänken, wie die
Nymphen des Julio, kauerten sie auf dem harten Boden,
unter halbentlaubten Eichbäumen, wo, statt der verliebten
Sonnenlichter, die quirrlenden Dünste der feuchten Herbstnacht auf sie herabsinterten ... Manchmal erhob sich
eine dieser Schönen, ergriff aus dem Reisig einen lodernden
Brand, schwang ihn über ihr Haupt, gleich einem Tyrsus,
und versuchte eine jener unmöglichen Tanzpositionen, die
wir auf etruskischen Vasen gesehen ... aber traurig
lächelnd, wie bezwungen von Müdigkeit und Nachtkälte,
sank sie wieder zurück ans knisternde Feuer. Besonders
eine unter diesen Frauen bewegte mein ganzes Herz mit
einem fast wollüstigen Mitleid. Es war eine hohe Gestalt,
aber noch weit mehr als die Anderen abgemagert an Armen, Beinen, Busen und Wangen, was jedoch statt abstoßend vielmehr zauberhaft anziehend wirkte. Ich weiß
nicht wie es kam, aber ehe ich mich dessen versah, saß ich
neben ihr am Feuer, beschäftigt ihre frostzitternden

Hände und Füße an meinen brennenden Lippen zu wärmen; auch spielte ich mit ihren schwarzen feuchten Haarflechten, die über das griechisch gradnäsige Gesicht und den rührend kalten, griechisch kargen Busen herabhingen ... Ja, ihr Haupthaar war von einer fast stralenden Schwärze, so wie auch ihre Augenbraunen, die üppig schwarz zusammenflossen, was ihrem Blick einen sonderbaren Ausdruck von schmachtender Wildheit ertheilte. »Wie alt bist du, unglückliches Kind« sprach ich zu ihr. »Frag mich nicht nach meinem Alter« — antwortete sie mit einem halb wehmüthig, halb frevelhaften Lachen — »— wenn ich mich auch um ein Jahrtausend jünger machte, so bliebe ich doch noch ziemlich bejahrt! Aber es wird jetzt immer kälter und mich schläfert, und wenn du mir dein Knie zum Kopfkissen borgen willst, so wirst du deine gehorsame Dienerinn sehr verpflichten — —.«

Während sie nun auf meinen Knien lag und schlummerte, und manchmal, wie eine Sterbende, im Schlafe röchelte, flüsterten ihre Gefährtinnen allerley Gespräche, wovon ich nur sehr wenig verstand, da sie das Griechische ganz anders aussprachen, als ich es in der Schule und später auch beim alten Wolf gelernt hatte ... Nur so viel begriff ich, daß sie über die schlechte Zeit klagten und noch eine Verschlimmerung derselben befürchteten, und sich vornahmen noch tiefer waldeinwärts zu flüchten ... Da plötzlich, in der Ferne, erhob sich ein Geschrey von rohen Pöbelstimmen ... Sie schrien, ich weiß nicht mehr was? ... Dazwischen kicherte ein katholisches Mettenglöckchen ...

Und meine schönen Waldfrauen wurden sichtbar noch blasser und magerer, bis sie endlich ganz in Nebel zerflossen, und ich selber gähnend erwachte.

Die Mitwelt.

Karl Gutzkow, Börnes Leben.

1839/40.

Als Börne wieder in Paris war, erschien die zweite Sammlung seiner Pariser Briefe. [...] Überraschend waren die Bemerkungen über einige neue Schriften von Heine, dem Verfasser der Reisebilder. Er nannte ihn einen Knaben, der auf Schlachtfeldern nach Schmetterlingen hasche. Er warf ihm Wankelmüthigkeit und Egoismus vor. Er mahnte ihn, von seinem dichterischen Talente einen edleren und seiner eignen Vergangenheit würdigeren Gebrauch zu machen. Die selbstgefällige Art, mit der Heine in den französischen Zuständen die wichtigsten Ereignisse nur zur Folie seiner scherzhaften Einfälle machte, hatte ihn empört. Dem Style opfere er die Überzeugung. Als das Verhältniß schon zum völligen Bruche gekommen war, äußerte Börne einmal: »Es ist Heinen ganz einerlei, ob er schreibt: Die Republik ist die beste Staatsform oder die Monarchie. Er wird immer nur das wählen, was in dem Satz, den er eben schreiben will, grade einen bessern Tonfall macht.«

Börne war Heinen, seitdem er dessen literärische und persönliche Bekanntschaft machte, immer freundlichst zugethan. Er sprach sogar mit Liebe von ihm. Ein Besuch Heine's in Frankfurt konnte ihn in große Aufregung bringen. Als er ihn in Paris wiedersah, war er für Einflüsterungen und Zuträgereien über den Charakter Heine's unempfänglich. Die Vergleichungen, die man zwischen ihnen beiden zog, störten ihn nicht; er ließ, so lange nicht bösliche Absicht oder gefährliche Entstellung wichtiger Partheifragen verlautete, diesem das vollste Recht seiner Selbstständigkeit. Heine, jünger, weniger Meister seiner Leidenschaften, viel auf äußern Erfolg im Publikum gebend, mochte vielleicht nicht ganz unbefangen bleiben über das Aufsehen, das die Pariser Briefe machten. Nun kam über die in Paris wohnenden Deutschen außerdem noch das Associationsfieber. Die zahlreichen deutschen Handwerker, Commis, Gelehrte, die in Paris wohnten, wollten durch Adressen und öffentliche Erklärungen die überrheinische Sache unterstützen; man schrieb Versammlungen aus und bezeichnete die, welche von ihnen fortblieben, mit Namen, die vom Verdacht in Zeiten politischer Aufregung bald erfunden sind. Heine, der nur Begriffe von kleinen literarischen Bundsgenossenschaften hat, erschrak vor diesen massenhaften Verbrüderungen und fühlte sich von allen den demokratischen Zumuthungen, die grade an ihn als einen Freiheits-Dichter ergingen, höchst belästigt. Aus frühern Lebensverhältnissen her, als gelernter Kaufmann, war er gewohnt, sich bei Namensunterschriften sehr schwierig finden zu lassen; da sollte nun alle Tage vermittelst einer Adresse ein Fürst vom Thron gestoßen werden, oder durch Subscriptionslisten für hunderttausend kleine politische Zwecke gewirkt werden, und immerzu die Feder in der Hand und seinen Namen da hinzuschreiben, — daß war ihm wirklich sehr unangenehm. Gern hätte er die von den Fäusten der Handwerker ganz schmutzigen Subscriptionsbögen unter seinen glacirten Händen durchschlüpfen lassen, aber einige Terroristen paßten auf und drohten nicht undeutlich mit der Guillotine, die vielleicht über Nacht die Ordnung des Tages werden konnte. Besonders ärgerte es Heinen, daß Börne, der kränkliche Mensch, so einen fanatischen Königsfresser spielte und das ganze Ding mit der Revolution, das sich nur gedruckt, in Vorreden, datirt *»Paris am Tage der Bastille«* hübsch machte, so ernst nahm und jede Tollheit, die Einer auf's Tapet brachte, mitunterschrieb. Börne und Heine aßen zusammen an einem Orte, wo viele deutsche Handwerker verkehrten. Zwischen der Suppe und dem Rindfleisch kam regelmäßig eine schmutzige Subscriptionsliste den Tisch herunter. Heine war in Verzweiflung. Er wartete die Gelegenheit ab, wo er losbrechen konnte und ergriff diese endlich, als die Listen sich unter anderm einmal auch gegen den Papst und dessen politisches Verfahren in der Romagna aussprachen. *Was sie der Papst angienge* erklärte er unwillig und unterschrieb sich nicht mehr. Man kann nicht läugnen, daß Heine's Benehmen hier von vielem Verstande zeugte. Nur hätte er sich dann von dem Umgang mit so erhitzten Gemüthern ganz zurückziehen und nicht nach dem Ruhm einer Popularität bei den Handwerkern streben sollen. — Da erschienen der dritte und vierte Band der Briefe aus Paris und in ihnen Börne's strenges, aber durchaus nicht feindseliges Urtheil über Heine's französische Zustände. Die Folge war ein offenbarer Bruch, den natürlich die Zwischenträger nur noch erweiterten, und unheilbar machten. Heine sollte Drohungen ausgestoßen haben; Börne, wie immer tapfer bis zum Drolligen, bemühte sich, seine Furchtlosigkeit zu zeigen und sogar recht zur Schau zu stellen. Heine, der Börnen zu vermeiden suchte, kam in die größte Verlegenheit, weil Börne grade alles aufbot, daß sie sich begegnen mußten. Börne, der nie begreifen konnte, wie in Heine's Salon die Schlußfigur des kleinen Simson sich auf ihn beziehen ließ, kundschaftete die öffentlichen Orte aus, wo er Heinen treffen konnte. Wo Heine aß, wollte er auch essen. Seine Umgebungen hatten Mühe, ihn von dieser förmlichen Hetzjagd, die er auf Heinen anstellte, zurückzuhalten. Später begegneten sie sich noch oft in Soiréen, die die Mutter des Componisten Hiller gab. So unbefangen sich Börne zeigte, so nahm er es doch übel, wenn Mad. W., von Heinen angeredet, diesem nicht den Rücken kehrte. Wie Sie mit meinem Feinde sprechen können, begreif' ich nicht — sagte er unwillig zu seiner Freundin, die nicht wußte, wie sich hier Börnen und zu gleicher Zeit dem Anstande willfahren ließe. Eine weitere Schilderung dieses sehr beklagenswerthen Mißverhältnisses zwischen Börne und Heine wünschten wir durch eine von *Heine* versprochene Darstellung desselben nicht hervorgerufen zu sehen. Sie kann für das Publikum nur von geringem Interesse sein.

Karl Gutzkow, Vorrede zu Börnes Leben.

10. August 1840.

Das überlang verzögerte Erscheinen dieses Buches erlaubte, daß ich erst noch die Schrift lesen konnte: *»Hein-*

rich Heine über Ludwig Börne.« Sie ist vor einigen Tagen erschienen und scheint den Zweck zu haben, die in Deutschland herrschende versöhnte Stimmung über den vielverkannten, ungestümen, aber edlen Todten wieder zu zerstreuen, meiner Biographie desselben im Voraus jeden Glauben zu nehmen und um einen Namen, von dem allmählig der irdische Dunst des Vorurtheils sich zu verziehen anfing, wieder auf's Neue einen Gestank von Persönlichkeiten zu verbreiten, der jede Beschäftigung mit ihm widerlich machen muß, sei's auch zum Theil auf Kosten dessen, der diesen Unrath in die Öffentlichkeit auf seinen Schultern hineinträgt! Wer die Schrift von Herrn Heine gelesen hat, und an Börne kein *tieferes* Interesse nimmt, wird sagen: Seht, da reiben sich die beiden undeutschen Menschen gegen einander auf, der Todte an dem Verwesenden, der Jakobiner am Narren, die Revolution an ihren eignen Excrementen! Diese Schrift des Herrn Heine ist eine große Unannehmlichkeit für Börne, ein Unglück für den, der sie schrieb, und fast ein Todesurtheil für die Sache, der beide gedient haben.

Ich werde nie meine Feder eintauchen, um gegen Herrn Heine zu schreiben. Wir tauchten sie ja in unser eignes Blut! Es giebt viele Freunde der neuern Literatur, die es schmerzlich bedauern, daß unter den Gliedern derselben keine Einigkeit herrscht. Sie wollen für Ideen streiten, sagen sie, und schlachten sich der eignen Eitelkeit! Ich weiß es, daß diese Selbstbefehdungen der jüngern Literatur den Feinden derselben ein großes Vergnügen gewähren und würde mich nie dazu verstanden haben, über Herrn Heine auszusprechen, was ich über ihn seit Jahren empfinde. Aber hier gilt es einer höhern Pflicht. Er hat durch seine in ihrer Veranlassung ganz unerklärliche Schrift auf die Bahn, die mein Buch über Börne zurücklegen sollte, so viel Hindernisse gestreut, er hat auf die Region, in der sich mein Buch bewegt, so vielen widerlichen Hautgout ausgedunstet, daß ich *gezwungen* bin, im Interesse Börne's und seiner Freunde gegen ihn aufzutreten. Ohne Beziehung zu Börne hätt' ich Herrn Heine's Buch bemitleiden können; als Biograph des Angegriffenen werd' ich es widerlegen müssen.

Deutschland wird nicht begreifen, was Herr Heine mit seiner Schrift eigentlich bezweckte. Der Titel: *Heine über Börne*, verräth allerdings deutlich, daß das ganze Buch der *Selbstüberhebung* gewidmet ist und der Gegenstand desselben das Axiom sein solle: Heinrich Heine geht doch *über* L. Börne, ein Axiom, das in lapidarer Kürze allerdings den Titel abwerfen kann: *Heinrich Heine über Ludwig Börne!* Aber warum bleibt diese Entscheidung nicht der Kritik, nicht den Zeitgenossen oder der Nachwelt überlassen? Wem sind diese Rangstreitigkeiten nicht schon bei *größeren* Namen, wie Schiller und Goethe, zuwider gewesen? Würde Goethe je ein Buch sich nur haben *denken* können: Goethe *supra* Schiller! Ich sage *supra;* denn daß Herr Heine an *de* dachte, möchte ich zu seiner Ehre nicht glauben. *Supra* ist nur kindisch und eitel, *de* aber wäre lächerlich und anmaßend.

Die Schrift des Herrn Heine kommt in vieler Hinsicht zu spät. Zu spät — weil Börne todt ist und man solche Verläumdungen, wie sie hier gedruckt sind, nur von einem Lebenden sollte auszusprechen wagen. Zu spät — weil Börne's Grab längst so dicht mit der freundlichen, versöhnten Anerkennung der deutschen Nation bewachsen ist, daß die Brennesseln des Herrn Heine auf dem geweihten Platze keinen Raum übrig finden. Zu spät — weil Herr Heine die deutsche Nation wegen einer Frage beunruhigt glaubt, die uns diesseit des Rheins sehr gleichgültig ist. Herr Heine weiß nicht, daß man sich jetzt in Deutschland mit den wichtigsten Erörterungen über Kirche und Staat, mit den Untersuchungen über Protestantismus und jesuitische Reaktionen, über Preußens und Rußlands Zukunft, über hundert wichtige Culturfragen, nur nicht mehr mit seinen »Reisebildern« beschäftigt. Es hat etwas Rührendes! Herr Heine ging vor zehn Jahren nach Paris und bildet sich ein, daß Deutschland noch immer auf Vollendung des Perioden harrt, den er grade angefangen hatte, als sein Fuß das Hamburger Dampfschiff betrat, welches ihn nach Havre transportirte. Er glaubt, wir knusperten noch immer an den kleinen Gedichten und Novellen der damaligen Taschenbücher, an seinem Streit mit Platen, an seinen *Salon*witzen, an einem Bilde, das er von Herrn von Raumer brauchte und ähnlichen, großartigen Leistungen, von denen er (S. 250) sagt: »Meine Leistungen sind *Monumente,* die ich in der Literatur *Europa's* aufgepflanzt habe, zum ewigen Ruhme des deutschen Geistes.« Weil Herr Heine glaubt, daß wir um diese Monumente wie die Zwerge noch immer mit staunender Bewunderung herumgingen, so hielt er eine Schrift über seine persönlichen Differenzen mit Börne für ein Unternehmen, dessen Erscheinung man nicht zu motiviren brauche.

Ob sich Herr Heine für witziger, poetischer, unsterblicher als Börne hält, kann dem Biographen des letztern gleichgültig sein. Immerhin mag er ein Buch schreiben, dessen Thema in folgenden Worten (S. 205) ausgesprochen liegt: *»Börne's Anfeindungen gegen mich waren am Ende nichts anders, als der kleine Neid, den der kleine Tambourmaitre gegen den Tambourmajor empfindet: er beneidete mich ob des großen Federbusches, der so keck in die Lüfte hineinjauchzt, ob meiner reich gestickten Uniform, woran mehr Silber, als er der kleine Tambourmaitre mit seinem ganzen Vermögen bezahlen konnte, ob der Geschicklichkeit, womit ich den großen Stock balanzire, ob der Liebesblicke, die mir die jungen Dirnen zuwerfen, und die ich vielleicht mit etwas Koketterie erwiedre!«* Allein diese Schilderung der eignen Liebenswürdigkeit, des »fetten Hellenismus« seiner schönen Gestalt, der Liebesblicke, die ihm die jungen Dirnen des Palais Royal zuwerfen, mußte nicht auf Kosten eines Mannes geschehen, dessen sittliche und politische Bedeutung, publizistische Tiefe und römische Charakterfestigkeit, dessen schönes edles Gemüth und zarte Hingebung an Schmerz und Unglück, dessen Herz in allen seinen Lebensfunktionen ihn gegen Herrn Heine als einen Riesen erscheinen läßt, der ganz ruhig die Hand auf die »europäischen Monumente« des Herrn Heine legen und sagen kann: »Siehst Du, ich bin doch größer als Du!«

Herr Heine erzählt uns seine Berührungen mit Börne. Er erzählt, wie er ihn gefunden, im seidnen Schlafrock, mit der Pfeife im Munde, schwerhörig, heute krank, morgen gesund. — Auch diese Beschreibungen sind zum Theil wahr, theils ergötzen sie, weil sie aus dem Bestreben hervorgehen, zu zeigen, daß Herr Heine schöner gebaut, corpulenter, liebenswürdiger, kurz ein Mensch wäre, den man mit Börne gar nicht vergleichen könne. Mißlich aber ist es mit den Äußerungen, die er Börnen in den Mund legt. Diese füllen oft in einem Zuge mehr als sechs bis sieben Seiten. Sollte Herr Heine schon vor zwanzig Jahren die Absicht gehabt haben, seine Memoiren zu schreiben und über die Äußerungen der Menschen, mit denen er umgeht, schon so lange Buch führen? Nein, es ist unmöglich. Diese langen Tiraden, die oft witzig, oft durch ihre Länge ungenießbar sind, kann Börne nicht gesprochen haben. Herr Heine, der ein so schwaches Gedächtniß hat, daß er sogar dasjenige, was ihm das Theuerste war, seine Grundsätze, mit der Zeit vergaß, Herr Heine sollte den Kopfrechner Dase an Intensität des Erinnerungsvermögens übertreffen? Gegen die Ächtheit dieser Diatriben müssen wir also von vornherein protestiren. Sie sind ohne Zweifel durch einen schlagenden Einfall Börne's angeregt, aber in dieser Form ohne Widerrede von Heine eben so erfunden, wie die Reden, die Cornelius Nepos Imperatoren halten läßt, die auch größer waren als er.

Alle Welt wird mit mir darin übereinstimmen, daß das, was Börne bei Herrn Heine redet, ihn eben nicht im liebenswürdigsten Lichte erscheinen läßt. Nicht nur, daß er sich wie ein unsinniger *Coupe tête* in seinem politischen Fanatismus gebehrdet, er ist auch lasciv, gewöhnlich und nicht selten beinahe gemein. Diese Lüge in dem Buche des Herrn Heine hat mich — nächst der empörenden Mißhandlung eines edlen weiblichen Gemüths — am tiefsten gekränkt, hat mich um so mehr gekränkt, als vielleicht Börne sich wirklich gehen ließ, wenn er mit der saloppen Gesinnungslosigkeit, der witzelnden Blasirtheit und dem bekannten bauchgrimmenden Ennui des Herrn Heine zusammen kam. Wir sind Menschen und Börne war sogar ein guter Mensch. Wenn er in Herrn Heine's Gegenwart manches Lascive und Triviale sprach, so that er es aus Gefälligkeit gegen den Mann, der ihn besuchte. Er war zu gutmüthig, um Herrn Heine eine andere Sprache vorzuschlagen, als welche dieser in seiner Unterhaltung gewohnt ist. Es sind wahrhaft häßliche Dinge, namentlich über Christen- und Judenthum, die Herr Heine Börne'n in den Mund legt. Wenn sie nicht ganz erfunden sind, so beweisen sie nur, wie freundlich Börne in seinem Wesen war, wie wenig er den Streit liebte und mit wie zarter Aufmerksamkeit er denen entgegenkam, die ihn besuchten. Womit sollte er Herrn Heine unterhalten? Er schätzte den jungen Mann, er setzte große Hoffnungen auf seinen Styl, er glaubte ihn aufmuntern zu müssen und ging harmlos auf die albernen Talmudwitze ein, an denen Herr Heine mehr seinen Humor genährt hat, als an unserm großen Jean Paul, den er in diesem Buche einen »confusen Polyhistor« nennt! Ja, um die Wahrheit ganz zu sagen, man muß wissen, daß zwei getaufte Juden von so lachlustiger Natur, wie Börne und sein Schatten, tausend Gelegenheiten finden, an den drolligsten Vorkommnissen innerhalb der Synagoge und des Ghettos ihren Witz zu üben. Es ist recht betrübend für mich, daß ich manchem Israeliten vielleicht weh thue, wenn ich bekenne, daß mir nichts Ungezügelteres vorgekommen ist, als wenn zwei jüdische aufgeweckte Köpfe sich gegenseitig in witzigen Einfällen zu überbieten suchen. Der arme Börne (Herr Heine nennt ihn in seinem ganzen Buche nicht anders) ließ sich vor dem jungen Manne, der ihn besuchte, mehr als billig gehen und dieser benutzt jetzt dessen problematische Äußerungen, um über Börne einen häßlichen gelben Nebel zu verbreiten. Möchte diese Aufklärung des wahren Sachverhältnisses ihn von dem Andenken des trefflichen, grade in seinem häuslichen Gespräche immer gewiegten und besonnenen Mannes für immer verscheuchen!

Der politische Theil der mit Börne gepflogenen Unterredungen des Herrn Heine bezweckt, Ersteren als einen republikanischen Narren, Letzteren als einen Royalisten, oder wie man es von den ausgesöhnten Legitimisten in Frankreich nennt, als einen Ralliirten hinzustellen. Börne ist nach Herrn Heine ein Sansculott, er dagegen nur ein philosophisch-gemüthlicher Beobachter des Laufes der Begebenheiten, Börne gehört zur Parthei des Berges, Herr Heine zur Parthei des »Sumpfes.« Ich habe die zahme, royalistische Widerrufs-Politik des Herrn Heine mit Vergnügen gelesen, denn sie läßt hoffen, daß man die

Polizei-Aktuarstelle, welche Börne früher in Frankfurt bekleidete, vielleicht ihm überträgt, und ihm dadurch Gelegenheit verschafft, sich im Vaterlande von dem geringen Gewicht, das man noch auf seine Worte legt, selbst zu überzeugen. Allein man bedenke: die erwähnten Gespräche mit Börne sind alle zu einer Zeit gehalten, wo Herr Heine selbst einer der unternehmendsten Jakobiner war, zu einer Zeit, wo seine Schriften mit der Marseillaise begannen und der Parisienne aufhörten; zu einer Zeit, wo seine Pamphlets nur verstümmelt erscheinen konnten, weil kein deutscher Druckherr wagte, seine Finger zum Aufbau all der staatsgefährlichen Mausfallen und Guillotinen, die in diesen Räsonnements drohten, herzugeben. Nun ist nicht zu läugnen, (und mein Buch wird darüber mit Ernst und Aufrichtigkeit urtheilen) daß Börne in den Tagen nach der Julirevolution sich der Hoffnung auf einen gewaltsamen Umschwung der Begebenheiten mit rücksichtsloser Leidenschaft hingab; allein was ist edler, wahrer und redlicher: diese Ansichten auch innerhalb seiner vier Wände vertheidigen, oder sie, wie es bei Herrn Heine der Fall war, nur zur interessanteren Drapperie seines Styles zu benutzen und nach einigen Jahren in Hoffnung auf die Frankfurter Polizei-Aktuarstelle, sie als nie dagewesen läugnen? Das dritte Wort in Herrn Heine's »französischen Zuständen« ist die Tricolore, die Guillotine, das Ça ira u. s. w., bei Börne war es auch das dritte Wort in der Conversation. Gesetzt, sie wären Beide in einem betrübten Irrthum befangen gewesen, wer war redlicher, Börne oder sein Judas?

Herr Heine hat die Absicht, die patriotischen Erhebungen seit 1830 als lächerlich hinzustellen. Große Anfänge, die klein enden, fordern leicht den Witz heraus. Allein auch hier muß der Spötter Berechtigung haben und Herr Heine, der Jahrelang um die Gunst der republikanischen Parthei in Paris buhlte, hat diese nicht. Wenn über das Mißlingen des Hambacher Festes ein Mann von deutschem Gefühl, Sinn für Gemeinwohl, ein Freund gesetzmäßiger Freiheitsentwickelung frohlockt, so wird man ihm vielleicht mit getheilter Empfindung zuhören; allein Herr Heine sollte ein Recht haben, die süddeutsche politische Bewegung, die Vorfälle in Rheinbayern und das Associationswesen der deutschen Handwerker zu bespötteln? Er hat es einmal deshalb nicht, weil er früher seine Schriften mit den grellsten revolutionären Farben überpinselte, und zweitens auch darum nicht, weil ein Herz ohne Gefühl, ein Charakter ohne Stetigkeit, ein Streben ohne Gesinning überhaupt nicht berufen ist, in ernsten Fragen, die das Gemeinwohl berühren, eine Ansicht *für* oder *gegen* auszusprechen. Wer so tief, wie Herr Heine, im Irdischen, Materiellen, in der Blasirtheit des Jahrhunderts verkommen ist, dem kann nicht einmal das Frohlocken über eine gescheiterte Unbesonnenheit gestattet werden. Alle deutschen Ehrenmänner, die den Gang der Begebenheiten seit 1833 billigen, werden darin einig sein, daß sie nimmermehr zum Organ dieser Billigung Herrn Heine wählen möchten. Der deutsche Sinn ist einmal so. Börne mit seiner Übertreibung steht uns immer noch ehrenwerther da, als Herr Heine mit seinem Widerruf.

Die gänzliche Unfähigkeit unseres leidigen Gewährsmannes, sich in die Tiefe eines edlen Gemüthes zu versenken, beweisen die schnöden Trivialitäten, die Herr Heine über die religiöse Stimmung, die Börne'n am Abend seiner Tage für vieles Gescheiterte tröstete, sich erlauben zu dürfen glaubt. Auch über diese Erscheinung werden nachstehende Blätter sich wahrer aussprechen, so wie denn überhaupt mein Buch auch die einzig als wahr annehmlichen Aufschlüsse über das Zerwürfniß zwischen Börne und Herrn Heine enthalten dürfte. Herr Heine hat der Wahrheit durch seine Schrift zuvorkommen wollen; aber ich denke, da jene *nach* der Lüge erscheint, wird ihm das Aufräumen der Gegnerin um so leichter werden.

Ich gestehe, daß ich für das Unterhaltende und Witzige in der Schrift des Herrn Heine nicht unempfindlich bin. Er wird für das Formelle in seinen Büchern wenig so dankbare Leser haben, wie mich. Herr Heine ist ein muntrer Kopf, der, ohne wissenschaftliche Bildung, mit einer, weniger poetischen, als poetisirenden Gabe ausgestattet ist, die ihm erlaubt, an den Dingen mehr Seiten wahrzunehmen, als sich der Beobachtung des Verstandes auf den ersten Blick darbieten. Weniger Poet, als poetischer Dilettant aus der romantischen Zeit, weiß er den Gegenständen seiner Beobachtung eine phantastische Appretur zu geben, die von einem angebornen Sinn für das Naive, das Detail, das Unwesentliche, Specielle unterstützt wird. Ohne sittliche Selbsterziehung, von den Schmeicheleien seiner Umgebung früh gehätschelt, angewiesen auf Lebensernten, die er nicht zu säen brauchte, ein verwöhntes Kind der Familiencoterie, schlenderte er mit nachlässiger Indifferenz durch ein menschliches Daseyn, das ihm der Zufall sanft genug bettete, blieb bei jeder Albernheit, die ihm das Leben der Straße bot, stehen und glossirte die Menschen, ihre Sitten, ihre Meinungen, ihre Schicksale, ihren Glauben. Nie hat Herr Heine aus dem Kreise des kleinlichsten Egoismus heraustreten können, nie empfand er für das, »Was, wie Goethe sagt, der ganzen Menschheit zugetheilt ist.« Zieh man ihn der Unwahrheit, nannte man ihn gesinnungslos, häufte man Vorwurf auf Vorwurf, — es ließ ihn gleichgültig, wenn man ihm nur — den Witz einräumte! Und in der That, das Talent, sich im fernen Paris in eine dunkle, versteckte Stube einzuschließen, und von dort aus über die Lächerlichkeiten von tausend Menschen, denen er im Leben begegnete, spottend nachzugrübeln: dies Talent besitzt er meisterhaft. So muß ich gestehen, hab' ich Vieles in seinem Buche über Börne belacht. Aber nun denke man sich, wenn man gezwungen werden soll, auf Kosten edler Menschen zu lachen! Wenn man mitten in einem spaßhaften Satze vor der beleidigenden Wendung desselben erschrickt und für einen Autor erröthet, der nicht mehr erröthen zu *können* scheint! Als ich von Herrn Heine's Witz gebrandschatzt wurde, auch über Edle zu lachen, da war es mir, als bekäme man von einem Restaurant eine Fleischspeise mit pikanter, appetitreizender Sauce, striche diese mit den Messer fort und würde dann plötzlich von einem infamen Faulgeruch angedunstet, den die Cappern und Champignons verdecken sollten, oder man nähme einen Bissen in den Mund und müßte ihn aus Schreck über ein langes, durchsichtiges, rothes Haar an der Gabel wieder fallen lassen! Solche

Schrecken bietet fast jede Seite der Schrift des Herrn Heine dar.

Auch ohne meine Rüge wird man die Mißhandlung einer edeln gebildeten Dame, die Börne'n in treuer Anhänglichkeit ihr Leben gewidmet hat, empörend finden. Das Verhältniß Börne's zu Madame W. (es ist in meinem Buche thatsächlich dargestellt) gehört zu jenen schönen Begegnungen edler Seelen, die zum Glück der Dichter und Weisen nicht bloß von ihnen nur zum *Gegenstand* ihrer Schöpfungen gewählt wurden, sondern die oft sie *selber* beglückten und ihnen ein einsames Daseyn verschönerten. Ganz Frankfurt, hierüber gewiß kompetent, stimmt darin überein, das Börne's Verhältnis zu Mad. W. ein ebenso wohlthätiges für den verlassen und einsam in der Welt stehenden Unverheiratheten, wie seiner Natur nach rein und sittlich war. Herr Heine wahrlich sollte einer der Ersten seyn, der das Poetische einer solchen Beziehung mehr, als Andere, zu würdigen wüßte. Statt dessen bringt er diese Dame an den Pranger der Publicität. Er entwürdigt ihr Leben, er bezweifelt ihre Sittlichkeit, er schändet sie mit der Lascivität seines gemeinen Witzes. Eine Frau, die ihn durch Nichts gekränkt haben kann, als durch ihre liebende Verehrung für Börne, ihr Gatte, der der dritte in einem Seelen-Bunde war, für dessen Verständniß die alltäglichen Begriffe unseres Lebens nicht ausreichen, alle diese Beziehungen werden hier von dem frechen Spott des Herrn Heine so besudelt, daß sie wie die Cloake eines eben so unsittlichen Verhältnisses aussehen, als in dem Herr Heine, Zeitungsnachrichten zufolge, selber leben soll. O wie tief ist die Würde unserer Literatur gesunken! Ein Schriftsteller, der sich einbildet, »europäische Monumente« errichtet zu haben, kann sich darin gefallen, kleine Kothhaufen aufzubauen, wie die Gamins der Straße! Wenn dieser zügellose Mißbrauch der Presse fortfrißt, welches sittliche weibliche Gefühl wird nicht zittern vor einer Berührung mit Dichtern und Schriftstellern? Hingebungen, wie sie Goethe, Bürger, Tieck, Schlegel fanden, werden aus Furcht, öffentlich gebrandmarkt zu werden, aussterben und der Poet wird auch darin der ärmste werden, daß kein Frauenherz mehr seinem

Frieden traut, und ihm, wie Herrn Heine's, des großen Sittenrichters, Beispiel lehrt, nichts übrig bleibt als eine Wahl unter den Nachtvögeln des Palais Royal.

Ich bin zu Ende. Herr Heine schließt sein Buch mit einer von ihm schon abgenutzten Allegorie fast wie ein Testament: Er sagt: »Ich werde dick und fühle eine sonderbare Müdigkeit des Geistes.« So wird auch bald, nach *solchen Büchern,* der schöne Ruhm, den er in der Literatur des Tages behauptete, sein Auge schließen und von Herrn Heine nichts mehr übrigbleiben, als ein ödes, nur mit spärlichem Grün bewachsenes *Gewesen!* Börne's letzte Schrift zeigte ihn uns edler, verklärter, als je. Selbst seine Feinde gewannen ihn lieb, als er sein letztes kleines Buch geschrieben und starb. Herrn Heine's letzte Schrift aber zeigt ihn uns vollkommen in einer moralischen Auflösung. Börne war kein Dichter und schrieb wie ein Prophet. Herr Heine affektirt, ein Dichter zu sein und schreibt wie ein Gamin. Börne war nicht frei von Irrthümern, aber im Feuer seiner Überzeugung härtete sich ein stählerner Charakter. Herr Heine schwimmt im Meer der Lüge und wird sich allmälig ganz verdunsten in das »goldne Nichts« der Eitelkeit. Börne stritt gegen die Lebenden und versöhnte sich mit den Todten. Herr Heine fürchtet die Lebenden und erst, wenn sie sterben, bekämpft er sie. Börne griff seine Feinde an: Herr Heine nur die Gattinnen und Freundinnen seiner Feinde. Börne stritt, als er noch lebte, gegen Herrn Heine: Herr Heine wartete und antwortete dann erst, als Börne gestorben war!

So mögen diese Blätter hingehen und für das Leben eines merkwürdigen Mannes ein besseres Zeugniß geben, als die Lügenschrift seines Rivalen, der ihn um den Ruhm einer edlen Gesinnung und den Vorsprung eines gediegenen Charakters beneidete! Wenn Herr Heine beabsichtigte, meinem Buche von vornherein beim deutschen Publikum die Glaubwürdigkeit abzuschneiden, so denk' ich nicht, daß nach dem Inhalt dieser zu meiner Schrift nothwendig gewordenen *Vorrede* ihm sein schnöder unedler Zweck gelungen ist.

K. G. Geschrieben in Hamburg, den 10. August 1840.

Julius Campe
an Heinrich Heine in Granville.

Hamburg, 14. August 1840.

Am Sonnabend habe ich Ihr Buch ausgegeben. Auch in Leipzig kam es an denselben Tage ins Publikum. Was soll ich darüber berichten? — Soll ich Ihnen die *Wahrheit* sagen? —

Ich habe mich mit dem Buche abgefunden; habe Ihnen gesagt, daß ich es beklage, daß Sie Sich mit Börne verglichen, alles das war mir fatal und sagte ich Ihnen: Sie würden *dafür* aushalten müssen! — Wie gesagt, *ich* bin darüber schon hinaus, und bin ein »Lettore Benevole —«; aber wie sind die Leser, die das Buch zum ersten Male durchlaufen! —

Sie sind wie die Weiber, die einen schön gestrickten Strumpf sehen; sie begaffen ihn von allen Seiten und finden, daß einige Maschen fallen laßen sind; — nun taugt er nichts.

Börne, hat eine unbeschreibliche Popularität in Deutschland gewonnen; alle sehen in ihn einen seltenen Charakter, — man *liebt* und *verehrt* ihn — *allgemein!* —

Nun kommen Sie, greifen den Haus-Götzen an. Schänden ihn, setzen ihn herunter! — Er, ist todt; kann sich nicht wehren. — Es ist ein allgemeiner Schrei *gegen Sie* und noch sprach ich, außer Ihrer Mutter, keinen Menschen der sich dieser Gedanken erwehren konnte. Die allgemeine Indignation haben Sie geweckt. Die Sentimentalität geht weit. —

Auch in Leipzig ist's dasselbe, wie ich heute hörte. In das Hôtel de Bavière zu Leipzig brachte ein Literat — ein Vieh — es an die Table d'hôte. Laube und viele fremde Literaten waren gegenwärtig, 12 bis 15; die Lecture begann. Man blieb sitzen und laß vor.

Ein Schrei des Unwillens war Chor —; Laube wollte Sie vertheidigen und ward ausgelacht. So berichtete mir Dr Uffo Horn, der in dieser Compagnie war und heute von dort hier eintraf.

So steht es in Deutschland.

Ihr Buch wird gehen, das ist richtig; aber ich fürchte: daß die Fäden der Freundschaften, bei vielen — sehr vielen — damit zerschnitten sind, und Sie bis zum Erbarmen werden, unisono werden, abgemuckt werden. Gutzkow & C° sind vergnügt! — Alle Differenzen wurden suspendiert; — schnell den Börne in die Preße! Am Montag begann der Satz, in 3 Wochen ist er fertig. Wienbarg war heute Abend bei mir, er läßt Ihnen alle Gerechtigkeit wiederfahren; aber er ist ergrimmt, trotz dem: daß *er*, das Künstlerische an dem Buche achtet! — »Wer hat für Heine als Dichter noch Glauben, nachdem er einen so schnöden Streich gegen einen *Todten* geführt hat?« Das waren seine Worte. Wenn ich Ihnen als ehrlicher Mann sage: *keiner* hat das Buch gelobt, jeder, Jeder hat sein Misfallen dick und derb zum besten gegeben; so berichte ich Ihnen die Wahrheit — die Sie von mir verlangt haben. Machen Sie sich auf das gefaßt, das Sie treffen muß. Wäre dieser Salon 4 doch beßer! Der Rabbi ist *ein Fragment;* ohne Schluß — ohne Befriedigung. Was zählt der Salon 4 —, wo es gilt, einen trostlosen Eindruck zu verwischen! der die *deutschen Gemüther,* wie ein unbegreiflicher Zauber, ergriffen hat. — Alles das fühlte ich beim ersten Lesen; ich war in meinem Innern verletzt; 5 Monate waren verstrichen, ich dachte daran nicht mehr; ich bin zu gelenk, springe aus einer Haut in die andere beliebig über, bin nicht Parthei, nur Schauspiel Direcktor, der seine Stücke mustert und den der gefühlte Effect überrascht und belehrt, wenn er vor dem Volke den Vorhang aufzieht. — So hier. Den Wunden Fleck haben Sie am deutschen Charakter mit Pfeffer und Salz bestrichen; das brennt und schreit! und wird eine fatale Nachwirkung haben, für Sie und Ihre Zukunft als *deutscher* Schriftsteller.

Ich bin hierbei nur Maschiene, die die Bilder reflectiert die deren Spiegel auffaßt, die in den Rahmen treten und sichtbar werden. Ich berichte nur, was Ich sehe und was ich mit gewißheit erwarten muß. — Doch leugne ich nicht, daß ich davon überrascht und verdutzt bin, — daß die Menschen nur an diesem Theile kleben; von den vielen, herrlichen und Schönen das in dem Buche wirklich ist, keine Notiz nehmen, keine nehmen *wollen*, nur an der Schattenseite des Buches weilen sie, und das ist ein böses Ding! Für Sie — für mich. Nimmer hätte ich es in dem Maaße erwartet, wie es sich herausstellt. Merken Sie, wie man den Deutschen nicht kommen soll —, *nicht darf*. Die Leute haben Gemüth! und das verträgt keine Beleidigungen dieser Art. Ich fürchtete das sehr; aber wie gesagt, nicht in der Ausdehnung, wie ich es erblicke und kommen sehe.

Mein Bericht möge *nichts* bei Ihnen gelten; es soll mich freuen, wenn ich zu schwarz sehe, mich gänzlich getäuscht hätte, in diesem Bericht. Aber Laube berichte, berichte *offen* als Freund was er hörte, und Sie werden dann fühlen, daß etwas *gut zu machen* ist. Ob Sie das wollen? Das ist Ihre Sache, nicht die Meinige. Gutzkow hat viele und entschiedene Feinde. Alle beklagen es, daß Sie ihm so leichtes Spiel bereitet haben — hier Sieger zu seyn und Popularität, die ihm fehlt, zu gewinnen. —

Um Eins bitte ich Sie, sehen Sie diese Sache nicht aus den vornehmen Gesichtspunkte an! Gehen Sie mit Sich ernstlich zu Rathe, damit Sie nicht zu viel einbüßen. —

Kein Blatt hat bis jetzt hier eine Stimme abgegeben —, alle schütteln das Haupt; aber es wird bald kommen!

Julius Campe
an Heinrich Heine in Paris.

Hamburg, 21. August 1840.

Mein Brief v 14 d, nach Granville gerichtet, meldete Ihnen, wie die Stimmung in Deutschland über Ihr Buch sich gebildet hat. — Seitdem steigt Sie bis zum Krämer herab und jeder giebt Ihnen seinen Tribut; — etwas ähnliches habe ich nie gesehen, wie jeder sich beeilt und bereit ist: Ihnen einen Hufschlag zu geben! Die Journalistick ist entschieden in allen Dingen *gegen* Gutzkows Wesen eingenommen —; sie wünscht ihn zu vermöbeln, und glaubte, eben bei *dieser* Gelegenheit ordentlich vom Leder ziehen zu können. — Sie ist total getäuscht in ihren Erwartungen; sie steht daher ganz verdutzt und kann noch nicht zu sich selbst kommen. Aber, so mächtig ist der *allgemeine Unwille, daß Sie jedes Blatt zerzausen wird.* Der Artikel in den Nachrichten ist von Clemens (Gericke) — ein *Feind* Gutzkow's —: er kann Sie nicht halten, er muß mit dem Strome gehen. —

Genug, ich wollte Sie mit dem Zeuge nicht behelligen, Ihnen den Aufenthalt im Bade nicht verderben, sandte Ihnen deshalb den 3 Tage fertigen Telegraphen nicht. Ich selbst habe ihn nicht gelesen, aus Verdruß nicht. Wienbarg kam, wir sprachen darüber und daß ich Sie damit verschont habe. Er meinte, es sey *nothwendig, Sie* damit bekannt zu machen: Sie *müßten* das wißen. Ich überlegte und finde, daß er Recht hat. Das Blatt erscheint bei *mir,* wie wird es jemand glauben, daß Sie keine Kunde davon erhielten? Wenn wir *beide* es versicherten, es glaubt es uns keiner! Die Pflicht gebietet es mir so zu thun, wie es geschah.

Sie sind den Deutschen und Deutschland entfremdet —; kennen die Gesinnungen nicht mehr; — kennen die Launen Michels nicht! — Hüten Sie Sich! sonst ist Ihre Popularität ganz zum Teufel. Sie haben die Menschen auf dem empfindlichsten Fleck tief verletzt, nämlich in ihrer unschuldigen Meinung! — — — Jeder erblickt in Börne, nicht mehr den Schriftsteller, sondern: einen *Blutzeugen* für die deutsche Freiheit, und so hat *er* die Anwartschaft einst zu einem Kalender-Heiligen erhoben zu werden, zum Trotze Ihres Tambour-Maitres: der Ihnen die ganze Wucht deutschen Zornes auf den Nacken wirft. Sogar die ehemaligen politischen Feinde Börnes, sind *zu ihm* desertiert; sie achten und respectieren ihn (mit brittischer Nobleße) als einen ehrlichen, redlichen und unwandelbaren Charakter. Ich selbst thue es, so Jeder — jeder! Er ist ganz national geworden und durch Sie wird er es noch mehr; — das Buch hat eine entgegengesetzte Wirkung erzeugt!

Begreifen Sie Ihren Mißgriff? Wie wollen Sie, wie können Sie das Gut machen?! Selbstmörder giebt es unter den Menschen, die *freiwillig* aus dem Leben schreiten; — aber aus der Literatur? das ist neu. Daraus stößt man die Fouques, Claurens, Jacobys und die, welche sich unnütz machen, Wit v Dörring und Consorten. Man *will* und *will* sie nicht!

Thun müßen Sie etwas, das ist klar, damit *keine Kruste* über solchen *Haß* wächst und Wurzel faßt und dann *fest sitzt*. — Diese Nothwendigkeit wünschte ich Ihnen so dringlich an das Herz zu legen, daß Sie davon ergriffen würden. Wer es redlich mit Ihnen meint und diese Wirkung kennt: muß Sie spornen! Ich wiederhole es, nicht mit *Vornehm-Thun* ist *hier* von zu kommen; es gilt: pro Patria, für die Eigene Ehre und Selbsterhaltung! — Ihnen wird bei dieser Gelegenheit der practische Beweis gegeben, daß der Deutsche ebenso gut, als der Franzose, seine Gränzen für das Schikliche, als Unschickliche besitzt, und einmal aufgebracht: gebieterischer, als der Franzose, nach der Züchtigung und Bestrafung seines Beleidigers *dürstet!* — In solchen Gefühlen enterbt er seine eigenen Kinder — verläßt Haus und Hof — wie viel leichter einen Schriftsteller!

Was ist zu thun?

Als ein reuiger Büßer können Sie nicht erscheinen, das schickt sich nicht; wäre am unrechten Platze und würde eine verfehlte Wirkung hervor bringen —. Das Einzige, was alles vergeßen macht oder zurück drängen könnte, ist eine *neue glänzende Publikation,* etwa ein Roman, der die Scharte auswetzte; die aber *rasch* folgen müßte.

Überlegen Sie; fragen Sie Ihre Freunde; jeder wird die Achsel zucken und gestehen: Sie *gingen zu weit;* mutheten den Leuten *zuviel zu!* —

Es thut mir Leid, daß ich so Ihnen berichten muß; doch der Stand der Dinge ist einmal *so* und *nicht anders*, daher gebürth Ihnen volles Wissen und Wahrheit über den Stand der Dinge, der mich entschuldigen möge, über die Bestimmtheit meiner Sprache, die ich in bester Absicht an Sie richte, den gemachten faut Pas zu verbessern!

Heinrich Laube an Heinrich Heine in Paris.

Leipzig, 22. August 1840.

So haben Sie's denn, lieber Heine, mit Schweigen und Nichtsthun dahin gebracht, daß ich Ihnen lauter Unangenehmes zu schreiben habe: Ihr Börne mißfällt total, ja Entrüstung darüber fängt überall an zu eclatiren. Sie wollten nicht hören, daß Sie fremd und ohne Hilfe in Deutschland geworden sind, nun werden Sie's erleben.

Heinrich Heine
an Heinrich Laube in Leipzig.

Granville, 26. August 1840.

Auch würde ich Ihnen heute nicht schreiben, wenn ich nicht einem kleinen Mißgefühl zuvorkommen möchte das freylich gringer Art, aber trotzdem beachtenswerth; denn nichts wäre mir auf dieser Welt verdrießlicher, als wenn ein Freund wie Sie an meinem Herzen zweifeln könnte! — Es handelt sich von meinem Buche, das den Titel führen sollte *»Ludwig Börne,* eine Denkschrift von *H. Heine«,* und welchem auch eine bedeutende Vorrede und eine Dedikazion an H. Laube zugedacht war. Den Titel hatte ich *Campen* zugeschickt und die Vorrede nebst Dedicazion sollte nachkommen, sobald der Druck seinem Ende nahen würde; Sie begreifen warum ich bis zum letzten Augenblick mit der Dedicazion wartete, die der edle Gutzkow lange im Voraus zu besprechen gewußt hätte. Nun denken Sie sich was geschieht: Mein Campe druckte das Buch in 10 Tagen und als ich ihm die Zueignung schickte war es zu spät. Das war mir verdrießlich — für Sie freylich ist es besser bey diesem Buche nicht Gevatter zu stehen. Was mir aber weit verdrießlicher ist, ist eine Handlung von *Campe,* die allen Glauben übersteigt: er hat nemlich dem Buche einen Titel gegeben der ihm für seine eigenen Bedürfnisse passend schien, nemlich den lächerlichen Titel »H. H. über L. Börne« — Als ich mit wahrem Schreck diesen Titel erblickte und gleich dagegen protestirte, behauptete er: ich hätte dem Manuskript keinen Titel gegeben und das Buch habe sobald als möglich aus der Presse geschafft werden müssen, damit Gutzkow den Inhalt nicht vorher erschnüffle und durch seine Intriguen das Buch zu kompromittiren wisse noch ehe es erschiene; er habe daher selber dem Buche einen passenden Titel gegeben! — Was soll ich da thun? Ich bin des leidigen Erklärens so satt — vielleicht muß ich aber dennoch in irgend einer Zeitung eine darauf bezügliche Erklärung abfassen — denn es wird mir sehr unheimlich, da ich aus einem Briefe von Campe, den ich soeben erhielt, bemerke, daß er mit unserem edlen Collegen *Gutzkow* wieder ganz harmonirt — sicher hat er selber auch den *Campe* angetrieben, in einem frühern Briefe, der sehr merkwürdig, mich Angst und bange zu machen daß ich ihn durch mein Buch, ihn und die ganze deutsche Presse ins Unglück bringe, durch meinen unzeitigen Revoluzionseifer. So daß ich ein anderes Buch, das ich an Campe vor einigen Wochen gab, ganz von aller Politik säuberte, obgleich mein Börne allenfalls zahm genug war und mich schlimmsten Falls, mich und Campe, gegen strengere Maßregeln der Regierungen decken konnte! Dieses andere Buch ist betitelt: 4ter Theil des Salons und ich habe besondern Grund Ihnen davon zu melden, da es Ihnen dedizirt ist und Ihnen wohl schon in einigen Wochen zu Gesicht kommen möchte. Diese Dedikazion ist im Grunde hier paßlicher als bey dem Börne da in letzterem, trotzdem daß ich mich meisterhaft selber kastrirte dennoch viel politisch Aufregendes enthalten ist und Sie dadurch bloß gestellt seyn durften.

Heinrich Heine
an August Lewald in Stuttgart.

Granville, 31. August 1840.

Jetzt erfahre ich, daß Gutzkow bei dem Erscheinen meines Buches über Börne das ganze Arsenal seiner Hinterlist aufgeboten hat, um mir in der öffentlichen Meinung zu schaden, und das Buch, was er selber über denselben Gegenstand herausgeben will, durch Rückwirkung zu heben. Es würde zu weit führen und würde auch meine gute Laune trüben, wenn ich Ihnen ausführlich erzählen wollte, wie er sich Campe's zu bemeistern und ihn zu meinem Nachtheil auszubeuten wußte. —

Sie haben keinen Begriff, welch ein Luxus von Infamien es gibt, die ich Ihnen erzählen werde, sobald ich Sie wiedersehe, denn es ist mir immer, als erwartete ich Sie für den nächsten Tag. Doch Sie kennen die hamburgischen und überhaupt die literarischen Cloaken Deutschlands zu gut, um nicht das meiste zu errathen. Bei der Anarchie unserer Tageblätter wird es dem edlen Gutzkow leicht gelingen durch seine Rotte in den deutschen Zeitungen eine Menge perfide Artikelchen gegen mich einzuschmuckeln. — Diesem Unfug sollen Sie nun entgegenwirken, und Ihrer Klugheit überlasse ich die Art und Weise. Ich lebe im Ausland, stehe in keinem literarischen Verkehr, mit niemand, bin ganz isolirt, und die anonime Presse kann daheim mit der größten Bequemlichkeit meinen Namen meucheln. — Handeln Sie also *schnell,* jede Zögerung bringt Gefahr. —

Jakob Kaufmann, Heinrich Heine.

5. September 1840.

Auch Patroklus ist gestorben,
und war mehr als Du!

Die junge Literatur hat ein Unglück betroffen, dessen schwere Bedeutung man erst an den Nachwehen erkennen wird. Das Unglück ist: Heine's Buch über Börne. Nicht, als könnten die unheiligen Blätter jenes Buches auf Börne einen Schatten werfen! Fern sey es auch von jedem Vernünftigen, Börne's Manen, die wahrlich vor keinem deutschen Herzen eines Anwalts bedürfen, sich als Vertheidiger aufzudrängen. Das Unglück ist, daß uns Heine schmachvoll verloren ging. Niemand, und wäre er der glühendste Schwärmer für die verlockende Loreley-Muse, Niemand wird es wagen, die erzprosaische, gemeine Versündigung, die Heine in jenem Buche begangen hat, zu entschuldigen; er, oder dies Buch muß lang begraben und vergessen sein, bevor wir wieder mit der alten Lust an seine Lieder denken. Niemand wird sich mehr auf Heine's glänzenden Namen berufen, wo es um mehr als die eitle *gloriole,* wo es um die Ehre und Ehrlichkeit der jungen Literatur sich handelt. —

Heine unterscheidet zwischen Hellenen und Spiritualisten, die er auch Juden oder Christen nennt. Mag diese Unterscheidung mehr als geistreich, mag sie wahr sein; sie spräche darum noch nicht für Heine, wenn es auch historisch ausgemacht wäre, daß die hellenische Natur auf die spiritualistische herabsehen darf. Wo ist denn das gesunde naturfrische Hellenenthum in jenem H., dessen sich selbst ironisirende Zerrissenheit eben daher stammt, daß er zu ohnmächtig ist, sich über Judenthum und Christenthum zu erheben, der zwar dem Spiritualismus nicht zu Kreuze kriecht, sich aber auch keineswegs noch zum griechischen Heros aufgeschwungen hat? Liegt sein Hellenenthum etwa in den kalten Leichenbildern der griechischen Götterwelt, mit denen er so gerne in erträumten Träumen buhlt? Etwa in den Bocksfüßen jenes großen Pan, den er mit der komischen Andacht und dem pathetischen Hocuspocus eines Komödianten heraufbeschwören will? ... Nein H. versteht hier unter einem Hellenen eigentlich einen anderen Goethe, oder besser Großkophta. Also H. ist ein Hellene. Weil er ein brillanter Goethianer ist, glaubt er sich wie Goethe selbst geberden zu können. Es ist, als wollte Thiers den Napoleon spielen. Jene fast wahnwitzige Eitelkeit, die ihm bei jedem Worte das Dalai-Lama-Stühlchen unterschiebt, die ihn treibt, Jean Paul einen confusen Polyhistor zu nennen, und im Angesichte der deutschen Nation über Schiller zu spotten, mag ich hier nicht weiter berühren; die Nemesis trifft ihn dafür, der Fluch des Lächerlichen, den er so oft auf Andere geschleudert, fällt nun auf ihn zurück; seine Selbstüberhebung rächt sich schon dadurch, daß sie den gemeinen Troß desto ungerechter gegen seine wirklichen Verdienste macht ... Heine mag, wie ein kleinsinniger Recensent, die Rostflecken zählen am Titanenschwert des Börne'schen Styls; er mag uns bedeuten, daß nur ein Meister metrischer Formen auch Meister der Prosa sey; er mag Börne nur Esprit zugestehen, der manchmal auch zum Humor wird; dies Alles ist vielleicht die aufrichtige Meinung seiner Narcissusseele; und am Ende, was lag B. daran, ob man seinen Styl lobte oder tadelte? Über die Literateneitelkeit war er hinaus. Heine mag Börne für keinen, und sich für einen großen Politiker erklären. Es widerspricht zwar auf die naivste Weise seiner scharfen Sonderung von Poesie und Politik; aber H. will einmal Alles haben, die Erstgeburt, und die Linsen, also laßt sie ihm. H. mag sagen, daß aus den Pariser Briefen der Wahnsinn grinst, »Gedanken, die man in die Zwangsjacke stecken müßte, denen man die Douche geben sollte ...;« dies haben vor ihm schon größere Geister gesagt, und kräftiger ausgedrückt, z. B. der kleine Meier in Hamburg; Heine hat gewiß gute Gründe, so zu reden, und er weiß, daß wir uns nicht auf specielle Ereignisse berufen, und dann fragen dürfen, ob Börne ein falscher Prophet war? ...

Aber er wage es nicht, eine Persönlichkeit anzutasten, die ihm heilig sein sollte, das Andenken eines Mannes zu schänden, der nichts zu schaffen hat mit seinem literarischen Treiben, und seiner Ambition um das Dalai-Lama-Stühlchen. Wahrlich, unsere deutschen Biedermänner haben sich über Börne nicht viel vorzuwerfen; sie haben fast alle redlich mitgeflochten am Dornenkranze für den Lebenden, aber den Todten haben sie anerkannt und beweint. Dies waren gewöhnliche Menschen, aber Heine, der Dichter, der ungewöhnliche Mensch, mußte auch etwas ungewöhnliches thun. Er wartete, bis die erste Nänie um Börne vorüber war, bis der letzte Ton der Sturmglocke von 1830 verhallte, dann sprang es hin, das verhätschelte Schooßhündchen des deutschen Publikums, auf das Grab des Todten — doch genug, Heine sucht Börne's Bild zu *carrikiren,* und wo ihm der Witz versiegt, verleumdet er ihn und die Wenigen, die treu an seinem einsamen Todtenbette wachten, auf eine Weise, die sich nicht näher bezeichnen läßt ... Ist das Hellenenthum? —

Was drängte Heine, dieses unselige Buch zu schreiben? »Ich war nie Börne's Freund, und ich war auch nie sein Feind« sagt er selbst. Er besuchte ihn einmal in Frankfurt, sah ihn mehrmals in Paris, und in den letzten Jahren vermied er ihn, weil der Ekel ihn abhielt vor jeder näheren Berührung mit Börne! Er wollte ihn also biographisch nach authentischen Quellen, kritisch nach seinen Schriften zeichnen? Nein, denn er sagt: »Ich schreibe weder eine Kritik noch eine Apologie.« Was also denn? Schreibt man ein Buch über Börne, wie man »ein Besuch bei Rossini,« »ein Abend bei Jules Janin« schreibt? Das Räthsel ist gelöst, wenn man die letzten Blätter jenes Buches durchfliegt, und den Tadel angeführt findet, den Börne gerade und offen über Heine's Wesen und Treiben äußerte. Börne sprach von Heine wie der Mann vom Knaben, schonend und anerkennend bei aller Strenge des Urtheils. Heine hatte ihn schon früher unter der Gestalt des kleinen Simon in Schnabelewopsky persiflirt, Börne schüttelte still und stumm, wie ein Löwe, den Mückenstich ab, sein Urteil blieb nach wie vor unerschütterlich über Heine's Künstlerwerth, wie über sein persönliches Treiben. Und darauf folgt nun — nicht eine Rechtfertigung, wie sie dem Todten gegenüber würdig gewesen wäre, sondern jenes Buch ... Ist das Hellenenthum? — Heine kann dieses Buch nicht mit seinem harmlosen Leichtsinn, seiner Poesie beschönigen. Man hat dem genialen Übermuth, der Burschikosität des jungen Heine manche eben nicht hellenische Unreinlichkeit vergeben; die Ansprüche aber, mit denen er hier so großmannssüchtig auftritt, contrastiren widerlich mit diesem knabenhaften Leichtsinn, dieser jugendhaft kleinlichen Schadenfreude. —

Hier, wenn irgendswo, hier an B. galt es, die Tiefe, die Kraft, die Wahrheit seiner Poesie zu erproben. Aber er, der um jedes Härchen seines geliebten Ich so viel zauberhafte Fictionen spinnt, der um den Hund Medor so viel gedruckte Thränen weint, er begegnet der Poesie, wo sie ihm in leibhaftiger Wirklichkeit, in Fleisch und Blut entgegentritt, wie eine gewöhnliche kleine Schreiberseele. Gehörte B. nicht der Geschichte an, wäre er eine Geburt seines Dintenfasses, H. hätte sein Leben lang gezehrt an der Poesie dieser charaktergroßen Gestalt. Man lese S. 210 f, wie er einen Besuch Börne's bei ihm schildert. Börne konnte wie es scheint, nicht schlafen, und kam in der Nacht zu ihm, setzte sich an sein Bett, und sprach von seinen Leiden und Sorgen. —

Wäre dies Le Grand, natürlich in der Fiction, gewesen, ach, wie süß unheimliche Worte hätte da H. für seine

Feder gefunden, wie hätte da der Pariser Mond durch die Scheiben geblinkt, wie hätte da die Trommel des Le Grand wundervolle Lieder gespielt, wie wäre da H. interessant und bleich, und melancholisch lächelnd geworden. Aber es war B., und nicht fingirt, sondern ein wirklicher Mann, und er kam nicht in einem von Heine's zahllosen Träumen, sondern er störte wirklich den süßen Heine aus seinem süßen Schlummer, und war so einfältig, vor ihm seinen Busen ausschütten zu wollen, da begegnet ihm unser Poet mit der impertinenten Prosa des gemeinsten Weltmenschen, er läßt ihn reden von Europa, von den Völkern, von seiner Zukunft, vielleicht auch von seinem Exil und seinen Todesahnungen, dann streckt er sich in seinem Bette und fragt ihn vornehm und verdrießlich: »Sind Sie Gemeinde-Versorger?« — Seitdem hat er ihn nur zweimal gesprochen. — Das ist Hellenenthum! — Nein, Heine wird sich nicht mit seinem harmlosen Leichtsinn entschuldigen. Es geht eine traurige Absichtlichkeit durch das ganze Buch, und wenn er Börne die Kunst zu schreiben abspricht, so muß man gestehen, daß Heine voll von Kunst ist. Ja kunstvoll ist dieses Buch, nicht geschrieben, sondern gedreht und gesponnen, wie die Folterseile des Henkers, ein Zug nach dem anderen wird in Börne's edler Physiognomie verzerrt, Anfangs wird von Leidenschaft und Verblendung gesprochen, dann werden allmählig »Bornirtheit, Wahnsinn, Überschnappen in den Katholicismus, Ekelhaftigkeit, versteckte Gelüste und Gemeinheit« daraus.... Wie die erste Falte über die Wange der verblühenden Buhlerin, der werdenden Betschwester, so geht eine gereizte, krankhafte Ernsthaftigkeit durch jenes Buch, so oft von Börne's Verdiensten die Rede ist. H. muß wirklich kränkeln, wenn er so ernsthaft, so gesetzt und solide thut. Viele Seiten scheinen mit dem grauen Haar gepinselt, das ihm über Börne's geschichtlichen Namen gewachsen ist. Seltsam passen dazu die bekannten Stutzerkünste und die ohnmächtige Coquetterie, mit der er, wie ein alter Tänzer, geschminkt und frisiert und geputzt, den großen Stock balancirt, und von seinem »großen Federbusch, und seiner reich gestickten Uniform, und seiner Tambour-Major-Würde« fistelt. Dann kommen wieder die geistreichen Träume, wo die Nymphen Griechenlands aus allen Sümpfen tauchen, und die Faune und Dryaden und die Götter, die den Schnupfen haben; auch geistreiche Phantasien kommen, um Zeugniß abzulegen für die hohen Gefühle H's und für seine tiefe Theilnahme am Wohl und Weh der Menschheit. So möchte er sich zugleich die Majestät des Dalai-Lama, die Unwiderstehlichkeit des Schooßkindleins und den Kranz des Märtyrers vindiciren. Glaubt er, man wird das für mehr als Kopfarbeit halten? Will er gegen B's gebrochenes Herz diese Schreibekünste in die Waagschale legen? Denkt er, uns diesen vergoldeten Seifenschaum der Phantasie als sein Herzblut zu kredenzen? —

Ich warf das Buch bei Seite und ließ die Blätter von B's unsterblichem Vermächtniß vor mir rauschen. Und eine Stimme tönt daraus, die nicht aus dem Kopfe, die aus dem tiefsten Herzen klingt, und ein Auge blickt heraus, voll vom Himmel der Kindlichkeit und der Wahrheit. Börne hat keinen Vers geschrieben, aber H. scheint nicht zu wissen, daß im Herzpochen B's mehr erhabene Melodie war, als in allen seinen Liedern, daß in der Redlichkeit des alten Börne, in dem Glauben, mit dem er sich vertrauensvoll an jede Menschenbrust wirft, mehr liebenswürdige, ewige Poesie ist, als er mit seiner erkünstelten Naivetät und seinem glatten Styl und seiner sentimentalen Herzlosigkeit sich andichten kann. Man staunt, wenn man nur einen Blick wieder in Börne's sonnenklare Schriften wirft, über alle Deutungen und Insinuationen Heine's. Geh, Heine, Du bist ein Stümper. Du bist nicht künstlich genug gewesen, um einen einzigen Zug von B's unauslöschlichem Bilde zu verwischen. Und unsere Zeit, wenn ihr der Schatten Börne's naht, wirft Dich von ihrem Schooß, wie eine edle Frau das Schooßhündchen fallen läßt, wenn ihr der treue Gatte aus weiter Ferne kehrt.

Jetzt magst Du hingehen, am Nordseestrand spazieren, und wimmern von Deiner Heimathlosigkeit, und wie Du so ausgestoßen und verkannt seist. Denn jetzt hast Du eine Heimath verscherzt, die Du trotz all Deiner Sünden und Lieblosigkeiten noch in tausend reichen, warmen

Herzen gehabt hast! — Das kann ich Dir im Namen der deutschen Jugend sagen.

Alexander Weill an Heinrich Heine in Paris.
Paris, 1. September 1840.

Das Buch ist gut, doch wünschte ich, Sie hätten mir gefolgt und mir es erst zu lesen gegeben. Einige Stellen über Immoralität sind ganz überflüssig. Sie fallen in die Falle, die Sie Pfitzer stellen ohne es zu wissen. Ihr Angriff auf Wohl ist unpolitisch, erstens kleinlich und dann wird diese Dame alles aufbieten um Sie zu kompromitiren und was macht man nicht mit Geld. Indeß ist das Buch wahr und vortrefflich. Ich bin bereit zentnerschwere Worte darüber loszudonnern, aber ich glaube, es ist besser, ich warte bis der Sturm vorüber ist, damit ich zugleich Gutzkow an den Hals komme.

August Lewald an Heinrich Heine in Paris.
Stuttgart, 14. September 1840.

Ihren Börne habe ich — haben wir gelesen! Man ist entzückt von dem Glanze der Schreibart, von dem Geiste und Witze; jeder gesteht sich und Andern daß es eine herrliche Characterschilderung ist und daß die komischen Partien des Buchs unwiderstehlich sind, die ernsten tiefe Wahrheiten aussprechen. Allein das Ganze rührt nun einmal ein Urelement im deutschen Gemüthe auf und giebt der Prüderie, Bosheit, Gemeinheit Ihrer Feinde Veranlassung sich darauf zu stützen, daran zu appelliren, um den Eindruck bei den Wohlwollenden zu schwächen, Andere sogar vom Lesen abzuhalten, kurz ein Anathem dagegen hervorzurufen. Dies Alles ist: daß es gegen einen Todten geschrieben ist — der in der Meinung sehr Vieler hoch steht und der sich nun nicht selbst vertheidigen kann. Daher werden Andere für ihn zur Lanze greifen. Das plumpe Volk sieht nicht ein, daß es rücksichtlos gewesen wäre, hätten Sie dies Buch bei Lebzeiten Börnes publicirt und daß es ihn schmerzen müssen. Ja, was weiß das dumme Volk, über das ich mich stets ärgre, da ich seine Gemeinheit, die es hinter dem Schein der Ehrbarkeit und Philisterei verbirgt, täglich koste und seiner ekelhaften Anmaßung und Talentlosigkeit täglich begegne. Sie werden mich nicht mißverstehen. Ich spreche hier gewiß nicht von dem deutschen Volke, sondern von gewissen Autoren und dem was daran hängt. [...]

Seyn Sie überzeugt daß ich Alles was ich im Stande bin anwende um für Ihren Börne zu wirken. Indeß sehen Sie nicht zu schwarz. Die Zahl Ihrer Freunde ist noch groß unter uns.

Julius Campe an Heinrich Heine in Paris.

Hamburg, 19. September 1840.

Was nun die Hauptsache betrifft — Ihre Stellung in der Literatur — so muß ich Sie *ernstlich* bitten, daß Sie das, was ich Ihnen schrieb, wohl zu beherzigen und als eine Sache zu betrachten, die da ist, wirklich so da ist, wie ich es berichte.

Verschanzen Sie Sich nicht hinter einem Glauben, als wären das die *Folgen* von den Bestrebungen der Frankfurter Clique und Gutzkows Schreiben. Wären diese Leute vermögend, so etwas zu erzielen, dann räumten Sie ihnen eine Größe ein, die sie *nicht* haben.

Nein, es ist ein Schrei, der durch alle Gemüther zittert, von Mund zu Mund geht, und der ist durch Ihr Buch *selbst* erzeugt! Sie wollen das nicht glauben? Nun, ich kann Sie nicht zwingen, *mir* zu vertrauen; warum fragen Sie denn nicht andere Leute, denen Sie mehr Glauben schenken! — Ich meldete Ihnen im *ersten* Momente, was die Glocke geschlagen —, zeigte Ihnen, wie Sie pariren könnten, *Ihrem* Ermessen stellte ich alles anheim. Durch eine gediegene neue Publication können Sie *alles* auswetzen, das ist meine Ansicht: Ihnen bleibt bei Gott nichts anderes übrig. Thun Sie was Sie wollen. Ich habe meine Pflicht gethan, ich habe Sie aufait gehalten.

Belege für meine Behauptungen verlangen Sie? Gut,

die will ich Ihnen geben. Sie arbeiten *nur* an der Augsburger Allgemeinen —, und der eleganten Zeitung. Diese Blätter sollten Sie in Ihrer Noth nicht verlaßen! Die Allgemeine bringt in No. 249 und 250 (Beilage) einen Artikel, der nicht Fisch nicht Fleisch — mit vornehmem Ton sich windet, im Herzen aber freut, daß zwei Plebejer sich bewerfen. Die Elegante dagegen, die Ihnen so viele Verpflichtungen schuldet, eben dieses Blatt behandelt Sie mit einer Niederträchtigkeit, mit einer Infamie, die *über Gutzkows Artikel hinaus ragt*. Die Halleschen Jahrbücher brachten einen Artikel, er ist würdig geschrieben, aber *Sie* bekommen es!

Das alles könnte Gutzkow, könnte die Frankfurter Clique möglich machen?? Ich bitte Sie inständigst: *täuschen Sie Sich doch nicht* so, wo Sie mit klarem Augen erblicken, wie jeder denkt, selbst die, die *Ihnen verpflichtet* seyn sollten. Sie sagen, ich seye von Gutzkow und Consorten bearbeitet, durch deren Einfluß die Färbung in meinen Briefen! *Nichts von dem!* Ich schrieb, was ich mit eigenen Augen sah und hörte, *ohne fremden Einfluß*. So sichtbar und klar entwickelte sich alles, daß darüber nur *eine* Ansicht statt hat und zuläßig ist.

Gutzkow sah ich *seit Januar nicht*. Er sucht mich nicht, ich ihn nicht, wir sind völlig geschieden. Der Telegraph erscheint auf meine Kosten, aber nicht eine Zeile sehe ich *vor dem Druck*. [...]

Der Telegraph, ehe ich ihn erhielt, war Jahr und Tag auf Gutzkows Kosten in Frankfurt schon erschienen, ich übernahm ihn, und von selbst versteht es sich, daß er sich seine Freiheit sicherte, in der Redaction zu schalten und wallten, wie *er* will das habe ich zugestanden und muß es halten.

So kam der Paßus in die Vorrede, die im Buche, ohne das, gedruckt steht. Quälen Sie mich also künftig über dergleichen nicht, ich kann es nicht ändern und bin, wie Sie ja wißen selbst darin schon genugsam angegriffen worden, was mir höchst gleichgültig ist. Warum muß ich denn immer darüber von Ihnen dulden, daß Sie *mich* als denjenigen ansehen, der alles das gut heißt? Solches Mißtraun sollten Sie *nicht in mich* setzen.

Heinrich Heine an Heinrich Laube in Leipzig.

Paris, 6. Oktober 1840.

Sie haben keinen Begriff davon wie gut gegen mich manövrirt ward, wie Juden und Patrioten gegen mich vereinigt, wie die großen Freyheitshelden über mein armes Buch loseifern, trotz dem *großen Berg* den ich darin aufgebaut — aber die Blindheit ist hier für den Augenblick eine Thatsache, gegen die ich nichts vermag, und die nur mit der Zeit schwindet, und ich hoffe in kurzer Zeit; denn nur eine gringe Weile lang kann Gutzkow die Revoluzionäre Parthey betrügen und die Maske fällt in demselben Momente, wo ich hingegen aufs unumwundenste für die große Sache auftreten muß — die Zeitereignisse verlangen entschiedene *Handlungen* — — —

Einen momentanen Triumph will ich den Leuten gönnen, und es wäre Thorheit eine Polemik anzufangen in einer isolirten Lage, wo ich die öffentliche Meinung gegen mich habe und kein einziges wichtige anerkannte Organ der schmähsüchtigsten Artikelfabrik entgegen zu setzen habe — Als ich sah, daß ich nicht einmal die Elegante benutzen konnte, vertagte ich die Fußtritte die ich dem Lump Gutzkow mehr im Interesse der ganzen Schriftstellerwelt, als in meinem eignen Interesse geben wollte. [...]

Spaß bey Seite, mein Börne ist ein sehr gutes Buch — ich habe gestern Abend ²/₃ des Gutzkowschen Börne gelesen — Gott weiß, es übte auf mein Gehirn wie ein narkotischer Trank. Ich schlief vortrefflich die ganze Nacht. Es ist langweilig über alle Maßen.

Julius Campe an Heinrich Heine in Paris.

Hamburg, 30. Oktober 1840.

Blicken Sie sich um, wo ist *Einer* der es wagt, Sie zu vertreten? — Wo ist einer, der *nicht* auf Sie einstürmte? — Ich meldete Ihnen diese Stimmung gleich, empfahl Ihnen das einzige Mittel dem Dinge entgegen zu wirken »eine neue tüchtige Publikation!« — Sie wollen mir nicht glauben. Sie forciren Sich zu glauben, *alles* gehe von Gutzkow aus! Großer Gott, wäre er einer solchen Wirkung fähig, ich würde ihn um die Erlaubniß bitten, ihm ein Jahrlang die Stiefel putzen zu dürfen. — Fehlgeschoßen! in dem deutschen Gemüth liegt dieser Unwille; alle Recensionen tragen diese Beweise; jeder sieht und fühlt das, nur *Sie* haschen nach einen Schatten, Gutzkow *soll* der Urheber seyn! Lächeln kann man nur über eine so kindliche auf lauter Fehlschlüße basierte Meinung.

Die Preße ist, wie ich es Ihnen gleich sagte, auf das höchste gegen Sie empört, den mögte ich sehen, der es wagte, Sie zu vertheidigen, *ietzt* zu vertheidigen. [...]

Ihr Buch habe ich im Februar gelesen, es war *milder,* wie Sie es später selbst censiert mir sandten. So wie ich es empfing, ist es geblieben, nicht ein Comma fiel weg; und ietzt thun Sie, als hätten Sie etwas geopfert, mir zu liebe geopfert?

Das ist es aber nicht, was Ihrem Buche schadet, davon redet *keiner,* sondern nur davon, daß Sie an einen Wehrlosen, an einen Todten zum Ritter werden wollten, *das ist es!* was alle Welt empört hat und den Refrain aller Urtheile bildet und was Sie je eher, je lieber aus dem Gedächtniß der Menschen bringen sollten.

Das Buch ist übrigens ein herrliches, ein vortreffliches, eins Ihrer Besten; leider verletzt es die Leser, wie ich Ihnen gleich gesagt habe; die häßlichen Bögen, von 15 an! — *Ihre Freunde thun in dieser Sache für Sie nichts,* verlaßen Sie sich darauf. Sie sind ietzt im Verschiß erklärt und da wißen Sie was in Deutschland in bezug auf einen Verschißenen Sitte ist: er muß sich als Nobeler Kerl zeigen, thun Sie das, beißen Sie Sich auf besagte Weise heraus! Was nun Ihre Freunde nicht thun wollen: das thun Ihre *Feinde.* Madame Wohl ist so toll, so dumm gewesen, statt Sie Ihrem Schicksal zu überlaßen, ein Buch zu drucken, betittelt: Ludwig Börne's Urtheile über H. Heine. *Ungedruckte* Stellen aus den Pariser Briefen. Als Anhang: Stimmen über H. Heine's letztes Buch, aus Zeitblättern. 8° Frankfurt bei Johann David Sauerländer 1840. 80 Seiten. Inhalt Vorwort, Börnes Briefe vom 25 Septbr —, 27 Septbr 30 Septbr —, 8 Octbr, — 13 Octbr —, 22 Octbr

— 2 Novbr —, 8 Dcebr — 24 Decbr 1831; — 5 März 1832
— 9 Januar, — 19 Febr — 15 März —, 22 März 1833; —
dann folgen Abdrucke aller Recensionen, die bis dahin
erschienen waren. [...]

Genug, es ist eine gränzenlose Dummheit des Weibes,
diese Briefe drucken zu laßen. Einmal sind Sie jetzt gerechtfertigt gegen ihn aufzutreten; denn wer *so* über Sie
berichten konnte, der verdient einen Buckel voll. — 2^{tens}
scheinen diese Briefe mir nicht echt. Börne schrieb conciser, gedrungener, prägnanter, compacter. Ich habe noch
Briefe von ihn über und gegen Sie liegen, die sind weit,
weit besser, schärfer aber *gewählter*. Diese sind gar nicht
in seiner Weise. Dann werden Sie auf eine Weise geschildert, in Manieren und Wesen, wie ich Sie nie fand — und
ein bischen Beobachtungsgabe habe ich auch. Genug:
Lüge über Lüge; So scheint es mir. Übrigens gratuliere
ich Ihnen: Sie werden als ein durch und durch verhurter
und in Venerie versunkener Laffe geschildert, der einen
Spasmacher, einen Witzbold vorstellt und am meisten
selbst über seine Witze lacht nur lacht und wieder lacht! —

Sie müßten eine ganz andere Haut bekommen haben,
eine Umformung Ihres ganzen Wesens müßte vorgegangen
seyn, die ich nicht kenne, wenn das Ihr Portrait wäre.
Bosheit blickt aus allem heraus, das ist wahr, und nur ein
gemeines, recht schmieriges, klebriges *Weib* kann so etwas
erfinden: das konnte Börne nicht schreiben!

Heinrich Brockhaus, Tagebuch.

Paris, 4. November 1840.

Die Aufnahme, die sein Buch über Börne in Deutschland
gefunden, hat ihn sehr betrübt und beschäftigt ihn mehr,
als er gern merken lassen möchte. Er führte mehreres an,
was sein Verfahren in einem milden Lichte erscheinen
lassen sollte: er habe es nicht so schlimm gemeint; das
Publikum habe ihn misverstanden; er habe das Buch vor
mehrern Jahren geschrieben und wisse kaum noch, was
darin stehe; den Titel habe Julius Campe gemacht und
dieser habe durch das ihm zur zweiten Natur gewordene

Geklatsch viel zur schlechten Aufnahme und zur Verhetzung der Leute untereinander beigetragen. Im Grunde ist wol seine Ansicht von Börne die richtige, aber indem er Börne im Grabe schmäht, tritt er auch zugleich gegen den Liberalismus auf, und das hat einen so schlechten Eindruck in Deutschland gemacht, wo Börne eine Art von Symbol ist, wozu dann noch der freche und frivole Ton und die vielen Angriffe nach allen Seiten kommen. Heine bat mich sehr, ich möge für eine recht unbefangene Kritik in den »Blättern für literarische Unterhaltung« sorgen; ich glaube aber, daß es ihm hier auch nicht besonders ergehen wird; er thäte wohl daran, meinen Rath zu befolgen und sich selbst gegen das Publikum über sein Buch und die vermeintlichen Misverständnisse auszusprechen.

*Anonymer Korrespondent
der* Mainzer Zeitung.

19. Juni 1841.

Paris, 19. Juni. Herr Heinrich Heine hat am 14. Juni auf öffentlicher Straße Ohrfeigen erhalten. Es wird Ihre Leser interessiren, die nähere Veranlassung und den thatsächlichen Hergang zu erfahren, da Hr Heine seither so viel von sich sprechen machte. Vor mehreren Jahren, als Börne mit Hrn Heine bereits zerfallen war, wurde von Jemand im Scherz das Gerücht ausgesprengt, Börne werde eine Biographie Heine's für die von Spazier redigirte »Gallerie der ausgezeichnetsten Israeliten« schreiben. Hr Heine, den nichts mehr ärgert, als daß man ihn zu den Juden zählt, drohte, falls Börne seine Biographie schreibe, die Freundin Börne's, Madame S[trauß, geborene Jeanette Wohl], zu verunglimpfen und sich empfindlich zu rächen. Von dem Gatten der Mad. S[trauß] hierüber zur Rede gestellt und zur Satisfaktion mit den Waffen der Ehre aufgefordert, benahm sich Hr Heine auf eine Weise, die seine gedruckte Ausforderung an Menzel als lächerlich erscheinen läßt; er lehnte jedes Duell ab. Nun erschien nach dem *Tode* Börne's das berüchtigte Buch Heine's, über das sich in ganz Deutschland nur Eine

Stimme des Abscheus vernehmen ließ, und das auch hier von allen Deutschen seiner Frivolität wegen getadelt wurde. Die Rancüne gegen die edle Freundin Börne's war darin auf's Höchste getrieben. Ein Weib wurde auf das Schändlichste verunglimpft. Am 14. nun begegnete Hr S[trauß] in der Straße Richelieu dem Hrn Heine. Nach einigen heftigen Worten gab Herr S[trauß], dem gegen den Beleidiger seiner Frau keine andere Waffen mehr zu Gebote standen, Herrn Heine eine derbe Ohrfeige. Sogleich versammelte sich eine große Menge Menschen. Herr S[trauß] sagte Herrn Heine, daß er zu allem Ehrenkampfe bereit sei und nannte ihm seine Wohnung. Herr Heine, in der Bestürzung, hob seinen Hut auf und gab Herrn S[trauß] gleichfalls seine Karte. Man erwartete, daß der Streit nun in der Region ausgefochten werde, die Männern von Bildung und Ehre ziemt; aber Heine reiste schnell den andern Tag *nach den Pyrenäen* ab. Es wird Jedem sehr leicht sein, hierüber das gehörige Urtheil zu fällen, und Herr Heine hat nächst der literarischen nun auch die persönliche Infamie auf sich sitzen.

*Heinrich Heine
an Alexander Weill in Paris.*

Cauterets (Pyrenäen), 30. Juni 1841.

Was Sie mir von dem Mossieu Strauß sagen, diesem miserabelen Lügner, so ist von diesem Pack alles zu erwarten — ich hoffe Sie werden hinlänglich widersprochen haben. Wer aber den feigen Aussagen eines solchen Lumps mehr Glauben schenken will als den Worten eines Heinrich Heine, der wenigstens nicht als Lügner in der Welt bekannt ist und genug Proben des persönlichen Muthes gegeben, solchen Leuten muß man nur mit Achselzucken antworten. Übrigens ist dies nicht der erste Versuch jenes Patrons mir, wo keine Zeugen sprechen, etwas anzuhängen. Alle Berührung, die ich je im Leben mit diesem Schmutzlappen hatte, bestehen nur in einigen Worten, deren ich mich kaum erinnere. Setzen Sie meine Freunde und Bekannte, die *mich in diesem Augenblick nicht per-*

sönlich befragen können, einigermaßen au fait in Betreff jener Lügen und sagen Sie mir wer sich etwa als compère dabey gebrauchen ließ.

Heinrich Heine
an Gustav Kolb in Augsburg.

Cauterets (Pyrenäen), 3. Juli 1841.

Ich, ich bin wahrlich nicht das schwache Lamm das sich auf der Straße, mitten in Paris, ruhig insultiren ließe, und das Individuum das sich dessen rühmte ist gewiß von allen Löwen der letzte, der dieses wagen dürfte! Das ganze Begegniß reduzirt sich auf einige hingestotterte Worte, womit jenes Individuum krampfhaft zitternd sich mir nahte, und denen ich lachend ein Ende machte, indem ich ihm ruhig die Addresse meiner Wohnung gab, mit dem Bescheid, daß ich im Begriff sey nach den Pyrenäen zu reisen, und daß wenn »man mit mir zu sprechen habe« man wohl noch einige Wochen bis zu meiner Rückkehr warten könne, indem »man schon zwölf Monath mir nichts geschenkt.« — Dieses ist das ganze Begegniß, dem freylich kein Zeuge beywohnte, und ich gebe Ihnen mein Ehrenwort, in dem Strudel der Geschäfte, womit einem der Tag vor der Abreise belastet ist, entschlüpfte es fast meiner besondern Beachtung. Aber wie ich jetzt merke, eben die Umstände, daß ihn kein Augenzeuge zurechtweisen könne, daß nach meiner Abreise seine alleinige Aussage auf dem Platze bliebe, und daß meine Feinde seine Glaubwürdigkeit nicht allzugenau untersuchen würden, ermuthigten das erwähnte Individuum, wahrscheinlich mit Hülfe seiner erfindungsreichen Penelope, jenen Schmähartikel zu schmieden, den die Mainzer Zeitung abgedruckt hat, wie sie bereits öfter die abgefeimtesten Schmähartikel aus derselben Fabrik mitgetheilt hat. Ich habe es hier mit der Blüthe des Frankfurter Ghettos und einem rachsüchtigen Weibe zu thun, Leuten denen kein Mittel zu schmutzig ist und denen alle Kloaken der anonymen Tagespresse für Geld und gute Worte zu Gebote stehen — ich brauch mich eigentlich nicht zu wundern. Aber was soll ich von

Zeitungsredakzionen und Correspondenten sagen, die aus Leichtsinn oder Partheywuth, dergleichen Unwesen unterstützen? In dieser Beziehung fände ich mich wohl geneigt eine öffentliche Rüge zu erlassen. Vielleicht schicke ich sie Ihnen schon nächste Woche für die Allgemeine Zeitung und ich denke dadurch weniger meine eigenen Partikularinteressen als vielmehr die allgemeinen Interessen des Publikums zu fördern. Bis dahin bitte ich Sie um vorläufiges Dementiren der Lügen welche gegen mich in Umlauf gebracht worden.

Heinrich Heine
an Julius Campe in Hamburg.

Cauterets (Pyrenäen), 7. Juli 1841.

Was das abgefeimte Luder von Wohl, die ExMaitresse von Börne, mit ihrem gehörnten Esel gegen mich gebraut hat werden Sie wissen. Schon vorig Jahr hat dieser letztere eine Lüge der Art herumbringen wollen, und jetzt, wo er wußte, daß ich in den Pyrenäen, ließ er das Zeug mit größerer Sicherheit los. [...]

Meine Erklärung wird wahrscheinlich zur Folge haben, daß bey einigen Schufte ihre Feigheit offenbar ist — wenn sie sich nicht mit mir schlagen. Lieber Gott, das wäre meine Wonne. Ich glaube diese Sache wird großen Einfluß auf die Schriftwelt haben und die Pöbeley zähmen.

Heinrich Heine, Vorläufige Erklärung.

Cauterets (Pyrenäen), 7. Juli 1841.

Wir sind jetzt, Gott erbarm sich unser, alle gleich! Das ist die Consequenz jener demokratischen Principien, die ich selber all' mein Lebtag verfochten. Ich habe dieses längst eingesehen, und für jede Provocation hielt ich immer die gehörige Genugthuung in Bereitschaft. Wer dieses bezweifelte, hätte sich leicht davon überzeugen können. Es sind aber nie dahinlautende Ansprüche in bestimmter Form an mich ergangen. Was in dieser Beziehung in einem anonymen Artikel der *Mainzer Zeitung* behauptet wird, ist eben so wie die dabei mitgetheilte Erzählung von einer Insultirung meiner Person, eine reine oder vielmehr schmutzige Lüge. Auch nicht ein wahres Wort! Meine Person ist nicht im entferntesten von irgend jemand auf den Straßen von Paris insultirt worden, und der Held, der gehörnte Siegfried, der sich rühmt, mich auf öffentlicher Straße niedergerannt zu haben, und die Wahrhaftigkeit seiner Aussage durch sein eigenes alleiniges Zeugniß, durch seine erprobte Glaubwürdigkeit, wahrscheinlich auch durch Autorität seines Ehrenworts bekräftigt, ist ein bekannter armer Schlucker, ein Ritter von der traurigsten Gestalt, der, im Dienste eines listigen Weibes, sich bereits vor einem Jahre mit derselben Schaamlosigkeit dieselben Prahlereien gegen mich vorbrachte. Dießmal suchte er die aufgefrischte Erfindung durch die Presse in Umlauf zu bringen; er schmiedete den Artikel der *Mainzer Zeitung,* und die Lüge gewann wenigstens einen mehrwöchentlichen Vorsprung, da ich nur spät und durch Zufall, hier in den Pyrenäen, an der spanischen Gränze, von dem saubern Gewebe etwas erfahren und es zerstören konnte. Vielleicht rechnete man darauf, daß ich auch dießmal dem ausgeheckten Lug nur schweigende Verachtung entgegensetzen würde. Da wir unsere Leute kennen, so wundern wir uns nicht über ihre edlen Berechnungen.

Julius Campe
an Heinrich Heine in Cauterets.

Hamburg, 29. Juli 1841.

Was soll ich es Ihnen verhehlen? man gönnt Ihnen allgemein die Prügel und man glaubt es gerne, daß Sie sie bekommen haben und zweifelt daran, daß es anders sey, wie man nun über 8 Wochen der festen Meinung ist, daß Sie sie richtig eincaßiert haben. —

Bei dieser vorgefaßten Meinung, wird keiner zu Ihren Gunsten jetzt eine Feder anrühren.

Mir wollten Sie nicht glauben, weil ich mit dürren Worten, ohne Beredsamkeit, Ihnen alles meldete, was in

Deutschland in Bezug auf Börne und Ihre schiefe Stellung, in die Sie gerathen sind, gemeldet habe. Gott weiß es, was Sie *mir* für Absichten die mich leiteten so zu berichten, unter geschoben haben mogten. Gesagt habe ich Ihnen immer: *Sie kennen Deutschland nicht mehr;* die neuen Erfahrungen und Begegniße mögen es *Ihnen bestätigen.* —

Beleidigungen dieser Gattung dürfen *Sie nicht* aus irgend einen Grunde auf Sich sitzen laßen, lieber todt, als entehrt, das Gespötte der Welt zu werden. Was ist es denn, sich schlagen, eine Wunde ist nichts, die heilt wieder; ich selbst habe Schußwunden und bin so gesund als ein Fisch im Waßer. Ehe ich mich maltraitieren ließe, lieber ginge ich 10 Mal in einem Vormittage ins Zeug. Der Würde der Literatur sind *Sie es schuldig,* will der Lump etwas, ihn entgegen zu gehen, wie es der Gebrauch mit sich bringt.

Allgemein ist die Sage verbreitet, Sie wären feige; ich gebe es zu, der Muth möge Ihre stärkeste Seite nicht seyn, aber wie viele Feigheit gehört dazu, unter solchen Umständen sich nicht bereit zu zeigen? In Gottes namen gehen Sie darauf ein: damit Sie Ihre Stellung wieder gewinnen, die jeder Lausejunge Ihnen ietzt streitig zu machen sich erkühnt! [...]

Von Ihrem Börne ist der Absatz sehr gering, genau wie viele, habe ich noch nicht ermittelt, ich bin noch in andern Arbeiten befangen; allein Sie sollen das Resultat und namentlich die Handlungen erfahren, was *jeder* absetzte, damit Sie Sich erkundigen können, ob ich Ihnen Unwahrheit berichtete. Ich meldete Ihnen gleich, Börne habe die Aussicht in Deutschland ein Calenderheiliger zu werden — er sey der Hausgötze; es ist so! Sie wollen nicht glauben, daß Ihr Buch die Leute indigniert hat; allein es *ist so;* und aus diesen Mißbehagen wird auch das Gute an dem Buche total verkannt. Nur der eine Gedanke — *Börne ist mißhandelt!* den hält *Jeder fest* und entfernt sich von dem Buche. Wozu sollte *ich* Sie mit Unwahrheiten bedienen? Finden Sie *das* bei solchen Gesinnungen, wie Sie sie in *allen* Blättern und in meinen vielen Berichten ausgesprochen finden, so unnatürlich oder gar unmöglich? Ich sollte doch denken, daß es klar ist: *so* und *nicht* anders *muß* es seyn. Unpopulaire Schriften sind noch niemals gangbar gewesen und werden es auch niemals werden! Der geringere Absatz ist eine natürliche unabweisbare Folge von der Aufnahme, welche einem Werke angehört. Dieses Buch ist nicht aufgenommen, sondern entschieden *abgelehnt* und *zurückgewiesen* worden. Sie werden zuthun haben die Lesewelt zu begütigen, überall wieder zu gewinnen! Das Buch der Lieder ist kein Maaßstab, die Studenten sind die Camele welche es tragen, die es sich anschaffen, die mit Ihnen noch nicht grollen, nichts mit Ihnen auszufechten haben. Kehren Sie Sich daran nicht. Diese Erscheinung bürgt dafür, daß Sie als *Dichter* lange dem Volke angehören werden. Das ist die Verheißung der Zukunft — es ist immer etwas Tröstliches, aber es hat auf den Ihnen feindlichen Theil nicht den geringsten Einfluß — der grollt und läßt davon, wie es scheint nicht ab; die Maße ordnet sich nur compacter gegen Sie.

Ich berichte Ihnen *ehrlich* wie es aussieht; ich könnte anders Schreiben und würde es thun, wenn ich weniger von Ihnen hielte und mir Ihre Stellung gleichgültig seyn könnte oder würde. Auf Hofmanier will ich zu Ihnen nicht stehen, damit wäre Ihnen ietzt, in der That, wenig geholfen. Alle Anecdoten von Ihnen werden ausgepakt und herum getragen, wie der besagte Hieb Ihnen andeuten sollte. Ich könnte das verschweigen, es gehört mit in die Kette der Gerüchte aus früherer Zeit.

Ich bin außer Stande mich in die Wahrheit der Sachlage zu versetzen, wie Sie diese Dinge betrachten werden, spreche daher aus, was *ich thun* würde, um alle Rederei zu vernichten — natürlich, wenn ich gefordert würde.

*Salomon Strauß an die
Redaktion des* Telegraph *[Karl Gutzkow] in Hamburg.*
Auteuil, August 1841.

Nur mit Widerstreben kann ich mich entschließen, brieflich auf eine Angelegenheit zurückzukommen, die mir schon so traurige Nothwendigkeit auferlegt; aber ich halte es für Pflicht, den Ehrenmännern in Deutschland, die die Glaubwürdigkeit meiner Aussage im Voraus verbürgen, genauen Bericht über alles Vorgefallene zu geben. Und Sie, geehrter Herr, scheinen in der No. 120 Ihres Telegraphen eine solche Erklärung über die Heine'sche Sache zutrauensvoll von mir zu fordern. So kann ich Ihnen denn auf Ehre versichern, daß der Vorfall mit Heine völlig wahr, so wie es in den Zeitungen berichtet. Ich begegnete ihm am 14. Juni Nachmittags in der Rue Richelieu; erst als er einige Schritte an mir vorüber war, erkannte ich im Umdrehen Heine, und er wohl gleichzeitig mich, denn er bog schnell in die Straße St. Marc. Ich ihm nach, und unter Ausstoßen einiger nicht sehr höflichen Epitheten gab ich ihm die wohlverdiente Züchtigung: eine Ohrfeige. Er reichte mir seine Karte und ich rief ihm meine Wohnung zu, da ich keine Karte bei mir hatte; er erwiederte: »Ich werde Sie schon finden.« Ich that ihm nun die unverdiente Ehre an, zu glauben, daß er Genugthuung von mir fordern würde, aber in den nachfolgenden Tagen schon war er nach den Pyrenäen abgereist. Von dort aus beginnen seine neuen Schändlichkeiten; aber was selbst die überraschen mußte, die die geringste Meinung von seinem Charakter hatten, war das freche Läugnen. Es widerstrebte meinem Gefühle, nun in den Zeitungen sofort, so zu sagen, zu bescheinigen, daß ich wirklich die Ohrfeige gegeben; seitdem sind ja auch, wie Sie wohl wissen, Männer aufgetreten, die die Wahrheit des Vorfalls in deutschen Zeitungen verbürgen.

*Anonymer Korrespondentenbericht
der* Zeitung für die elegante Welt.

Paris, August 1841.

Heine hat Hrn Strauß ein Cartel geschickt und ihn auf Pistolen gefordert. Strauß schützt ältere Rechte vor, wonach *ihm* die Wahl der Waffen zustehe, und will sich auf Säbel schlagen. Dagegen wendet Heine ein, er wolle für die früher ihm, dem Hrn Strauß, zugefügte Beleidigung Rede stehen, — obgleich sie längst verpufft sei und jener nie dafür Satisfaction verlangt; — für diese wolle er sich späterhin auf jede beliebige Waffenart schlagen, aber jetzt habe *er* die Wahl und dringe auf sein Recht; es soll ein ernsthaftes Duell sein. Diese Abneigung des Hrn Salomon Strauß gegen Pistolen macht seine besten Freunde stutzen und es wäre Zeit, daß er sich entschlösse. Übrigens sollen Heine von mehreren Seiten Cartels zugeschickt worden sein. Einem dieser unberufenen Gegner antwortete er lachend: wenn Sie des Lebens satt sind, so hängen Sie sich.

Anonyme Notiz in La Presse.

Paris, 8. September 1841.

Im Gefolge einer Polemik in den deutschen Zeitungen fand soeben in Saint-Germain ein Duell zwischen Heinrich Heine und Herrn Strauß, einem seiner Landsleute, statt. Die Angelegenheit hatte keine andere Folge als eine starke Prellung an der Hüfte Heines, die von einer abgeprallten Kugel hervorgerufen wurde.

Julius Campe
an Heinrich Heine in Paris.

Hamburg, 18. Oktober 1841.

Ausgemacht ist es, Sie haben eine Menge Gegner die Ihnen gerne Eins anhängen mögten, die es Ihnen nimmer verzeihen: daß Sie den Börne eins versetzt, Sich über *ihn* erhoben haben. *Das* ist der Inhalt allen Geschwätzes und hieran kränkeln die Meisten —, man verzeiht Ihnen das nicht und bis in die spätesten Zeiten wird man Ihnen *das* zu schmecken geben! Sie kennen diese Gesinnung zu wenig und glauben nicht, wie tief das alles Wurzel geschlagen hat; es liegt im Gefühl im Gemüth der Deutschen, so zu handeln und zu denken — darin findet keine Toleranz statt: man fühlt Republikanisch in solchen Dingen.

Julius Campe
an Heinrich Heine in Paris.

6. März 1842.

Das Resultat von Börne habe ich Ihnen der *Wahrheit* gemäß gemeldet; ich kann hinzufügen, daß im ganzen vorigen Jahre nicht über 30 bis 40 abgegangen sind. [...]

Börne ist einmal ungnädig aufgenommen, und darin liegt Alles vereinigt; man *will ihn nicht*. Braucht es mehr als dieses entschiedenen Willens? Börne ist, wie ich Ihnen s. Z. gesagt habe, der Hausgötze der Leute, ein Blutzeuge der Freiheit, consequent stets ein und derselben Sache treu, niemals schwankend gewesen! — Sie besudelten, wie die Leute einstimmig sagen, diesen. Damit haben *Sie unglaublich verloren!* Das Resultat des 4 Salon Bandes beweißt Ihnen das, wovon wenigstens an die früheren Käufer zwischen 15 bis 1600 hätten abgehen müßen und abgesetzt wären, wenn Sie das Volk, vornehm oder geringe, nicht so tief verletzt hätten. Glauben Sie, was Sie wollen; *das* ist der Stand, den Sie damit Sich gegeben haben. Ein Nothschrei ertönte durch Deutschland. Auf eine neue Auflage dürfen Sie ganz ruhig verzichten! — Es sey denn, daß sie auf dem Lager in Feuer aufgingen und der Vollständigkeit wegen ergänzt werden müßten; was auf dem Wege des Handels aber nie und nimmermehr erzielt wird. — Die Gesinnung der Deutschen ist der Freiheit zugewendet, diese wird von den Machthabern entschieden bekämpft; wohin das führt, das Ende vom Liede: steht mathematisch *fest* —; ob aber ein Menschenalter oder mehrere consumiert werden, bis die Entscheidung dieses Prozeßes erfolgt —, wer kann das bestimmen? — Solange diese Reibungen währen, behält *Börne,* als der Vater des deutschen Liberalismus seine Bedeutung, bildet: *Bibel, Catechismus* und *Gesangbuch* dieses Glaubens! — Und *diesen* Heiligen wollten Sie stürzen? Welcher Dank wird Ihnen dafür? Sie kennen die Mythen von den Kämpfen gegen die Götter — und gegen den einzigen Gott —. Die Aufrührer wurden Teufel, jeder floh vor ihnen. Wenn nun das Studium der Humanität, auch einige Früchte getragen und die Civilisation sich geltend gemacht hat, also nicht so grell sich, wie vormals, die Aussprüche des Volckes gestallten —: so denken Sie aber an die *Partheienwuth,* die ebensowohl ihre Märterwerkzeuge besitzt und zu gebrauchen weiß —: diesen sind Sie mit Ihrem Börne zugefallen! —

Alle die Erscheinungen, die das Buch zu Wege brachte, wenn Sie darüber nachdächten, Sich Selbst Rede und Antwort ständen, müßte Ihnen das klar und anschaulich werden, wie Sie hier Fiasko gemacht haben; — wie nothwendig es sey, diesen Fehltritt zu verbeßern. Über das Thema, das Sie anerkennen sollten, aber nicht wollen, habe ich so oft zu Ihnen gesprochen, das es mir selbst eintönig wird, ferner und mehr darüber zu reden.

Gustaf Adolph Vogel, Ein Morgen bei H. Heine.
Frühjahr 1842.

Auch auf sein Buch über Börne wandte sich das Gespräch, und ich muß gestehen, daß ich seit jenem Morgen ganz anders darüber urtheile. Wiedergeben kann ich das Glaubensbekenntniß, welches Heine darüber ablegte, nicht, mir wird aber die Wehmuth, mit der er sich über die harten Urtheile deutscher Literaten ausließ, unvergeßlich bleiben. — Alle, sagte er, werfen mir vor, daß mein Buch zu viel Persönlichkeiten enthielte: ist aber nicht jeder dieser Herren bei der Besprechung des Buches in einem weit größeren Maaße persönlich gegen mich geworden? Wenn sie Jemandem einen Fehler vorwerfen wollen, so sollten sie doch nicht, während sie es thun, in denselben verfallen! — Dies Argument hat allerdings viel für sich, und wenn man noch berücksichtigt, daß Heine mit seiner individuellen Auffassungsweise *allein* dasteht in der großen Stadt, ganz allein, ohne rathenden Freund, so wird man die extravaganten Stellen und Übergriffe in dem Buche weniger lieblos beurtheilen. Heine hatte sich gerade in diesem Sommer auf das wiederholte Drängen der Ärzte und seiner Frau nach langem Kampfe entschlossen, seine geschwächte Gesundheit in den Pyrenäen zu pflegen: da ertönte das Geschrei in den Zeitungen und Heine mußte zurückkehren, um die angetastete Ehre in dem oft besprochenen Duell mit Strauß rein zu waschen. Noch einmal wird sich der Starrsinnige, dessen ganzes Sein in den Anregungen der Weltstadt eine so gefährliche Lust findet, nicht bereden lassen, sie mit dem Still-Leben des Landes zu vertauschen. Wie sehr aufreibend jenes aber auf den Körperzustand des Gereizten einwirkt, vermag nur der zu beurtheilen, der Gelegenheit hatte, ihn in seiner eigenthümlichen Weise in der Nähe zu beobachten. Vielleicht, daß wir gerade jener erschrieenen Rückreise aus den Pyrenäen wegen viele Jahre früher den Tod eines Dichters zu beweinen haben, der — trotz aller Fehler — doch immer zu unseren größten gehört.

Karl Gutzkow, Lebensbilder.

April 1842 [1870].

In Paris angekommen, erhielt ich durch einen noch in Paris lebenden Boten, einen gemeinschaftlichen Freund, im Interesse eines Buches, das ich, dem Gerüchte zufolge, über Paris schreiben wollte, nachstehende Aufforderung: »Besuchen Sie sofort Heine! Er verspricht Ihnen hiemit, Ihnen zu Ehren ein Diner zu geben, wozu er alle Spitzen der französischen Literatur einladen will —!« Dieser, auf ein Heine'n zu widmendes Capitel meines Buches berechneten Aufforderung mußte ich erwidern: »Sagen Sie Heine, daß ich ihn nicht wenig schätze und von seiner guten Absicht gerührt bin! Ich habe aber das ›Leben Börne's‹ geschrieben, habe Börne gegen die Besudelung seines Namens durch Heine vertheidigen müssen. Abgesehen davon, daß man um ein Diner, wenn auch in noch so interessanter Gesellschaft, die Standpunkte seiner Gesinnung nicht ändern wird, so habe ich auch auf die nächsten Freunde Börne's in Paris Rücksicht zu nehmen, charaktervolle Personen, die mir nimmermehr vergeben würden, wenn ich zu dem Manne, der diese Alle und sogar eine edle Frau so schmählich mit Koth beworfen hat, halten und Champagner bei ihm trinken wollte —!« Die Folge dieser Erklärung war jene Rache. Heine dictirte einem seiner Freunde Namens Seuffert einen Erguß voll Bosheit in die Feder für die Allgemeine Zeitung.

Friedrich Engels,
Alexander Jung. Vorlesungen über die
moderne Literatur der Deutschen.

1842.

Die »Tendenzen« der weiland »jungen Literatur« sind längst vergessen, das leere, abstrakte Literaturinteresse hat beide ganz in Anspruch genommen. Dagegen ist die Indifferenz bei *Heine* und *Mundt* zur offnen Apostasie geworden. *Heines* Buch über Börne ist das Nichtswürdigste, was jemals in deutscher Sprache geschrieben wurde.

Karl August Varnhagen v. Ense
an Heinrich Heine in Paris.

Berlin, 11. Oktober 1842.

Die Art, wie Ihr Verhältniß zu Börne — von Ihnen so wahr, so gründlich und gehaltvoll geschildert — aufgefaßt worden, gleicht den ekelhaftesten Karikaturen des revolutionairen Partheigeistes, wie ihn die schlimmsten Zeiten von 1793 nur je gezeigt. Ich habe genug dagegen gestritten, die tolle Verblendung zur Besinnung aufgerufen; allein vergebens! Die Widersacher wußten heimlich wohl, was sie wollten, und liefen schreiend ihren Weg weiter. Jetzt scheinen sie etwas den Athem verloren zu haben, die Menge zerstreut sich, die Bessern kommen zur Besinnung. Bald wird man wieder einsehen, daß Ihr Buch ein wahres und gutes ist, — wenn es auch Einzelnes enthält, das nicht jeder billigen kann, auch ich nicht billige.

Arnold Ruge an seine Frau.

Paris, 11. September 1843.

Vorgestern schon wollt' ich Dir wieder schreiben, mein liebes Herz — [...]. Da kam Heine dazwischen, dieser

Zerstörer aller Gemüthlichkeit, und hat er mich damals verhindert zu schreiben, so soll er mir jetzt selbst Stoff dazu geben. Denke Dir, er machte sich in allem Ernst daran, sich wegen seines Buches gegen den noblen, braven Börne zu rechtfertigen, und als wir beharrlich schwiegen und ihm nicht einmal die Verwerfung des Buches auszusprechen Gelegenheit gaben, da verwarf er es endlich ohne Gelegenheit, nur daß er dabei blieb, die Frau zu verunglimpfen, die er auch in dem Buche so gottlos mitnimmt. Nicht Börne, diese Frau und Börne's Umgebung sei in jenem Buche eigentlich gemeint, und wenn er die ungeschickten Freiheitshelden angegriffen, so sei er doch damit nicht von der Freiheit abgefallen. Überhaupt hält er seine ganzen Gedichte für Freiheitslieder, während es nur Lieder der weichlichsten und verdorbensten Sklaverei sind. Er reißt Witze, wie es einem Sklaven in der großen Weltkomödie, wo es gar keine ernsthafte Angelegenheiten giebt, zukommt, und daß er aus der Liebe eine Narrheit und aus dem Hause ein Serail machen will, stimmt auch ganz gut zu den allgemeinen Sklavenstaat der Zeit.

Karl Grün, Briefe und Studien.

Paris, 6. November 1844 [1845].

Heine sagte mir gestern, als wir von seinem Buche über Börne sprachen: »Man verlangte von mir politischen Parteigeist — ich war noch keine 24 Stunden in Paris, als ich schon mitten unter den Saint-Simonisten saß.«

Heinrich Heine an Gustav Kolb in Augsburg.

Paris, 12. November 1844.

Ich bin wieder in derselben Noth, wie in der Sturm und Drangperiode, wo Börne seine Tücken spielen ließ. Nur ist der jetzige Communismus doch eine weit respektablere und imposantere Erscheinung als der damalige schale nachgeäffte Jakobinismus.

Heinrich Heine an Leopold Wertheim in Paris.

Paris, 22. Dezember 1845.

Ich theile ganz Ihre Ansicht über die Ehrenhaftigkeit der Madame Strauß und das ihr widerfahrene Unrecht. Hätte der Gemahl dieser Dame, als ich mich mit ihm geschossen hatte und verwundet ward, die in solchen Fällen üblichen Höflichkeiten nicht unterlassen, so würde ich mich gewiß meinerseits beeifert haben seiner Frau die bündigste Ehrenerklärung zu geben, um so mehr da ich schon damals die feste Überzeugung gewonnen, daß die Anzüglichkeiten, die ich mir in Betreff ihrer zu Schulden kommen ließ, auf ganz *irrigen* und *grundlosen* Annahmen beruheten. Mit Vergnügen ergreife ich jetzt die Gelegenheit, die sich mir darbietet, in der geeignetsten Weise, meine Sinnesänderung in jener Beziehung zu beurkunden. Ich veranstalte nemlich bey Hoffmann und Campe in Hamburg eine verbesserte Gesammtausgabe meiner Werke, und ich gebe Ihnen mein Ehrenwort, daß darin die unartigen Stellen, welche Madame Strauß persönlich berührten, nicht wieder abgedruckt werden. Ich bitte Sie der ehrenwerthen Dame diese Mittheilung zu machen, und ihr zugleich anzudeuten, daß jene Stellen, (wie mein Verleger bezeugen kann) nicht im ursprünglichen Manuskripte standen, wie ich es nach Hamburg zum Drucke schickte, und daß sie erst später, als ich mir dasselbe wieder zur Durchsicht hierher zurückschicken ließ, flüchtig hineingeschrieben wurden, in einer menschlichen Stunde und nicht ohne Provokazion.

Leopold Wertheim und Heinrich Heine an die »Allgemeine Zeitung« in Augsburg.

Paris, 24. Dezember 1845.

Herr Redakteur,
Herr H. Heine hat mir unterm 22. dieses einen Brief geschrieben, eine Ehrenerklärung für Madame Strauß enthaltend, und mich zugleich berechtigt, denselben H. Strauß im Original zukommen zu lassen; sollte demnach H. Strauß für geeignet halten, denselben *ganz* oder *theilweise*

in Ihr geschätztes Blatt einrücken zu lassen, so bitte ich Sie im Auftrage des H. Heine, sich diesem nicht zu widersetzen.

Es empfiehlt sich Ihnen mit aller Achtung und Ergebenheit
Dr. Wertheim.

Ich habe durchaus nichts dagegen, wenn der Brief, den ich dem Dr. Wertheim geschrieben, als *Annonce* in der Allgemeinen Zeitung abgedruckt wird.
H. Heine.

Alexandre Weill, Souvenirs intimes de Henri Heine.

1846 [1883].

Eines Tages — ich denke 1846 — schlenderte Heine mit mir über den Boulevard — wir kamen gerade vom Ministerium des Auswärtigen — und sagte lächelnd: »Morgen muß ich Guizot in der ›Augsburger Allgemeinen Zeitung‹ eins versetzen, sonst denkt er am Ende, ich habe mich verkauft.« — »Wieso verkauft?« erwiderte ich, »bezahlt er Sie etwa, damit Sie ihn angreifen?« — »Das nicht gerade. Ludwig Philipp zahlt mir eine Pension. Der König versteht Deutsch und liest mich. Ich gehöre zu seinen Freunden. Weder Guizot, noch Molé, noch Thiers verstehen ein Wort Deutsch, und es ist ein Heidenspaß für den König, wenn ich ihn herausstreiche und auf seine Minister stichle.« — »Das ist ja ein sauberes Handwerk. Börne hatte also recht! Und wieviel bekommen Sie pro Jahr?« — »Sechstausend Franken. Für nichts. *Ich habe mich ja auch nicht weggegeben, sondern darein ergeben.* Ich schreibe keine Zeile gegen mein Gefühl und meine Überzeugung.

Börnes Rolle war mir stets widerwärtig: er flüchtete nach Paris, um den Despotismus und die Dummheiten der deutschen Regierung zu geißeln, und dabei verband er sich in Paris mit den radikalsten Republikanern, führte einen unerbittlichen Krieg gegen die Julimonarchie und griff sie in seinen ›Briefen aus Paris‹ an, den französischen Raspails und den deutschen Savoies zu Gefallen. Diese Rolle liegt mir nicht. In meinem Börnebuch habe ich nichts davon gesagt; sonst hätte man mich beschuldigt, ich wolle die deutschen Flüchtlinge denunzieren, die ja alle ohne Ausnahme die Regierung Ludwig Philipps in ihren Korrespondenzen angreifen, vermutlich deshalb, weil er ihnen keine Pensionen zahlt. Ich wollte nichts von der Julimonarchie. Ich ging nicht zu ihr, sie kam zu mir. Sie hat mich weder bekehrt noch bestochen, sie läßt mir meine volle Freiheit.«

Karl Marx an Heinrich Heine in Paris.

Brüssel, April 1846.

Vor einigen Tagen fiel mir zufällig eine kleine Schmähschrift gegen Sie in die Hand — hinterlassene Briefe Börnes. Ich hätte ihn nie für so fad, kleinlich und abgeschmackt gehalten, als es da schwarz auf weiß zu lesen ist. Und welch elendes Gekohl nun gar der Nachtrag von Gutzkow, etc. Ich werde in einer deutschen Zeitschrift, eine ausführliche Kritik Ihres Buches über Börne schreiben. Eine tölpelhafte Behandlung als dieß Buch von den christlich-germanischen Eseln erfahren hat, ist kaum in irgend einer Litteraturperiode aufzuweisen und doch fehlt's keiner deutschen Periode an Tölpelei.

Robert Prutz, Das Jahr achtzehnhundertunddreißig.

1847.

Niemals wohl hat die öffentliche Meinung sich gröblicher geirrt, niemals zwei, in ihrem tiefsten Grunde verschiedenere Charaktere gewaltsamer zusammengekoppelt, als indem sie, wie es lange Zeit geschah, Börne und Heine zusammen nannte, als gleiche Naturen, und auf sie hinblickte, als auf die Dioskuren der Freiheit. Es ist eine löbliche Consequenz der Heineschen Frechheit, und das Publikum ist ihm Dank dafür schuldig, daß er den Muth besessen, auch jenes Buch über Börne zu schreiben und dadurch einen langjährigen Irrthum zu vernichten. Heine will die Freiheit für sich, um des Genusses willen,

Börne will sie für die Völker; Heine ist die Gironde, Börne der Berg; Heine Mephisto, der ewig Zweifelnde, Börne Faust, der ewig Ringende; in Heine bricht die Krankheit der Zeit aus, wie in einem entsetzlichen, allgemeinen Geschwür, Börne, unter Millionen Kranken, ist der einzig Gesunde, er ist der Einzige in dieser ganzen Literaturepoche, dem die Romantik nichts anhat, der niemals vergißt, daß die Freiheit das Höchste ist — der einzige Mann unter Millionen Weibern, der einzige Bürger, der einzige Politiker, zu einer Zeit, da Niemand mehr politisch sein mochte, da es für Narrheit galt, sich um die Freiheit, um das Vaterland zu bekümmern!

Wo die Krankheit regiert, da heißt die Gesundheit Krankheit; wo ein einziger Vernünftiger unter lauter Wahnwitzigen wäre, da würden bald die Wahnwitzigen für vernünftig, der Vernünftige für närrisch gelten.

Das hat Börne reichlich erfahren. Ihn schalt man krank, ihn zerrissen, ihn Verräther, darum weil er, der getreue Eckart des Volks, nicht aufhörte uns zu sagen, daß wir krank, zerrissen, verrathen wären; er hieß mißgestaltet, häßlich, bloß weil er nicht müde ward, uns unsere Mißgestalt zu zeigen, unser Elend uns warnend vorzuhalten; ihn nannten wir Fanatiker, weil wir Andern so glaubensarm, ihn freiheitstoll, weil wir selbst so sclavisch nüchtern waren! — Börne ist kein Dichter, er war überhaupt keine künstlerische Natur, seine Leidenschaft war zu wahr, seine Begeisterung zu stürmisch, als daß er jenes schöne Ebenmaß, jene Harmonie der Form, welche das Wesen der Kunst ist, jemals hätte erreichen können; sein Schmerz war zu tief, als daß er hätte lächeln können — und doch ist nur der lächelnde Schmerz poetisch, doch nur die beruhigte Leidenschaft ist künstlerisch. Er war sogar von dem Einen, was Noth that, dem Bedürfniß der Freiheit, so ganz in Anspruch genommen, er hielt die politische Entwicklung so ausschließlich im Auge, er wollte die Freiheit so sehr nur in ihrer unmittelbarsten, eigensten Gestalt, daß er — es steht nicht zu läugnen — darüber mitunter einseitig ward und in eine gewisse ästhetische Barbarei verfiel, wie sich dieselbe namentlich in seiner Beurtheilung Goethe's zeigt.

Allein so hatten wir ja auch der Poeten, der Künstler genug, die Ästhetiker drängten sich ja auf den Gassen, die Kunst ward ja so hoch gepriesen, es gab ja so viele Goetheanbeter — warum, wie Anderen ihre Schwäche, nicht auch Börne seine Kraft zugute halten, auch da, wo sie die heilige Grenze des Maßes, das Gesetz der Schönheit einmal überschreiten sollte?! Wir machen Goethe keinen Vorwurf daraus, daß er keine politische Natur gewesen und daß ihm der Maßstab gefehlt, die großen Thaten der Geschichte zu begreifen; erkennen wir denn auch Börne's Standpunkt, auch da, wo er einseitig ist, noch immer in seiner historischen Nothwendigkeit, seiner sittlichen Berechtigung an, zürnen wir nicht ihm, daß er nur politische Natur und daß ihm wohl öfters die Fähigkeit — und vielleicht sogar der Wille gefehlt, die Werke der Kunst, die Thaten der Schönheit zu begreifen! Wir verzeihen, daß Heine lebt, wie er lebt; verzeihen wir auch Börne, daß er gestorben, wie er starb, an gebrochenem Herzen, verzweifelnd an dem deutschen Volke, einen Fluch auf den Lippen, einen Fluch, der im Grunde doch nur Segen war, weil er nicht dem Haß, nur der Liebe entstammte, der zürnenden, eifernden, verzweifelnden Liebe!

Darin also, daß man diese schroffe, eherne, durchaus männliche Natur Börne's mit der ewig flatternden, ewig zerfließenden, durchaus weibischen Natur Heine's zusammenbrachte, darin, wie gesagt, irrte das Publikum: wie Heine selbst irrte, indem er sich zur Freiheit berufen, sich berufen wähnte, Andere zur Freiheit zu rufen. Weit mehr das Richtige, sowohl für seine eigene Individualität, als für die Zeit, in der er entstand und in die er eigentlich gehört, die Zeit vor der Julirevolution — weit das Richtigere, dünkt mich, traf Heine in dem, was er die Wiederherstellung des Fleisches nannte.

Heine ist nicht der Sohn der Revolution! Börne war es, war mehr noch als bloß ihr Sohn, war selbst Revolutionair, wäre gern der Vater einer deutschen Revolution geworden.

Heine schildert sehr lebhaft, wie lächerlich im Grunde diese revolutionaire Begeisterung Börne's ihm vorkam, wie unbehaglich er sich fühlte in der Nähe dieser ernsten, stoischen Natur; er verschweigt uns nicht, wie ekelhaft ihm diese schwieligen Hände der Arbeiter, diese Höhlen des Volks voll Rauch und Unsauberkeit waren, mit denen Börne in Berührung stand und in die er, vielleicht um Heine selbst zu beweisen, was er, Börne, gewiß schon lange wußte, Heinen gelegentlich einmal führte. Ein Sohn der Revolution hätte noch Unfeineres, noch minder Comfortables ertragen müssen. Börne ertrug es; Heine entsetzte sich davor, die Freiheit kam ihm mit einem Male außerordentlich unangenehm vor, nämlich seitdem er sie nicht mehr im Frack, in den Salons der liberalen Bourgeoisie, an den Tafeln liberaler Banquiers, sondern in der Blouse des Arbeiters, schwitzend, übelriechend, erblickte; er fühlte mit einem Male, daß er im Grunde seiner Seele eigentlich von jeher Royalist gewesen, deshalb, weil die Könige sehr gut, die Republikaner aber sehr schlecht essen, und weil in Freistaaten nur schlecht gesorgt ist für jenes Genie des Genusses, jenes ausgebildete, feine Talent der Sinnlichkeit, auf welches Heine selbst, als auf einen Adelsbrief seiner höheren Natur, so stolz ist.

Denn dies ist der Punkt: Heine ist der Sohn der Restauration. Börne ist Rousseau, der entsagende, finstere, menschenfeindliche; Heine ist der Voltaire jenes neuen *ancien régime,* das sich über dem Abgrunde der Revolution erhoben hat, das aber auch, wir wissen es! seinem zehnten August entgegengeht. —

Zu bewundern bleibt auch hier nur wieder der Muth, die Unumwundenheit, mit welcher Heine seine Genußsucht bekennt. Sie entsinnen sich, wie Genuß von früh an die Losung der Romantiker war. So zieht Heine auch hier die Summe, er reißt das romantische Feigenblatt ab, es ist Lucinde, aber nicht mehr in der Stille ihres Boudoirs — Lucinde auf offenem Markt, auf freier Gasse! — Wonach die ganze Zeit der Restauration innerlichst hungerte und lungerte, das sie suchte in den verschiedensten Formen, dem sie nachjagte bis über die Sterne hinaus, in pietistischen Ertödtungen des Fleisches: Genuß, Kitzel, sinnliches Behagen — Heine zeigte sehr genau, was hinter all diesen Schwärmereien steckte, er hatte auch hier den großen Vorzug, den ein feiner Kritiker ihm sehr richtig abgemerkt — den Vorzug, ohne Phrase zu sein, er zerriß die letzten Illusionen — Wollt ihr Genuß? hier: nackte Busen, üppige Schultern, derbe Hüften — und habt ihr dazu noch Wein und Austern, was wollt Ihr mehr? Der Mensch bringt es doch nicht weiter:

>Selten habt Ihr mich verstanden,
>Selten auch verstand ich Euch,
>Nur wenn wir im Koth uns fanden,
>So verstanden wir uns gleich.

Man hat Heine, in Erinnerung an Aristophanes, den ungezogenen Liebling der Grazien genannt — oder war er selbst der Erste, der sich so nannte? Jedenfalls hat er die Bezeichnung bestens acceptirt. Dennoch ist sie falsch. Auch Aristophanes' Cynismus, selbst wo er sich am Kolossalsten äußert, beruht noch immer auf dem Grunde einer starken, strengen, zürnenden Sittlichkeit; er ist so cynisch, weil er so keusch ist. Bei Heine ist gerade das Gegentheil der Fall: nicht die Ungezogenheit der Grazie, er hat zum Höchsten die Grazie der Ungezogenheit — und auch sie verläßt ihn oft, weil es allerdings nicht leicht ist, sich mit Grazie im Koth zu wälzen.

Aber auch durch diese Ungezogenheit, durch dieses freche, nackte zur Schau tragen einer völlig rohen Genußsucht wurde Heine für seine Zeit von großer Wichtigkeit. Dieses Geschlecht trat so leis auf, wußte für seine Laster so schöne Namen, war zur Verbuhltheit auch noch so verlegen, daß es gar nicht schaden konnte, im Gegentheil, es war ein Fortschritt, daß die Sache hier einmal ohne Weiteres beim rechten Namen genannt und eine offene Wiederherstellung des Fleisches gepredigt ward, nachdem man an der Vernichtung des Geistes schon so lange, mit so glücklichem Erfolge gearbeitet hatte. — Das Heine'sche »Fleisch« ist die große Realität zu der großen Abstraction der Ironie, die große Schadloshaltung, welche der Weltschmerz sich selbst bewilligt: beide zusammen in ihrem Widerspruch und dennoch ihrer Vereinigung die hauptsächlichsten Factoren jener Poesie der Lüge und der Unwahrheit, der Nichtigkeit und der Selbstverhöhnung, welche in Heine ihren unzweifelhaft klassischen Vertreter gefunden hat.

Alfred Meißner,
Heinrich Heine. Erinnerungen.

Frühjahr 1849 [1856].

Ich weiß, daß Heine in späteren Jahren viel darum gegeben hätte, wenn er das Buch über Börne nicht geschrieben. Es war ein Produkt der Erbitterung, die von den Anhängern der beiden Männer, den Fraubasereien und dem Geklatsche böser Freunde genährt und großgezogen worden war. [...] Heine konnte es nicht dulden, daß ihn Einer, wäre es auch Börne, übersehen wollte, seinen Lebenswandel kritisirte, seine Ehrlichkeit in Frage stellte.

»Börne«, sagte mir Heine eines Tages, »war ein Ehrenmann, ehrlich und überzeugt, aber ein ingrimmiger, verdrießlicher Mensch, so das, was der Franzose un chien hargneux nennt. Seine ›Briefe‹ mag ich nicht lesen, Galle ist kein angenehmes Getränk. Was ich über ihn geschrieben, ist wahr, dessenungeachtet gestehe ich, daß ich es nicht geschrieben zu haben wünschte, oder es gern wieder zurücknähme. Es ist immer eine bedenkliche Sache, eine gehässige Wahrheit gegen einen Autor auszusprechen, der einen großen Leserkreis und ein Heer von Anhängern besitzt. Man kämpft da nicht allein gegen diese oder jene Zeile seines Buches, man tadelt dann nicht allein diese oder jene Unart seines Charakters, sondern man greift zugleich damit das ganze Heer seiner Freunde an, und fühlt sich auch der Autor im Innern berührt, getroffen und entwaffnet, es rücken hinter ihm die hunderttausend Besitzer seiner Werke ins Treffen vor. Göthe war ein kluger Mann. Er hatte gewiß manches Bedenken gegen Schiller, aber er hütete sich wohl, irgend eins auszusprechen, um nicht die Begeisterung einer ganzen Zeit gegen sich zu kehren.«

Ludwig Kalisch, Pariser Leben.

20. Januar 1850 [1880].

Wir kamen auf sein Buch über Börne zu sprechen. Ich sagte ihm, daß es allerdings sehr geistreich sei, daß aber die gehäßigen Angriffe auf einen Mann, dem selbst seine erbittertsten Feinde einen edlen Sinn und ein aufrichtiges Streben nicht absprechen konnten, sich durchaus nicht rechtfertigen lassen.

»Du lieber Gott!« rief Heine, »wer Bücher schreibt, schwebt immer in Gefahr, große Dummheiten zu begehen. Trotz alledem«, fügte er gleichsam hinzu, »ist besagtes Buch lange so schlecht nicht, wie man in meinem lieben Vaterlande behauptet.«

Er machte sich dann über die talentlosen Schriftsteller lustig, die mit ihrer Charakterfestigkeit prunken. Die Antithese von Talent und Charakter gab ihm Stoff zu den drolligsten Bemerkungen.

Adolf Stahr, Zwei Monate in Paris.

September 1850 [1851].

Als wir [...] zurückkehrend Heine besuchten, kam das Gespräch auf Börne und auf Heine's letztes Verhältniß zu ihm. Hier that es mir nun wohl, von Heine das Geständniß zu vernehmen, »daß es eigentlich die gemeinsten Klatschereien und Hetzereien von Flüchtlingen und von Deutschland her gewesen, die ihn mit Börne auseinander gebracht und zu seinem Buche über Börne veranlaßt hätten«. Jenes Buch schien er sichtlich zu bereuen. Als er mir später einige seiner Bücher schenkte, unter denen sich auch die gedachte Schrift befand, bemerkte er in Betreff der letzteren: »ich habe sie hinzugefügt als Buße! Lesen Sie die Briefe, die von Helgoland datirt sind, sie sind gut geschrieben und das Beste in dem Buche!«

Wir kamen auf Börne's Stil. »Der *gute, selige* Börne«, bemerkte Heine, »war eigentlich der objektivitätsloseste Mensch, den ich gekannt habe. Wenn ich ihm bemerkte, er solle sich doch den ewigen kurzen Hundetrabstil abgewöhnen, er solle doch nicht immer Briefe schreiben, er solle doch selbstständig etwas schaffen! so erwiederte er mir regelmäßig: ›ich müßte es doch immer in Briefen an Madame W[ohl] schreiben!‹ — Denken Sie, er war so objektivitätslos, daß er sich immer an eine und dieselbe

Person anklammern mußte, um Etwas leisten zu können.«
Heine sprach dann von dem jüdischen Elemente in Börne
und von Börne's Sittlichkeit, welche nicht selten an Prüderie streifte. »Es war in ihm in dieser Hinsicht, und
namentlich in seinem Verhältniß zu Frauen, ein wunderliches Gemisch von Sentimentalität und Rohheit, von
Prüderie und Cynismus. Nennt er doch einmal seine Geliebte den Fettfleck seiner Seele! Ich habe darin immer
ganz verschieden empfunden. Ich habe mich äußerlich
oft in Unschönheiten gehen lassen, aber ich weiß bestimmt, daß ich aus reiner Liebe für das Schöne in meinen
intimen Verhältnissen nie unschön gewesen bin. Börne
dagegen hat mich oft an die alten deutschen Magister ge-
mahnt, die, wenn sie ihre weltliche Gravität ablegten, im
Freundeskreise bei Bier und Tabak sehr cynisch und bru-
tal sein konnten.«

Gustav Kolb an Heinrich Heine in Paris.

Augsburg, 18. Mai 1851.

Der Widerstreit der Gemüther, der sich eine Zeitlang noch
nach Börnes Tod geoffenbart hatte, ist — wie der ganze
Börne-Enthusiasmus von der Hochfluth der letzten Jahre
hinweggeschwemmt. *Ihre* Lieder aber haben dem Schicksal getrotzt — sie leben frisch und unverwelklich — in der
Erinnerung der Menschen, werden gesungen und fort und
fort in Musik gesetzt. Kann Ihnen das etwas linderndes
Öl in die Wunden Ihrer Leiden gießen? Der Gedanke
daran mag wenigstens in schlaflosen Nächten besänfti-
gend über Ihrem Lager schweben.

Die Nachwelt.

THOMAS MANN,
Notiz über Heine.

1908.

Von seinen Werken liebe ich längst das Buch über Börne am meisten. Er war als Schriftsteller und Weltpsycholog nie mehr auf der Höhe, nie weiter voraus als in diesem Buch und namentlich in den eingeschobenen Briefen aus Helgoland. Seine Psychologie des Nazarener-Typs antizipiert Nietzsche. Seine tiefe Einsicht in den Gegensatz von Geist und Kunst (nicht etwa nur von Moral und Kunst), seine Frage, ob nicht vielleicht die harmonische Vermischung beider Elemente, des Spiritualismus und des Griechentums, die Aufgabe der gesamten europäischen Zivilisation sei, antizipiert Ibsen und mehr als den. Nebenbei enthält dieses Buch die genialste deutsche Prosa bis Nietzsche. Nebenbei? Ach, nur wer das selig zerstreute Lächeln versteht, mit dem er den Freunden, die ihm warnend die menschliche, persönliche, politische Anstößigkeit des Buches vorhielten, zur Antwort gab: »Aber ist's nicht schön ausgedrückt?« — nur der begreift, welch eine denkmalswürdige Erscheinung dieser Künstlerjude unter den Deutschen gewesen!

KARL KRAUS,
Heine und die Folgen.

1910.

Feuilletonistisch ist Heines Polemik durch die Unverbundenheit, mit der Meinung und Witz nebeneinander laufen. Die Gesinnung kann nicht weiter greifen als der Humor. Wer über das Geschlechtsleben seines Gegners spottet, kann nicht zu polemischer Kraft sich erheben. Und wer die **Armut** seines Gegners verhöhnt, kann keinen bessern Witz machen, als den: der Ödipus von Platen wäre »nicht so bissig geworden, wenn der Verfasser mehr zu beißen gehabt hätte«. Schlechte Gesinnung kann nur schlechte Witze machen. Der Wortwitz, der die Kontrastwelten auf die kleinste Fläche drängt und darum der wertvollste sein kann, muß bei Heine ähnlich wie bei dem traurigen Saphir zum losen Kalauer werden, weil kein sittlicher Fonds die Deckung übernimmt. Ich glaube, er bringt das üble Wort, einer leide an der »Melancholik«, zweimal. Solche Prägungen — wie etwa auch die Zitierung von Platens »Saunetten« und die Versicherung, daß er mit Rothschild »famillionär« verkehrt habe — läßt er dann freilich den Hirsch Hyacinth verantworten. Und dieser Polemiker spricht von seiner guten protestantischen Hausaxt! Eine Axt, die einen Satz nicht beschneiden kann! Seiner Schrift gegen Börne geben die wörtlichen Zitate aus Börne das Rückgrat, aber wenn er darin Börne sprechend vorführt, spürt man ganz genau, wo Heine über Börne hinaus zu schwätzen beginnt. Er tuts in der breitspurigen Porzellangeschichte. Auf Schritt und Tritt möchte man redigieren, verkürzen, vertiefen. Einen Satz wie diesen: »Nächst dem Durchzug der Polen, habe ich die Vorgänge in Rheinbayern als den nächsten Hebel bezeichnet, welcher nach der Juliusrevolution die Aufregung in Deutschland bewirkte, und auch auf unsere Landsleute in Paris den größten Einfluß ausübte«, hätte ich nicht durchgehen lassen. Die Teile ohne Fassung, das Ganze ohne Komposition, jener kurze Atem, der in einem Absatz absetzen muß, als müßte er immer wieder sagen: so, und jetzt sprechen wir von etwas anderm. Wäre Heine zum Aphorismus fähig gewesen, zu dem ja der längste Atem gehört, er hätte auch hundert Seiten Polemik durchhalten können. Von Börne, der in dieser Schrift als sittlich und geistig negierte Person den Angreifer überragt, sagt er: »Alle seine Anfeindungen waren am Ende nichts anderes, als der kleine Neid, den der kleine Tambour-Maitre gegen den großen Tambour-Major empfindet — er beneidete mich ob des großen Federbusches, der so keck in die Lüfte hineinjauchzt, ob meiner reichgestickten Uniform, woran mehr Silber, als er, der kleine Tambour-Maitre, mit seinem ganzen Vermögen bezahlen konnte, ob der Geschicklichkeit, womit ich den großen Stock balanciere usw.« Die Geschicklichkeit ist unleugbar, und der Tambour-Major stimmt auch. In Börnes Haushalt sieht Heine »eine Immoralität, die ihn anwidert«, »das ganze Reinlichkeitsgefühl seiner Seele« sträubt sich in ihm »bei dem Gedanken, mit Börnes nächster Umgebung in die mindeste Berührung zu geraten«. Er weiß die längste Zeit auch nicht, ob Madame Wohl nicht die Geliebte Börnes ist »oder bloß seine Gattin«. Dieser ganz gute Witz ist bezeichnend für die Wurzellosigkeit des Heineschen Witzes, denn er deckt sich mit dem Gegenteil der Heineschen Auffassung von der Geschlechtsmoral. Heine hätte sich schlicht bürgerlich dafür interessieren müssen, ob Madame Wohl die Gattin Börnes oder bloß seine Geliebte sei. Er legt ja noch im Sterbebett Wert auf die Feststellung, er habe nie ein Weib berührt, wußt' er, daß sie vermählet sei. Aber in dieser Schrift sind auch andere peinliche Widersprüche. So wird Jean Paul der »konfuse Polyhistor von Bayreuth« genannt, und von Heine heißt es, er habe sich »in der Literatur Europas Monumente aufgepflanzt, zum ewigen Ruhme des deutschen Geistes« ... Der deutsche Geist aber möchte vor allem das nackte Leben retten; und er wird erst wieder hochkommen, wenn sich in Deutschland die intellektuelle Schmutzflut verlaufen haben wird. Wenn man wieder das Kopfwerk sprachschöpferischer Männlichkeit erfassen und von dem erlernbaren Handwerk der Sprachzärtlichkeiten unterscheiden wird. Und ob dann von Heine mehr bleibt als sein Tod?

Die Lyrik seines Sterbens, Teile des Romanzero, die Lamentationen, der Lazarus: hier war wohl der beste Helfer am Werke, um die Form Heines zur Gestalt zu steigern. Heine hat das Erlebnis des Sterbens gebraucht, um ein Dichter zu sein. Es war ein Diktat: sing, Vogel, oder stirb. Der Tod ist ein noch besserer Helfer als Paris; der Tod in Paris, Schmerzen und Heimatsucht, die bringen schon ein Echtes fertig.

> Ich hör' den Hufschlag, hör' den Trab,
> Der dunkle Reiter holt mich ab —
> Er reißt mich fort, Mathilden soll ich lassen,
> O, den Gedanken kann mein Herz nicht fassen!

Das ist andere Lyrik, als jene, deren Erfolg in den Geschäftsbüchern ausgewiesen steht. Denn Heines Wirkung ist das Buch der Lieder und nicht der Romanzero, und will man seine Früchte an ihm erkennen, so muß man jenes aufschlagen und nicht diesen. Der Tod konzentriert, räumt mit dem tändelnden Halbweltschmerz auf und gibt dem Zynismus etwas Pathos. Heines Pointen, so oft nur der Mißklang unlyrischer Anschauung, stellen hier selbst eine höhere Harmonie her. Sein Witz, im Erlöschen verdichtet, findet kräftigere Zusammenfassungen; und Geschmacklosigkeiten wie: »Geh ins Kloster, liebes Kind, oder lasse dich rasieren«, werden seltener. Das überlieferte Mot »dieu me pardonnera, c'est son metier« ist in seiner vielbewunderten Plattheit vielleicht eine Erfindung jener, die den Heine-Stil komplett haben wollten. Aber es paßt zum Ganzen nicht schlecht. Im Glauben und Unglauben wird Heine die Handelsvorstellung nicht los. Selbst die Liebe spricht zum Gott der Lieder, »sie verlange Sicherheiten«, und der Gott fragt, wieviel Küsse sie ihm auf seine goldene Leier borgen wolle. Indes, der Zynismus Heines, diese altbackene Pastete aus Witz und Weh, mundet dem deutschen Geschmack recht wohl, wenn ers auch nicht wahr haben will. Zu Offenbach, in dessen Orchester der tausendjährige Schmerz von der Lust einer Ewigkeit umtanzt wird, verhält sich dieser Schmerzspötter wie ein routinierter Asra zu einem geborenen Blaubart, einem vom Stamme jener, welche töten, wenn sie lieben.

... Was will die einsame Träne? Was will ein Humor, der unter Tränen lächelt, weil weder Kraft zum Weinen da ist noch zum Lachen? Aber der »Glanz der Sprache« ist da und der hat sich vererbt. Und unheimlich ist, wie wenige es merken, daß er von der Gansleber kommt, und wie viele sich davon ihr Hausbrot vollgeschmiert haben. Die Nasen sind verstopft, die Augen sind blind, aber die

Ohren hören jeden Gassenhauer. So hat sich dank Heine die Erfindung des Feuilletons zur höchsten Vollkommenheit entwickelt. Mit Originalen läßt sich nichts anfangen, aber Modelle können ausgebaut werden. Wenn die Heine-Nachahmer fürchten mußten, daß man sie entlarven könnte, so brauchten sie nur Heine-Fälscher zu werden und durften getrost unter seinem Namen en gros produzieren. Sie nehmen in der Heine-Literatur einen breiten Raum ein. Aber die Forscher, denen ihre Feststellung gelingt, sind nicht sachverständig genug, um zu wissen, daß mit dem Dieb auch der Eigentümer entlarvt ist. Er selbst war durch einen Dietrich ins Haus gekommen und ließ die Tür offen. Er war seinen Nachfolgern mit schlechtem Beispiel vorangegangen. Er lehrte sie den Trick. Und je weiter das Geheimnis verbreitet wurde, umso köstlicher war es. Darum verlangt die Pietät des Journalismus, daß heute in jeder Redaktion mindestens eine Wanze aus Heines Matratzengruft gehalten wird. Das kriecht am Sonntag platt durch die Spalten und stinkt uns die Kunst von der Nase weg! Aber es amüsiert uns, so um das wahre Leben betrogen zu werden. In Zeiten, die Zeit hatten, hatte man an der Kunst eins aufzulösen. In einer Zeit, die Zeitungen hat, sind Stoff und Form zu rascherem Verständnis getrennt. Weil wir keine Zeit haben, müssen uns die Autoren umständlich sagen, was sich knapp gestalten ließe. So ist Heine wirklich der Vorläufer moderner Nervensysteme, als der er von Künstlern gepriesen wird, die nicht sehen, daß ihn die Philister besser vertragen haben, als er die Philister. Denn der Heinehaß der Philister gibt nach, wenn für sie der Lyriker in Betracht kommt, und für den Künstler kommt Heines Philisterhaß in Betracht, um die Persönlichkeit zu retten. So durch ein Mißverständnis immer aktuell, rechtfertigt er die schöne Bildung des Wortes »Kosmopolit«, in der sich der Kosmos mit der Politik versöhnt hat. Detlev von Liliencron hatte nur eine Landanschauung. Aber mir scheint, er war in Schleswig-Holstein kosmischer als Heine im Weltall. Schließlich werden doch die, welche nie aus ihrem Bezirk herauskamen, weiter kommen als die, die nie in ihren Bezirk hineinkamen.

Was Nietzsche zu Heine gezogen hat — er hatte den Kleinheitswahn, als er im Ecce homo schrieb, sein Name werde mit dem Heines durch die Jahrtausende gehen —, kann nur jener Haß gegen Deutschland sein, der jeden Bundesgenossen annimmt. Wenn man aber den Lazzaroni für ein Kulturideal neben dem deutschen Schutzmann hält, so gibt es gewiß nichts deutscheres als solchen Idealismus, der die weglagernde Romantik schon fürs Ziel nimmt. Das intellektuelle Problem Heine, der Regenerator deutscher Luft, ist neben dem künstlerischen Problem Heine gewiß nicht zu übersehen: es läuft ja daneben. Doch hier ward einmal Sauerstoff in die deutschen Stuben gelassen und hat nach einer augenblicklichen Erholung die Luft verpestet. Daß, wer nichts zu sagen hat, es besser verständlich sage, diese Erkenntnis war die Erleichterung, die Deutschland seinem Heine dankt nach jenen schweren Zeiten, wo etwas zu sagen hatte, wer unverständlich war. Und diesen unleugbaren sozialen Fortschritt hat man der Kunst zugeschrieben, da man in Deutschland immerzu der Meinung ist, daß die Sprache das gemeinsame Ausdrucksmittel sei für Schreiber und Sprecher. Heines aufklärende Leistung in Ehren — ein so großer Satiriker, daß man ihm die Denkmalswürdigkeit absprechen müßte, war er nicht. Ja, er war ein so kleiner Satiriker, daß die Dummheit seiner Zeit auf die Nachwelt gekommen ist. Gewiß, sie setzt sich jenes Denkmal, das sie ihm verweigert. Aber sie setzt sich wahrlich auch jenes, das sie für ihn begehrt. Und wenn sie ihr Denkmal nicht durchsetzt, so deponiert sie wenigstens ihre Visitkarte am Heine-Grab und bestätigt sich ihre Pietät in der Zeitung. Solange die Ballotage der Unsterblichkeit dauert, dauert die Unsterblichkeit, und wenn ein Volk von Vereinsbrüdern ein Problem hat, wird es so bald nicht fertig. Im Ausschuß der Kultur aber sitzen die Karpeles und Bartels, und wie immer die Entscheidung falle, sie beweist nichts für den Geist. Die niedrige Zeitläufigkeit dieser Debatte, die immerwährende Aktualität antiquierter Standpunkte ist so recht das Maß einer literarischen Erscheinung, an der nichts ewig ist als der Typus, der von nirgendwo durch die Zeit läuft. Dieser Typus, der die Mitwelt staunen macht, weil er auf ihrem Niveau mehr Talent hat als sie, hat in der Kunst der Sprache, die jeder, der spricht, zu verstehen glaubt, schmerzlichen Schaden gestiftet. Wir erkennen die Persönlichkeiten nicht mehr, und die Persönlichkeiten beneiden die Techniker. Wenn Nietzsche Heines Technik bewundert, so straft ihn jeder Satz, den er selbst schrieb, Lügen. Nur einer nicht: »Die Meisterschaft ist dann erreicht, wenn man sich in der Ausführung weder vergreift noch zögert«. Das Gegenteil dieser untiefen Einsicht ist die Sache des Künstlers. Seine Leistung sind Skrupel; er greift zu, aber er zaudert, nachdem er zugegriffen hat. Heine war nur ein Draufgänger der Sprache; nie hat er die Augen vor ihr niedergeschlagen. Er schreibt das Bekenntnis hin: »Der Grundsatz, daß man den Charakter eines Schriftstellers aus seiner Schreibweise erkenne, ist nicht unbedingt richtig; er ist bloß anwendbar bei jener Masse von Autoren, denen beim Schreiben nur die augenblickliche Inspiration die Feder führt, und die mehr dem Worte gehorchen, als befehlen. Bei Artisten ist jener Grundsatz unzulässig, denn diese sind Meister des Wortes, handhaben es zu jedem beliebigen Zwecke, prägen es nach Willkür, schreiben objektiv, und ihr Charakter verrät sich nicht in ihrem Stil«. So war er: ein Talent, weil kein Charakter; bloß daß er die Artisten mit den Journalisten verwechselt hat. Und die Masse von Autoren, die dem Wort gehorchen, gibt es leider nur spärlich. Das sind die Künstler. Talent haben die andern: denn es ist ein Charakterdefekt. Hier spricht Heine seine unbedingte Wahrheit aus; er braucht sie gegen Börne. Aber da er objektiv schreibt und als Meister des Worts dieses zu jedem beliebigen Zwecke handhabt, so paßt ihm das Gegenteil gegen Platen. In ihm sei, »ungleich dem wahren Dichter, die Sprache nie Meister geworden«; er sei »dagegen Meister geworden in der Sprache, oder vielmehr auf der Sprache, wie ein Virtuose auf einem Instrumente«. Heine ist objektiv. Gegen Börne: »Die Taten der Schriftsteller bestehen in Worten.« Gegen Platen: er nenne seine Leistung »eine große Tat in Worten« — »so gänzlich unbekannt mit dem Wesen der Poesie, wisse er nicht einmal, daß das Wort nur bei dem Rhetor eine Tat, bei dem wahren Dichter aber ein Ereignis ist«.

Was war es bei Heine? Nicht Tat und nicht Ereignis, sondern Absicht oder Zufall. Heine war ein Moses, der mit dem Stab auf den Felsen der deutschen Sprache schlug. Aber Geschwindigkeit ist keine Hexerei, das Wasser floß nicht aus dem Felsen, sondern er hatte es mit der andern Hand herangebracht; und es war Eau de Cologne. Heine hat aus dem Wunder der sprachlichen Schöpfung einen Zauber gemacht. Er hat das höchste geschaffen, was mit der Sprache zu schaffen ist; höher steht, was aus der Sprache geschaffen wird. Er konnte hundert Seiten schreiben, aber nicht die Sprache der hundert ungeschriebenen Seiten gestalten. Wenn nach Iphigenies Bitte um ein holdes Wort des Abschieds der König »Lebt wohl!« sagt, so ist es, als ob zum erstenmal in der Welt Abschied genommen würde, und solches »Lebt wohl!« wiegt das Buch der Lieder auf und hundert Seiten von Heines Prosa. Das Geheimnis der Geburt des alten Wortes war ihm fremd. Die Sprache war ihm zu Willen. Doch nie brachte sie ihn zu schweigender Ekstase. Nie zwang ihn ihre Gnade auf die Knie. Nie ging er ihr auf Pfaden nach, die des profanen Lesers Auge nicht errät, und dorthin, wo die Liebe erst beginnt. O markverzehrende Wonne der Spracherlebnisse! Die Gefahr des Wortes ist die Lust des Gedankens. Was bog dort um die Ecke? Noch nicht ersehen und schon geliebt! Ich stürze mich in dieses Abenteuer.

FRANZ MEHRING,
[Heine-Biographie].

1911.

[Heines *Französische Zustände*] wurden für Börne der Anlaß, die ersten Fäden eines verleumderischen Klatsches anzuspinnen, in den er Heine jahrelang verstrickte.

Börne und Heine hatten vor der Julirevolution als die Dioskuren des deutschen Freiheitskampfes gegolten, soweit von einem solchen überhaupt gesprochen werden konnte. Sie hatten auch in zwar nur losen, aber doch freundschaftlichen Beziehungen gestanden. Sobald aber die Zeitfragen mit der Julirevolution eine konkretere Gestalt annahmen, mußte die Stellung der beiden Männer zu diesen Fragen durchaus verschieden werden. Börne war der Typus des ehrlichen, aber beschränkt kleinbürgerlichen Radikalismus, der gegen den unmittelbaren Druck des Despotismus mit der Faust auf den Tisch donnert, aber von den tieferen Zusammenhängen des historischen Lebens nichts ahnt. Es genügt, darauf hinzuweisen, daß Börne in Goethe den gereimten und in Hegel den ungereimten Knecht denunzierte. Heine war eine ungleich feinere und reichere Natur, die auf Goethe und Hegel nicht verzichten konnte, ohne sich selbst aufzugeben, die, kaum auf französischem Boden angelangt, alsbald mit heißer Begier zum Sozialismus als einer neuen Quelle geistigen Lebens stürzte.

Während Börne in der deutschen Republik die Erlösung von allem Übel sah, plante Heine die Emanzipation der Völker in weit tieferem und weiterem Umfange; er pflegte sich sogar einen Anhänger der Monarchie zu nennen, aus der Angst des nervös-romantischen Dichters vor jeder Massenherrschaft. Ihm kam es nicht »auf das Äußerliche der Revolution«, sondern auf ihre »tieferen Fragen« an. »Diese Fragen betreffen«, so schrieb er schon 1833 in einem vertraulichen Briefe, »weder Formen noch Personen, weder die Einführung einer Republik noch die Beschränkung einer Monarchie, sondern sie betreffen das materielle Wohlsein des Volkes. Die bisherige spiritualistische Religion war heilsam und notwendig, solange der größte Teil der Menschheit im Elend lebte und sich mit der himmlischen Religion vertrösten mußte. Seit aber durch die Fortschritte der Industrie und der Ökonomie es möglich geworden, die Menschen aus ihrem materiellen Elend herauszuziehen und auf Erden zu beseligen, seitdem — Sie verstehen mich. Und die Leute werden uns schon verstehen, wenn wir ihnen sagen, daß sie in der Folge alle Tage Rindfleisch statt Kartoffeln essen sollen, und weniger arbeiten und mehr tanzen werden. Verlassen Sie sich darauf, die Menschen sind keine Esel.«

Ist es somit leicht, einzusehen, daß Börne und Heine, je

mehr sich die politischen und sozialen Gegensätze zuspitzten, desto weiter auseinander kommen mußten, so ist heute, wo alle Akten vorliegen, kein Zweifel daran möglich, daß Börne den Streit in der gehässigsten und widerlichsten Weise begonnen hat, obendrein meist hinter dem Rücken Heines. Damit steht der unbestritten ehrliche Charakter Börnes auch keineswegs im Widerspruch. Es gibt im öffentlichen Leben nicht leicht ärgere Jesuiten als die borniertern Radikalen, die, mit ihrer Tugendhaftigkeit protzend, vor den ärgsten Verleumdungen nicht zurückzuscheuen pflegen. Entschuldigt ist Börne dadurch, daß es ihm nicht gegeben war, Heine überhaupt zu verstehen. Heine war ein Dichter, der die Dinge doch eben nicht nur unter dem Gesichtswinkel eines engen Parteiprogramms ansah; ihm fehlte jede Anlage und Neigung zur agitatorischen Betätigung unter dem kleinen Häuflein deutscher Flüchtlinge, die sich nach der Julirevolution in Paris gesammelt hatten und deren Orakel eben Börne war. [...]

In der Tat, wenn man die »Französischen Zustände« Heines von 1832 mit den gleichzeitigen »Pariser Briefen« Börnes vergleicht, so kann kein Zweifel darüber sein, wer die bessere Ladung an Bord hatte. Schilderungen, wie sie Heine von dem Heldentode der republikanischen Kämpfer von St. Mery gab, lagen weit über den Fähigkeiten Börnes. Dazu hatte Heine in der Buchausgabe die Zensurlücken wieder ausgefüllt und in seiner geharnischten Vorrede alle Brücken zu den herrschenden Gewalten in Deutschland abgebrochen. So hätte das Buch vor den schimpflichen Angriffen geschützt sein sollen, die Börne in seinen »Pariser Briefen« dagegen richtete. Noch schimpflicher war dann freilich die Kritik, der Börne in einem französischen Blatte die philosophischen Aufsätze Heines, von denen er auch wirklich gar nichts verstand, zu unterwerfen sich herausnahm. [...]

Als Heine im Jahre 1840 seine »Denkschrift« über Börne in Campes Verlage herausgab, änderte Campe ohne Wissen des Verfassers und zu dessen größtem Zorn den Titel »Ludwig Börne. Eine Denkschrift von H. Heine« in den von ihm ersonnenen Titel »Heinrich Heine über

Ludwig Börne« um, worauf dann Gutzkow im »Telegraphen« losdonnerte, schon durch diesen Titel verrate Heine die Tendenz der Schrift, auf Kosten Börnes für sich Reklame zu machen. Gutzkow hat später, als die Philister auch über ihn kamen, diese Jugendsünden schwer genug büßen müssen, aber Campes Perfidien gegen Heine sind leider ungesühnt geblieben.

Von seiner Schrift über Börne hoffte Heine, daß sie als sein bestes Buch anerkannt werden würde; tatsächlich steigerte sie die Wut der deutschen Philister, die sie beschwichtigen sollte, auf einen bis dahin noch nicht erreichten Grad. Ganz ohne Schuld daran war Heine nicht; namentlich eine Partie der Schrift, die sich mit den Beziehungen Börnes zu Madame Wohl und deren Gatten beschäftigte, überschritt weit die Grenze der literarisch zulässigen Polemik und war Heines durchaus unwürdig. Nicht gerechtfertigt, sondern höchstens bis zu einem gewissen Grade entschuldigt wird er dadurch, daß er diesen Abschnitt erst im letzten Augenblick einschob, gereizt durch den Klatsch über seine Mathilde, mit dem die Clique der Madame Wohl unverdrossen arbeitete. Ganz hinfällig aber ist der Vorwurf der Feigheit, deren sich Heine schuldig gemacht haben soll, weil er seine Schrift über Börne erst ein paar Jahre nach dessen Tode veröffentlicht habe. Es bleibt dunkel, weshalb Heine vor Börne selbst ängstlich zurückgewichen sein soll; er ist schließlich noch mit ganz anderen Leuten fertiggeworden. Vielmehr ehrt es ihn, daß er dem unermüdlichen Klatschkrieg, den Börne gegen ihn führte, so lange wie möglich aus dem Wege ging. Erst als nach Börnes Tod dessen geistige Erben unermüdlich den Krakeel fortsetzten, unter immer wachsendem Beifall der Philister, hat Heine sich das Recht genommen, das ebensogut seine Pflicht genannt werden kann, in seiner Schrift nicht seine Person über die Person Börnes, sondern seine Weltanschauung über die Weltanschauung Börnes zu stellen. Wie Heines Urteil über Uhland, das die schäumende Wut der schwäbischen Dichterlein erregte, heute von aller Welt als richtig anerkannt wird, so auch das Urteil Heines über Börne: »Er war weder ein Genie noch ein Heros; er war kein Gott des Olymps. Er war ein Mensch, ein Bürger der Erde, er war ein guter Schriftsteller und ein großer Patriot.«

Zunächst war die Rache der Philister fürchterlich. Um einen ganz unbefangenen Zeugen darüber zu hören, so schreibt Ernst Elster: »Man wundert sich bei dieser Gelegenheit, über welchen Reichtum von Schimpfwörtern die deutsche Sprache verfügt. Es wird da von Tücke, Anmaßung, Feigheit, Schamlosigkeit, Frechheit, Perfidie, Leichtsinn, totaler Unbekanntschaft mit den deutschen Verhältnissen, innerer Verlogenheit, schriftstellerischer Liederlichkeit, Charakterlosigkeit und Hochmut, schamlosen Verdrehungen, ekelhaften Zweideutigkeiten, schreienden Widersprüchen, bodenloser Gemeinheit, erzprosaischer, gemeiner Versündigung, wahnwitziger Eitelkeit, von elender und schmachvoller Gesinnung, zotigen Persönlichkeiten, stinkender Jauche des Witzes und dergleichen mehr geredet; der Dichter wird als geschwätziges Waschweib, gesinnungslose Wetterfahne, notorischer Lügner, der nicht wie ein Mann, sondern wie ein Gassenbube streite und der sich selbst den Todesstoß gegeben habe, hingestellt, und das Endurteil über das Schandbuch dieses Pariser Eckenstehers, Heinrich Heine genannt, könne nichts als Pfui sein.«

Derweil sich dieser schmutzige Strom endlos ergoß, erfüllte sich an Heine das Wort, das er über Börnes letzte Schrift geäußert hatte: »Sie ist ein klarer See, worin der Himmel mit allen Sternen sich spiegelt, und sein Geist taucht hier auf und unter wie ein schöner Schwan, die Schmähungen, womit der Pöbel sein weißes Gefieder besudelte, ruhig von sich abspülend.«

LUDWIG MARCUSE,
Revolutionär und Patriot. Das Leben Ludwig Börnes.

1929.

Als die pariser Juli-Revolution ausbrach, saß Börne — körperlich-matt und idyllisch-resigniert — in dem kleinen Taunusbad Soden. Aus seinem Fenster sah er auf einen

Hof, der wenig Menschen und viel Tiere beherbergte. Er registrierte die Geburt eines Kalbs. Er schrieb auf den Kampf zwischen einer Hofgans und einer Dorfgans — und die Aufnahme dieses Kampfes bei den Zuschauer-Gänsen. Er erörterte die Gründe, die zur Ungnade des Hofhunds geführt hatten. Er nahm Kenntnis von einem Rind, das mit seinem Kopf ein Loch in die Mauer gestoßen hatte. Er war interessiert an dem Leben der Truthenne und ihrer Kavaliere, zweier eifersüchtig-argwöhnischer Truthähne ... Zur selben Zeit lag auf der Insel Helgoland Heinrich Heine. Auch er war abgespannt und resigniert. Was dem Börne Kuh und Gans und Hund waren: das war dem Heine sein Stubennachbar, ein Justizrat aus Königsberg; ein indolenter und »ausgebutterter« Holländer; und sein Hauswirt. Die Fluten der Weltgeschichte hatten zwei Revolutionäre auf irgendeinem Stück einsamen Strand abgesetzt; jetzt studierten sie beide die Muscheln und den Tang Gottes. Die Atmosphäre um sie stand still: aber in ihnen wetterleuchtete es noch. Börne schrieb in die Historie eines Sodener Bauernhofs seine ehemaligen Duette mit der frankfurter Zensur; Heine ließ trotz des interessanteren Königsbergers und Holländers doch auch Englands, Frankreichs, Amerikas Politik Revue passieren — und machte angesichts des zeitlosen Meers recht unidyllische Ausflüge in die Zeit.

Zwei Revolutionäre in Ferien? Heine las eine Geschichte der Langobarden, Homer und die Bibel — und hatte »kein einziges Buch, das sich mit den Tagesinteressen beschäftigt, hierher mitgenommen«: der König der Heruler, Laban und die Liebesgeschichte von Dina und dem jungen Sichem füllten ihn aus. Im Anfang dachte er noch einmal oder zweimal an die Politik wie an einen bösen Traum: aber er war ein Dichter; er dichtete nicht nur die Gestalten des Morgenlandes nach, er dichtete auch seinen Zukunfts-Traum vor — den Traum Nietzsches, den Traum Georges: den Traum von einer antik-christlichen Harmonie. Heine brauchte die Politik nicht: um zu leben. Börne aber las in diesen Monaten den Briefwechsel zwischen Schiller und Goethe: er war in Soden — mitten auf dem Kampfplatz seines Lebens. Ihn interessierten nicht die Langobarden und nicht die Kanaaniter und nicht die Phantasie einer kommenden Harmonie: er brauchte die Politik, um zu leben. In Heines Sommer-Idyll gab es einen Abgesang der Politik, die Politik wetterleuchtete nach. Der wahre Heine blühte langsam auf zu den Gebilden der Poesie — und die Juli-Revolution riß ihn grausam zurück: denn er war »der Sohn der Revolution«. Er opferte der Politik aus Sohnes-Pflicht: die Träume, die sie verscheuchte, rebellierten gegen dies unnatürliche Schicksal. Den Börne aber erlöste die Juli-Revolution aus einem unnatürlichen Leben: durch alle Poren der stillen Soden-Welt hatte der Stürmer Börne Ersatz geatmet. Das Rind war ihm zu einem liberalen Rind, das Hof-Leben zu einem Hofleben: und Goethe zum Prügel-Knaben des in eine Idylle hineingebannten Kämpfers geworden. Von Soden und von Helgoland fuhren dann zwei deutsche Revolutionäre nach Paris: Börne eilte am ersten Tag zu den Stätten, an denen der Kampf stattgefunden — Heine auf die Bibliothèque Royale, um den berühmten Manessischen Kodex der Minnesänger zu sehen. Heine war der Goethe — der Revolution. In Heine traf Börne: noch einmal Goethe.

Als Börne Heine kennen lernte, schätzten sie einander: als Waffengefährten und als Schriftsteller. 1827 besuchte Heine in Frankfurt den berühmten Börne, dem er schon einen Band seiner »Reisebilder« mit der Widmung geschickt hatte: »Dem Doktor Börne übersendet dieses Buch als ein Zeichen der Verehrung und innigsten Liebe der Verfasser.« Und nach den frankfurter Tagen, die Heine später so albern und ekelhaft karikiert hat, gab er Börne und seiner Freundin Jeanette noch ein Exemplar mit der Widmung: »Anbey ein dummes Buch. Es ist nicht viel Gemüt drin; denn mein Herz ist immer bey euch. Euer Heine.« Börne liebte nicht nur den Kampf-Genossen, auch den verwandten Schriftsteller: dessen esprit ihn entzückte. Wie es bei Wagner und Nietzsche später war: Verwandtes leuchtete so stark, daß die Feindschaft ihrer Naturen noch nicht sichtbar wurde; Gemeinsames konsonierte so laut, daß es die Dissonanzen begrub. Und dann sprengte die Zeit, die immer das Seelen-Mikroskop ist, die immer die enthusiastische Stunde zergliedert, indem sie diese Stunde in Jahre auseinanderlegt — diese Freundschaft aus zwei enthusiastischen Irrtümern. Leise präludiert der Zwist in den ersten pariser Briefen. »Heine ist mir zu mild«, schreibt Börne im Januar 31. Aber noch labt ihn Heines Wort »wie das Murmeln einer Quelle in der Wüste, es hat mich entzückt wie eine Menschenstimme von oben, wie ein Lichtstrahl den lebendig Begrabenen entzückt«. Was war ihm Heine? Die Antwort auf seine Monologe, die Überwindung der Einsamkeit. Aber in seinen Liebes-Erklärungen an Heines Genie klingen schon leise vor die kommenden Attacken: Heine spielt mit den Waffen, Heine ficht — mit Blumen; und Heine liebt Napoleon. Napoleon ist aber für Börne der große Verräter der Revolution; und vor Davids Bild »Die Krönung Napoleons« zeichnet er mit seinem ganzen Haß den Helden, der sich als Thron-Puppe gefiel; zeichnet die Majestät von eigenen Gnaden, die sich vor dem europäischen Legitimismus beugte. Den Künstler Heine entzückte der moderne Halbgott; der Revolutionär Börne bekämpfte in Napoleon den Träger des Kaiser-Purpurs. Dieser Doppel-Aspekt auf Napoleon war das Präludium, das den tiefen Zwist zunächst flüchtig offenbarte. Börne trennte sich schwer. Als man Heines Gesinnung in den Leipziger »Blättern für literarische Unterhaltung« verdächtigte: tat der Kamerad Börne die verdächtigende Zeitung »grobianissimo« ab — als »den größten Viehstall den ich je gesehen«. Und auch Heine muß noch im zweiten Jahre nach der Juli-Revolution seinen Gegensatz zu Börne nicht entscheidend gespürt haben. Als ihn damals jemand fragte, worin er sich in seinen politischen Ansichten von Börne unterschiede, definierte er: »ich bin eine gewöhnliche Guillotine und Börne ist eine Dampfguillotine«. Es ist anzunehmen, daß der sensible Heine den Bruch früher ahnte als der massivere, schwerfälligere, treuere Börne. Börne machte Heine in den ersten Jahren nach der Juli-Revolution wiederholt den Vorschlag: zusammen eine Zeitschrift in der Schweiz herauszugeben. Heine lehnte ab — ohne Gründe. Die Wege trennten sich.

Man verwechselt in der Regel den Anlaß zum Ausbruch einer Feindschaft, wie sie zwischen Börne und Goethe, wie sie zwischen Börne und Menzel, wie sie zwischen Börne und Heine war: mit der Substanz dieser Feindschaft selbst; man verwechselt so den privaten Zwist zweier ephemerer Individuen mit dem Zwist der ewigen Ideen, die sie verkörpern. Man suchte deshalb einen konkreten Konflict zwischen Goethe und Börne: und fand ihn, da sie nie einander begegnet waren, im gemeinsamen Frankfurt — das hier gewissermaßen einen Vorderhaus-Hinterhaus-Konflict geboren haben soll. Bedauerlich für solche Psychologen: daß Menzel nicht auch Börnes Namen auf die Proskriptionsliste gesetzt hatte — dann wäre Börnes Angriff auf Menzel »motiviert« gewesen. Aber Börne griff an — obwohl er geschont worden war. Und Börne griff Heine an: nicht *weil,* sondern *obwohl* in Paris eine Horde von Zwischenträgern Heine bei Börne und Börne bei Heine verklatschten. Wenn auch Heine dem Börne den »Neid« insinuierte, »den der kleine Tambour-Maître gegen den großen Tambour-Major empfindet«, wenn auch Börne dem Heine vorwarf — er opfere »einem Witz nicht bloß das Recht und die Wahrheit, sondern auch seine eigene Überzeugung« auf: so waren diese Beschimpfungen doch nur der begleitende Schlacht-Gesang, der den Kämpfern nicht das wahre Kampf-Objekt verdeckte. Und mitten aus dem Kampf heraus schrieb Heine: »er war ein guter Schriftsteller und ein großer Patriot«. Börne griff an: weil ihm Heine immer mehr der Knabe wurde, der auf Schlachtfeldern nach Schmetterlingen hascht. Und er porträtierte in Heine *den* Gegner seiner Art: »Es ist Heinen ganz einerlei, ob er schreibt: die Republik ist die beste Staatsform oder die Monarchie. Er wird immer nur das wählen, was in dem Satz, den er eben schreiben will, gerade einen bessern Tonfall macht.« Dieser Ästheten-Kitzel hat dann später Heine auch bestimmt: den Rat, die schlimmsten Stellen seines Börne-Buchs nicht zu drucken, mit der Frage zu beantworten: »Aber ist's nicht schön ausgedrückt?« Börne bekämpfte den Heine, der die Verantwortung gegenüber dem Mitmenschen dem poetischen Reiz unterordnete. Die deutschen Handwerker und Commis, die in Paris waren, verfaßten politische Adressen, arrangierten Subskriptions-Listen, schrieben Versammlungen aus. Börne war überall dabei: unterschrieb, unterstützte, hielt Reden. Heine, der Aristocrat der Revolution, scheute den Tabaksqualm der Volksversammlungen und den Schweiß-Geruch der Listen; er hielt sich zurück: »Ich merke überhaupt, daß die deutsche Tribunalkarriere nicht eben mit Rosen und am allerwenigsten mit reinlichen Rosen bedeckt ist. So z. B. mußt Du allen diesen Zuhörern, und lieben Brüdern und Gevattern recht derb die Hand drücken.« Börne und Heine aßen zusammen in einem Restaurant, in dem viele deutsche Handwerker verkehrten: zwischen Suppe und Fleisch kam dann regelmäßig die schmutzige Subskriptions-Liste, die Heine auf die Tast-Nerven ging; und während Heine bei Tisch so gern alle Misere der Welt vergaß, verdarb ihm Börne »die besten Gerichte durch seine patriotische Galle, die er gleichsam wie eine bittere Sauce darüber hinschwatzte. Kalbsfüße à la Maître d'hôtel, damals meine harmlose Lieblingsspeise, er verleidete sie mir durch Hiobsposten aus der Heimat.« Und wie dieser Börne ihm seine Lieblingsgerichte versalzte, so störte er ihm noch den »süßesten Schlaf«, setzte sich vor sein Bett und »jammerte eine ganze Stunde über die Leiden des deutschen Volks und über die Schändlichkeiten der deutschen Regierungen«. Heine aber war noch um Mitternacht — im Bett, im Schlaf gestört — in voller Form: »Sind Sie Gemeinde-Versorger?« Voilà: Börne und Heine!

Der Gegensatz wurde legitim, als Börnes Urteile über Heine in seinen pariser Briefen erschienen: Heine erkundigte sich von da ab vor jeder Gesellschaft, ob Börne geladen war. Als Börne dann 1835 im Feuilleton des »Réformateur« eine Rezension »De l'Allemagne par H. Heine« veröffentlichte: war die Freude der Gegner über den Zwist der feindlichen Revolutions-Brüder groß. Im Lager der Freunde hatte Heine eine Krone verloren ... Börne ist Goethe nicht gerecht geworden, Menzel nicht gerecht geworden und Heine nicht gerecht geworden: und dreimal sich selbst treu geblieben. Seine Kämpfe waren richtig —

seine Kampf-Deutungen nicht immer zureichend. Heine war der Statthalter Goethes in der nachgoethischen Zeit. Börne bekämpfte, vielleicht ohne daß er es wußte, in Heine noch einmal Goethe: einen romantisch-revolutionären Goethe; nicht mehr den großen Heiden — aber den tragischen Nachkommen, der sich nach dem Heidentum sehnte. Zwischen Goethe und Börne war das klare Verhältnis des Antipodentums; Heine verband tragisch das Entgegengesetzte: Goethe *und* Börne; den Künstler *und* den Ethiker, die Liebe zur Form *und* die Liebe zur Freiheit. Und er verband sie so: daß er Börne mehr verwandt war — und Goethe mehr liebte. Seine Existenz war romantisch-revolutionär, seine Sehnsucht antik-heidnisch. Seine Antipathie gegen Börne war die Antipathie gegen *den* Heine in ihm, den er nicht überwinden konnte und nicht überwinden wollte — und nicht liebte: in Börne bekämpfte Heine — den Nazarener Heine. Heine teilte die Menschen ein in Nazarener und Hellenen, in »Menschen mit asketischen, bildfeindlichen, vergeistigungssüchtigen Trieben« und »Menschen von lebensheiterem, entfaltungsstolzem und realistischem Wesen«: und nahm leidenschaftlich Partei gegen den Nazarener Börne für den Hellenen Goethe, gegen den »judäischen Spiritualismus« für »hellenische Lebensherrlichkeit«. Aber Heine gehörte dem tragischen neunzehnten Jahrhundert an, dem Jahrhundert des gekreuzigten Dionysiers Nietzsche und des gläubig-ungläubigen Kierkegaard: und was er so klar trennte, was er so klar getrennt sah in Goethe und Börne — in ihm war es feindlich vereinigt. Heine stand zwischen Goethe und Börne: und Börne spürte, daß der revolutionäre Tragiker-Heide Heine ihm näher war als der heidnische Olympier, den er wirklich nie erreichte — wie Prometheus Zeus nicht erreichte. Nie bekämpfte Börne in Heine den absoluten Feind, der ihm Goethe war. Er bekämpfte eher zu wenig als zuviel in Heine: er bekämpfte mehr die Frucht als die Wurzel — er bekämpfte den unzuverlässigen Revolutionär, den Genüßling im eigenen Lager, gewissermaßen den Gentz der Revolution. Aber in Heine war dem revolutionären Optimisten Börne ein viel ernsterer Feind erwachsen: hier war der »Danton«

der Revolution, wie ihn der große Zeitgenosse Georg Büchner hinreißend dargestellt hat; hier war der große zerrissene Nietzsche vorgeformt; hier war das ungebrochene achtzehnte Jahrhundert der Aufklärung zum tragisch-gebrochenen neunzehnten Jahrhundert der vitalen Skepsis geworden. Heine war ein viel ernsterer Gegner als Heines läppische Streitschrift gegen Börne zeigt: Heine fehlte der ungebrochene Glauben Börnes — er war zwiespältig, wo Börne eindeutig war; er mußte zweifeln, wo Börne vertrauen konnte; und während Börne in seiner Soden-Idylle nur ein eingegitterter Kämpfer war — war Heine in seiner Helgoland-Idylle ein gebrochener Kämpfer, der in Ebbe und Flut des Meeres ein Gleichnis sah für das resultatlose Auf und Ab der Menschen-Geschichte, für ihren »erfolglosesten Kreislauf«. Goethe brauchte nicht den Glauben, weil er die Gegenwart hatte. Heine hatte nicht die Gegenwart und nicht den Glauben: »obgleich ich mich martere für das allgemeine Heil, so wird doch dieses wenig dadurch gefördert«; so mußte er die Gegenwart vergöttern, weil er nicht mehr den Glauben an die Zukunft hatte — und konnte die Gegenwart nur vergöttern, nicht mehr in ihr leben wie Goethe. Heine war Revolutionär — ohne Hoffnung: »Einst, als ich noch jung und unerfahren, glaubte ich, daß wenn auch im Befreiungskampfe der Menschheit der einzelne Kämpfer zu Grunde geht, dennoch die große Sache am Ende siege.« Er hatte das Temperament des Revolutionärs, den Haß gegen die Unterdrückung, das Mitleid mit den Unterdrückten: aber er hatte nicht mehr den Harmonie-Glauben des achtzehnten Jahrhunderts, den Börne mit — Goethe teilte. Es war kein Zufall, daß das aufklärerische junge Deutschland im Kampf Börne-Heine auf Börnes Seite trat — und daß dann das tragische Zeitalter der Nietzsche und Kierkegaard und Strindberg Heine las und Börne vergaß. Börne stand außerhalb des tragischen Zeitalters, das mit Kleist und Georg Büchner begann — er war ein Kämpfer gegen irdische Gewalten, Heine auch ein Kämpfer gegen Dämonen; und der Dämonen-Kampf schwächt den Tyrannen-Kampf. Büchners »Danton« sagt von Robespierre: er wäre verbrecherisch rechtschaffen. Das tragische Lebensgefühl mußte Börne als verbrecherisch-rechtschaffen empfinden wie Börne den Goethe als verbrecherisch-glücklich empfand. Börne aber, noch absolut Untragiker, konnte von dieser Welt nur sehen: was in seinen Kampf-Aspekt fiel. Und er sah den unzuverlässigen Revolutionär Heine. Georg Büchner, der das aggressive Manifest, den »Hessischen Landboten« *und* die vier Melancholiker Danton, Wozzek, Leonce und Lenz geschaffen hat, wußte um die Tragödie: daß einer Führer der Revolution und ohne Glauben sein kann, aktivistisch und pessimistisch, stürmend und verzweifelt. Börne wußte das noch nicht: er war noch ein unkomplicierter Soldat des Vorwärts.

Der überzeitliche Gegensatz Börne-Heine hatte noch ein lächerlich-zeitliches Nachspiel, drei Jahre nach dem Tode Börnes: 1840 veröffentlichte Heine seine Schrift »Heine über Börne«; ein ekelhaft-rachsüchtiges Pamphlet, das in seinen übelsten Teilen Privat-Klatsch gegen Börnes Freundin enthielt und eine unfreiwillige Rechtfertigung — für Börnes Heine-Kampf wurde. Heinrich Heine: als »Totenvogel«! Jeanette Wohl hatte 1832 den zwölf Jahre jüngeren Börne-Adepten Strauß geheiratet. Ihre Antwort auf Strauß' Werbung zeichnete leuchtend die Art dieser herrlichen Frau: »Der Doktor hat niemanden auf der Welt als mich, ich bin ihm Freundin, Schwester, alles was sich mit diesem Namen Freundliches, Teilnehmendes, Wohlwollendes im Leben geben, bezeichnen läßt. Wollten Sie ihm das mißgönnen — der nichts weiter hat im Leben und sich mit dem Schicksale abgefunden hat . . ., ja sich sogar dabei glücklich fühlt? Ich freute mich so damit, der Gedanke machte mich so glücklich, daß er in Ihnen eine feste Stütze, einen redlichen, offenen, guten Menschen zum Freunde gewinnen solle — ich kann mir's nicht anders denken, der Doktor muß bei uns sein können, wann, wo und so oft und für immer, wenn er es will — ich kann jetzt nicht Sie sagen, das Herz ist mir zu voll — kannst Du es Dir anders denken — dann ist alles anders wie ich es mir dachte. Ich! Wir! sollen einen Mann wie den Doktor verlassen können — Er wäre ein aufgegebener verlorener Mann! Lieber alles verlieren, lieber nicht leben, als das auf mein Gewissen laden, auch könnte ich es nicht, wenn ich auch wollte ... Schon diese wenigen Worte, die ich darüber geschrieben, haben mich zittern und leichenblaß gemacht. Denn nichts kann mich tiefer erschüttern, als auch nur der leiseste Gedanke an einen Verrat, nur der leiseste Gedanke der Untreue an der Treue. Solange ich lebe, bis zum letzten Atemzuge, werde ich für Börne die Treue, die Liebe und Anhänglichkeit einer Tochter zu ihrem Vater, einer Schwester zu ihrem Bruder, einer Freundin zu ihrem Freunde haben. Wenn Du das Verhältnis nicht auffassest, nicht begreifst, mich nicht genug kennst ... so ist alles aus und Nacht.« Strauß liebte diese Frau und liebte Börne: in den letzten Jahren seines Daseins lebte der schwindsüchtige, schwerhörige, einsame Börne im Schutz von Strauß und Jeanette. Drei Jahre nach Börnes Tod ließ Heine den alten pariser Klatsch über die Drei drucken; der Autor des »Buchs der Lieder« nahm drei Jahre nach Börnes Tod gedrucktes sittliches Ärgernis an diesem Verhältnis: »Soll ich die Wahrheit gestehen, so sah ich in Börnes Haushalt eine Immoralität, die mich anwiderte.« Und Heine, der einst in Frankfurt der »Madam Wohl zum freundlichen Andenken an den abreisenden Verfasser« ein Exemplar des »Buchs der Lieder« gewidmet hatte, schilderte nun diese Jeanette von 1827 als »eine magere Person, deren gelblich-weißes, pockennarbiges Gesicht einem alten Matzekuchen glich«, deren »Stimme kreischend war wie eine Türe, die sich auf rostigen Angeln bewegt«. Heines Börne-Schrift ist ein Buch, gegen das man — Heine in Schutz nehmen muß.

Es gab einen Skandal. Jeanette, die bei Börne immer für Heine gesprochen hatte, die einst Börne zur Streichung der schlimmsten Anti-Heine-Stellen in seinen »Pariser Briefen« überredet hatte — ließ jetzt »Ludwig Börnes Urteil über H. Heine. Ungedruckte Stellen aus den Pariser Briefen« herausgeben. Strauß forderte Heine und verwundete ihn leicht bei einem Pistolen-Zweikampf im Tal von St. Germain. Die Presse war gegen Heine: sie glaubte, daß dies Pamphlet »den Grabstein H. Heines bildet, unter den er sich selbst mutwillig und bei lebendigem Leibe begraben hat mit seinem Talente, seinem Namen und seiner Reputation«. Gutzkow, dessen Börne-Buch gerade im Druck war, schrieb in einer schroffen Vorrede: »Ich habe die zahme royalistische Widerrufspolitik des Herrn Heine mit Vergnügen gelesen, denn sie läßt hoffen, daß man die Polizeiaktuarstelle, welche Börne früher in Frankfurt bekleidete, vielleicht ihm überträgt und ihm dadurch Gelegenheit verschafft, sich im Vaterlande von dem geringen Gewicht, das man noch auf seine Worte legt, selbst zu überzeugen ... Börne griff seine Feinde an: Herr Heine nur die Gattinnen und Freundinnen seiner Feinde.« Saphir zerpflückte böse den malitiösen Titel »Heine *über* Börne«: nur auf Börnes Grab stände Heine *über* Börne, nur auf Börnes Grab hätte Heine den Börne mit Füßen treten können. Und Saphir stellte auch schon die schwerwiegende Frage: »Wer hat diese Besudelung des unglücklichen Todten gedruckt und verlegt?« Hoffmann & Campe hat sie gedruckt und verlegt, der Verleger Ludwig Börnes! ... Fünf Jahre nach der Veröffentlichung seiner Schrift nahm Heine seine Verdächtigungen gegen Strauß und Jeanette Wohl zurück. »Heinrich Heine über Ludwig Börne« gehört *nicht* in das Kapitel Heine contra Börne — sondern in das Kapitel Börne contra Heine: es rechtfertigte noch drei Jahre nach Börnes Tod — das Unrecht, das Börne dem feindlichen Gefährten, der nicht ganz in seine Sicht kommen konnte, angetan hatte. Heine war der reichere, tiefere, weitere Geist; der größere Künstler: und dem großen, beispielgebenden Charakter Börnes — unterlegen.

GOTTFRIED BENN,
Die neue literarische Saison.

1931.

Die Frage, die diskutiert wird, lautet: hat der Mensch bei unsrer heutigen sozialen und gesellschaftlichen Lage überhaupt noch das Recht, eigne individuelle Probleme zu empfinden und darzustellen oder hat es nur noch kollektive Probleme zu geben? Hat der Schriftsteller noch das Recht, seine Individualität als Ausgangspunkt zu nehmen, ihr Ausdruck zu verleihen, darf er für sie noch auf Gehör rechnen oder ist er völlig zurückgeführt auf seine kollektiven Schichten, nur noch beachtenswert, ja interessant als Sozialwesen? Lösen sich — haben sich zu lösen — alle seine innern Schwierigkeiten in dem Augenblick, wo er mitarbeitet am Aufbau des gesellschaftlichen Kollektivs?

Dieser Problemkreis wurde in einem raffinierten und polemisch fesselnden Vortrag diskutiert, den im Frühjahr dieses Jahres hier bei uns der russische Schriftsteller Tretjakow hielt und dem das ganze literarische Berlin zuhörte. Tretjakow, auch bei uns als Dramatiker bekannt, nach seinem Äußern und der Art seiner Schilderung ein literarischer Tschekatyp, der alle Andersgläubigen in Rußland verhört, vernimmt, verurteilt und bestraft. [...]

In Rußland [ist] jede individualpsychologische Literatur verschwunden, jeder schöngeistige Versuch als lächerlich und bourgeois erledigt, der Schriftsteller als Beruf ist verschwunden, er arbeitet mit in der Fabrik, er arbeitet mit für den sozialen Aufbau, er arbeitet mit am Fünfjahresplan. Und eine ganz neue Art von Literatur ist im Entstehen, von der Tretjakow einige Beispiele mitbrachte und mit großem Stolz vorzeigte. Es waren Bücher, mehr Hefte, jedes von einem Dutzend Fabrikarbeitern unter Führung eines früheren Schriftstellers verfaßt, ihre Titel lauteten zum Beispiel: »Anlage einer Obstplantage in der Nähe der Fabrik«, ferner: »Die Durchlüftung des Eßraumes in der Fabrik«, ferner als besonders wichtig von einigen Werkmeistern verfaßt: »Wie schaffen wir das Material noch schneller an die Arbeitsstätten?« Das also ist die neue russische Literatur, die neue Kollektivliteratur, die Literatur des Fünfjahresplans. Die deutsche Literatur saß zu Tretjakows Füßen und klatschte begeistert und enthusiasmiert. [...]

Ich las in diesen Tagen von einem der Häupter der jungen deutschen Literatur, das in der vorigen Saison eine Rolle spielte und wahrscheinlich auch in der kommenden sich bemerkbar zu machen versuchen wird, den Satz: »Das Ewig-Menschliche widert uns an.« Er sprach, da er »uns« sagte, also wohl im Namen einer Gruppe, einer

Gesinnungsschicht, wohl der wahren neuen deutschen Literatur. Er meinte dann weiter: wir sind für Realitäten, »organisieren wir das Leben«, rief er aus, »überlassen wir«, fügte er höhnisch hinzu, »den ›tiefen Schriftstellern‹ die tragischen Probleme; wir unsrerseits wollen leben!« Das ist also nun wohl die Tretjakowgruppe in Berlin, und sie ist es, der gegenüber ich altmodisch und abendländisch die These aufrechtzuerhalten habe, daß durch Organisation seiner Wohnungs- und Nahrungsverhältnisse der Mensch in seinen entscheidenden, das heißt nicht etwa nur kunst-, sondern auch lebensproduktiven Schichten nicht bestimmend verändert wird. Mit »bestimmend« meine ich: erbmäßig formändernd, anlagemäßig wesenhaft nicht verändert wird. Auch wer nicht weniger radikal als die patentierten Sozialliteraten das nahezu Unfaßbare, fast Vernichtende unsrer jetzigen Wirtschaftslage, vielleicht unsres Wirtschaftssystems empfindet, muß sich meiner Meinung nach doch zu der Erkenntnis halten, daß der Mensch in allen Wirtschaftssystemen das tragische Wesen bleibt, das gespaltene Ich, dessen Abgründe sich nicht durch Streuselkuchen und Wollwesten auffüllen lassen, dessen Dissonanzen nicht sich auflösen im Rhythmus einer Internationale, der das Wesen bleibt, das leidet; das Hunderttausende von Jahren ein Haarkleid trug und in dem nicht weniger tief und schmerzhaft um sein Menschentum kämpfte als heute in Buckskin und Cheviot. Und selbst wenn man die ganze Epoche des Individualismus auslöschen könnte, die ganze Geschichte der Seele von der Antike bis zum Expressionismus: eine Erfahrung bliebe gegenüber der innern Raumlosigkeit dieser Tretjakow-Vorstellung als große Wahrheit durch alle Saisons, durch alle geschichtlichen Epochen bestehn: wer das Leben organisieren will, wird nie Kunst machen, der darf sich auch nicht zu ihr rechnen; Kunst machen, ob es die Falken von Ägypten sind oder die Romane von Hamsun, heißt vom Standpunkt der Künstler aus, das Leben ausschließen, es verengen, ja es bekämpfen, um es zu stilisieren. Und noch eins würde ich hinzufügen, etwas Historisches, da dessen Kenntnis in diesen Kreisen offenbar so mangelhaft ist: der Kampf gegen die Kunst entstand nicht in Rußland und nicht in Berlin. Er geht von Plato bis Tolstoi. Er ging immer von den mittleren Kräften außerhalb, aber auch innerhalb des Künstlers gegen die selteneren.

Alle Kämpfe, mit denen die heutige Saison beginnt, alles, was die Tretjakowleute gegen die »tiefen Schriftsteller« sagen, schrieb vor hundert Jahren Börne gegen Heine, Heine gegen Goethe. (Vergleiche Ludwig Marcuse: Das Leben Ludwig Börnes. List-Verlag.) Goethe: »Das Zeitablehnungsgenie«, wie Heine ihn nannte. Goethe: »Der Stabilitätsnarr«, wie Börne von ihm schrieb. Goethe, der Feind des Werdens; Goethe, das träge Herz, das nie ein armes Wörtchen für sein Volk gesprochen; Goethe, der am 2. August 1831 einen Besucher fragte, was er von dem mächtigen Zeitereignis halte, alles sei in Gärung, der Besucher antwortete mit Ausführungen über die Julirevolution, die gerade alles in Atem hielt, woraufhin Goethe sich indigniert und uninteressiert abwandte, denn er hatte an einen wissenschaftlichen Streit über die Entwicklungslehre gedacht. Das war also Goethe, der Mann der Zurückhaltung, des Maßes, des Selbstschutzes, nämlich der Mann der Kunst, dem man es verdachte, daß er nicht der Mann des Stammtisches war. Aber Heine ging es dann nicht anders. Heine ficht mit Blumen, schreibt Börne, Heinen ist es einerlei, ob er schreibt die Monarchie oder die Republik ist die bessere Staatsform, er wird immer das wählen, was in dem Satz, den er eben schreibt, gerade den besten Tonfall macht. Heine, der mit dem Ästhetenkitzel, der immer nur die Frage bereithatte: »Aber ist es nicht schön ausgedrückt?« Heine, der den Tabaksqualm der Volksversammlungen scheut und den Schweißgeruch der Subskriptionslisten: Heine war damals der Feind, der »tiefe Schriftsteller« und Börne der Tretjakowjünger, der junge Mann, den das Ewig-Menschliche anwidert. Und nach weiteren hundert Jahren, wenn einer an einem unwahrscheinlich imaginären Hertzwellen-Apparat steht und dann die Saison einleitet, wird es wahrscheinlich nochmals so sein.

LUDWIG MARCUSE,
Heinrich Heine.

1932.

Die Differenz zwischen der gemäßigten Opposition Heines und der radikalen (vormarxistischen) Opposition derer um Börne lag in nicht viel mehr als in der Stärke des Tons. Diese Tonstarken, die deutschen »Tumultanten«, waren nach der Juli-Revolution »in wilden Schwärmen« nach Paris geschwärmt, hatten sich um Börne versammelt und ein hitziges Treiben begonnen. Heine hielt sich von diesen Deutschen in Paris — damals 80000 — möglichst fern. Er sah in ihnen nur »Lumpengesindel, Bettler, die da drohen, wenn man ihnen nicht gibt, Hundsfötter, die beständig von Ehrlichkeit und Vaterland sprechen, Lügner und Diebe«. Er ließ prinzipiell keine Deutschen mehr vor — und die »deutsche Landsmannschaft« revanchierte sich auf die niederträchtigste Weise, durch Verleumdungen. Das große Klatsch-Gewebe, das damals die deutsche Kolonie in Paris überwucherte, hetzte die Menschen aufeinander; in allen Aufzeichnungen Börnes über Heine sieht man noch die Spuren der Gerüchte-Macher. Und nach all den Ondits, die Börne gewissenhaft aufzeichnete, gab er selbst zu: »Ich vermute zwar, daß Heine ein Schuft ist, aber ich kann ihm keine schlechte Handlung beweisen.« Diese deutschen Radikalen in Paris bemühten sich anfangs sehr, den einflußreichen, glänzenden Schriftsteller für ihre Ziele zu gewinnen. Als es ihnen nicht gelang, versuchten sie, ihn durch »Jakobinische Ränke« in eine extreme Situation zu drängen und so zu sich herüberzuziehen. Heine aber fand, daß in diesen Radikalen »deutscher Unverstand mit französischem Leichtsinn rivalisierte«; er stemmte sich ebenso kühn gegen den Jakobinismus wie einst gegen den Absolutismus. Bei einer Kollekte für die Unterstützung der freien Presse gab er zwar einige Franken, man benutzte auch seinen Namen als »Lockvogel« — aber jede engere Verbindung mit den politischen Verbänden lehnte er ab, und nicht erst seit der Juli-Revolution. Das hinderte die jesuitisch-aristokratische Partei in Deutschland nicht, in ihm einen der Spitzenmänner revolutionärer Exzesse zu sehen. Trotzdem waren für ihn die Angriffe von links weit schwieriger als die Angriffe von rechts: weil er doch links stand, weil die Angriffe von links ihn isolierten. Aber er gab nicht nach und sagte später einmal rückblickend: »Ich bin stolz darauf, daß ich einst den Mut besessen, weder durch Liebkosung und Intrige noch durch Drohung mich fortreißen zu lassen in Unverstand und Irrsal. *Wer nicht so weit geht, als sein Herz ihn drängt und die Vernunft ihm erlaubt, ist eine Memme; wer weiter geht, als er gehen wollte, ist ein Sklave.*« Heine war keine Memme und kein Sklave. Es gibt nicht nur einen Mut gegen rechts, es gibt auch einen Mut gegen links; es gibt nicht nur den Mut des Radikalismus, es gibt auch einen Mut gegen den Radikalismus. Heine bewies den stärksten Mut, indem er zwischen den Fronten Posten bezog; und es nun von beiden Seiten bekam.

Die Radikalen knauserten nicht. Man brachte in der radikalen »Tribüne« eine »verstümmelte, übertriebene und verfälschte Übersetzung« seiner Pariser Berichte und ließ in einer Einleitung durchblicken, daß Heines Korrespondenz indirekt von der österreichischen Regierung beeinflußt sei. Der Zweck dieser Verleumdung war: Heine zu öffentlicher Stellungnahme zu zwingen — für oder wider die Radikalen. Er unterließ »das Erstere aus Überzeugung und das Andere aus Klugheit«: »ich bin nicht der Mann, der sich zwingen läßt, und *sie bewirken nur, daß ich, aus Degout vor der jakobinischen Unredlichkeit, noch gemäßigter als jemals werde*«. Und was genügte damals nicht schon alles, um bei den Radikalen als Reaktionär verfemt zu werden! Börne und achtundvierzig deutsche Handwerker sandten einen Protest gegen den Papst und seine Politik in der Romagna; Heine, schon lange angewidert von den ewigen sinnlosen Druck-Protesten, unterschrieb nicht: so reaktionär war er! Die größten Strolche glaubten, gedeckt durch einen billigen Lippen-Radikalismus, mit ihm über die Verdächtigungen, die gegen ihn ausgestreut wurden, plaudern zu dürfen. Ein deutscher Buchhändler, der unter Zurücklassung erheblicher Schulden seinen österreichischen Gläubigern entlaufen war und in Paris den Freiheitsapostel markierte, fragte Heine, wie es denn um seine Unabhängigkeit stände. Heine antwortete: ich werde ebensowenig von den Österreichern bezahlt, wie die Österreicher von Ihnen bezahlt werden.

Was trennte Heine von den Radikalen trotz der gemeinsamen Front? Worin lag der Unterschied der Tonstärke begründet? War er nicht Revolutionär wie Börne? Kämpfte er nicht wie die um Börne gegen die jesuitisch-aristokratisch-bourgeoise Front? Bei Heine zeigte sich zum ersten Mal das Paradox des politischen Dichters, der eben doch nicht — wie man lange geglaubt hat — ein dichtender Politiker ist. Es kann nicht mehr geleugnet werden: der Künstler-Typ ist nicht dazu berufen, die Welt zu ändern; er wird immer die bestehende Welt verklären oder aus der bestehenden Welt ins Märchen fliehen oder eine vergangene Welt verherrlichen oder eine kommende Welt phantasieren. Heines Politik war Enthusiasmus gegen die Vergangenheit, Enthusiasmus für die Zukunft — nie nüchterner Kampf in der Gegenwart. Er schrieb, ein echter Künstler, mehr aus dem revolutionären Affekt als zu einem revolutionären Ziel. Er war ein Mit-Fühlender (in der Phantasie), nicht ein Mit-Handelnder in Reih und Glied (in der Wirklichkeit). Er ging vor aus aktueller Erregung gegen die Unterdrücker, aus aktuellem Mitleid mit den Unterdrückten. Er war nicht, wie der echte Kämpfer, mit jedem Schritt sicher in einer Front. Er kämpfte, wenn es gerade schlecht mit »der Sache des Liberalismus« stand. Er zog sich zurück, sobald die Sensationen nachließen. Er war Kämpfer von Fall zu Fall. Er erklärte sich nach dem Edikt gegen das Junge Deutschland für diese Richtung — mit der er nie sympathisiert hatte. Nun grade! Und der Heine, der so friedenssüchtig war, riet plötzlich »zu einem offenen Krieg mit Preußen auf Tod und Leben«, wollte plötzlich — obwohl Verächter der Demagogen — den »schäbigsten Tumultuanten« die Hand reichen: als 1841 der Verlag Hoffmann und Campe von der Zensur vollständig abgewürgt werden sollte. Nun grade! Er agierte nicht, er reagierte nur. Er hatte keinen festen Standpunkt, er war ein Spielball der Ereignisse. Er antwortete mit den Nerven, nicht aus dem Ziel: »An ihrer

Torheit nahm ich keinen Teil, aber ich werde immer Teil nehmen an ihrem Unglück.« Er war kein Republikaner; er wußte, die Republikaner würden ihm nach einem Sieg die Kehle abschneiden, weil er nicht bewunderte, was sie bewunderten. Aber als er die Orte betrat, die vom Republikaner-Blut gerötet waren, kamen ihm die Tränen in die Augen; und er wünschte, daß er und alle seine Mitgemäßigten statt der Republikaner gestorben wären. Der Klassen-Kämpfer sagt mit Recht: Tränen und Wünsche sind billig. Heine aber lebte von Tränen und Wünschen und Aufwallungen und nicht als rauher Krieger unter dem Joch einer Kriegsparole: er war ein Künstler, kein Soldat.

Man kann sagen: der Künstler-Typ muß ausgerottet werden in der Ära des bewußten Klassenkampfes. Gut! Man kann sagen: es ist ein Verbrechen, während des Endkampfes um eine gerechte Ordnung der Menschheit produktive Kräfte für Phantasie-Gebilde zu vergeuden. Gut! Dann muß man eben die Poeten dieser Zeit erschlagen oder Schuster werden lassen; dann muß man sich vor allem selbst fragen: gebe ich jede Unze meiner Kraft für das Ziel? Aber man kann sich auf keinen Fall blind machen vor der ehernen Tatsache: daß Künstlersein eine anti-politische Existenz-Form ist; nicht etwa nur ein leichtsinniges Sichdrücken vor politischer Stellungnahme. Ich zitiere hier als Kronzeugen Karl Marx, der (nach dem Bericht seiner Tochter an Karl Kautsky) den Dichter Heine liebte, mit ihm zusammen seine Verse durchfeilte und »auf das Nachsichtigste über seine politischen Schwächen« urteilte. »Dichter«, habe Marx erklärt, »seien sonderbare Käuze, die man ihre Wege wandeln lassen müsse. Man dürfe sie nicht mit dem Maßstab gewöhnlicher oder selbst ungewöhnlicher Menschen messen.« Marx liebte den politisch unzuverlässigen Dichter Heinrich Heine so, daß er ihm, bei seiner Ausweisung aus Paris, schrieb: »Ich möchte Sie gern miteinpacken.« Marx kannte noch nicht die dogmatische Kunst-Feindschaft des Marxismus. Auch in einer kommunistischen Ordnung wird der Künstler geboren werden — ob er sich nun hier auswirken darf oder nicht.

Heine war ein Künstler. Wie Politik-fremd ist schon sein früher Traum gewesen: nicht ein großer Dichter, sondern ein großer Volksredner zu werden?! Er hatte diesen großen Volksredner auf öffentlichem Markte vor einer bunten Versammlung erträumt, wie er mit sonorem Wort die Leidenschaften aufwühlt und wieder beruhigt — er hatte den Dichter der Masse erträumt. Diese Masse war aber nur das Material seiner Phantasie, nicht das Material seiner Politik. Wie alle Phantasie-Menschen hatte er Nerven, welche die Wirklichkeit nur aus der Distanz vertrugen. Dieser Heine, der zu einer Revolution aufrief, wurde schon von der Lektüre einer Geschichte der französischen Revolution so erregt, daß er nicht schlafen konnte, daß er sein rotes Bett für die Guillotine hielt. Dieser Heine, der sich als Dichter der Masse geträumt hatte, besaß nur eine kleine Stimme, konnte öffentlich nicht reden, war schüchtern und barschem Widerspruch nicht gewachsen. Dieser Dichter der Masse erschrak, als er die Besucher einer Volksversammlung mit »Tabakspfeifen im Maule« vorfand; der Qualm des schlechten Knasters, der dick im Saale hing, legte sich ihm auf die Brust und verschlug ihm das Wort. Die demagogische Großsprecherei stieß ihn ab. Die vertrauliche Anrede mit »lieben Brüdern und Gevattern«, das derbe Händedrücken widerten ihn an. Er variierte Börnes Ausspruch: daß er die Hand, die ihm ein König gedrückt, zur Reinigung ins Feuer halten würde — dahin: daß er die Hand, die ihm das Volk gedrückt, nachher waschen würde. Er war sensibler und unmoralischer als Börne; denn es ist *unmoralisch, mit seiner Sensibilität zu kokettieren, während Millionen Hunger leiden.* Aber daß seine Nerven überhaupt so stark gegen diese Wirklichkeit rebellierten, beweist die Konstitution des Phantasie-Menschen.

Heinrich Heine war in eine falsche Zeit hineingeboren. Seine Zeitgenossen Börne, Laube, Wienbarg haben sein schlimmes Geschick richtig erkannt: es war sein eigentümliches Schicksal, sagte Laube, *»daß er mit lauter poetischen Eigenschaften in einer durchaus politischen Gesellschaft auftrat«.* Ein Schicksal, das hundert Jahre später wieder viele Dichter traf, wir wissen heute garnicht, wieviel Künstler unter uns das Opfer einer »durchaus politischen Gesellschaft« geworden sind.

HANNAH ARENDT,
Heinrich Heine: Schlemihl und Traumweltherrscher.

1949.

Es ist keine Frage, daß, gemessen an politischen Realitäten, Heines unbekümmerter Spottlust etwas Traumhaftes, Irreales anhaftete. Seinem Jenseits von Herrschaft und Knechtschaft entsprach keinerlei wirkliches oder auch nur mögliches Leben. Aber in diesem Sinne steht der Paria, ob Schlemihl oder Traumweltherrscher, immer außerhalb des wirklichen Lebens, das er nur von außen attackiert. Die jüdische Affinität zum Utopismus, der gerade in den Ländern der Emanzipation so überscharf zum Ausdruck kam, zeugt von der sozialen Bodenlosigkeit, in der die Besten des assimilierten Judentums zu leben gezwungen waren. Nur die dichterische Produktivität, welche die politische Wesenlosigkeit und Unwirklichkeit des Paria-Daseins zu einem realen wirkenden Prinzip einer künstlerischen Welt umschuf, hat Heine vor diesem Utopismus bewahrt. Weil er nicht mehr wollte, als der politischen Welt ihren Spiegel vorhalten, kam er ohne Doktrin aus und konnte sich seinen großen Enthusiasmus für die Freiheit erhalten. Und weil er nichts durch die Brille einer Ideologie, wenn auch alles wie durch die Gläser eines Teleskopes, entfernter und schärfer, gesehen hat, kann er heute noch als einer der klügsten Beurteiler der politischen Ereignisse seiner Zeit gelten. Die »Doktrin« dieses »verlorenen Sohnes«, der, nachdem er »lange fest bei den Hegelianern die Schweine gehütet«, sogar so furchtlos wurde, sich zu einem persönlichen Gott zu bekennen, hat immer nur gelautet: »Schlage die Trommel und fürchte dich nicht und küsse die Marketenderin ...«

Mit Furchtlosigkeit und göttlicher Frechheit hat Heine denn schließlich auch das erreicht, worum seine Glaubensgenossen mit Furcht und mit Zittern, mit Verbergen und arrogantem Zur-Schau-stellen, mit Schmeichelei und mit Prahlerei vergeblich sich abmühten. Heine ist der einzige deutsche Jude, der wirklich von sich hätte sagen können, daß er beides zugleich und in eins gewesen sei: Deutscher und Jude. Er ist das einzige große Beispiel geglückter

Assimilation, das die gesamte Geschichte der Assimilation aufzuweisen hat. [...]

Damit erfüllte sich in der überraschendsten Weise jene merkwürdige, für die frühe preußische Emanzipationsbewegung so charakteristische Erwartung, daß Juden, wenn erst einmal emanzipiert, nicht nur Menschen, sondern freiere, vorurteilslosere, menschlichere Menschen werden würden. Die absurde Verstiegenheit dieser Forderung liegt auf der Hand; ihrem politischen Unverstand kamen nur jene Juden gleich, die sich damals wie heute einbilden, daß es zwar alle möglichen Völker, aber außerdem auch noch Menschen schlechthin, nämlich die Juden gäbe. Heine hat sich von dieser Art »Weltbürger« nie betören lassen, schon deshalb nicht, weil es Dichter ohne Völker nicht gibt und er sich den Luxus von Literaten nie hatte leisten können. Dadurch, daß er festhielt an seiner Zugehörigkeit zu einem Volke von Parias und Schlemihlen, reihte er sich ein in die Zahl der kompromißlosen Freiheitskämpfer Europas, von denen es gerade in Deutschland so verzweifelt wenige gegeben hat. Unter seinen Zeitgenossen war Heine der größte Charakter unter den Dichtern. Je charakterloser die deutsche bürgerliche Gesellschaft wurde, desto mehr fürchtete sie sich vor der Explosivkraft seiner Gedichte. Aus dieser Furcht stammt die Verleumdung der »Charakterlosigkeit«, durch die man mit Heine fertig zu werden hoffte. Unter den Verleumdern waren reichlichst auch jüdische Literaten vertreten, die den von Heine vorgeschlagenen »Weg als Deutscher und Jude«, der sie mit Sicherheit aus der jüdisch-deutschen Gesellschaft hinausgeführt hätte, nicht zu gehen wünschten.

Denn Heine hatte, wenn auch nur als Dichter, sich so verhalten, als ob das jüdische Volk durch die Emanzipation wirklich frei geworden wäre, als ob jene alle europäischen Emanzipationen beherrschende Bedingung, der zufolge Juden nur Menschen sein durften, wenn sie aufhörten, Juden zu sein, überhaupt nicht existiere. Darum konnte er das, was in seinem Jahrhundert bereits nur sehr wenige Menschen gekonnt haben, die Sprache eines freien Mannes sprechen und die Lieder eines natürlichen Menschen singen.

PETER DEMETZ,
Marx, Engels und die Dichter.

1959.

Ludwig Börne (1796–1837) galt den Liberalen der späten dreißiger Jahre als ehrwürdiger Prophet, der ihre Kämpfe längst vorausgenommen und von Paris seine Bannflüche gegen die deutschen Fürsten geschleudert hatte. In der Epoche nach dem Wiener Kongreß (1815), der ihn als Juden seiner von Napoleon verliehenen Bürgerrechte beraubte, hatte Börne seine persönlichen Gründe, die restaurativen Mächte als Negation seiner persönlichen und der Völkerfreiheit überhaupt zu befehden. Doch konnte man in der Ära Metternich politische Forderungen nicht in der ihnen entsprechenden politischen Form erheben. Börne fand sich gezwungen, über solche Forderungen in der verhüllenden Maske, wo nicht in der allegorischen Verkleidung scharfer Theaterkritiken zu verhandeln. Vielleicht war es der Druck der Zeit, der ihm überwiegend politische Interessen aufzwang; vielleicht der innere Drang des instinktiven Revolutionärs, der durch die Kunst unaufhaltsam auf die politischen Elemente hinzielte; jedenfalls schuf dieser Volkstribun ohne Volk in einer paradoxen Leistung unwiederholbarer Art eine kritische Sprache wie eine Toledanerklinge, griffig, rein, gespannt, von unübertroffener Schlagkraft. Wie andere deutsche Patrioten jener Zeit wählte auch Börne das freiwillige Exil: nach der Julirevolution (1830) eilte er nach Paris und berichtete dem deutschen Leser von dort über die neuartig-paradigmatischen Probleme der französischen Politik. Im gleichen Jahr, da der junge Engels seine Heimatstadt verließ, starb Börne an der Cholera und wurde auf dem Friedhof Père Lachaise beigesetzt (1837).

Börnes Begriff der Dichtung, ja der Kunst überhaupt, war gegründet auf einer voreiligen Gleichsetzung der Kunstformen und Völkerschicksale. [...]

Offenbar sucht eine solche Perspektive ihren zentralen Fluchtpunkt jenseits des Kunstwerkes im eigentlichen kunstfernen Element der Politik. Wo die Kunst als Reizmittel oder Ansporn im Kampf gegen die Aristokratie, die Reaktion, die Tyrannis des *Status quo* wirksam wird, dort wird ihr höchstes Lob zuteil; wo sie es verfehlt, die liberale Bewegung zu stärken, wird der Stab mitleidslos über sie gebrochen. Von hier folgt notwendig, daß sämtliche Betrachtungen, die sich den inneren Bau des Kunstwerkes zu untersuchen anmaßen, kurzerhand zu verdammen sind: sie ermangeln, wie Börne und seine späteren Erben wähnen, der politischen »Ausrichtung« oder sind der Wirklichkeitsflucht schuldig. Jene Kritiker aber, die auf der Analyse künstlerischer Architekturen beharren, nennt Börne, nicht ohne bitteren Hinweis auf seinen Erzgegner Goethe, »gottlose Chinesen«. Nach Börne wird die Zukunft nur jener Kunst gehören, die die allgemeine Gleichheit, den Konstitutionalismus, das unabhängige Bürgerleben fordert; die Kunst der Vergangenheit muß indessen umgewertet werden, bevor noch diese ruhmvolle Zukunft anbrechen kann. [...]

Es sei die Funktion der Dichtung, meint Engels im November 1839, den Landmann, den Handwerker, den Lehrjungen zu stärken: »ihm sein sittliches Gefühl klarer zu machen, ihm seine Kraft, sein Recht, seine Freiheit zum Bewußtsein zu bringen, seinen Mut, seine Vaterlandsliebe zu wecken«. Engels beharrt darauf, die Dichtung müsse von nun an »dem Ungebildeteren zur Hand gehen«. Im Geiste Börnes mißt Engels die Erzählungen der Volksbücher, den *Faust* ebenso wie den *Eulenspiegel,* mit der Elle des Liberalismus und bemüht sich, die altehrwürdigen Geschichten als politische Allegorien zu erklären, die hinter dem mittelalterlichen Schleier eine hochaktuelle Botschaft an die Unterdrückten verbergen. Vor allem rühmt Engels die Geschichte von den *Haimonskindern,* denn sie scheint ihm »ungebändigte Oppositionslust« zu repräsentieren; Figuren wie Genoveva und Griseldis hingegen werden leichthin der Rumpelkammer der Vergangenheit überantwortet, denn sie symbolisieren feige Unterwürfigkeit. »Um Gottes willen, was soll das deutsche Volk heutzutage damit?« fragte Engels, ohne sich auch nur die mindeste Rechenschaft über das dichterische Gewicht der Volksbücher abzufordern, »Griseldis... kommt ... mir vor wie eine Petition an die hohe deutsche Bun-

Ja, bitte informieren Sie mich unverbindlich und kostenfrei über die **Andere Bibliothek** und das Gesamtprogramm Ihres Verlags.

Name ....

Straße ....

....

PLZ/Ort ....

Hinweis:
Alle Bücher des Eichborn Verlags sind im Buchhandel erhältlich. Fragen Sie Ihre Buchhändlerin oder Ihren Buchhändler.
Weitere Informationen im Internet/
Forum Geist: http://www.geist.spacenet.de

Eichborn Verlag

Die Andere Bibliothek

Kaiserstraße 66
60329 Frankfurt am Main

»Wir drucken nur Bücher, die wir selber lesen möchten.«

Motto der Anderen Bibliothek seit 1985

Herausgegeben von Hans Magnus Enzensberger, gestaltet von Franz Greno, verlegt bei Eichborn. Jeden Monat erscheint ein neuer Band.

In der **Anderen Bibliothek** begegnen Sie: Hand- und Nutzbüchern. Forschungsreisen, Reportagen. Lebenszeichen, Bio- und Autobiographien, Briefen, Tagebüchern. Vielvölker-Erzählungen, Märchen, Sprichwörtern, ethnologischen Berichten. Politischen Interventionen. Der deutschen Literatur, europäischen und außereuropäischen Literaturen. Gläubigen und Ungläubigen. Dichtern und anderen Künstlern.

Mehr Information (auch über die Möglichkeit, die **Andere Bibliothek** zu abonnieren) erhalten Sie kostenlos und unverbindlich vom Verlag. – Bitte Karte mit Ihrem Absender versehen, frankieren und einsenden.

desversammlung um Emanzipation der Frauen ... das Volk hat lange genug Griseldis und Genoveva vorgestellt, es spiele jetzt auch einmal den Siegfried und Reinald.« Im Namen der »Ungebildeteren« fordert Engels eine neue Zensur, die jede Kunst mitleidslos ausmerzt, welche nicht unmittelbar den Volksinteressen dient. Insbesondere die Erzählungen von *Helena* und *Kaiser Octavianus* provozierten Engels' ungegorenen Freiheitsdurst; sie halten noch immer am Aberglauben vom blauen Blut der Aristokratie fest und seien deshalb ohne Rücksicht auf die ihnen vielleicht innewohnende Poesie zu verdammen: »Wie oft finden wir nicht diesen Gedanken [vom blauen Blute] noch im Volke selbst! ... Wenn ich bedenke, daß *er* zuerst entfernt werden muß, wo konstitutionelles Leben erstehen soll — so mag das Buch so poetisch sein, wie es will, *censeo Carthaginem esse delendam*.« Hier meldet sich, wenn auch noch in jünglingshaft-schwärmerischer Figur, eine gefährliche Zukunft zu Worte: noch sind die Zensoren Metternichs am Werk, da fordert der junge Engels, im Namen der »Ungebildeteren«, eine Zensur im Interesse der Freiheit. Die Zirkelschlüsse des politischen Terrors erscheinen hier gewitterhaft leuchtend am Horizont. [...]

Marx und Engels dachten lange Zeit sehr verschieden über Heines Charakter und Arbeit. Engels hatte sich seit seiner Jugend zu Börne bekannt; im symptomatischen Konflikt, der in den Vierzigerjahren zwischen den Anhängern Heines und den Apologeten Börnes entbrannte, bekannte sich Engels privat und öffentlich zur politisch engagierten Bemühung Börnes und bezog Stellung gegen den politisch unverantwortlichen Zauber der Heineschen Kunst. Im April 1840 schienen ihm »Heine« und »Servilität« geradezu Synonyma; Heines Buch gegen Börne war »das Nichtswürdigste, was jemals in deutscher Sprache geschrieben wurde« (Juli 1842). Diese im wesentlichen junghegelianische Antipathie gegen Heine verführte Engels dazu, Heine in seinen kritischen Essays einen »Schweinigel«, einen »neuen Tannhäuser« zu nennen, der sich im Venusberg von Paris unerhört entnervenden Ausschweifungen hingab.

Marx hingegen nahm seit Anbeginn seiner schriftstellerischen Karriere Partei für Heine und gegen Börne. Schon sein erster persönlicher Brief an Heine ([5.?] April 1840) sprach von der unerschütterlichen Stellungnahme für den Dichter wie von der ergebenen Bereitschaft, öffentlich gegen die Widersacher Heines auftreten zu wollen. In eindeutigem Gegensatz zu Engels nannte Marx Börnes Heine-Buch »eine kleine Schmähschrift«, die als »fad, kleinlich und abgeschmackt« zu verwerfen sei. Um die Angriffe der Börneaner, zu welchen damals auch noch Engels zählte, tätig abzuwehren, erbot sich Marx, eine rühmende Besprechung des Heineschen Buches gegen Börne zu schreiben; überdies fragte er höflich nach, ob ihm der gefeierte Dichter nicht persönliche Eindrücke und Erfahrungen, die dienlich sein könnten, überlassen wollte. Aus dem Brief vom April 1840 geht deutlich hervor, daß der junge Marx eine wahrhaft frontale Verteidigung Heines gegen die Verächter seines Talentes plante: Heines Verdienste sollten leuchtend gefeiert, Heines Widersacher, vor allem Karl Gutzkow und »sein elendes Gekohl«, sollten in ihrer ganzen Erbärmlichkeit entblößt werden. [...]

Es war Heines fortschreitende Krankheit und mit ihr seine Heimkehr zur Religion seiner Väter, die ihn Marx und dem Kreis der radikalen Freunde in Paris, Brüssel und auch jenseits des Rheins entfremdete. Marx sprach in einem Brief an Engels etwas herablassend als vom »alten Hund« Heine; nach Heines Tod (1856) spottete er in seiner rücksichtslosesten Art über das religiöse Testament des Dichters (13. November 1851), nicht ohne Engels einige falsch zitierte Bruchstücke aus dem Testamentstext mitzuteilen. Waren auch alle politischen Pläne, die Marx und der *Bund der Kommunisten* auf Heines Popularität gebaut hatten, mit seiner religiösen Umkehr in Nichts zerstoben, Heine war in seiner Matratzengruft eines allzu elenden Todes gestorben, als daß er nicht auch die enttäuschten Bundesgenossen von ehedem grimmig gerührt hätte; selbst der konsequente Börneaner Engels gab gerne zu, der »alte Schweinigel« wäre doch ein liebenswerter, wenn auch irritierender Charakter gewesen.

Als Engels zehn Jahre nach Heines Tod zur Lektüre der Horazischen Episteln zurückkehrte, fand er sich sogleich, wie er Marx mitteilte, an Heine erinnert, der es ebenso wie Horaz verstanden hatte, seine Verse den Konflikten der Parteien zu entziehen. »Der alte Horaz«, schrieb Engels am 21. Dezember 1866, »erinnert mich stellenweise an Heine, der sehr viel von ihm gelernt hat, auch *au fond* ein ebenso kommuner Hund *politice* war«. Wie Horaz, meinte Engels, provozierte auch Heine den drohenden Blick des Tyrannen *(vultus instantis tyranni)* und *kroch* dann dem *Augustus in den Hintern*. Engels' ebenso zürnende wie vulgäre Analogie verrät deutlich, wie erfolgreich Heine in seinem Streben geblieben war, seine Dichtung aus dem trügerischen Possenspiel der Politik zu retten.

MARTIN WALSER,
Heines Tränen.

1981.

Der vor allem leidende Kämpfer Börne, ins Aktuelle verstrickt wie Laokoon in die Schlangen, konnte sich noch nicht so weit über sich und Heine und die politische Not erheben, daß er hätte sehen können, in welchem Verhältnis Heine zu den Rollen stand, die er spielte. Börne hielt sich für den politischen Kopf und Heine für den weichmütigen, unfesten, unzuverlässigen, sybaritischen, charakterschwachen, wenn nicht charakterlosen Ästheten. Darum überzeuge Heine auch nicht, wenn er die Wahrheit spreche, da er ja an der Wahrheit nur das Schöne liebe. »Darum rührt er auch nicht, wenn er weint; denn man weiß, daß er mit den Thränen nur seine Nelkenbeete begießt.« Als Börnes Hauptwerk war geplant die demokratische Revolution in Deutschland. Wenn man liest, wie ihn ein paar Politik-pour-Politik-Auftritte von Studenten in Göttingen und Frankfurt hoffen machten, wie er das Fackelzug-Vivat des Hambacher Festes 1832, das er selber mitmachte, überschätzte, dann muß man sagen: Heine war der Realist. Der Dichter empfand richtig. Der politische Denker täuschte und täuschte sich. Aber Börne konnte Heine, trotz aller Einsprüche, wunderbar würdigen. Karl Kraus konnte das nicht. Er möchte ihm Lyrik und Satire schlechterdings absprechen. »Diese Träne hat kein Salz« sagt er »und dieses Salz salzt nicht.« Außer den späten Gedichten, alles »skandierter Journalismus«. Und einen schlimmeren Charakterfehler als Journalismus kannte der in seine Fürchterlichkeit Verliebte nicht. War auch Kraus noch zu nah dran? 54 Jahre war Heine tot, als er ihn verdammte.

Heine hat ja einen schönen Teil des Börneschen Tadels in sein Börne-Buch aufgenommen. Aber bevor er Börnes Text auftreten läßt, reagiert er auf den Vorwurf, der ihn am meisten treffen mußte: Talent, aber kein Charakter. Was einer auch schreibt, es soll immer ihn rechtfertigen, das ist klar. Daß er sein darf, wie er fürchtet, sein zu müssen, dafür schreibt er. Am wenigsten taugen zu diesem Rechtfertigungsdienst Schriften, die nur verfaßt werden zu diesem Dienst. Das ist auch klar. Die Rechtfertigung läßt sich nicht inszenieren, sie kann sich bestenfalls unwillkürlich ergeben, wenn einer lediglich sich seiner speziellen Not wehrt. Und sie ergibt sich — das ist Literaturlogik — eher, wenn einer sich selber bekämpft, als wenn er sich verteidigt. Heines Antwort auf Börnes Angriff: »... bei jener Masse von Autoren, denen beim Schreiben nur die augenblickliche Inspiration die Feder« führe, die also »mehr dem Worte gehorchen als befehlen«, bei denen komme im Geschriebenen der Charakter durch. Nicht aber beim Artisten. Also bei ihm. Artisten seien »Meister des Wortes, handhaben es zu jedem beliebigen Zwecke, prägen es nach Willkür, schreiben objektiv, und ihr Charakter verrät sich nicht in ihrem Stil«. Gerade Heine, sein ganzes Werk, beweist, zum Glück, das schöne Gegenteil. Es ist schon so: am allerschlechtesten verteidigt man sich, wenn man angegriffen wird. Heine zieht sich auf sein unbestreitbares Dichtertum zurück; das leuchtet ein. Aber dann ist es ihm doch nicht wohl, so ganz ohne Charakter, und er sagt, jeder Dichter habe sowieso Charakter. Sogar Goethe. Endlich aber hört er auf zu argumentieren und schreibt sich als Dichter heraus aus der peinlichen Szene, in der der inzwischen gestorbene Börne als der große Tadelanwalt zurückbleibt bei seinem Bezichtigungsvokabular von Gesinnungslosigkeit bis Bestechlichkeit. Als Selbstverteidiger resigniert Heine. Zum Glück. Und er tut es mit so graziöser Schwermut, daß man aufs tiefste sein Parteigänger wird. Er überläßt sich seinen »bösen Nachtgesichten«. Heine ist immer ein Prophet gewesen. Das christliche Weihwasser hat diese Begabung nicht weggeätzt. Er hat Prophetie zur Literaturgattung gemacht. Prophetie als Prosastück, das ist sozusagen sein Höchstes. Und immer aus konkreter Not. Was er aufschreibt, um sich vom toten, aber in seinen politischpuritanischen Bezichtigungen noch lebendigen Tadelanwalt zu lösen, ist dann die von der Legitimationsnot zernagte Schönheitsvision des bürgerlichen Dichters. Aber mehr als ein halbes Jahrhundert vorweggenommen. Die Klasse durfte sich ja zu Heines Zeit durch ihre Emanzipationspotenz, durch ihre gerade erst begonnene Selbstbefreiung noch ganz gerechtfertigt sehen; aber unter Börnes Ansturm empfindet Heine schon das fin de siècle. Mit solchen Gesichten hört das Börne-Buch auf: ». . . die Weiber meines Traumes, obgleich noch immer geschmückt mit dem Liebreiz ewiger Jugend, trugen dennoch eine geheime Zerstörnis an Leib und Wesen; die Glieder waren noch immer bezaubernd durch süßes Ebenmaß, aber etwas abgemagert und wie überfröstelt von kaltem Elend, und gar in den Gesichtern, trotz des lächelnden Leichtsinns, zuckten die Spuren eines abgrundtiefen Grams. Auch, statt auf schwellenden Rasenbänken, wie die Nymphen des Julio, kauerten sie auf dem harten Boden, unter halbentlaubten Eichenbäumen, wo statt der verliebten Sonnenlichter, die quirlenden Dünste der feuchten Herbstnacht auf sie herabsinterten . . . Manchmal erhob sich eine dieser Schönen, ergriff aus dem Reisig einen lodernden Brand, schwang ihn über ihr Haupt gleich einem Thyrsus und versuchte eine jener unmöglichen Tanzposituren, die wir auf etruskischen Vasen gesehen . . . aber traurig lächelnd, wie bezwungen von Müdigkeit und Nachtkälte, sank sie wieder zurück ans knisternde Feuer.«

Zwischen Klimt und Egon Schiele sieht man ihn hier

Zukunft inszenieren aus Verteidigungsnot gegenüber einem Wunschdenker und Avantgardisten, der mehr wollte als das Fällige, als noch nicht einmal das Fällige möglich war. Es ist natürlich auch sinnlos, heute dem Radikaldemokraten Börne Vorhaltungen zu machen im Namen Heines. Aber nicht ganz so sinnlos ist es, die Verdächtigungen der Heine-Tränen bzw. die von Leuten jeder Art ihm gegenüber verübte moralische Besserwisserei auf ihren Grund hin anzuschauen. Ich weiß schon, weder der Dichter noch die Leidensgestalt Heine braucht meinen Schutz. Um unseretwillen sprechen wir von ihm. Wo auch immer man an dieses Leben, das Werk und seine Wirkungen rührt, könnte man leicht von einer Art kolossalen Grams befallen werden. Heine hat selten die direkte Rechtfertigung betrieben, die zwar nicht gelingen kann, die aber im Schwange ist und, falls es Gläubige gibt, das Zitiergebet ernährt. Oder gibt es nur Gläubige, wenn man sich standbildhaft zurechtrüstet und dann im höheren Erlaßton Unbezweifelbares ausstreut? Kann es Heine-Gläubige geben? Eine Heine-Gemeinde, das wäre eine, die sich diese Bezeichnung verbäte. Heine, das ist der, den man heute noch süffisant vorstellt, wie er als Pariser Berichterstatter von einer revolutionären Demokratenversammlung in der Rue Grenelle abhaut, um zu einer Soiree im Faubourg Saint Germain nicht zu spät zu kommen. Der Bürger Heine, der da eilt und dann berichtet, läßt in seinen Berichten, die er »ein daguerreotypisches Geschichtsbuch« nennt, überhaupt keinen Zweifel, welche der beiden Versammlungen besser riecht und welche doch die abgeschmackte ist. Das it eine typische Heine-Situation: Heine selber bietet in scharfer Schilderung den Zustand von Paris am Beispiel zweier Versammlungen. Er sagt über beide Seiten wirklich ALLES. Aber es gibt Betrachter, die ihm übelnehmen, daß er von der einen Versammlung in die andere eilt. Sie tun so, als hätten sie ihn bei etwas ertappt. Dabei ist er es, der uns auf nichts so sehr hinweist wie auf diesen Gang von einem Lager ins andere: er hat ihn wahrscheinlich realiter nicht an einem Abend geschafft — was auch egal wäre —, er hat diesen krassen Wechsel zum Schreiben benutzt, als Ausdrucksmittel, um zu demonstrieren, in welcher Spannung dieses Paris existiert. Allerdings, er gehörte weder zu Louis Auguste Blanqui noch in den Faubourg. Aber wie! wie drückt er das aus: »Ich bin nicht tugendhaft genug, um jemals dieser Partei [den Republikanern] mich anschliessen zu können; ich hasse aber zu sehr das Laster, als daß ich sie jemals bekämpfen würde.« Da deutle, wer kann. Durch »beständiges Konstatieren seiner Persönlichkeit« bzw. durch rücksichtslose Selbsterfassung kommt er zu einem so genauen politischen Urteil. Auf jedem vorkommenden Feld bringt er sich so produktiv ins Spiel. Wenn er sagt, daß in dieser Welt alle entbehrlich seien, ausgenommen die Sonne und er, oder wenn er sagt, daß er unter allen deutschen Dichtern der sei, der ihm der liebste sei, oder wenn er sich einer Lumpigkeit zeiht, weil er aus Eigennutz eine Rezension geschrieben habe, oder wenn er sagt, der einzige, dessen Anti-Goethe-Motiv er kenne, sei er selbst, es sei der Neid, da und an hundert anderen Stellen läßt sich genießen, wie er die trivialen und die heiligen Schwächen in das helle Licht seiner Laune wirft; wie angenehm ist dieser ununterbrochen gegenwärtige Mensch, verglichen mit dem edlen Hintenherum, dem bauchwehmachenden Bedeutung bedeuten, das sonst in unserer Branche üblich ist. Aber nein, einige Unmitreißbare bestehen noch 150 Jahre später darauf, die Lumpigkeit, auf die sie nur durch ihn hingewiesen wurden, vorwurfsvoll zu notieren. »Er kämpfte tatsächlich mit offenem Visier.« Ja, das ist ihm bei den unseren nicht durchweg gut bekommen. Einer Weicht-ich-bin-ein-Künstler-Maske etwa würde man solche Mäkelei nicht in die edel gepappten Züge sagen. Aber Heines Identität war nicht so solide, sie hätte die Aufbauten eines höheren Wesens nicht tragen können. Aber dieses Manko war sein Plus. Nichts Sicheres zu sein, schärft offenbar jene Nerven, die dann den Ausdruck schärfen. Seine Tränen und seine Träume haben dieselbe Quelle: »... eine bunte vergiftete Suppe, die nach Sauerkraut schmeckt und nach Orangenblüten riecht [1840]!« Und auch da drückt er sein Zweifaches, das weniger ist als ein Einfaches, in einem Antagonismus von Tag und Nacht aus: »Welch ein grauenhaftes

Gefühl, wenn die nächtlichen Träume das Treiben des Tages verhöhnen, und aus den flammenden Mohnblumen die ironischen Larven hervorgucken und Rübchen schaben, und die stolzen Lorbeerbäume sich in graue Disteln verwandeln, und die Nachtigallen ein Spottgelächter erheben. . .«

So unvereinbar ist er mit sich selbst. Das eine sehnt sich nach dem anderen und das andere verhöhnt das eine. Er ist sich so ähnlich wie die Palme der Fichte, die Orangenblüte dem Sauerkraut, die Mohnblüte dem Rübchen, der Lorbeerbaum der Distel, das Gelächter der Nachtigall. Daraus sind seine Tränen gemacht. Diese Spannung erzeugt seinen Ton. Credos kann man darauf nicht gründen, das stimmt. »Schmerzjubel« nennt er einmal einen Ton, an dem er sich beteiligt fühlte, »scharfen Schmerzjubel«.

So groß ist der Umweg — wenn es einer ist —, bis man auch nur anzudeuten wagt, warum Heines Tränen zu trauen sei. Weil er nie einfach weint. Er weint immer zweifach. Bloß Papier zu nässen, läge ihm nicht. Und die lebenswahren Tränen tun eben das. Heine stimmt nie so mit sich überein, daß er sich einfach sich selbst zu überlassen wagte und dann setzte ein Drauflosweinen ein. Immer sagt er, daß er weine, und immer bestimmt er, was seine Tränen sollen. Er weint immer aus genauer Not. Er weint brillant oder herzzerbrechend oder agitierend oder vernichtend. Wenn er die Choleratoten auf dem Père-la-Chaise »bitterlich« beweint, dann sind es die Toten dieser »Stadt der Freiheit«, der »Heilandstadt, die für die weltliche Erlösung der Menschheit soviel gelitten« hat. Und über die anno 32 von der Nationalgarde zusammengeschossenen Republikaner berichtet er so: »Ich bin, bei Gott! kein Republikaner, ich weiß, wenn die Republikaner siegen, so schneiden sie mir die Kehle ab ..., aber dennoch, die nackten Tränen traten mir heute in die Augen, als ich die Orte betrat, die noch von ihrem Blute gerötet sind. Es wäre mir lieber gewesen, ich und alle meine Mitgemäßigten wären statt jener Republikaner gestorben.« So genau weint er. Die Tränen über die toten Arbeiter sind vielleicht die bloßesten, die er je vorgeführt hat, deshalb heißen sie auch »nackt«. Seine Wörter haben nichts

Ungefähres. Er konstatiert immer seine Persönlichkeit dazu. Sein Gefühl von jedem Gefühl. Er steht unter dem Zwang, alles legitimieren zu müssen. Er selber fühlt sich unterlegitimiert. Das macht ihn empfindlich gegen Überlegitimiertheit, also faule Legitimität. Wer glaubt, das Seine zu haben, der läßt gelten, was ihn gelten läßt. Wem die erste Geltung, daß man irgendwo dazugehört, so bestritten wurde wie Heine, der läßt dann nichts mehr einfach gelten. Auch nicht die eigene Empfindung. ».... je wichtiger ein Gegenstand ist, desto lustiger muß man ihn behandeln«. Um die Richtigkeit dieser Heine-Regel zu beweisen, kann man sie auch andersherum sagen — je unwichtiger, desto feierlicher —, dann stellt sich zum Beleg sofort der heutige Narziß ein, der sich selbst nur in Form von gefrorenem Weihrauch darbieten kann. Wir vom Ausdrucksgewerbe neigen nun einmal zu neronischen Anmaßungen. Auch darum ist dieser einzige Heine mit Gelächter und Tränen als exorzistische Potenz unentbehrlich. Seine Schöpfungen seien hervorgegangen aus einer »schmerzlichen Erweiterung der Seele«, sagt er.

Börne hat in seiner Polemik gerühmt, daß Heine »keine fünf Minuten, keine zwanzig Zeilen heucheln, keinen Tag, keinen halben Bogen lügen« könne. ».... er kann kein Lächeln, keinen Spott, keinen Witz unterdrücken ...« Und wenn er doch lüge, heuchle, so merke es jeder gleich, und er hat, sagt Börne, ».... von solcher Verstellung nur den Vorwurf, nicht den Gewinn.« ».... zu verbergen, daß er etwas zu verbergen habe, so weit bringt er es in der Verstellung nie.« Einen Gegner, der einen so herrlich genau beschreiben kann, muß sich jeder wünschen, der diese Charakterisierung der Heineschen Ironie liest. Diese als Verstellung kennbare Verstellung ist nicht Heines Marotte, weil er ein zu ehrlicher Mann ist, das ist seine literarische Leistung und Methode, die er entwickeln mußte, weil er sich nicht trauen konnte, etwas bloß zu behaupten, ohne es durch alle möglichen persönlichen Konstatierungen sowohl zu belegen wie einzuschränken, oft genug bis zur Aufhebung, daß er am Ende manchmal mehr aufgehoben als gesagt hatte; also hatte er etwas Positives negativ ausgedrückt. Und das ist die Ironie, die

Aussageart der Unfesten, deren Ich keine feste Burg ist, und die auch sonst keine solche haben. Der »arme Heine« sagt Börne, habe »zwei Rücken, er fürchtet die Schläge der Aristokraten und die Schläge der Demokraten, und um beiden auszuweichen, muß er zugleich vorwärts und rückwärts gehen«. Dieser herrliche Entwurf eines Ironie-Denkmals, dieses Bild einer Ausstattung für nichts als Leiden bzw. Ironie, muß nur insofern korrigiert werden, als Heine ganz eindeutig vor den Schlägen der Überprivilegierten viel mehr Angst hatte als vor denen der Unterprivilegierten.

Es war schon eine columbushafte Entdeckung, daß beim Schreiben immer ein Schreibender dabei sei. Und das sei kein Privatgefühlespender, sondern ein historischer Mensch. Für die Sprache hieß das: Kein einsagendes griechisches Mannequin mehr; auch keine ferngelenkten Sprachkörper mehr, die direkt in die Ewigkeit zielen; dafür jede Menge Einmischungen des Augenblicks, Todesschreie von gerade an Cholera sterbenden Nachbarn nicht ausgeschlossen; »Ja, ich küsse, also leb' ich«, hat dieser neue Descartes gesagt, um Fichtes »sum ergo sum« vollends zu demokratisieren. Und plötzlich diese Tiefenschärfe, diesen unendlich weiten Winkel; er kann nicht daguerrotypisieren, ohne selber mit draufzusein; ja darf man denn das? wofür der noch empfindlich ist! war der gute alte Schwarzweißfilm nicht doch besser? und war am besten nicht doch der klassische Stummfilm?

Wären wir eine Disziplin, dann hieße die von ihm eroberte Permeabilität der Sprachmembran für persönliches Dasein längst der Heine-Faktor. Wir, anstatt die Gabe zu nutzen, kehren den Tartuffe hervor, tunken unsere sich besser dünkenden Rüssel in sein sensationelles Elaborat und nehmen uns heraus, anstatt über uns, über ihn zu erschrecken. Ein Nietzsche nicht. Der hat sich gefreut über die disziplinäre Gabe. Die deutsche Prosa neigt ja, wenn es recht hergeht, zur Häßlichkeit. Die hochdeutsche auf jeden Fall. Jeder weiß, wenn er etwas schön sagen will, hat er plötzlich diesen zu erbarmungslosem Drahtverhau geronnenen Sprachgeist im Mund und weiß nicht mehr, wie daraus noch das werden soll, was ihm gerade noch, so schön drängend, in der Seele vorauslief. Unter dieser Zähigkeitsdisposition muß man vielleicht gelitten haben, um, wie Nietzsche, von der Heineschen Errungenschaft begeistert zu sein. Heine ist nicht der einzige geblieben, der so zu etwas kam. Der Mangel, die nicht immer schöne Mutter des Überflusses, machte zum Beispiel auch Robert Walser zu einem beständigen Konstatierer des Persönlichen in Prosa, der so der Sprache weitere Durchlässigkeitsleistungen abgewann. Auch seine Tränen haben manchen, der seine Schafe nur im Trockenen hatte, verwirrt.

Ich gebe zu, ich mag Dichter, bei denen die Unsterblichkeit die Sterblichkeit nicht einfach vertreibt. Bei Heine habe ich das Gefühl, von allen zu Denkmälern gewordenen Literaturpersonen fühle sich sein Denkmal am wärmsten an. Das macht den Umgang mit ihm so angenehm. Am liebsten würde man sich dafür heute noch bedanken bei ihm. Besonders für die vielen schönen Tränen. Besonders für das blitzende Gelächter. Mir kommt vor, er habe in seinem Kampf doch öfter Tränen gebraucht als Gelächter. Ob sie nun alle nach Süden und in den Jordan fließen, wie er einmal dichtet, oder ob sie ihm im Norden das Auge versalzen, trotz ihrer Brauchbarkeit im Ausdrucksdienst entspringen sie erst einmal doch jener Weichmütigkeit Heines, die der von Heine grimmblütig genannte Börne entdeckte. Aber Rührung ist der Anwalt, der den Prozeß verliert, also sage ich nur, daß Heines Tränen sein Werk mit unverlöschlichem Genauigkeitsglanz erfüllen; weshalb eine strenge Wissenschaft darum gebeten wird, zu erwägen, ob in die oberste Themenregion, zu Goethes Frauen, Rilkes Engel und Thomas Manns Künstlerbürger, nicht auch Heines Tränen aufgenommen werden könnten. Da wäre nämlich noch manches zu sagen.

Anhang.

EDITORISCHE NOTIZ.

Der vorliegende Band enthält alle öffentlichen und privaten Äußerungen Börnes über Heine und Heines über Börne, soweit sie überliefert sind. Alles, was einer von ihnen über den andern zu Lebzeiten publiziert hat, ist durch halbfette Schrift hervorgehoben, damit der Leser sich ein Bild vom Stand der öffentlichen Auseinandersetzung machen kann. Demselben Zweck dient die strikt chronologische Anordnung der Texte; sie erlaubt es, das Buch auch als den Roman einer Feindschaft zu lesen.

Der Streit zwischen Börne und Heine ist wahrscheinlich die folgenreichste Kontroverse der deutschen Literatur. Die Diskussion darüber dauert seit hundertfünfzig Jahren an, und ein Ende ist nicht abzusehen. Sie lückenlos zu dokumentieren, verbietet sich nicht nur aus Umfangsgründen; eine solche Materialsammlung läge auch nicht in meinem Interesse.

Eine Durchsicht der zeitgenössischen Rezensionen zeigt, daß der Zustand, in dem sich die deutsche Tageskritik damals (1837) befand, ihrem heutigen zum Verwechseln ähnelt: sie ist und war gedanklich dürftig, sprachlich verkommen und politisch borniert. Die Aufnahme der Heineschen Denkschrift in der deutschen Öffentlichkeit deutet darauf hin, daß Ignoranz, Rancune und Nachahmungstrieb schon vor hundertfünfzig Jahren zur Geschäftsgrundlage des Journalismus gehörten. Die Lektüre solcher Rezensionen mag für das Studium der Sozial- und Ideologiegeschichte lehrreich sein; einem Leser, der die Diskussion zwischen Börne und Heine fortführen will, ist sie nicht zuzumuten.

Es ist somit kein Zufall, sondern Absicht, daß in den beiden Kapiteln »Die Mitwelt« und »Die Nachwelt« Rezensenten und Literaturhistoriker nur ausnahmsweise zitiert werden. Schriftsteller sind es, die den großen Streit bis in die Gegenwart ausgetragen haben.

Die Quellen für dieses Buch sind zahlreich und von verschiedener Qualität. Wo es sinnvoll schien, wurde auf den Erstdruck zurückgegriffen. Für die Beschaffung der Druckvorlagen habe ich Norbert Richter (München) zu danken. Heines Werke, Briefwechsel und Lebenszeugnisse liegen in vorbildlichen kritischen Editionen vor. Dagegen gibt es bis heute keine wissenschaftliche Börne-Ausgabe. Eine einheitliche Textgestalt ist unter diesen Umständen nicht erreichbar. So erklärt es sich, daß die Orthographie schwankt; wo immer möglich, habe ich die Schreibung der Autoren respektiert. Grundsätzlich sind nur Passagen abgedruckt, die sich auf das Zerwürfnis beziehen; Auslassungen im Text sind durch [...] bezeichnet. Die Quellen weist das folgende Verzeichnis nach.

Ludwig Börne, *Briefe aus Paris*. Erster bis vierter Theil. Herisau: Literatur-Comptoir 1835. Fünfter bis sechster Theil. Paris: ohne Verlagsangabe 1834.

Ludwig Börne, *De l'Allemagne par Henri Heine*. Le Reformateur. Paris. 30. Mai 1835. Deutsche Übersetzung: *Über Deutschland, von Heinrich Heine*. In: *Börnes Französische Schriften*. Herausgegeben von Cormenin und übersetzt von E. Weller. Bern: Jenni 1847. S. 56–86.

Ludwig Börne, *La Diète de Francfort et M. Heine*. In: *Sämtliche Schriften*. Neu bearbeitet und herausgegeben von Inge und Peter Rippmann. Darmstadt: Melzer 1964–1968. Band II. S. 1046–1048. Deutsche Übersetzung: Notizen zu Heines Offenem Brief *An die Hohe Bundesversammlung*. Aus dem Französischen von H. M. E.

Ludwig Börne, *Menzel der Franzosenfresser*. In: *Sämtliche Schriften*. A. a. O. Band III. S. 874–875.

Briefe von und an Börne. In: *Sämtliche Schriften*. A. a. O. Band IV und V.

Heinrich Heine, *Erster Entwurf* und *Ludwig Börne. Eine Denkschrift.* In: *Historisch-kritische Gesamtausgabe der Werke.* Herausgegeben von Manfred Windfuhr. Band XI. Hamburg: Hoffmann und Campe 1978. S. 191–194, 9–132.

Briefe von und an Heine. In: *Säkularausgabe.* Band XX–XXII und XXIV–XXVI. Bearbeitet von Fritz E. Eisner, Renate Francke und Christa Stöcker. Berlin: Akademie-Verlag und Paris: Éditions du CNRS 1970, 1972, 1974–75.

Erinnerungen an Heine (mit Ausnahme der folgenden). In: *Begegnungen mit Heine. Berichte der Zeitgenossen.* Herausgegeben von Michael Werner in Fortführung von H. H. Houben. Zwei Bände. Hamburg: Hoffmann und Campe 1973.

Karl Noé (Nordberg), *Spitzelbericht an die österreichische Regierung.* Paris, 16. Januar 1836, und Eduard Beurmann, *Spitzelbericht an die österreichische Regierung,* Paris, Ende 1836. In: *Literarische Geheimberichte aus dem Vormärz.* Herausgegeben von Karl Glossy. Wien: Konegen 1912. S. 59–60 und 94–97.

Karl Gutzkow, *Börne und Heine.* In: *Phönix. Frühlingszeitung für Deutschland.* Literaturblatt. Frankfurt am Main. 27. Juni 1835. Wiedergabe nach: Karl Gutzkow, *Beiträge zur Geschichte der neuesten Literatur.* Erster Band. Stuttgart: Balz 1836. S. 89–94.

Karl Gutzkow, *Börnes Leben.* Hamburg: Hoffmann und Campe 1840. S. XV–XXXVI (Vorrede. Vorabdruck in: *Telegraph für Deutschland.* Hamburg. 16. und 17. August 1840), 238–243.

Jakob Kaufmann, *Heinrich Heine.* In: *Zeitung für die elegante Welt.* 5. September 1840. Wiedergabe nach: *Ludwig Börnes Urtheil über H. Heine. Ungedruckte Stellen aus den Pariser Briefen. Stimmen über H. Heines letztes Buch, aus Zeitblättern.* (Anonym herausgegeben von Jeanette Wohl und Maximilian Reinganum.) Frankfurt am Main: Sauerländer 1840. S. 70–77.

Friedrich Engels, *Alexander Jung. Vorlesungen über die moderne Literatur der Deutschen*. In: Karl Marx, Friedrich Engels, Werke. Band I. Berlin: Dietz 1961. S. 441.

Robert Prutz, *Das Jahr achtzehnhundertdreißig*. In: *Vorlesungen über die Literatur der Gegenwart*. Leipzig 1847. S. 243–253.

Thomas Mann, *Notiz über Heine*. In: *Festgabe des literarischen Vereins Phoebus, München, bei seiner Heinefeier am 19. 1. 1908*. München 1908. Wiedergabe nach: *Reden und Aufsätze*. Band II. Stockholmer Gesamtausgabe. Frankfurt am Main: Fischer 1965. S. 680.

Karl Kraus, *Heine und die Folgen*. Aus: *Schriften*, Band 4: Untergang der Welt durch schwarze Magie. Frankfurt am Main: Suhrkamp Verlag, 1989.

Franz Mehring, *Heine-Biographie*. In: *Gesammelte Schriften*. Band X. *Aufsätze zur deutschen Literatur von Klopstock bis Weerth*. Berlin: Dietz 1961. S. 443–445, 450–451.

Hannah Arendt, *Heinrich Heine*. Aus: Hannah Arendt, *Die verborgene Tradition*. Acht Essays. Frankfurt am Main: Suhrkamp Verlag, 1976.

Ludwig Marcuse, *Heinrich Heine*. Zürich: Diogenes Verlag AG, 1980.

Ludwig Marcuse, *Ludwig Börne*. Zürich: Diogenes Verlag AG, 1980.

Gottfried Benn, *Die neue literarische Saison*. Aus: Gottfried Benn, *Sämtliche Werke*. Stuttgarter Ausgabe. In Verb. mit Ilse Benn hrsg. von Gerhard Schuster. Band III: Prosa 1. Klett-Cotta, Stuttgart 1987.

Peter Demetz, *Marx, Engels und die Dichter. Zur Grundlagenforschung des Marxismus*. Stuttgart: DVA 1959. S. 35–38, 106–107, 111–112.

Martin Walser, *Heines Tränen*. In: *Liebeserklärungen*. Frankfurt am Main: Suhrkamp 1983. S. 197–207.

ZEITTAFEL.

1786   6. Mai: Ludwig Börne (Löb Baruch) in Frankfurt am Main geboren.

1797   13. Dezember (Datum unsicher): Heinrich (Harry) Heine in Düsseldorf geboren.

1811   Börne tritt eine Stelle als Polizeiaktuar im Frankfurter Römer an.

1815   Die Stadt Frankfurt entzieht den Juden die unter Napoleon zugestandenen Bürgerrechte; Börne verliert sein Amt. Heine tritt bei Bankier Rindskopf in Frankfurt eine Lehre an, die sich als kurzlebig erweist; er sieht zum ersten Mal Ludwig Börne in einem Lesekabinett.

1817   Börne lernt Jeanette Wohl kennen, mit der er bis zu seinem Tode befreundet bleibt.

1818   5. Juni: Börne läßt sich taufen und ändert mit Erlaubnis des Frankfurter Senats seinen Namen. Im Juni erscheint das erste Heft der Zeitschrift *Die Wage*. In kurzer Zeit erwirbt sich Börne einen guten Ruf als Kritiker und politischer Publizist.

1819   Die Hamburger Firma Harry Heine & Comp. macht bankerott. Im August werden die Karlsbader Beschlüsse erlassen. Verschärfung der Zensur und der polizeilichen Überwachung. Im Oktober unternimmt Börne seine erste Reise nach Paris. Heine beginnt in Bonn ein Studium, das er in Göttingen und in Berlin fortsetzen wird.

1820   Nach seiner Rückkehr aus Paris wird Börne am 22. März in Frankfurt verhaftet, jedoch bald wieder freigelassen.

1822   Jeanette Wohl lehnt einen Heiratsantrag Börnes ab, begleitet ihn aber nach Paris, wo die beiden bis Anfang 1824 bleiben. Heine veröffentlicht bei Maurer in Berlin sein erstes Buch: *Gedichte*.

1825 28. Juni: Heine läßt sich in Heiligenstadt taufen. Im folgenden Monat wird er promoviert.

1826 Julius Campe in Hamburg wird Heines Verleger. Der erste Band der *Reisebilder* erscheint.

1827 Das *Buch der Lieder* erscheint. Börne macht nach dem Tod seines Vaters eine größere Erbschaft. Im Oktober oder November kommt es in Frankfurt zur ersten — freundschaftlichen — Begegnung zwischen Börne und Heine.

1828 Börne in Berlin. Zweite Begegnung mit Heine in Frankfurt. Im Oktober vereinbart Börne auf Empfehlung Heines mit Campe eine erste Ausgabe seiner Gesammelten Schriften.

1830 Juli-Revolution in Paris. Heine erfährt von ihr in Helgoland. Börne beschließt, nach Paris zu ziehen, wo er am 16. September eintrifft. Sein Hauptwerk, die *Briefe aus Paris,* sind ein öffentlicher Auszug aus den privaten Berichten, die er an Jeanette Wohl sendet. Der erste Brief ist auf den 5. September 1830 datiert.

1831 Heine übersiedelt nach Frankreich. Er trifft am 3. Mai in Paris ein. 26. September: Erste Pariser Begegnung mit Börne. Im Sommer war Börne nach Baden-Baden gefahren, um mit Jeanette Wohl die beiden ersten Teile der *Briefe* für den Druck zu redigieren. Jeanette stellt ihm ihren Freund Salomon Strauss vor. Im Oktober erscheinen die ersten 48 *Briefe aus Paris* bei Hoffmann und Campe. Das Buch hat Erfolg, wird aber von der Zensur verboten. Der Verleger wird unter Anklage gestellt, jedoch im folgenden Jahr freigesprochen.

1832 Private Krise Börnes; seine Freundin teilt ihm mit, daß sie Strauss heiraten wolle. Im April reist Börne nach Baden-Baden zur Verlobung der beiden. 27. Mai: Börne wird auf dem Hambacher Fest gefeiert. Zunehmende Repression in Deutschland.

Den Herbst verbringt Börne in der Schweiz. 7. Oktober: Jeanette Wohl verheiratet sich mit Strauss. Gegen Ende des Jahres erscheint der 3. und 4. Teil der *Briefe aus Paris* unter fingierter Verlagsbezeichnung. Starkes Echo in der Öffentlichkeit.

1833 9. Januar: Letzte Begegnung zwischen Börne und Heine. Erscheinen der *Französischen Zustände*. Mit dem 109. Brief, der auf den 25. Februar datiert ist, eröffnet Börne seinen Feldzug gegen Heine. Im April kommt es zu einem Sturm auf die Frankfurter Hauptwache. Börne verläßt Paris und tritt mit den Verschwörern in Verbindung. Der Aufstand mißlingt. Börne verbringt den Sommer in der Schweiz. Nach seiner Rückkehr gemeinsamer Haushalt mit dem Ehepaar Strauss, im Winter in Paris, im Sommer in Auteuil.

1834 Heine lernt seine Frau Mathilde kennen. Der fünfte und sechste Teil der Börneschen *Briefe* erscheint in Paris.

1835 Heines Deutschland-Buch wird in französischer Übersetzung in Paris veröffentlicht. 30. Mai: In der Pariser Zeitung *Le Reformateur* setzt Börne seine Kampagne gegen Heine mit einer Rezension des Buches fort. 10. Dezember: Edikt des Bundestages in Frankfurt gegen das »Junge Deutschland«. Weitere Verschärfung der Zensur. Börnes und Heines Bücher werden in Deutschland verboten.

1836 Heine veröffentlicht *Die Romantische Schule*. Das erste Heft einer neuen Zeitschrift, die Börne in französischer Sprache herausgibt, erscheint: *La Balance*. Um die Jahreswende publiziert Börne seine letzte Arbeit, die Polemik gegen *Menzel den Franzosenfresser*.

1837 12. Februar: Börne stirbt an einem Lungenleiden. 18. Februar: Beerdigung auf dem Père-Lachaise. Heine beginnt mit den Vorarbeiten zu seinem Börne-Buch.

1839 Im Herbst ist die Denkschrift fertiggestellt.

1840	August: *Ludwig Börne* erscheint bei Hoffmann und Campe in Hamburg. Das Buch löst einen Sturm der Entrüstung aus.
1841	31. August: Heine heiratet Mathilde (Eugenie Mirat). 6. September: Duell zwischen Salomon Strauss und Heinrich Heine, der durch einen Streifschuß leicht verletzt wird.
1848	Schwere Krankheit Heines. »Matratzengruft«.
1856	17. Februar: Heine stirbt in Paris. 20. Februar: Beerdigung auf dem Montmartre-Friedhof.

INHALTSVERZEICHNIS.

Die Entzweiung.

Heinrich Heine an Ludwig Börne. Mai 1826 . . .	7
Heinrich Heine an Jeanette Wohl. 15. 11. 1827 . .	7
Heinrich Heine an K. A. Varnhagen v. Ense. 28. 11. 1827	7
Heinrich Heine an Wolfgang Menzel. 12. 1. 1828 .	8
Ludwig Börne an Jeanette Wohl. 7. 3. 1828. . . .	8
Heinrich Heine an K. A. Varnhagen v. Ense. 1. 4. 1828	8
Ludwig Börne an Jeanette Wohl. 17. 10. 1828 . .	8
Julius Campe an Heinrich Heine. 21. 10. 1828 . .	9
Rosa Maria Assing, Tagebuch. 10. 2. 1829	10
Ludwig Börne, *Briefe aus Paris.* 20. 2. 1831 [1832].	10
August Lewald, Aquarelle aus dem Leben. 1830 [1836]	11
Ludwig Börne an Jeanette Wohl. 3. 2. 1831 . . .	11
Ludwig Börne, *Briefe aus Paris.* 11. 2. 1831 [1832].	12
Ludwig Börne an Jeanette Wohl. 22. 2. 1831 . .	14
Ludwig Börne an Jeanette Wohl. 25. 9. 1831 . .	15
Ludwig Börne an Jeanette Wohl. 27. 9. 1831 . .	15
Ludwig Börne an Jeanette Wohl. 28. 9. 1831 . .	17
Ludwig Börne an Jeanette Wohl. 1. 10. 1831 . .	17
Ludwig Börne an Jeanette Wohl. 3. 10. 1831 . .	18
Ludwig Börne an Jeanette Wohl. 8. 10. 1831 . .	19
Jeanette Wohl an Ludwig Börne. 9. 10. 1831 . .	20
Ludwig Börne an Jeanette Wohl. 13. 10. 1831 . .	20
Ludwig Börne an Jeanette Wohl. 14. 10. 1831 . .	21
August Lewald, Dramatische Übersichten. Börne. Herbst 1831 [April 1837]	22

Ludwig Börne an Jeanette Wohl. 24. 10. 1831	23
Ludwig Börne an Jeanette Wohl. 27. 10. 1831	24
Ludwig Börne an Jeanette Wohl. 28. 10. 1831	26
Ludwig Börne an Jeanette Wohl. 2. 11. 1831	26
Ludwig Börne an Jeanette Wohl. 9. 11. 1831	28
Julius Campe an Heinrich Heine. 14. 11. 1831	29
Julius Campe an Heinrich Heine. 27. 11. 1831	29
J. F. v. Cotta an Heinrich Heine. 7. 12. 1831	30
Ludwig Börne an Jeanette Wohl. 8. 12. 1831	31
Ludwig Börne, *Briefe aus Paris*. 14. 12. 1831 [1833]	33
Ludwig Börne an Jeanette Wohl. 15. 12. 1831	34
Ludwig Börne an Jeanette Wohl. 17. 12. 1831	35
Julius Campe an Heinrich Heine. 28. 12. 1831	36
Ludwig Börne an Jeanette Wohl. 18. 1. 1832	36
Heinrich Heine an J. F. v. Cotta. 20. 1. 1832	36
Ludwig Börne, *Briefe aus Paris*. 4. 2. 1832 [1833]	37
Ludwig Börne, *Briefe aus Paris*. 10. 2. 1832 [1833]	37
Ludwig Börne an Jeanette Wohl. 13. 2. 1832	38
Ludwig Börne an Jeanette Wohl. 5. 3. 1832	40
August Lewald, Aquarelle aus dem Leben. Januar – April 1832 [1836]	40
J. F. v. Cotta an K. A. Varnhagen v. Ense. 10. 3. 1832	41
Julius Campe an Heinrich Heine. 13. 3. 1832	41
Heinrich Heine an K. A. Varnhagen v. Ense. Mitte Mai 1832	41
K. A. Varnhagen v. Ense an Heinrich Heine. 15. 6. 1832	42
Ludwig Börne an Jeanette Wohl. 14. 11. 1832	42
Ludwig Börne an Jeanette Wohl. 5. 1. 1833	43
Ludwig Börne an Jeanette Wohl. 9. 1. 1833	44
Ludwig Börne an Jeanette Wohl. 12. 1. 1833	44
Heinrich Heine an Julius Campe. 29. 1. 1833	45
Ludwig Börne an Jeanette Wohl. 20. 2. 1833	45
Ludwig Börne, *Briefe aus Paris*. 25. 2. 1833 [1834]	45
Ludwig Börne an Jeanette Wohl. 15. 3. 1833	51

Julius Campe an Heinrich Heine. 16. 3. 1833 . . 52
Ludwig Börne an Jeanette Wohl. 23. 3. 1833 . . 52
Ludwig Börne an Jeanette Wohl. 30. 3. 1833 . . 53
August Traxel, Memoiren eines Flüchtlings.
   Mai 1833 [1835] 53
Julius Campe an Heinrich Heine. 25. 6. 1833 . . 54
Heinrich Heine an K. A. Varnhagen v. Ense.
   16. 7. 1833. 54
Julius Campe an Heinrich Heine. 7. 8. 1833 . . . 55
Ludwig Börne an Jeanette Wohl. 19. 10. 1833 . . 55
Ludwig Börne an Jeanette Wohl. 23. 10. 1833 . . 55
Heinrich Heine an Julius Campe. 28. 11. 1833 . . 56
Julius Campe an Heinrich Heine. 3. 12. 1833 . . 56
Vinzent Rumpff, Spitzelbericht. 12. 1. 1834 . . . 58
Heinrich Heine an Julius Campe. 16. 1. 1834 . . 58
Julius Campe an Heinrich Heine. 21. 1. 1834 . . 58
Maximilian Heine an Heinrich Heine.
   Ende Januar 1834 59
O. L. B. Wolff, Briefe geschrieben auf einer Reise.
   15. 5. 1835 [1836] 60
Ludwig Börne, *Über Deutschland, von Heinrich*
   Heine. Mai 1835 61
Julius Campe an Heinrich Heine. 15. 9. 1835 . . 78
Karl Rosenberg, Heine und Börne über Deutsch-
   land. 17. 10. 1835 79
Karl Gutzkow, *Börne und Heine.* Juni 1835 . . . 80
A. v. Bornstedt, Spitzelbericht. 27. 10. 1835 . . . 82
Karl Noé (Nordberg), Spitzelbericht. 16. 1. 1836 . 83
Ludwig Börne, Notizen zu Heines Offenem Brief
   An die Hohe Bundesversammlung. Februar 1836 . 84
Franz Grillparzer, Tagebuch. 27. 4. 1836 86
F. W. Rogge [»Paul Welf«], Ein seltenes Leben.
   April 1836 [1877] 86
Ludwig Börne an K. Th. Welcker. 16. 5. 1836 . . 86
Ludwig Börne, *Menzel der Franzosenfresser.*
   [1836] 87
Eduard Beurmann, Spitzelbericht. Ende 1836 . . 88
Eduard Beurmann, Brüssel und Paris.
   Ende 1836 [1837] 90
Heinrich Heine an Julius Campe. 20. 12. 1836 . . 91

Heinrich Heine an Julius Campe. 23. 1. 1837	91
Julius Campe an Heinrich Heine. 28. 1. 1837	92
Eugen v. Vaerst an Heinrich Heine. 19. 2. 1837	92
Julius Campe an Heinrich Heine. 5. 4. 1837	93
Heinrich Heine an J. H. Detmold. 24. 7. 1837	93
J. H. Detmold an Heinrich Heine. 4. 8. 1837	93
Heinrich Heine an Julius Campe. 6. 9. 1837	94
Ludwig Wihl, Heinrich Heine in Paris. Oktober 1837 – Frühjahr 1838	94
Heinrich Heine, Erster Entwurf zu *Ludwig Börne. Eine Denkschrift.* [1837]	95
Heinrich Heine an Julius Campe. 12. 4. 1839	99
Julius Campe an Heinrich Heine. 18. 4. 1839	100
Heinrich Laube, Nekrolog auf Heinrich Heine. Mai 1839 – Januar 1840 [1856]	101
Heinrich Laube, Erinnerungen an Heinrich Heine. Mai 1839 – Januar 1840 [1868]	103
Heinrich Laube, Erinnerungen 1810–1841. 1839 [1875]	105
Heinrich Laube, Erinnerungen. Juni 1839 [1883]	106
Heinrich Heine an Julius Campe. 30. 9. 1839	106
Heinrich Laube an Gustav Schlesier. 24. 12. 1839	107
Heinrich Heine an Betty Heine. Anfang Februar 1840	107
Heinrich Heine an Julius Campe. 18. 2. 1840	107
Julius Campe an Heinrich Heine. 25. 2. 1840	108
Heinrich Heine an Julius Campe. 18. 4. 1840	109
Julius Campe an Heinrich Heine. 3. 7. 1840	110
Julius Campe an Heinrich Heine. 10. 7. 1840	111
Heinrich Heine an Julius Campe. 17. 7. 1840	111
Heinrich Heine an Julius Campe. 21. 7. 1840	111
Julius Campe an Heinrich Heine. 23. 7. 1840	112
Heinrich Heine an Julius Campe. 24. 7. 1840	113
Julius Campe an Heinrich Heine. 1. 8. 1840	114
Heinrich Heine an Julius Campe. 8. 8. 1840	115

Die Denkschrift.

Heinrich Heine, *Ludwig Börne. Eine Denkschrift.*
[1837–1839]

Erstes Buch	119
Zweites Buch	146
Drittes Buch	171
Viertes Buch	199
Fünftes Buch	233

Die Mitwelt.

Karl Gutzkow, Börnes Leben. 1839/40	259
Karl Gutzkow, Vorrede zu Börnes Leben. 10. 8. 1840	261
Julius Campe an Heinrich Heine. 14. 8. 1840	272
Julius Campe an Heinrich Heine. 21. 8. 1840	274
Heinrich Laube an Heinrich Heine. 22. 8. 1840	276
Heinrich Heine an Heinrich Laube. 26. 8. 1840	277
Heinrich Heine an August Lewald. 31. 8. 1840	278
Jakob Kaufmann, Heinrich Heine. 5. 9. 1840	279
Alexander Weill an Heinrich Heine. 1. 9. 1840	285
August Lewald an Heinrich Heine. 14. 9. 1840	285
Julius Campe an Heinrich Heine. 19. 9. 1840	286
Heinrich Heine an Heinrich Laube. 6. 10. 1840	288
Julius Campe an Heinrich Heine. 30. 10. 1840	288
Heinrich Brockhaus, Tagebuch. 4. 11. 1840	290
Anonymer Korrespondent der *Mainzer Zeitung*. 19. 6. 1841	291
Heinrich Heine an Alexander Weill. 30. 6. 1841	292
Heinrich Heine an Gustav Kolb. 3. 7. 1841	293
Heinrich Heine an Julius Campe. 7. 7. 1841	294
Heinrich Heine, Vorläufige Erklärung. 7. 7. 1841	294
Julius Campe an Heinrich Heine. 29. 7. 1841	295
Salomon Strauß an die Redaktion des *Telegraph* [Karl Gutzkow]. August 1841	297
Anonymer Korrespondentenbericht der *Zeitung für die elegante Welt*. August 1841	298

Anonyme Notiz in *La Presse*. 8. 9. 1841	299
Julius Campe an Heinrich Heine. 18. 10. 1841	299
Julius Campe an Heinrich Heine. 6. 3. 1842	300
G. A. Vogel, Ein Morgen bei H. Heine. Frühjahr 1842	301
Karl Gutzkow, Lebensbilder. April 1842 [1870]	302
Friedrich Engels, *Alexander Jung. Vorlesungen*. 1842	303
K. A. Varnhagen v. Ense an Heinrich Heine. 11. 10. 1842	303
Arnold Ruge an seine Frau. 11. 9. 1843	303
Karl Grün, Briefe und Studien. 6. 11. 1844 [1845]	304
Heinrich Heine an Gustav Kolb. 12. 11. 1844	304
Heinrich Heine an Leopold Wertheim. 22. 12. 1845	305
Leopold Wertheim und Heinrich Heine an die »Allgemeine Zeitung« in Augsburg. 24. 12. 1845	305
Alexandre Weill, Souvenirs intimes de Henri Heine. 1846 [1883]	306
Karl Marx an Heinrich Heine. April 1846	307
Robert Prutz, Das Jahr achtzehnhundertunddreißig. 1847	307
Alfred Meißner, *Heinrich Heine. Erinnerungen*. Frühjahr 1849 [1856]	312
Ludwig Kalisch, Pariser Leben. 20. 1. 1850 [1880]	312
Adolf Stahr, Zwei Monate in Paris. September 1850 [1851]	313
Gustav Kolb an Heinrich Heine. 18. 5. 1851	314

Die Nachwelt.

Thomas Mann, *Notiz über Heine*. 1908	317
Karl Kraus, *Heine und die Folgen*. 1910	317
Franz Mehring, *[Heine-Biographie.]* 1911	324
Ludwig Marcuse, *Revolutionär und Patriot. Das Leben Ludwig Börnes*. 1929	328

Gottfried Benn, *Die neue literarische Saison.*
1931 328
Ludwig Marcuse, *Heinrich Heine.* 1932 342
Hannah Arendt, *Heinrich Heine: Schlemihl und
Traumweltherrscher.* 1949 347
Peter Demetz, *Marx, Engels und die Dichter.*
1959 349
Martin Walser, *Heines Tränen.* 1981 353

Anhang.

Editorische Notiz 365
Zeittafel 369

LUDWIG BÖRNE UND HEINRICH HEINE. EIN DEUTSCHES ZERWÜRFNIS, bearbeitet von Hans Magnus Enzensberger, ist am 16. August 1986 als zwanzigster Band der ANDEREN BIBLIOTHEK bei der Greno Verlagsgesellschaft m. b. H. in Nördlingen erschienen.